国家出版基金项目

"十三五"国家重点图书出版规划项目

朱庆葆 主编

中国禁毒史

共和国卷

张楠 著

南京大学出版社

图书在版编目(CIP)数据

中国禁毒史. 共和国卷 / 朱庆葆主编;张楠著. —— 南京：南京大学出版社，2023.12
ISBN 978-7-305-27591-3

Ⅰ. ①中… Ⅱ. ①朱… ②张… Ⅲ. ①禁毒－历史－中国－现代 Ⅳ. ①D669.8

中国国家版本馆 CIP 数据核字(2023)第 246330 号

出版发行	南京大学出版社
社　　址	南京市汉口路 22 号　　邮　编　210093

ZHONGGUO JINDU SHI

书　　名	中国禁毒史
主　　编	朱庆葆
著　　者	清代卷　刘霆
	北洋政府卷　刘霆
	国民政府卷(上)　朱庆葆　杨长年　刘霆
	国民政府卷(下)　朱庆葆　杨长年　刘霆
	共和国卷　张楠
责任编辑	清代卷　臧利娟　　　　北洋政府卷　谭天
	国民政府卷(上)　张淑文　　国民政府卷(下)　张倩倩
	共和国卷　黄睿
照　　排	南京南琳图文制作有限公司
印　　刷	南京爱德印刷有限公司
开　　本	718 mm×1000 mm　1/16 开
总 印 张	105.75
总 字 数	1752 千
版　　次	2023 年 12 月第 1 版
印　　次	2023 年 12 月第 1 次印刷

ISBN 978-7-305-27591-3
总 定 价　998.00 元

网址：http://www.njupco.com
官方微博：http://weibo.com/njupco
官方微信号：njupress
销售咨询热线：(025) 83594756

＊ 版权所有，侵权必究
＊ 凡购买南大版图书，如有印装质量问题，请与所购
　图书销售部门联系调换

目 录

清代卷

第一章 古代中国的鸦片输入与服用问题 / 1

第一节 古代西方鸦片种植与传播 / 1

一、何谓鸦片？/ 1

二、鸦片的原产地问题及词源演变 / 2

三、希腊、罗马及阿拉伯的鸦片使用情况 / 3

第二节 鸦片合剂流入中国 / 5

一、东汉时期的"苏合香"：一种可能含有鸦片的合剂 / 5

二、"底也伽"的传播时间及路线 / 5

第三节 古代中国的鸦片输入、种植与服用 / 7

一、唐宋至元时期 / 7

二、明清时期 / 9

三、古代中国的鸦片提炼技术 / 11

第四节 鸦片吸食方式的形成与演变 / 13

一、烧吸"碗药" / 13

二、混合吸食法 / 13

三、直接吸食烟膏的时间问题 / 18

第二章　1840年之前的鸦片贸易 / 21

第一节　1840年之前的中西贸易格局 / 21
一、中英茶叶贸易 / 21
二、中国的货币体制与白银依赖 / 23

第二节　早期的鸦片贸易 / 26
一、葡萄牙与荷兰的鸦片贸易 / 26
二、英国霸权地位的取得及对华鸦片走私的开始 / 28
三、从澳门到伶仃洋：英、葡之间的贸易战 / 31
四、其他国家鸦片走私概况 / 35

第三节　1840年之前的"白银漏卮"问题 / 36
一、鸦片输入的数量与价值问题 / 36
二、清廷关于"白银漏卮"的讨论 / 42
三、白银外流的数量问题及银贵钱贱之原因分析 / 52
四、鸦片贸易对于印度、英国、中国之影响 / 60

第三章　雍正、乾隆、嘉庆三朝的禁烟 / 63

第一节　雍正与乾隆时期 / 63
一、雍正时期：中国历史上的第一个禁毒令 / 63
二、乾隆朝：禁烟令的重申与扩展 / 68

第二节　嘉庆朝的禁烟 / 70
一、鸦片烟外禁的时间问题 / 70
二、禁止吸食法令 / 87
三、嘉庆年间禁烟效果之分析 / 88

第四章　道光朝的禁烟 / 91

第一节　道光朝前期的禁烟 / 91
一、叶恒澍事件及其影响 / 91
二、"广东立场"与《酌定失察鸦片烟条例》的出台 / 94
三、"广东立场"的持续发酵："内禁优先"与"弛禁"论的酝酿 / 97

第二节　鸦片战争之前的严禁 / 118

　　一、罂粟种植及《严禁内地种卖鸦片烟章程》/ 118

　　二、进口鸦片的贩运与清政府的查禁行动 / 125

　　三、鸦片战争前的吸食问题 / 134

　　四、林则徐的广东禁烟 / 150

第五章　鸦片贸易的合法化与全面弛禁(上) / 162

第一节　鸦片贸易合法化的交涉 / 162

　　一、英方致力于鸦片贸易合法化的原因 / 162

　　二、璞鼎查的交涉 / 164

　　三、德庇时的交涉 / 165

　　四、战后的鸦片走私问题 / 168

　　五、《通商章程善后条款》：鸦片贸易合法化的开端 / 174

第二节　税厘并征体制的形成 / 183

　　一、税厘分征体制下中央与地方之关系 / 183

　　二、税厘并征：《烟台条约》及《烟台条约续增专条》/ 187

第三节　洋药进口数量与关税统计 / 194

　　一、洋药的进口数量 / 194

　　二、洋药的税厘统计 / 200

第六章　鸦片贸易的合法化与全面弛禁(下) / 213

第一节　土产鸦片的全面弛禁 / 213

　　一、朝野弛禁之论 / 214

　　二、土产鸦片弛禁的开始 / 221

　　三、土产鸦片的种植与产量 / 222

　　四、土药的税厘征收 / 248

　　五、"以土抵洋"之成功 / 263

　　六、鸦片弛禁之影响 / 267

第二节　弛禁时期的严禁思想与实践 / 287

一、同治至光绪初的禁种措施 / 287
二、洋务派中的严禁主张及实践 / 288
三、维新派的禁烟主张 / 297
四、太平天国的禁烟政策及实践 / 299

第七章　清末禁烟运动 / 305

第一节　清末禁烟运动之背景 / 305
一、清末民族主义与禁烟舆论之形成 / 306
二、有利的外部环境 / 312
三、民间禁烟团体及禁烟运动的推动 / 317

第二节　禁烟法令与禁烟机构 / 323
一、相关禁烟法令的颁布 / 324
二、禁烟机构的设立 / 332

第三节　中英禁烟交涉 / 339
一、禁烟条约的初步签订 / 340
二、英方的调查 / 342
三、《中英禁烟条约》的最终确定 / 355

第四节　禁烟运动的措施及成效 / 356
一、禁种植的措施及成效 / 356
二、禁贩售的措施及成效 / 366
三、禁吸食的措施及成效 / 370
四、万国禁烟会 / 377

第五节　禁烟运动中的财政抵补 / 382
一、禁烟与财政之两难 / 382
二、抵补措施 / 383
三、抵补政策之评析 / 389
四、清廷灭亡与禁烟运动的中断 / 390

北洋政府卷

第八章　民初禁政之延续 / 393

第一节　禁政持续之原因 / 393
一、中英条约的束缚 / 393
二、国际禁烟形势的制约 / 394
三、民众禁烟力量的推动 / 395

第二节　禁烟法令的颁布与执行 / 396
一、南京临时政府的禁烟令 / 396
二、北洋政府的禁烟法令与饬令 / 397
三、司法实践中的诸多细节问题 / 405
四、各地禁政之举措 / 410

第三节　民初禁政与外交纠纷 / 430
一、纠纷之条约渊源 / 430
二、浙江省的交涉 / 432
三、安徽省的交涉 / 436
四、广东省与江苏省的交涉 / 438

第四节　民初禁政之成效 / 440
一、中英联合会勘与印药禁止输华 / 440
二、存土焚毁之始末 / 452

第九章　军阀时代烟禁的废弛 / 466

第一节　烟禁废弛之原因 / 466
一、政局动荡 / 466
二、麻醉类毒品使用的增加 / 468
三、财政短缺 / 470
四、租界庇护与外人贩毒 / 473

第二节　全国烟毒泛滥之情形 / 483

一、禁烟法令的存续与影响 / 484

　　二、军阀获取鸦片利益之一般概况 / 488

　　三、各地烟禁废弛之具体情形 / 498

第三节　罂粟种植与吸食人口的数量问题 / 610

　　一、目前关于20年代烟土产量及吸食人口的几种估算 / 611

　　二、吸食人口数的估计 / 612

　　三、年消费量的估算 / 614

　　四、烟土年产量的估算 / 617

　　五、罂粟种植面积的估算 / 622

第十章　禁烟外交与海外华人所受之毒祸 / 626

　第一节　英国的责难 / 626

　第二节　国际禁烟会议 / 630

　　一、"国联禁烟委员会"的成立 / 630

　　二、中国参会之情形 / 631

　第三节　世界毒品生产与中国之关系 / 638

　第四节　海外华人所受之毒祸 / 641

　　一、英属殖民之毒祸状况 / 641

　　二、荷属东印度之毒祸状况 / 646

　　三、葡属澳门之毒祸状况 / 648

第十一章　民间禁烟运动的继续发展 / 650

　第一节　传统政治之转型与禁烟运动之关系 / 650

　第二节　各禁烟团体的成立及活动 / 653

　　一、全国禁烟联合会 / 653

　　二、万国拒土会 / 657

　　三、中华基督教协进会拒毒委员会 / 660

　　四、中华国民拒毒会 / 661

　　五、各地方禁烟组织概述 / 668

国民政府卷(上)

第十二章　南京国民政府初期的禁毒 / 673

第一节　禁毒法律体系的初步建立 / 674

一、《禁烟暂行章程》/ 675

二、《修正禁烟条例》/ 677

三、《禁烟法》与《修正禁烟法》/ 678

第二节　"断禁"政策的实施 / 681

一、"断禁"举措与成效 / 681

二、层出不穷的烟毒大案 / 683

三、"断禁"政策的失败 / 684

四、"渐禁"之议再起 / 687

第三节　军委会腹地省份禁烟 / 688

一、四省禁烟 / 689

二、腹地省份禁烟 / 691

第四节　南京国民政府初期禁毒的失败 / 696

一、中央政府政令不畅,地方禁烟各自为政 / 696

二、各级官员贪腐成风,烟毒势力盘根错节 / 704

三、中国对外主权丧失,外来毒祸难以遏制 / 706

第十三章　南京国民政府时期的民间禁毒运动 / 714

第一节　中华国民拒毒会与民间禁毒领袖 / 715

一、中华国民拒毒会的组织构成及其管理制度 / 715

二、民间拒毒运动精英 / 724

第二节　中华国民拒毒会的禁毒努力 / 731

一、唤起与鼓动民众拒毒 / 731

二、接洽与监督政府 / 747

第三节　海外华侨禁毒 / 762

一、菲律宾华侨清毒《宣言》/ 762

二、清毒委员会及各股办事细则 / 768

第四节 民间禁毒运动的衰落 / 770

一、民间禁毒力量的妥协 / 770

二、政府对民间禁毒力量的管控 / 776

第十四章 "两年禁毒、六年禁烟"运动(上) / 779

第一节 六年禁政的规划、法令、组织及其调整 / 779

一、六年禁政的基本规划 / 779

二、六年禁政的相关法令法规 / 786

三、禁烟组织 / 795

第二节 六年禁政的实施环节 / 801

一、施禁思路概述 / 801

二、具体实施措施及变通 / 802

三、禁烟经费与烟土税收 / 818

第十五章 "两年禁毒、六年禁烟"运动(中) / 827

第一节 分期禁烟区域 / 827

一、完全分期禁烟区域 / 827

二、绝对禁种分期禁运禁售禁吸区域 / 885

第二节 绝对禁烟区域 / 948

一、南京市 / 948

二、浙江省 / 949

三、山东省 / 953

四、青海省 / 956

第十六章 "两年禁毒、六年禁烟"运动(下) / 958

第一节 禁种成效考察 / 958

一、各省禁种成绩概况 / 958

二、存在问题分析 / 962

第二节　禁吸成效考察 / 967

一、烟民登记 / 967

二、施戒工作 / 971

第三节　禁运与禁售 / 979

一、禁运 / 979

二、禁售 / 989

第四节　禁毒工作成效 / 996

一、禁毒成绩之分析 / 996

二、禁毒工作问题之分析 / 999

第五节　六年禁政的若干缺失 / 1005

一、禁政计划不尽符合实际 / 1005

二、"禁税兼顾"导致重税不重禁 / 1007

三、法律执行宽严不一 / 1009

四、腐败导致禁政受阻 / 1011

国民政府卷（下）

第十七章　全面抗战前国民政府的禁烟运动与政权建设 / 1019

第一节　禁烟与国家政权建设的合法性问题 / 1019

一、"总理拒毒遗训"与国民党的政治遗产 / 1019

二、民族国家建构的诉求与政权建设的历史契合 / 1021

三、"六三纪念日"与"新生活运动" / 1024

第二节　禁烟运动与国民政府中央政权的巩固 / 1028

一、财政的中央集权：鸦片税基的扩大与重新分配 / 1028

二、中央政权的延伸：禁烟机构的膨胀 / 1038

三、基层的抵制与较量 / 1049

四、禁烟与社会管控 / 1059

第三节　全面抗战前的禁毒外交 / 1064

一、对于禁毒外交的认识 / 1064

二、国联多边禁毒框架与禁毒交涉与合作 / 1067

第十八章　全面抗战前日本对华毒害政策 / 1077

第一节　日本对华早期毒品走私 / 1077

一、数额巨大的毒品走私 / 1077

二、日本对华走私毒品的主要口岸 / 1080

三、对日本毒品走私活动的揭露与谴责 / 1081

第二节　日本在华毒品制贩基地的建立 / 1084

一、日本在"旅大"租借地的制贩毒活动 / 1084

二、天津日租界——日本向全球走私毒品的中心 / 1089

三、汉口日租界——日本在中国腹地的毒化中心 / 1092

四、日本在冀东的制贩毒活动 / 1094

五、日本在青岛实施的鸦片专卖 / 1098

六、日本在福州、厦门的制贩毒活动 / 1098

七、领事裁判权与日本在华制贩毒基地的建立 / 1101

第三节　日本在东北地区实施的毒害政策 / 1106

一、鸦片专卖制度的酝酿 / 1106

二、鸦片专卖制度的实施 / 1110

三、毒害情形 / 1118

四、鸦片"断禁" / 1120

第四节　日据台湾地区的毒祸 / 1127

一、渐禁政策 / 1127

二、断禁政策 / 1140

三、日本对台鸦片政策的危害 / 1142

第十九章　全面抗战时期日本对华毒害政策 / 1150

第一节　东北地区的毒害政策 / 1150

一、"断禁"政策的废止与鸦片增产 / 1150

二、鸦片吸食的泛滥 / 1152

三、鸦片走私的猖獗 / 1153

四、鸦片毒祸的危害 / 1155

第二节　伪蒙疆地区的毒害政策 / 1157

一、土药公司制 / 1157

二、组合贩售制 / 1160

第三节　华北沦陷区的毒害政策 / 1163

一、伪中华民国临时政府的鸦片专卖 / 1163

二、华北各地的毒祸 / 1168

第四节　华东沦陷区的毒害政策 / 1180

一、南京 / 1180

二、上海 / 1181

三、山东 / 1182

第五节　华中沦陷区的毒害政策 / 1184

一、河南 / 1184

二、湖北 / 1186

三、江西 / 1193

第六节　华南沦陷区的毒害政策 / 1194

一、福建 / 1194

二、广东 / 1203

三、香港、澳门 / 1208

第七节　华中宏济善堂与日本对华毒害活动 / 1209

一、华中宏济善堂的成立 / 1209

二、华中宏济善堂的毒害体系 / 1211

三、华中宏济善堂毒害的恶果 / 1217

第二十章　抗战胜利后南京国民政府的禁毒努力 / 1221

第一节　战后的禁毒形势 / 1221

一、国统区的毒祸 / 1221

二、收复区的毒祸 / 1222

　第二节　南京国民政府的禁毒举措 / 1224
　　一、中央政府的禁毒举措 / 1224
　　二、地方政府的贯彻落实 / 1235

　第三节　海外华侨禁毒 / 1245
　　一、海外华侨的毒况 / 1245
　　二、华侨禁烟座谈会 / 1247
　　三、华侨禁烟设计委员会 / 1248
　　四、《肃清华侨烟毒办法》/ 1249
　　五、华侨禁毒交涉 / 1250
　　六、华侨戒烟运动 / 1252

　第四节　国际禁毒合作 / 1254
　　一、国境边界禁毒交涉 / 1254
　　二、联合国禁毒框架 / 1255
　　三、烟毒缉私情报交换 / 1256

　第五节　南京国民政府战后禁毒努力的失败 / 1258
　　一、依然严峻的禁毒形势 / 1258
　　二、禁毒失败的原因 / 1265

共和国卷

第二十一章　中华人民共和国成立前的禁烟禁毒工作 / 1287
　第一节　中共早期的禁烟禁毒思想及政策 / 1287
　第二节　全面抗战时期中共的禁烟禁毒工作 / 1292
　第三节　解放战争时期中共的禁烟禁毒举措 / 1300

第二十二章　禁烟禁毒政策和组织的确立及转变 / 1306
　第一节　1952年肃毒运动之前的禁烟禁毒政策 / 1307
　第二节　"三反""五反"运动与1952年肃毒运动的确立 / 1314

一、"三反""五反"运动中的铁路运毒问题 / 1314

二、1952年肃毒运动的确立 / 1319

第三节 禁烟禁毒运动的组织形态及其演变 / 1328

一、禁烟禁毒干部的教育与惩处 / 1328

二、禁烟禁毒委员会的建立与发展 / 1329

第二十三章 禁烟禁毒宣传工作的实施与调整 / 1333

第一节 1952年肃毒运动之前的禁烟禁毒宣传政策 / 1333

第二节 美国诬蔑事件与"口头宣传"政策的推行 / 1345

一、冷战初期美国诬蔑共和国贩毒的系列事件 / 1345

二、禁烟禁毒方针的转向与"口头宣传"政策的确立 / 1351

三、"口头宣传"政策的执行 / 1355

第三节 群众的宣传动员：禁烟禁毒运动中控诉的微观研究 / 1368

一、控诉：一种宣传动员技术 / 1368

二、组织与培养典型控诉人 / 1371

三、家庭苦与"大义灭亲"的情感动员 / 1375

四、深挖毒根与阶级苦难 / 1378

五、"由鬼成人"与身份认同 / 1381

第二十四章 农村政治运动与禁种工作的开展 / 1384

第一节 禁种鸦片政策的制定与调整 / 1384

第二节 农村政治运动与鸦片查铲工作的推进 / 1395

第三节 禁种善后政策的拟定与实践 / 1402

第二十五章 禁贩运毒品的推进与烟毒犯的惩治处理 / 1410

第一节 严禁制售和贩运烟毒政策的转变 / 1410

一、第一阶段的禁贩运工作概况 / 1411

二、严禁制、贩、运烟毒政策的普遍推广 / 1414

三、1952年肃毒运动的准备工作 / 1418

四、1952年肃毒运动的执行情况 / 1422
　第二节　中央和地方对烟毒犯的处理与惩治 / 1429

第二十六章　毒品收缴和处理政策的建立与变化 / 1446
　第一节　美国诬蔑事件对禁烟禁毒政策的影响 / 1446
　第二节　烟毒收缴与处理政策的实施 / 1449
　　一、沿袭与各地独立处理时期 / 1449
　　二、中央统一管理时期 / 1456
　　三、暂缓与区域集中保管时期 / 1466
　　四、中央重新统一管理时期 / 1470

第二十七章　烟民戒烟断瘾及其改造 / 1475
　第一节　禁吸政策之流变 / 1475
　　一、强制戒烟政策的延续 / 1475
　　二、教育改造与分期戒绝：戒烟政策的温和化转向 / 1481
　　三、暂缓戒烟：1952年肃毒运动中的禁吸工作 / 1494
　　四、群众规劝与第四阶段的禁吸工作 / 1500
　第二节　个人改造与戒除烟瘾：社会救济与戒烟工作的推进 / 1506
　第三节　禁烟禁毒运动成功的经验总结 / 1513

参考文献 / 1521

索　引 / 1559

后　记 / 1585

第二十一章　中华人民共和国成立前的禁烟禁毒工作

鸦片——近代中国百年屈辱无法绕开的关键词汇。中国共产党（以下简称"中共"）自成立后就一直关注和从事禁烟禁毒工作。对于中共来说，要真正清除鸦片流毒并不是一件容易的事，因为中国是世界上重要的鸦片生产与消费国，鸦片流毒泛滥成灾长达两百余年，早已成为近代中国社会中一个久治不愈的顽症。为了消除泛滥成灾的鸦片流毒并且脱掉"东亚病夫"的帽子，中共在中华人民共和国成立前的各个历史时期积极领导普通民众开展禁烟禁毒的斗争。在多次国内革命战争和抗日战争面前，中共以高度的国家使命感和民族责任感，用艰苦卓绝的精神和行动来践行自己的禁烟禁毒决心。

第一节　中共早期的禁烟禁毒思想及政策

1922年7月，中共在《中国共产党第二次全国大会宣言》中详析了近代中国社会的变化情况，指出鸦片战争是外国列强侵略中国的开始，使得近代中国的社会性质发生根本转变，原因是"英国政府和商人要强迫把鸦片毒害中国民众"[1]。1924年9月，《中国共产党第三次对于时局宣言》中提到封建军阀和土豪劣绅是国内烟毒流行的一大罪魁祸首。[2] 1925年5月，广东省第

---

[1] 《中国共产党第二次全国大会宣言》(1922年7月)，中共中央文献研究室、中央档案馆编：《建党以来重要文献选编（一九二一——一九四九）》（第一册），中央文献出版社2011年版，第122页。
[2] 《中国共产党第三次对于时局宣言》(1924年9月10日)，中共中央文献研究室、中央档案馆编：《建党以来重要文献选编（一九二一——一九四九）》（第二册），中央文献出版社2011年版，第109页。

一次农民代表大会在《经济问题议决案》中,指出帝国主义国家"一年一年源源运来无数量鸦片烟,销售于全中国之都市乡镇,叫我们大吸特吸,使我们一方面断送无数量的现金给他们,一方面自己不能做工生产(因削弱之故)。在东莞、宝安方面,我们因得红毛(英)之供运(由香港九龙来),致一个农村人数以千计者,至少有二百人吸鸦片;在雷州方面,我们因得了法国之供运(由广州湾来),致一个农村也有许多人吸鸦片。结果:致吸鸦片的我们,全数是破产失业,并变成面黑骨瘠的鬼形。他们不但止此,还运来无数量的鸦片烟苗,叫他们帮助下的带兵老爷(军阀)强迫我们去种。结果,致我们正当生产完全停止,发生粮食的恐慌。在雷州方面,因此竟饿死二十多万农民,而未饿死之兄弟,一万十万,到南洋、安南各处卖身为奴(猪仔),未死之姊妹,一百一千到广州湾、香港、澳门各处卖身做娼,这更是何等厉害呵"①! 1926年2月10日,中共机关刊物《向导》在《反奉战争期间陕西各方面之情况》一文中批判了陕西地方政府通过勒种鸦片的方式攫取税收。② 5月,广东省第二次农民代表大会通过《广东省农民协会修正章程》,严禁农协会会员吸食鸦片,违反者将受到相应的纪律处分。③ 7月12日,中共再次发表对于时局的主张,主张禁止勒种鸦片。④ 12月,湖南省第一次农民代表大会通过《禁烟问题决议案》。该议案不但指出农食缺乏的真实原因是原先生产谷物的土地被用来种植鸦片,劳动者吸食鸦片给自身和社会造成恶劣影响,而且呼吁湖南全省禁种禁吃鸦片,限期禁绝毒品。⑤ 1927年2月,江西省第一次农民代表大会通过《严禁烟赌决议草案》,指出匪盗猖獗的原因是沉醉于烟赌的农民无心从事农业生产,随后破产失业,沦为流氓;倡导各县切实严禁烟赌;给出具体的执

---

① 《广东省第一次农民代表大会的重要决议案(选录)》(1925年5月),中国社会科学院经济研究所中国现代经济史组:《第一、二次国内革命战争时期土地斗争史料选编》,人民出版社1981年版,第31页。
② 《反奉战争期间陕西各方面之情况》,《向导》第145期,1926年2月10日。
③ 《广东省农民协会修正章程》,《第一次国内革命战争时期的农民运动资料》,人民出版社1983年版,第325—326页。
④ 《中国共产党对于时局的主张》(1926年7月12日),中共中央文献研究室、中央档案馆编:《建党以来重要文献选编(一九二一—一九四九)》(第三册),中央文献出版社2011年版,第262页。
⑤ 于建嵘主编:《中国农民问题研究资料汇编(1912—1949)》(第一卷),中国农业出版社2007年版,第120页。

行办法,即农民协会参与捉拿烟赌犯、从速制定处罚条例;限期禁绝全省烟赌。① 3月,湖北省第一次农民代表大会通过《烟赌问题决议案》,认为禁烟禁毒是各地重要工作之一,要求农会会员绝不可吸食鸦片,建议各地限期禁绝烟毒。② 3月,毛泽东在《湖南农民运动考察报告》中指出"共产党领导农会在乡下树立了威权,农民便把他们所不喜欢的事禁止或限制起来。最禁得严的便是牌、赌、鸦片这三件",同时陈述了湖南的禁烟禁毒情况,即"鸦片:禁得非常之严。农会下命令缴烟枪,不敢稍违抗不缴。醴陵一个劣绅不缴烟枪,被捉去游乡。农民这个'缴枪运动',其声势不弱于北伐军对吴佩孚、孙传芳军队的缴枪。好些革命军军官家里的年尊老太爷,烟瘾极重,靠一杆'枪'救命的,都被'万岁'(劣绅讥诮农民之称)们缴了去。'万岁'们不仅禁种禁吃,还要禁运。由贵州经宝庆、湘乡、攸县、醴陵到江西去的鸦片,被拦截焚烧不少。这一来,和政府的财政发生了冲突。结果,还是省农会为了顾全北伐军饷,命令下级农会'暂缓禁运'。但农民在那里愤愤不乐"③。6月22日,《向导》周报专门刊文介绍湖南农会开展禁烟工作的相关情况。该文首先痛斥"从满清末年起,政府即三令五申地禁鸦片。但事实上,在军阀统治之下,禁烟局本来即是卖烟局,贪官污吏土豪劣绅哪怕你拿着烟枪躺在十字街头,也没有人问,被查处罚的却尽属一些小烟鬼和没有势力的",提到"湖南农民已起来的地方以最短的时间,却一点一滴都禁绝了。土豪劣绅的烟枪给农民劈尽了。区乡农民协会决议,发现秘密吸食鸦片的罚款游乡";称赞"农民运动已给湖南农村一个新的气象"。④ 7月18日,中共发表《国民革命的目前行动政纲》,提出严禁私运鸦片、吗啡等毒物。⑤

第二次国内革命战争时期,中共在许多地区建立了苏维埃政权作为革命根据地,出台了有关禁烟禁毒的政策和法规。1928年7月,平江县苏维埃在

---

① 中共江西省委党史资料征集研究委员会、江西农业大学编:《大革命时期的江西农民运动》,中央文献出版社1993年版,第106页。
② 贺志民等编辑:《湖北革命历史文件·群团、苏维埃文件(一九二七年——一九三三年)》,中央档案馆、湖北省档案馆,1985年,第129页。
③ 毛泽东:《湖南农民运动考察报告》(1927年3月),《毛泽东选集》(第一卷),人民出版社1991年版,第35—36页。
④ 《湖南农民运动真实情形——湖南民众请愿代表团的报告》,《向导》第199期。
⑤ 《国民革命的目前行动政纲草案》(1927年7月18日),中央档案馆编:《中共中央文件选集1927》(第三册),中共中央党校出版社1989年版,第210页。

自己的政治纲领中强调:"吃鸦片、嫖赌者绝对禁止,倘敢犯者,开除饭籍。"①
1929年7月,中共闽西第一次代表大会指出禁绝烟赌是苏维埃政权的重要工作。② 1930年,中央苏区在土地法里规定游民分得田地的前提是戒绝鸦片和赌博等不良嗜好,否则可以收回他们的土地。③ 有的苏区在所颁布的刑法中专门对毒品犯罪作了规定,如赣东北苏区颁布了《赣东北特区苏维埃暂行刑律》,其中第九章详细规定了毒品犯罪的种类与处罚措施。毒品犯罪的种类有10种,即制造鸦片罪、贩卖鸦片罪、私藏鸦片罪、制造吸食鸦片器具罪、收藏吸食鸦片器具罪、贩运吸食鸦片器具罪、开设吸食鸦片馆舍罪、栽种罂粟罪、吸食鸦片罪、贩运鸦片罪等。刑律对毒品犯罪的处罚相当严厉,规定除吸食鸦片罪和制造、收藏、贩运鸦片器具罪外,其他各项毒品犯罪均可判处死刑。此外,刑律还规定所有毒品犯罪分子除了受到刑事处罚外,都要附加褫夺公权。

1932年9月28日,湘赣省苏维埃内务部公布《禁烟禁赌条例》,对吸食鸦片者戒绝烟瘾和烟犯处罚进行规定。该条例要求吸食者在一个月内戒绝烟瘾;烟犯的处罚分为拘留、警告及劝告,并对违反条例的具体情况进行详细说明和分类;实行严格的禁种和禁运办法,给予运入苏区烟土者一个月时间,过期经察觉即行没收并处以相应判罚。④ 1933年,巴中县苏维埃政府公布《为禁鸦片烟事布告》,规定以后不得再种鸦片烟苗;开展禁烟禁毒宣传工作;取消瘾民捐;实施种烟和吸烟登记;开设戒烟局等。⑤ 9月,苍溪县苏维埃对禁烟问题作出具体规定,要求扩大戒烟宣传,要求全县该年冬月减少现有鸦片的30%,第二年3月减少一半,5月完全禁绝。⑥ 1934年,中国共产主义青年

---

① 平江县委党史资料征集小组办公室:《平江革命历史文献资料集》,内部资料,1983年,第413页。
② 江西省档案馆、中央江西省委党校党史教研室选编:《中央革命根据地史料选编》(下册),江西人民出版社1982年版,第17页。
③ 《土地法规定戒绝鸦片等恶嗜好之游民始准分田》(1930年2月7日),江西省档案馆等选编:《中央革命根据地史料选编》(下册),江西人民出版社1982年版,第377页。
④ 湘赣省苏维埃内务部:《禁烟禁赌条例》(1932年9月28日),陈明光主编:《中国卫生法规史料选编(1912—1949.9)》,上海医科大学出版社1996年版,第436—437页。
⑤ 《巴中县苏维埃政府布告为禁鸦片事》(1933年),马模贞主编,国家禁毒委员会办公室组织编写:《中国禁毒史资料(1729年—1949年)》,天津人民出版社1998年版,第1604页。
⑥ 《苍溪县第一次工农兵代表大会决议书》(1933年9月8日),四川人民出版社编:《川陕革命根据地历史文献选编》(上),四川人民出版社1979年版,第252页。

团川陕省第四次团员代表大会就青年和儿童工作提出建议:"穷苦青年不吃大烟,大烟是发财人来害穷人,整穷人的,吃了大烟的人就没有精神了。赤色儿童不吃大烟,还要监视苏维埃的工作人员吃烟,实行打苏维埃工作人员的烟灯。"①此外,地方苏维埃政权要求将大烟鬼清除出地方武装队伍。中共江西省委就规定:"凡是一切豪绅地主、大烟鬼、流氓及一切剥削分子和贪污腐化等阶级异己分子,经过党的作用发动战斗员指挥员向异己分子的坚决斗争,一律洗刷出地方武装。"②这一做法的目的是纯洁作战队伍,从而加强地方武装的战斗力。

中共积极结合农村生产运动开展禁种鸦片工作。西北革命军事委员会在关于土地问题的布告里鼓励川陕群众积极投入耕作生产,同时鼓励种植有益身体健康的谷类作物,逐步禁绝种烟。③ 1930年,中国革命军事委员会的《苏维埃土地法》和闽西苏维埃政府的《土地法》均规定,游民分得土地的前提是戒绝鸦片、赌博等不良嗜好。④ 随后,闽西第一次工农兵代表大会在《土地法令》中进一步明确分得耕地的人不允许种植鸦片。⑤ 1933年2月,川陕省苏维埃政府在土地改革布告里强调:"赤区奖励种有益身体之谷物,一律禁止种鸦片烟。……唯年老气衰不能禁戒者,得于县区苏维埃许可之下种少数鸦片,但每乡不得过十背谷的烟田,经过一定时期后则完全禁种。"随后,省苏维埃又规定:分好的土地要马上进行秋耕,反对种植鸦片。⑥ 同年,川陕苏区的刊物《干部必读》刊登了《目前中心工作》一文,要求各地干部将秋收秋耕与禁烟禁毒运动结合,做到不让一块田地偷种鸦片,动员广大青年在秋收秋耕运

---

① 四川省财政科学研究所、川陕革命根据地博物馆编:《川陕革命根据地财政经济史料选编》,四川省社会科学院出版社1987年版,第165—166页。
② 中共江西省委:《为加强和巩固地方武装发展游击战争的决议》,江西省档案馆、中央江西省委党校党史教研室选编:《中央革命根据地史料选编》(中册),江西人民出版社1982年版,第647页。
③ 《西北革命军事委员会军区政治部关于土地问题的布告》,川陕革命根据地历史文献选编编委会:《川陕革命根据地历史文献选编》,四川人民出版社1979年版,第525—527页。
④ 江西省档案馆、中央江西省委党校党史教研室选编:《中央革命根据地史料选编》(下册),江西人民出版社1982年版,第377、415页。
⑤ 江西省档案馆、中央江西省委党校党史教研室选编:《中央革命根据地史料选编》(下册),江西人民出版社1982年版,第63页。
⑥ 四川省社会科学院、陕西省社会科学院编:《川陕革命根据地史料选辑》,人民出版社1986年版,第190、193页。

动中宣传禁种鸦片的内容。① 1934年2月,《少年少锋》刊载《加紧春耕运动和戒烟运动》一文,号召四川苏区青年在春耕运动中多种粮食,不要种麻醉青年的鸦片,同时加紧推进戒烟运动,使苏区的每一个青年都有健康的身体。②

在积极的禁烟禁毒政策指导下,部分根据地的禁烟禁毒工作取得一定成绩。1933年,据川陕根据地禁烟禁毒运动的报告显示,巴中地区总计烧毁9000到10000多斤,通江烧毁7000多斤,南江烧毁5000多斤。苏维埃政府在各地设立戒烟局,集中帮助烟民戒烟,同时平价赠送穷人戒烟丸药。各地妇女在戒烟运动中发挥了重要作用,一方面劝告亲人不要吃烟、种烟或卖烟;另一方面参加妇女戒烟大会,推进戒烟工作。通南巴一带吸烟人数大为减少,不吸的占70%,未完全戒绝的占20%,仍吸的老弱者占10%。③ 1933年2月的《川北穷人》特地刊发《通江、南江、巴中戒烟局成绩甚佳》一文,称赞苏维埃政府平价赠药的戒烟举措和成效。④

第二节　全面抗战时期中共的禁烟禁毒工作

全面抗战时期,中共领导的禁烟禁毒工作主要表现为逐步完善禁烟禁毒法规,同时,也取得了可贵的实效,这一点在中共中央所在地陕甘宁边区表现最明显。在红军主力到达陕北以前,陕甘宁地区所在的西北一直是仅次于我国西南地区的第二大罂粟种植与鸦片生产基地,也是烟毒泛滥最重的地区之一。红军抵达陕北后,本着救国救民的宗旨,为了争取当地民众支持,动员广大青年加入革命队伍,积极抗日,采取各种办法实行禁烟。陕甘宁边区政府在《1939年边区国防经济决议》中明确提出禁种鸦片,各劳动组织要在春耕

---

① 《干部必读》编者:《目前中心工作》(1933年8月23日),《干部必读》第41期,转引自四川省档案馆编:《川陕苏区报刊资料选编》,四川省社会科学院1987年编印,第360页。
② 《加紧春耕运动和戒烟运动》(1934年2月5日),《少年少锋》第30期,转引自四川省档案馆编:《川陕苏区报刊资料选编》,四川省社会科学院1987年编印,第371—372页。
③ 《川陕革命根据地的禁烟运动》(1933年),马模贞主编,国家禁毒委员会办公室组织编写:《中国禁毒史资料(1729年—1949年)》,天津人民出版社1998年版,第1600—1602页。
④ 《通江、南江、巴中戒烟局成绩甚佳》,《川北穷人》1933年2月16日,转引自马模贞主编,国家禁毒委员会办公室组织编写:《中国禁毒史资料(1729年—1949年)》,天津人民出版社1998年版,第1604页。

中进行检查,如发现种烟立即铲除。① 1939年1月1日,边区政府、第八路军及后方留守处发出有关抗战的布告,其中规定包庇或贩卖鸦片者,无论任何机关和人员,均应依法惩处。② 3月5日,边区政府在《陕甘宁边区民众锄奸委员会组织条例》里规定委员会如果发现贩卖鸦片毒物者应立即报告保安处系统。③ 4月4日,边区政府发布抗战时期的施政纲领,明确提出铲除鸦片赌博的纲领。④ 首先,利用基层政权组织与各种准军事化团体,如贫农团、工会、儿童团、妇女协会等,进行广泛宣传,发动民众,让广大烟民了解鸦片的危害、禁烟禁毒的意义以及边区政府禁烟禁毒的政策,使禁烟禁毒政策转变为民众的自觉意愿。许多瘾民纷纷到各地政府申请登记,主动要求戒绝烟瘾。边区政府还发动民众互相监督,妻劝其夫,兄勉其弟,父诫其子;对戒断烟瘾或缉查烟贩有业绩者,予以奖励;对少数执迷不悟的毒品犯罪分子,按规定予以惩处。1941年10月23日,边区政府发布禁烟布告,要求无论军民倘若违反禁令,贩运鸦片进入边区境内,一律严肃惩处。⑤ 1942年,边区政府颁布了两项关于禁烟禁毒的专门性法规,即《陕甘宁边区查获鸦片毒品暂行办法》和《陕甘宁边区禁烟禁毒条例(草案)》,从而使边区的禁烟禁毒工作规范化,有法可依。

《陕甘宁边区禁烟禁毒条例(草案)》是由陕甘宁边区政府依据国民政府有关法令并参酌边区特殊情况而制定颁发的,适用于陕甘宁边区范围。条例规定了7种毒品犯罪种类,即吸食或注射烟毒罪、种植鸦片烟苗罪、制造吸食或注射烟毒之器具罪、抗拒禁烟禁毒罪、庇护他人吸食或贩卖烟毒罪、买卖或贩运烟毒罪、设立传布烟毒商店机关罪。对吸食烟毒者,条例规定登记后限期

---

① 《一九三九年边区国防经济决议》,陕西省档案馆、陕西省社会科学院编:《陕甘宁边区政府文件选编》第2辑,陕西人民教育出版社2013年版,第1—2页。
② 《陕甘宁边区政府、第八路军后方留守处布告》(1939年1月1日),陕西省档案馆、陕西省社会科学院编:《陕甘宁边区政府文件选编》第1辑,陕西人民教育出版社2013年版,第74页。
③ 《陕甘宁边区民众锄奸委员会组织条例》(1939年3月5日),陕西省档案馆、陕西省社会科学院编:《陕甘宁边区政府文件选编》第1辑,陕西人民教育出版社2013年版,第175页。
④ 《陕甘宁边区抗战时期施政纲领》(1939年4月4日),陕西省档案馆、陕西省社会科学院编:《陕甘宁边区政府文件选编》第1辑,陕西人民教育出版社2013年版,第140页。
⑤ 《国民革命军第十八集团军总司令部、陕甘宁边区政府关于禁烟的布告》(1941年10月23日),陕西省档案馆、陕西省社会科学院编:《陕甘宁边区政府文件选编》第4辑,陕西人民教育出版社2013年版,第119页。

戒绝,其中30岁以下者登记后3个月内戒绝,40岁以下者登记后6个月内戒绝,60岁以下者登记后1年内戒绝,60岁以上者登记后2年内戒绝。凡拒不登记或登记后未在规定期限内戒绝者,处半年以下徒刑或苦役,并科百元以下之罚金。对种植鸦片烟苗者,条例规定处1年以下之徒刑或苦役,并科200元以下之罚金。对抗拒禁烟禁毒或庇护他人从事烟毒犯罪者,条例规定视情节轻重处1年以上3年以下有期徒刑,或科200元以上500元以下之罚金。对买卖或贩运烟毒者,条例规定视其买卖或贩运毒品价值多少分别处以刑罚,其中规定买卖或贩运烟毒价值在500元以上者,处死刑并没收其家产。对开设烟馆或商店者,条例规定视其情节轻重,处1年以上有期徒刑至死刑,并没收其全部财产。为了防止日本帝国主义破坏陕甘宁边区的禁烟禁毒工作,条例第十一条特别明确规定:凡直接或间接受日寇之主使以烟毒危害民族生机者,按惩治汉奸条例论罚。①《陕甘宁边区禁烟禁毒条例(草案)》是陕甘宁边区颁布的最重要的禁烟禁毒法规,涉及禁种、禁贩、禁售、禁吸等禁毒工作的主要内容,是一部较为完整的禁毒法规;该条例对各种毒品犯罪的惩处既区别对待,又宽严相济,合情合理。例如,在种、贩、售、吸4种毒品犯罪的处理上,一方面,对吸食者处罚较轻,这是考虑到吸毒者是被动受害人,且当地吸毒现象原本十分盛行,人数众多,如果严厉禁吸,不仅欲速不达,也可能会引起许多人的不满,因此只宜采用限期渐禁的办法;另一方面,对从事毒品贩卖者则给予严厉打击,因为他们是为牟取暴利而造成毒品泛滥的直接祸首。

为了有效推进禁烟禁毒工作,陕甘宁边区进一步完善禁烟禁毒组织和法规。1942年1月14日,边区政府发布《关于成立陕甘宁边区禁烟督察处事》的命令,申明敌占区的烟毒正不断流向边区,边区为贯彻禁政且断绝烟毒流入,在第四次政务会议上决定设立陕甘宁边区禁烟督察处,并通过《陕甘宁边区禁烟督察处组织规程》和《陕甘宁边区查获鸦片毒品暂行办法》,进一步规范禁政流程。《陕甘宁边区禁烟督察处组织规程》规定督察处分设禁烟督察处和禁烟督察处督察分处。督察处长负责承接边区政府的命令,执行该地鸦

---

① 《陕甘宁边区禁烟禁毒条例(草案)》,黄绍智等主编:《禁毒工作手册》,上海三联书店1993年版,第74—77页。

片和鸦片代用毒品的查禁工作,下设秘书室、第一科、第二科及督察队,分别负责日常工作、烟毒没收与处理、烟民登记与戒瘾、烟毒查缉。分处负责承接督察处长的命令和地方行政长官的监督,执行辖境内烟毒查禁工作。《陕甘宁边区查获鸦片毒品暂行办法》是对《陕甘宁边区禁烟禁毒条例(草案)》的补充,共计12条。其主要内容是禁烟禁毒工作的执行程序与奖励办法,办法规定:边区内无论部队、机关、团体或个人都有协助政府查获毒品犯罪的义务;边区禁烟督察处或分处是专门查获毒品犯罪的权力机关;对于查获的烟毒人犯,禁烟督察处除将人犯移交司法机关办理外,其烟毒及烟具必须全部予以没收并销毁;同时规定了具体的奖励办法,鼓励单位和个人积极揭发毒品犯罪活动。①

烟民戒瘾工作成为陕甘宁边区政府开展禁政的长期性任务之一。相对于禁运和禁种工作,戒烟工作需要更长的时间和更多的精力,不可能在短时间内取得立竿见影的效果,原因包括内外两方面,一方面是烟民构成复杂且需要消耗一定的时间戒断,另一方面日寇不断向边区倾销大量烟毒。报告显示,边区部分地区虽然短时间内禁绝了烟毒贩卖,但是暗地吸食的现象仍时有发生。1939年,宁县发现过去一年虽然禁绝鸦片种植,但是还有许多抽烟的人。② 1940年,曲子县同样发现本县的禁政初有成效,然而吸食烟毒的现象虽表面绝迹,实质上转变为地下吸食。因此,曲子县于3月4日呈请设立戒烟所,试图网罗烟民,限期集中戒绝。该县还制定了《成立戒烟所办法》,不但详细梳理了建立戒烟所的流程,而且条陈了烟民戒烟的办法,包括教育与生产结合、制造戒烟丸、减免生活费等。③ 为了使烟民戒断烟瘾,边区政府采取了一系列的措施。1942年4月16日,民政厅和禁烟督察处特别编制烟民

---

① 《陕甘宁边区政府关于成立陕甘宁边区禁烟督察处命令》(1942年1月14日),陕西省档案馆、陕西省社会科学院编:《陕甘宁边区政府文件选编》第5辑,陕西人民教育出版社2015年版,第33—36页。
② 《陕甘宁边区政府对宁县一九三八年度工作报告的指令》(1939年3月16日),陕西省档案馆、陕西省社会科学院编:《陕甘宁边区政府文件选编》第1辑,陕西人民教育出版社2013年版,第125—126页。
③ 《陕西曲子县政府呈请成立禁烟所》(1940年3月4日),马模贞主编,国家禁毒委员会办公室组织编写:《中国禁毒史资料(1729年—1949年)》,天津人民出版社1998年版,第1609页。

调查表,要求各地确实调查登记,随后按登记者情况发给戒烟丸。① 1943年9月11日,为彻底禁绝吸食和杜绝烟民复吸,边区政府专门发布禁止吸毒的指示:一是要求彻底清查烟民,按个人情况限定戒绝时间;二是按时按量发放戒烟丸,必要时设立戒烟所;三是生产与教育结合,说服与强制结合;四是开展群众性的劝戒运动;五是组织戒烟竞赛,奖励积极者;六是拒不配合者应依法处理;七是将戒烟工作作为各级政府工作考核之一。②

1943年1月和3月,边区政府两次发布禁烟禁毒命令,要求边区各地严厉查禁私种烟苗,发现后立即令种户铲除。同时,边区地方政府积极响应禁烟禁毒号召。绥德分区公布禁烟布告,所有烟膏店在3个月内必须关门;严禁从境外购买和运输鸦片,否则处以严刑;3个月后严禁鸦片买卖;吸食者在3个月内戒除。③ 大规模的社会宣传动员与禁烟禁毒法规的颁布实行,使陕甘宁边区的各种毒品犯罪活动得到了有效遏制,特别是原来风行的吸毒现象基本消除,得到了许多民主人士的广泛称赞。很多青年戒断烟瘾后重新投入生产或参加革命队伍,从而巩固和壮大了边区的政治经济力量。11月24日,边区政府决定统一缉私工作,将处理毒品贩运等缉私工作统一划归保安机关,原有禁烟督察机关被一律并入保安机关的组织系统中。④ 1945年,边区政府发现日寇经由商贩将料面或红丸等毒性更强的毒品输入边区,遂于5月11日发布严禁料面入境的命令,要求各地注意日寇升级后的毒化政策。⑤ 显然,边区的禁烟禁毒工作开展得比较彻底和全面。

除陕甘宁边区外,中共领导的其他抗日根据地边区政府也积极开展禁烟禁毒工作。与陕甘宁边区相比,这些抗日边区大多地处华北敌后,禁烟禁毒

---

① 《民政厅、禁烟督察处关于查禁烟毒发瘾民登记表通告》(1942年4月16日),马模贞主编,国家禁毒委员会办公室组织编写:《中国禁毒史资料(1729年—1949年)》,天津人民出版社1998年版,第1617页。
② 《陕甘宁边区政府为禁止吸毒事给专员公署县(市)政府的指示信》(1943年9月11日),《历史档案》1993年第2期,第70页。
③ 《陕甘宁边区绥德分区行政督察专员公署禁烟布告》(1940年3月25日),马模贞主编,国家禁毒委员会办公室组织编写:《中国禁毒史资料(1729年—1949年)》,天津人民出版社1998年版,第1610页。
④ 《陕甘宁边区政府为加强缉私工作的命令》(1943年11月24日),《历史档案》1993年第2期,第71—72页。
⑤ 《陕甘宁边区政府严禁料面入境的命令》(1945年5月11日),《历史档案》1993年第2期,第72页。

工作难度较大。日军为了削弱中国人的反抗能力,在中国掠夺巨大的经济利润,在占领区内有计划地大肆推行鸦片毒害政策,使占领区内的鸦片烟毒更加泛滥。① 为了肃清根据地内的毒品犯罪,粉碎日军的毒化阴谋,许多抗日边区先后颁布了各种禁烟禁毒法令,在极其困难的条件下积极进行禁烟禁毒工作。

1939年2月19日,晋察冀边区发布《晋察冀边区行政委员会关于严禁播种罂粟的命令》,指出:"播种罂粟,病国害民,早已悬为严禁,惟自敌寇进犯以来,厉行毒化政策,到处强迫播种。而无知愚民,竟有受其欺骗秘密偷种者,若不严加禁绝,将见生产日减,毒氛日炽,影响抗战殊非浅鲜。现值春耕将届,罂粟不日下种之期,合再重申禁令,仰该县长认真查禁,彻底肃清,倘有偷种,一经查获,即按中央禁烟治罪暂行条例严重处办。除分令外,仰遵照,并布告该县民众一体周知为妥。"② 2月19日,边区再次发布《晋察冀边区行政委员会查禁种烟令》。③ 1941年1月1日,晋西北根据地颁布《禁烟治罪暂行条例》,对种植、贩运、销售及吸食鸦片等行为作出严格规定:以制造鸦片为目的的种烟者,处以死刑,敌占区种植者酌情处以罚金;贩运或意图贩运鸦片者,处2年以上10年以下有期徒刑,并科5000元以下之罚金,数量在200两以上者处死刑;销售鸦片及烟具者,处2年以上10年以下有期徒刑,并科3000元以下之罚金;吸食者以25岁为界限,年纪较轻的在1年内戒除,年纪较长的在3年内戒绝,否则处3年以下有期徒刑;军政事业单位人员违反条例者加倍处罚。另外,该条例还增加附则,具体规定查获烟犯的奖励办法。④

1941年7月,晋冀鲁豫边区颁布施行《晋冀鲁豫边区毒品治罪暂行条例》,共17条,对从事毒品制、贩、售、吸者的处罚相当严厉。如对制造毒品者,规定处死刑并没收其财产全部或一部分;对运输毒品或包庇运输的惯犯,

---

① 关于这一问题的研究,可参见朱庆葆、蒋秋明、张士杰:《鸦片与近代中国》,江苏教育出版社1995年版。
② 《晋察冀边区行政委员会关于严禁播种罂粟的命令》(1939年2月19日),黄绍智等主编:《禁毒工作手册》,上海三联书店1993年版,第79—80页。
③ 《晋察冀边区行政委员会查禁种烟令》(1939年2月19日),马模贞主编,国家禁毒委员会办公室组织编写:《中国禁毒史资料(1729年—1949年)》,天津人民出版社1998年版,第1609页。
④ 《晋西北禁烟治罪暂行条例》(1941年1月1日),黄绍智等主编:《禁毒工作手册》,上海三联书店1993年版,第84—86页。

规定处死刑或无期徒刑;对出卖毒品者,处死刑或无期徒刑,并没收其财产全部或一部分;对吸食毒品者,勒令自 1941 年 9 月 1 日始在各村公所登记,登记后限期戒绝,25 岁以下者 3 个月戒绝,25 岁至 40 岁者 6 个月内戒绝,40 岁以上者 9 个月内戒绝。过期不戒者,处 1 年以下劳役,并科 3000 元以下之罚金,判罚 3 次以后再犯者处死刑。条例还特别规定,政府公务员从事毒品犯罪,均按条例规定的最高刑处断,公务员收贿包庇或纵容他人毒品犯罪,处死刑。无疑,严加防范公务人员的毒品犯罪,这对条例的贯彻执行具有重要作用。① 相比较而言,晋冀鲁豫边区颁布的禁烟禁毒条例,对毒品犯罪的处罚较其他边区更为严厉。不过需要说明的一点是,该条例所认定的毒品,主要指吗啡、海洛因、高根等烈性毒品,不包含鸦片,对鸦片犯罪的处罚,条例中没有明确规定。

1943 年 4 月,山东根据地发布《山东省禁毒治罪暂行条例》,对从事鸦片以外毒品的制造、贩卖、吸食者,也规定了严厉处罚措施,如意图生产鸦片而种植罂粟者最高可以判处死刑;贩运鸦片在 300 两以上者同样可以处以死刑。②

禁烟禁毒法规颁行以后,各边区政府积极开展禁政活动,取得了明显成效。1941 年 4 月 25 日,晋察冀边区号召开展灭毒运动,原因是日军推行毒化政策,多方偷运毒品到边区、游击区及半游击区,试图毒化民众,进而削弱中华民族的战斗力和经济生产力。因此,边区要求各级政府提高警惕,一方面严格稽查毒品输入活动;另一方面开展拔苗运动,根绝已种烟苗,播种粮食,增强抗战实力。③ 晋绥边区的山西太谷县抗日根据地,从 1941 年底开始大规模禁烟禁毒活动。首先,他们组织和动员民众进行反毒斗争,成立反毒会与戒毒会,反毒会成员由群众中具有一定威信、反毒立场坚定的人担任,戒毒会成员由吸毒者组成,这些人集中在戒毒所内戒毒。其次,县抗日政府制定

---

① 《晋冀鲁豫边区毒品治罪暂行条例》(1941 年 7 月 15 日),黄绍智等主编:《禁毒工作手册》,上海三联书店 1993 年版,第 82—84 页。
② 《山东省禁烟治罪暂行条例》(1943 年 4 月 2 日),山东省档案馆、山东社会科学历史研究所编:《山东革命历史档案资料选编》第 9 辑,山东人民出版社 1983 年版,第 424—425 页。
③ 《晋察冀边区行政委员会关于开展灭毒运动的命令》(1941 年 4 月 25 日),马模贞主编,国家禁毒委员会办公室组织编写:《中国禁毒史资料(1729 年—1949 年)》,天津人民出版社 1998 年版,第 1611 页。

施行禁烟禁毒政策,对大规模贩卖烟毒者予以镇压,对一般贩卖者进行处罚和教育,对吸食者进行登记,编制成册,以便上级主管随时检查他们的戒毒情况,对瘾性较大的吸食者予以收容,强制戒毒。到1943年初,太谷境内的毒品犯罪现象大大好转,但一些利欲熏心的走私犯仍然从日占区偷运鸦片入境。于是,从1943年起,取缔毒品走私就成了太谷县禁烟禁毒工作的重心。县根据地依据情况变化,采取了新的禁烟禁毒措施:严厉惩处屡教不改的吸毒犯,在各交通要道设立检查所,由武装民兵查缉走私。晋西北根据地在收复区偏关县开展禁烟禁毒活动,没收民间所藏大烟,彻底肃清该地的烟毒问题。① 这样,到1944年初,日军占领区向根据地的毒品走私终于被遏制。

在制定禁烟禁毒法规和采取禁烟禁毒举措的同时,中共积极开展抗战禁烟禁毒宣传,揭露日寇的毒化政策,宣传边区的禁烟禁毒成绩。在"六三"禁烟纪念日前后,中共主办的新闻期刊刊登禁烟禁毒短评或社论,响应禁烟禁毒宣传的号召。1938年6月3日,《新华日报》刊载短评《协力肃清烟毒》,声称日寇在占领区不但推行奴化政策,而且用鸦片麻醉中国人,削弱中华民族的战斗力;同时号召军民热烈参加禁烟禁毒工作,积极推广边区的禁烟禁毒经验。② 同日,《新华日报》发表《边区禁烟运动的成绩》一文,总结了边区禁烟禁毒成功的经验:第一,广泛动员群众,使其意识到禁烟禁毒的意义;第二,边区政府制定预算,禁止鸦片自由买卖,炼制戒烟药品;第三,制定具体戒绝烟毒的方法;第四,在各团体内开展禁烟竞赛。③ 6月11日,《群众》刊发社论《禁烟与抗战同样是民族解放的斗争》,指出中华民族在艰苦抗战之际,应该用驱逐日寇的决心来努力进行禁烟禁毒运动,原因是日军在狂轰滥炸军事进攻的同时,借鸦片白面毒害民众,此举乃是种族存灭的大事。该文给出的建议是将政府禁烟禁毒的命令转换成为千万民众的自觉意志,大家积极主动地参加禁烟禁毒比赛;同时,政府解决民众的生活困难,如奖励生产、设立平民医院、举行娱乐活动等。最后,该文指出"禁烟是和抗战一样,我们要把它看作一种民族解放的斗争,是一种全面性、民众性的斗争,要动员广大的民众来

---

① 《晋西北偏关县府根绝收复区烟毒》,《新华日报》1942年6月9日。
② 《协力肃清烟毒》,《新华日报》1938年6月3日。
③ 湘潮:《边区禁烟运动的成绩》,《新华日报》1938年6月3日。

共同努力"①。1942年6月3日,《新华日报》再次登载短评《禁烟节感言》,称赞"中国共产党人以争取民族自由人类解放为职志,不留情地主张禁绝毒害民族的烟祸",肯定陕甘宁边区和华北敌后根据地在禁烟工作上雷厉风行,成绩显著,称其为"禁烟模范区"。②

第三节 解放战争时期中共的禁烟禁毒举措

解放战争时期,随着中共力量的不断壮大,禁烟禁毒工作在各地广泛开展,许多根据地和解放区都相应制定了禁烟禁毒法规,有的不断完善禁烟禁毒组织机构。1946年2月22日,陕甘宁边区政府公布《陕甘宁边区查缉毒品办法》,规定边区设立查缉委员会,各分区设立查缉分会;该组织负责查缉烟毒贩运事件,不包括戒毒工作;稽查队员需持证上岗,按照特定的查缉和没收处理规则办公,不得徇私舞弊;查缉队在遇到特殊情况下可允许一定的公安机关或税务缉私机关兼理所在地的查缉工作;其他军民团体均无查缉权。③1948年2月22日,陕甘宁晋绥边区政府和联防军区发布通令,对缉私人员的权责进行规范。该通令明确提出各级缉私单位不得擅自支用所获毒品;区县缉私机关不可处理毒品;贸司给各分支公司解送毒品时,需持有通行证,不得没收;对表现良好的缉私群众要进行提奖。④ 1949年1月10日,上述两个组织再次发布有关缉私的指示,一方面要求各级政府重视缉私工作,包括严禁违法走私、加强缉私人员教育管理、酌情照顾贫苦群众、严格执行检举提奖办法等;另一方面颁布《陕甘宁晋绥边区暂行缉私规章》,共计9条,对缉私的区域、主体、组织与领导关系、职权、没收处理流程、注意事项、与地方政府关

---

① 《禁烟与抗战同样是民族解放的斗争》,《群众》1938年6月11日。
② 《禁烟节感言》,《新华日报》1942年6月3日。
③ 《陕甘宁边区政府关于公布查缉毒品办法的命令》(1946年2月22日),《历史档案》1993年第2期,第72—73页。
④ 《陕甘宁晋绥边区政府、联防军区通令——特依缉私办法重行规定各级缉私人员责权》(1948年2月22日),《红色档案·延安时期文献档案汇编》编委会编:《红色档案·延安时期文献档案汇编·陕甘宁边区政府文件选编》(第12卷),陕西人民出版社2013年版,第46—47页。

系、提奖办法等内容作了详细规定。① 3月19日,陕甘宁边区政府发布关于严禁种烟吸烟的通令,重申边区一律禁种大烟;各级政府应该广泛宣传禁烟禁毒政策;结合生产运动对吸烟懒惰的二流子进行改造,使其彻底改造。② 5月12日,边区政府再次发布通令,再次提到3月19日的通令,原因是发现部分地区仍有不法之徒偷种烟苗;要求各地政府结合生产运动深入开展禁烟禁毒宣传工作;在发现烟苗地区,县政府应派干部带警卫队前往该地进行铲除烟苗的工作,及时完成补种秋田的任务。③

为消除抗战时期日军在察绥热辽地区制造的烟毒恶果,晋察冀边区行政委员会于1945年10月13日决定设立禁烟督察局,负责管理禁烟禁毒工作,下设秘书室、行政科及经济科,同时决定在种植罂粟的专区设禁烟督察分局,县设县局。④ 28日,边区公布《禁烟督察局组织章程》,对督察局的责任、分支机构设置、干部任用奖惩等内容进行详细的规定。⑤ 12月4日,边区政府对各级政府和禁烟局的领导关系进行说明,各级禁烟局是同级政府的组成部分,不但边区及省级禁烟局受到同级财政部门的领导,而且专区及县级禁烟机构受到同级政府首长的直接领导。⑥ 15日,为加强种烟严重地区的禁政工作,边区政府决定在察哈尔和热河设置禁烟督察局,在省政府和边区局的双重领导下开展禁烟禁毒工作,原因是这些地区的成年人约70%染有烟瘾;规定怀来、涿鹿及延庆县局为直属局,直接受到边区禁烟局的领导。⑦

---

① 《陕甘宁晋绥边区政府、西北军区司令部关于加强缉私及颁发修正缉私规章的指示》(1949年1月10日),《历史档案》1993年第2期,第75—78页。
② 《陕甘宁边区政府通令——关于严禁种烟吸烟》(1949年3月19日),《红色档案·延安时期文献档案汇编》编委会编:《红色档案·延安时期文献档案汇编·陕甘宁边区政府文件选编》(第13卷),陕西人民出版社2013年版,第141页。
③ 《陕甘宁边区政府通令——关于重申边区各地一律禁种大烟》(1949年5月12日),关保英主编,杜欣宜、许松副主编:《陕甘宁边区行政强制法典汇编》,山东人民出版社2016年版,第447页。
④ 《关于设署禁烟督察局的决定》(1945年10月13日),晋察冀边区阜平县红色档案丛书编委会编:《晋察冀边区法律法规文件汇编》(上),中共党史出版社2017年版,第113页。
⑤ 《晋察冀边区禁烟督察局组织章程》(1945年10月28日),晋察冀边区阜平县红色档案丛书编委会编:《晋察冀边区法律法规文件汇编》(上),中共党史出版社2017年版,第113—114页。
⑥ 《关于各级政府和禁烟局的领导关系及当前禁烟工作的指示》(1945年12月4日),晋察冀边区阜平县红色档案丛书编委会编:《晋察冀边区法律法规文件汇编》(上),中共党史出版社2017年版,第115页。
⑦ 《关于设置各级禁烟督察局组织的补充决定》(1945年12月15日),晋察冀边区阜平县红色档案丛书编委会编:《晋察冀边区法律法规文件汇编》(上),中共党史出版社2017年版,第116页。

同时，晋察冀边区政府积极制定禁烟禁毒法规。1945年10月17日，晋察冀边区再次发布《关于严加管理烟毒的布告》，再次谈到沦陷区在日寇的毒化统治之下，民众被迫种烟，吸食者日众，倾家荡产；重申了禁绝烟毒的决心，设立禁烟督察局；禁止种植、买卖、贩运鸦片；烟农按定价上缴烟土；烟民限期登记，按期解除烟瘾；积极鼓励群众参与缉私活动，可获得相应奖励。① 11月21日，该边区公布施行《晋察冀边区鸦片缉私暂行办法》，其目的是贯彻边区禁烟禁毒政策，肃清日伪时期遗留的鸦片流毒。暂行办法规定取缔一切鸦片走私，凡在日伪时期私存的鸦片，一律由禁烟督察局收买处理，否则依禁烟法治罪。同日，边区提到执行缉私办法的几个注意事项：第一是各地官员在科刑处罚时要适当照顾长期受日寇毒化侵害的穷苦群众；第二是严防军政工作人员乱加逮捕、刑罚等现象的发生；第三是走群众路线，充分发动群众，使其自动检举和报告烟毒情况。② 1946年7月15日，边区禁烟督察总局调整了查获烟毒的奖励办法，规定参加生产的部队、地方武装、政权工作者、群众团体、民众，均可参与查缉烟毒的工作，查获者享受同样的奖金，每两烟土一律给予2元的奖金，以此动员广大群众参与禁烟禁毒运动。③ 1949年7月16日，华北人民政府公布施行《华北区禁烟禁毒暂行办法》，其内容与《苏北区禁烟禁毒暂行办法》基本相同，规定严禁种植、制造、贩运、吸食烟毒，违者予以处罚，但没有规定具体的处罚标准。④

晋察冀边区政府还积极开展戒烟工作。热察绥晋众多烟瘾者的戒断与管理成为晋察冀新解放区的重要工作。1945年12月3日，晋察冀边区政府公布《戒烟暂时办法》，内容包括烟民的登记办法及戒绝期限、烟民管理与教

---

① 《晋察冀边区行政委员会关于严加管理烟毒的布告》(1945年10月17日)，马模贞主编，国家禁毒委员会办公室组织编写：《中国禁毒史资料(1729年—1949年)》，天津人民出版社1998年版，第1626页。

② 《晋察冀边区行政委员会关于执行缉私办法注意事项的通知》(1945年11月21日)，马模贞主编，国家禁毒委员会办公室组织编写：《中国禁毒史资料(1729年—1949年)》，天津人民出版社1998年版，第1626页。

③ 《查获烟毒奖励办法》(1946年7月15日)，晋察冀边区阜平县红色档案丛书编委会编：《晋察冀边区法律法规文件汇编》(下)，中共党史出版社2017年版，第346页。

④ 《华北区禁烟禁毒暂行办法》(1949年7月16日)，中共中央文献研究室、中央档案馆编：《建党以来重要文献选编(一九二一——一九四九)》(第二十六册)，中央文献出版社2011年版，第574—575页。

育流程、未按期戒绝者的处罚办法、因病致瘾者的戒瘾办法、隐瞒烟瘾者的处罚标准等。① 15日,边区政府发布烟瘾者登记管理指示,步骤是先在平绥路沿线和产烟区的城镇进行登记和配售,一般乡村随后根据情况开展工作,防止操之过急的行为。方法是民政部门、禁烟局及区村干部通过民校、干部会、座谈会等形式开展广泛的宣传动员;禁烟委员配合区村干部进行调查登记,审核烟民吸食量和戒绝期限;各地采取渐吸、渐减、渐戒的戒绝方针,组织戒烟小组管理瘾民;禁烟局按要求发放戒烟所需的烟膏。② 1946年2月25日,该边区政府在重申严禁种烟的命令时,指出抗战时期日寇的毒化政策给民众身体健康和经济生产带来巨大破坏,边区军民在解放热察晋北地区后开展禁烟禁毒工作,改造烟民,增加粮食生产,弥补战争创伤。③ 1949年8月21日,为了具体执行《华北区禁烟禁毒暂行办法》关于严禁吸食的规定,绥远人民政府公布戒吸毒品暂行办法,规定了对不同瘾民采取不同的戒除手段与方法,积极利用与采纳民间的禁烟禁毒力量和经验,具体包括烟民登记时限和戒除方案、戒烟所的职责和组织规程、鼓励创建民间戒烟组织、奖励戒烟药的制造、继续吸食者的处理办法等。④ 在政府号召下,各地积极开展戒烟工作。汾阳崖底村先是召开烟民会议,随后召集烟民集中戒瘾。断瘾的烟民积极参加农业生产。⑤

1946年8月25日,辽吉区行政公署颁行《辽吉区禁烟禁毒条例》,规定本区内一律禁种鸦片与禁制各种烈性毒品,违者处以极刑。严禁贩卖,凡贩运鸦片100两以下者,处3年以上5年以下有期徒刑,贩运鸦片500两以下者,处5年以上10年以下有期徒刑,贩运鸦片500两以上者,处无期徒刑或极

---

① 《戒烟暂时办法》(1945年12月3日),晋察冀边区阜平县红色档案丛书编委会编:《晋察冀边区法律法规文件汇编》(下),中共党史出版社2017年版,第338—339页。
② 《关于吸食鸦片瘾者登记管理工作的指示》(1945年12月15日),晋察冀边区阜平县红色档案丛书编委会编:《晋察冀边区法律法规文件汇编》(下),中共党史出版社2017年版,第340—341页。
③ 《晋察冀边区行政委员会布告》(1946年2月25日),晋察冀边区阜平县红色档案丛书编委会编:《晋察冀边区法律法规文件汇编》(下),中共党史出版社2017年版,第343—344页。
④ 《绥远人民政府戒吸毒品暂行办法的指示》(1949年8月21日),马模贞主编,国家禁毒委员会办公室组织编写:《中国禁毒史资料(1729年—1949年)》,天津人民出版社1998年版,第1653—1654页。
⑤ 谷曼:《汾阳崖底村烟民戒了大烟闹生产》,《晋绥日报》1946年10月9日。

刑,贩卖海洛因、吗啡等烈性毒品者,不论贩卖数量多少一律处以无期徒刑或极刑。吸食鸦片者限于1946年11月底以前向所在地方政府登记,年龄在20岁以内者,登记后1个月内戒除,30岁以下者,登记后3个月内戒除,45岁以下者,登记后6个月戒除,60岁以下者,登记后10个月内戒除;限期不能戒除者,实行拘役戒除,并科以5000元以上之罚金。吸食烈性毒品者,统限于1946年11月底以前戒绝,以后仍吸食者一律处以无期徒刑或极刑。条例还规定严禁走私,第13条又特别规定:"凡没收之鸦片、烈性毒品及其工具,连同证件一律转交禁烟总局,其因禁烟所为之罚金,概不作政府财政收入,完全划归地方举办公益事业,由各县组织之禁烟委员会保管分配。"①以前旧政府统治时期,也多次打过禁烟禁毒的旗号,"寓禁于征",借禁烟禁毒之名而行征税或罚金之实,结果使禁烟名存实亡,烟毒屡禁不止。与此形成鲜明对照的是,中共领导的辽吉区政府在禁烟禁毒条例中,明确规定禁烟罚金:不得作为政府的财政收入,这充分表明了解放区禁烟禁毒的诚意与决心。《辽吉区禁烟禁毒条例》是解放战争时期中共颁行的一部重要的禁烟禁毒法规,与同时期其他解放区颁行的禁烟禁毒法规一样,这一法规对各种毒品犯罪都作了严厉的处罚规定。所不同的是,该法规在处罚量刑规定上更加具体完备,轻重得当,对毒品犯罪中的重犯、惯犯的处罚更为严厉。这一法规还区分鸦片犯罪与烈性毒品犯罪,对后者的处罚比前者更重。为保证禁烟禁毒政策的贯彻执行,辽吉区同时颁行了《辽吉区查获鸦片毒品暂行办法》,具体规定了查缉烟罪的工作程序与奖励办法,如查获烟毒须与人犯一同转送辽吉区禁烟总局或县禁烟局;亲自参与烟毒案者和提供烟毒案线索者分别可以获得奖金的全部和三分之一。② 1948年5月29日,东北行政委员会提出二流子懒汉改造的方法是说服教育和法律制裁相结合,基本精神是劳动增产者奖励,游惰寄生者惩处;规定应依法惩治吸食鸦片毒品的二流子懒汉,强迫其参加劳动生产;暂停那些因懒惰而荒废土地者的土地执照。③

---

① 辽吉区行政公署:《辽吉区禁烟禁毒条例》(1946年8月25日),黄绍智等主编:《禁毒工作手册》,上海三联书店1993年版,第91页。
② 《辽吉区查获鸦片毒品暂行办法》(1946年8月25日),陈明光主编:《中国卫生法规史料选编(1912—1949.9)》,上海医科大学出版社1996年版,第454页。
③ 《东北行政委员会奖励生产强制二流子懒汉生产的令》(1948年5月29日),辽宁省档案馆等编:《东北解放区财政经济史资料选编》第1辑,黑龙江人民出版社1988年版,第476—477页。

1945年11月,苏北边区制定颁行了《苏北区禁烟禁毒暂行办法》,规定严禁种植或制造、贩卖、吸食烟毒,凡在本法规公布前从事种植、贩卖鸦片者,立即向当地政府或公安机关登记,并主动上交所存烟毒。烟毒吸食者限于法规公布3个月内主动登记,限期戒除。这一暂行办法还特别规定禁烟禁毒工作的执行,"由各级政府领导,并着重宣传教育,动员群众协助办理,公安机关负责检查。其烟毒较重之县市,得设立戒烟所,办理戒烟事宜"[①]。此外,1949年2月17日,豫皖苏分局要求各地抓紧时间进行春耕生产,说服群众在春耕前自动将烟苗铲除,改种粮食;对重灾区烟农酌量发给粮食,抵消铲烟的损失;对屡教不改的烟农由政府强制铲除。[②] 可见,在制定禁毒法规与严格执法的基础上,广泛动员民众积极参与禁烟禁毒工作,充分利用民众的禁烟禁毒力量,这是中共在中华人民共和国成立之前领导禁烟禁毒工作的一条重要经验。

[①] 《苏北区禁烟禁毒暂行办法》,黄绍智等主编:《禁毒工作手册》,上海三联书店1993年版,第93页。

[②] 《豫皖苏分局关于春耕生产中几个问题的指示》(1949年2月17日),安徽省财政厅、安徽省档案馆:《安徽革命根据地财经史料选》(三),安徽人民出版社1983年版,第502—503页。

第二十二章　禁烟禁毒政策和组织的确立及转变

中华人民共和国成立后不久,为彻底肃清烟毒问题,中国共产党决定在全国范围内发动一场声势浩大的禁烟禁毒运动。截至 1953 年底,中央政府仅用时三年多的时间就基本完成近百年来无法实现的重大社会改造任务,并取得了举世瞩目的成就。该运动是近代以来中国禁毒史上最伟大和最成功的一次,其成就之辉煌、规模之宏大都是前所未有的。这场轰轰烈烈的禁烟禁毒运动不仅肃清了百余年来屡禁不止的鸦片烟祸,把广大的中国人民从烟毒危害的旋涡中解救出来,提高了国民的身心健康水平,而且终结了"东亚病夫"的民族屈辱称号,进一步巩固了新生的人民政权,为共和国赢得"无毒国家"的美誉,向国际社会展示了一个全新的国家形象。依据不同时期所呈现的不同特征,这场运动从时间上可以被划分为四个阶段:第一阶段为 1949 年 10 月至 1950 年 7 月 10 日;第二阶段为 1950 年 7 月 10 日至 1952 年 4 月 15 日;第三阶段为 1952 年 4 月 15 日至 1952 年 12 月 12 日;第四阶段为 1952 年 12 月 12 日至 1953 年底。

系统的禁烟禁毒政策和高效的禁烟禁毒组织是运动取得成功的首要条件。本章依据中央政府对禁烟禁毒政策的制定和调整过程,将运动划分为不同的时期。1950 年 2 月 24 日,政务院颁布《关于严禁鸦片烟毒的通令》,标志着禁烟禁毒运动的肇始。各地因忙于剿匪、镇反等中心工作,截至 7 月初尚未开展系统的禁烟禁毒工作。7 月 10 日,政务院发布《关于禁烟毒办法的决定》,号召各地迅速、全面地开展禁烟禁毒工作,意味着运动第二阶段的开始。中央各部委和各级地方政府先后制定了系统的禁烟禁毒政策和行动方案,并结合各项政治运动开展禁烟禁毒改造。1952 年初,"三反""五反"运动中逐渐暴露出严重的铁路运毒问题。为彻底肃清烟毒和避免美国的诬蔑,中央于

4月15日下发《关于肃清毒品流行的指示》,对禁烟禁毒政策进行了重大调整,使得运动进入第三阶段。一场针对制、贩、运烟毒的群众性肃毒运动在全国范围内开展起来。随着1952年肃毒运动的胜利结束,政务院于12月12日颁发《关于推行戒烟、禁种鸦片和收缴农村存毒的工作指示》,将禁吸、禁种及毒品处理作为运动第四阶段的主要任务。1953年底,这场伟大的禁烟禁毒运动胜利结束,禁烟禁毒工作逐渐成为相关政府部门的经常性任务。

第一节 1952年肃毒运动之前的禁烟禁毒政策

早在中华人民共和国成立前夕,部分解放较早的地区先后出台了禁烟禁毒的布告和办法。1949年9月,苏北和苏南行政公署均发表布告,并分别公布《苏北区禁烟禁毒暂行办法》和《苏南行政区禁烟禁毒暂行条例》,要求辖区内的烟毒贩和烟民痛改前非,遵循法纪;并通令所属各级政府严格查禁烟毒。10月,河南公布《禁烟禁毒暂行办法》,提出要严格禁止和管理烟毒的流行。这些地方性禁烟禁毒法规在老解放区发挥了承上启下的作用,较好地承接了解放前的政策和理念,为所属地区的禁烟禁毒工作提供了政策和法律依据,使相关工作能够顺利开展,不致引起烟毒犯和烟民的不安和骚乱。

中华人民共和国成立伊始,由于解放时间不同且各省忙于接管等各项中心工作,能够系统制定禁烟禁毒法规的省份尚属少数。而且,这些法规大部分继承了先前解放区的禁烟禁毒政策,只能短暂地解决过渡时期本地区的烟毒问题。随着共和国各项工作走上正轨,地方政府意识到这些法规已不能适应新的需求,更不能被推广到其他地区使用。例如,苏北曾在1949年10月推行收购烟土的政策,目的是在过渡时期照顾烟农利益和稳定农村秩序,但是随着社会秩序的恢复,继续收购烟土的政策给地方财政带来了压力,并且造成了不利的社会影响。因此,苏北于12月28日致电华东局反映相关问题,并询问接下来处理烟土的具体办法。由此可见,制定全国统一的禁烟禁毒政策迫在眉睫。

1950年2月24日,中央人民政府政务院颁布《关于严禁鸦片烟毒的通令》,对禁烟禁毒的必要性进行了论述:首先,帝国主义为实现侵略中国的目的,源源不断地向中国输入鸦片,直接造成了持续百余年的烟毒问题。其次,封建官僚军阀和国民党强迫农民种植鸦片,并垄断鸦片烟毒的买卖,满足自身的利益诉求。再次,日本试图通过在中国施行毒化政策的方式占领中国。这些阴谋诡计给中国人民的生命和财产造成了巨大的损害。因此,人民政府为了保护人民健康,恢复和发展生产,必须严厉禁绝鸦片烟毒。显然,此时的烟毒问题不仅仅是简单的个人行为,中央更多地从政治层面进行考量,目的是要巩固人民民主政权的统治,此时的禁烟禁毒运动则被定义为一场全国范围内的社会改造运动。同时,该通令对全国禁烟禁毒工作的各个环节作了统一的纲领性规定,该文件成为各地制定禁烟禁毒法规和工作方案的国家级政策依据。通令要求各大行政区人民政府和中央直辖省市人民政府依据政务院的通令,参照本地区的具体情况制定查禁烟毒的办法,并将其呈报政务院批准施行。① 随后,中央部委和地方各级政府按照中央的指示开始推进禁烟禁毒工作,标志着中华人民共和国成立初期禁烟禁毒运动的正式开始。

为响应中央的通令,各地开始深入了解本地的烟毒流行状况。部分地区根据调查情况调整之前或解放战争时期继承下来的政策法规,并制定全新的禁烟禁毒指示。4月,西南局发布《关于开展禁烟禁毒工作的指示》,明确提出"禁烟禁毒是一个重大的社会改造工作",这一工作的推进将直接关系到西南地区各项建设事业,因此各地必须重视此项任务。② 5月14日,西南局《关于禁烟的几种办法》,细化了禁烟禁毒工作的各项细节,并对禁种和烟毒处理政策作了调整和重点说明。中央将该办法转发给其他中央局,要求各地积极学习并呈报本地区的禁烟对策。③ 5月22日,中南局颁布《中南区禁烟禁毒实施办法》,对本区禁烟禁毒工作的各项环节作出具体的规定。同时,部分省份依据中央和大区的要求制定了纲领性的禁烟禁毒指示。5月,苏北颁布新的《禁烟禁毒暂行办法》。6月27日,云南结合本省实际情况制定《关于严禁

---

① 政务院:《关于严禁鸦片烟毒的通令》(1950年2月24日),中央人民政府法制委员会编:《中央人民政府法令汇编(1949—1950)》,法律出版社1982年版,第212页。
② 西南军政委员会:《关于开展禁烟禁毒工作的指示》,《云南档案史料》1991年第4期,第10页。
③ 中共中央:《批转西南局关于禁绝烟毒的办法》(1950年5月24日),中央档案馆、中共中央文献研究室编:《中共中央文件选集(1949年10月—1966年5月)》(第三册),人民出版社2013年版,第65—66页。

鸦片烟毒的指示》，对本省禁烟禁毒工作进行部署。29日，浙江发布《严禁鸦片烟毒令》，严厉禁止该省人民从事与烟毒相关的违法犯罪活动。

政务院2月24日的通令还要求各地在制定查禁烟毒办法后，及时印发布告，广泛宣传本地区的禁烟禁毒政策，表明人民政府禁绝烟毒的决心。①（见表22-1）各地的布告多简明扼要地交代了禁烟禁毒政策的主要内容，包括烟毒的危害性、中央及地方人民政府的禁烟禁毒政策要点和呼吁广大群众参加禁烟禁毒运动的号召等。

表22-1 省级以上人民政府首次公布禁烟禁毒布告情况表

时间	名称
1950年1月30日	《贵州省人民政府为禁绝鸦片告全省民众书》
1950年4月28日	《陕西省人民政府严禁烟毒的布告》
1950年5月5日	《广西省人民政府关于严禁烟毒的布告》
1950年5月22日	《中南军政委员会关于严禁鸦片烟毒的布告》
1950年6月20日	《天津市人民政府布告》
1950年6月28日	《云南省人民政府关于禁绝烟毒的布告》
1950年9月4日	《西康省人民政府关于禁烟的布告》
1950年10月13日	《重庆市人民政府关于彻底禁绝鸦片烟毒的布告》
1950年10月19日	《新疆省人民政府禁烟禁毒布告》
1950年12月13日	《云南省人民政府关于肃清烟毒的布告》

从1949年10月至1950年7月10日，尽管政务院和部分地区先后制定禁烟禁毒的总方针，但是从中央到地方均未全面铺开禁烟禁毒的相关工作。具体来说，政务院于1950年2月24日颁布的《关于严禁鸦片烟毒的通令》内容相对简练，在实质上只是一个纲领性的禁烟禁毒指导文件。它一方面只是对禁烟禁毒各环节进行了方向性的规定和说明，并未作具体和详细的解释；另一方面只是向全国人民表明了人民政府禁绝烟毒的态度，向各级政府传达禁烟禁毒的使命，仍然未对具体事务进行规划和部署。再者，由上文可知，只有部分大区和省份颁布了一些地域性的和纲领性的禁烟禁毒文件，同样没有

---

① 政务院：《关于严禁鸦片烟毒的通令》(1950年2月24日)，中央人民政府法制委员会编：《中央人民政府法令汇编(1949—1950)》，法律出版社1982年版，第212页。

制定系统性的政策法规,更没有全面推进具体的禁烟禁毒工作。况且,大部分省份甚至连纲领性的禁烟禁毒文件尚未发布,更别提开展具体的工作,还有的地区受到反革命分子的煽动破坏,禁烟禁毒工作开展并不顺利。正因如此,各地在此期间的禁烟禁毒成效并不乐观,如西北区5月的报告显示,该区仍有38县和1市种植鸦片,反革命分子煽动蛊惑该地群众种植鸦片;违法贩运和制售烟毒现象屡有发生,且少数地区的情况趋于恶化。① 以上证明,全国在此期间的禁烟禁毒工作尚处于初期的筹备阶段。究其原因,共和国在此期间的首要任务是巩固政权和恢复经济,各地一方面忙于支援前线和剿匪肃特等政治任务,以此来安定社会秩序和巩固新生的人民政权;另一方面着力于恢复工农业生产和稳定金融的经济工作。综上所述,本文将1949年10月至1950年7月10日这段时间划定为中华人民共和国成立初期禁烟禁毒运动的第一阶段。

1950年7月10日,政务院发布《关于禁烟毒办法的决定》,对禁烟禁毒工作的各项环节作出更加详细的政策性解释和规定。政务院尖锐地指出上半年新解放区的禁烟禁毒成绩并不理想,原因之一是新解放区"虽已通令禁种鸦片,但某些地区人民种烟习惯很深,一时难于禁绝,特别偏僻地区所种鸦片更多,此实为我国计民生一个巨大的损失"。随后,政务院提出不能让这种情况继续下去,因此公布了该份文件,涉及禁种、禁贩运和制售、禁吸、禁毒宣传等多方面的内容,对之前未作具体规定的环节进行详细的确立和阐释,并对部分已有的规定进行了重大调整。政务院要求各地迅速研究本地区的具体情况,贯彻落实中央的相关规定,制定禁种、禁吸及禁贩运烟毒的具体实施办法。② 该文件的颁布标志着中华人民共和国成立初期禁烟禁毒运动进入全新的阶段。

9月12日,中央内务部为进一步贯彻禁烟禁毒政策,发出《关于贯彻严禁烟毒工作的指示》,对禁烟禁毒工作的主要内容再次进行补充,对相关的特

---

① 西北军政委员会民政部:《禁止烟毒工作简报》(1950年5月13日),陕西省档案馆藏,档案号:198-1-68-3。
② 广西省民政厅:《关于执行中央政务院禁烟毒办法决定》(1950年8月1日),广西壮族自治区档案馆藏,档案号:X053-001-0053-0031;浙江省人民政府:《转发中央和华东处理鸦片烟毒规定并结合实际情况特作补充指示的训令》(1950年8月5日),浙江省档案馆藏,档案号:J103-002-031-068。

殊情况作了特别说明,并指出匪患尚未肃清且工作基础薄弱的地区应全力开展剿匪反霸工作,不必突出地进行禁烟禁毒工作。[①] 随后,各中央局在继承政务院和内务部指示的前提下根据本地区的实际情况,普遍地制定了详细的禁烟禁毒实施办法。(见表22-2)总体来说,各中央局均指出依法对制、贩、运售烟毒的重犯给予严厉惩办,而对种植和吸食烟毒者的处理办法则以教育和改造为主。各中央局要求各地密切结合各项中心任务,在土改、减租退押、剿匪反霸、生产救灾、镇压反革命等群众性的政治运动中开展禁烟禁毒工作,充分发动人民团体和群众的力量来协助政府部门,彻底贯彻和执行查禁烟毒的政策。各中央局还建议各地可以建立禁烟禁毒示范实验区,获取成功经验后再全面推广到各地。最后,各中央局要求各地随时将本地烟毒流行情况、查禁工作方案和计划、查禁工作的困难和成果等材料随时上报,以便及时汇总研究和调整相关政策。

表22-2 第二阶段全国各地禁烟禁毒具体实施办法列表

时间	实施办法名称
1950年7月26日	山西省人民政府:《关于查禁烟毒的指示》
1950年7月31日	西南军政委员会:《关于禁绝鸦片烟毒的实施办法》
1950年7月下旬	华东军政委员会:《关于处理鸦片烟毒的规定》
1950年8月5日	浙江省人民政府:《严禁鸦片烟毒的补充指示》
1950年8月7日	河南省人民政府:《关于严禁鸦片烟毒的通令》
1950年8月22日	西北军政委员会:《关于贯彻执行中央政务院严禁鸦片烟毒的命令特发布的指示》
1950年9月2日	广西省民政厅:《关于禁烟土补充实施办法》
1950年10月5日	西南军政委员会:《转达中央指示贯彻严禁烟毒工作并请将查禁烟毒等情形报送本部以便汇转》
1950年10月5日	河南省人民政府:《关于禁绝烟毒的指示》
1950年10月8日	陕西省人民政府:《陕西省禁烟禁毒暂行办法》
1950年10月13日	东北人民政府:《东北区禁烟禁毒贯彻实施办法》
1950年10月13日	中南军政委员会:《关于禁烟禁毒工作的补充指示》
1950年10月	重庆市人民政府:《重庆市禁烟禁毒工作计划》

---

① 中央人民政府内务部:《关于贯彻严禁烟毒工作的指示》(1950年9月12日),重庆市档案馆藏,档案号:1068-1-2。

(续表)

时间	实施办法名称
1950年10月16日	西南军政委员会:《关于开展禁烟禁毒工作的指示》
1950年10月18日	陕西省人民政府:《关于禁烟禁毒的指示》
1950年10月24日	中南军政委员会:《为禁种烟毒》
1950年10月26日	河南省人民政府:《关于禁烟禁毒工作的补充指示》
1950年11月15日	广西省人民政府:《广西省禁烟毒实施办法》
1950年11月30日	山西省人民政府:《山西省查禁烟毒办法》
1950年12月30日	贵州省人民政府:《关于开展禁烟工作的指示》

1951年初,各地普遍开展禁烟禁毒工作已有半年多的时间,并取得了一定成绩。为进一步推进1951年的查禁工作,中央和地方政府再次颁发布告或指示,内容包括各地禁政工作所取得的成绩、禁烟禁毒工作的相关政策及政府继续发动群众参与运动的号召等。(见表22-3)与此同时,各地进一步结合抗美援朝运动开展禁烟禁毒宣传工作,激发广大群众对于美帝国主义的仇恨,从而有效地助推查禁烟毒工作的推进。

4月,中央内务部在《1950年禁烟禁毒工作》的报告中提出了国家的禁烟禁毒计划和目标,要求在今后一年的时间内已土改地区的禁烟禁毒工作要做到无种的、无卖的及无运的程度,未土改的地区基本上做到无种的、无卖的及无运的程度。8月17日,中央内务部再次发布禁烟禁毒代电,肯定了各地取得的成绩和经验,但也指出了部分地区存在的问题,要求各地严格执行中央规定,须对各地的禁烟禁毒工作进行一次认真检查,从而总结工作中的经验和问题。① 随后,各地组织相关部门召开禁烟禁毒会议,总结了一年多来本地区的查禁工作情况,制订了下一步的工作计划,纷纷将禁运工作定为下一阶段的重点任务,并成立检查组于9月开始对禁烟禁毒重点地区进行工作检查。此外,随着查禁工作的全面展开,各地逮捕了不少从事种植、制售及贩运烟毒的违法者。为合法地对其进行处理和惩办,各地开始制定详细的惩治烟毒犯办法和量刑标准,如陕西于1951年5月2日颁布《陕西省禁烟禁毒实施

---

① 中央人民政府内务部:《禁毒代电》(1951年8月17日),江苏省档案馆藏,档案号:7014-2-0363-3。

办法》,对不同类型的烟毒犯进行了鉴定和量刑。

表 22-3 1951 年部分地区出台的禁烟禁毒法规列表

时间	法规名称
1951 年 1 月 19 日	陕西省人民政府:《关于禁烟禁毒的布告》
1951 年 2 月 12 日	中南军政委员会:《为禁绝烟毒严厉禁种禁运禁设烟馆的布告》
1951 年 2 月 13 日	陕西省人民政府:《关于严禁烟毒的指示》
1951 年 2 月 16 日	西北军政委员会:《关于加强禁烟禁毒工作的指示》
1951 年 2 月 16 日	西北军政委员会:《西北区禁烟禁毒暂行办法》
1951 年 2 月 24 日	贵州省人民政府:《重申严禁烟毒决心的布告》
1951 年 3 月 6 日	皖南人民行政公署:《为贯彻政务院严禁鸦片烟毒通令的精神》
1951 年 3 月 19 日	中南军政委员会:《为禁绝烟毒工作的指示》
1951 年 4 月 2 日	河南省人民政府:《为继续贯彻禁烟工作由》
1951 年 5 月 26 日	皖南人民行政公署:《为重申前合希切实贯彻执行严禁烟毒工作再随时总报具报》
1951 年 8 月 10 日	云南省人民政府:《关于彻底贯彻禁绝烟毒的指示》
1951 年 8 月 17 日	中央人民政府内务部:《禁烟禁毒代电》
1951 年 8 月	河南省人民政府民政厅:《关于禁烟禁毒工作的意见》
1951 年 9 月 4 日	陕西省人民政府民政厅:《为指示本年度下半年禁烟禁毒重要各点,希遵照认真执行由》
1951 年 9 月 14 日	皖南行署民政处《为贯彻执行中央禁烟禁毒工作进行检查总结的函》
1951 年 10 月 1 日	平原省人民政府:《为继续大力贯彻查禁烟毒工作由》
1951 年 10 月 5 日	河南省人民政府:《关于彻底肃清烟毒的指示》
1951 年 11 月 1 日	平原省人民政府:《布告》
1951 年 12 月 10 日	北京市人民政府:《关于严禁鸦片烟毒的布告》

总体来说,从政务院于 1950 年 7 月 10 日发布《关于禁烟毒办法的决定》开始,中央内务部、宣传部、公安部及财委会等各部委密集地对禁毒宣传、禁种、禁吸、禁制、禁贩、禁售及烟毒处理等各环节的工作进行了全面、详细的规定和部署,各中央局和地方人民政府依据中央指示积极地制定了禁烟禁毒布告、查禁工作计划与实施办法,并开始全面地推进查禁烟毒工作。1951 年底,全国基本禁绝种植鸦片烟毒的现象,禁吸工作取得阶段性胜利。直到

1952年4月15日,中央发布《关于肃清毒品流行的指示》,开始对禁烟禁毒工作的各项环节进行了较大的调整,标志着禁烟禁毒工作进入新的阶段,即1952年肃毒运动的筹备阶段。因此,笔者将1950年7月10日至1952年4月15日的这段时间划定为中华人民共和国成立初期禁烟禁毒运动的第二阶段,即中央统一管理与地方贯彻时期。

在此阶段,中央和地方政府尽管针对查禁工作的各环节制定了详细的政策和实施办法,并积极开展查禁工作,但是在具体工作中仍长期将禁种作为这一时期禁烟禁毒工作的重点,这一做法的原因是中央认为禁绝鸦片种植是根绝烟毒的最基本环节。同时,在"三反""五反"运动中,中央逐渐发现烟毒问题尚未完全解决,部分地区对禁令的执行不够坚决和彻底,只是单纯地停留在行政命令或消极勒戒的层面上,部分干部甚至存在违法渎职的问题,如铁道系统发现较为严重的运毒问题;察哈尔1952年初的报告显示烟民尚有3万余人。随后,中央内务部要求结合"三反""五反"运动开展禁烟禁毒工作。[①]

第二节 "三反""五反"运动与1952年肃毒运动的确立

在禁烟禁毒运动的前两个阶段,国家制定了较为系统的禁烟禁毒政策和法规,并依靠行政力量采取了一系列的禁烟禁毒措施,使得禁烟禁毒工作取得了一定的成绩。但是,随着"三反""五反"运动的进行,各地暴露出严重的铁路运毒问题,发现烟毒问题尚未完全解决。随后,中央于1952年4月15日向全国下发《关于肃清毒品流行的指示》,决定在全国范围内开展一场旨在消灭烟毒制售和贩运现象的群众性肃毒运动。这场运动直到8月10日左右才在全国范围内开展起来。由此可见,1952年肃毒运动是在一个极为复杂的政策制定过程后才最终被确立下来。

一、"三反""五反"运动中的铁路运毒问题

1952年初,在如火如荼地开展"三反""五反"运动的过程中,各地逐渐暴

---

① 中央人民政府内务部:《批复察哈尔省禁毒工作的几点意见》(1952年2月16日),天津市档案馆藏,档案号:X0053-C-000380-006。

露出许多严重的烟毒案件。如汉口从行商业的坦白检举材料中发现贩运走私者451人,共贩运毒品为烟土559421两,吗啡278731两,海洛因302540两;南宁市的32个行业中共发现有459户贩运毒品达80余万两;①东北区的图们市工商户中贩毒者占44.7%,吉林市朝鲜居民中贩毒户占70%,②足见烟毒问题之严峻。其中,铁路部门内的烟毒问题逐渐凸显,出现了一批严重的运毒贩毒案件,引起了各大中央局的高度重视。铁路运毒问题概括起来呈现以下特征:

首先,走私运毒现象严重,数量巨大。如中南区衡阳铁路局所辖各路走私贩运的毒品有鸦片烟804879两、吗啡109414两、海洛因35297两;郑州路局辖区内沿铁路各城市的287家奸商,三年来经铁路贩运的毒品,为烟土38028两、海洛因13475两。③华北区天津车辆段大走私犯韩宝琦与上海大运毒犯马鸿藻勾结,共在津沪线上贩运大烟土5450多两、料面1120两。④东北区安东车站115名毒犯解放后共包庇贩运白面达175225克,鸦片33332两。⑤由于地理位置重要、运毒便利等原因,衡阳、北京、天津、郑州、上海等铁路局内出现了规模巨大且性质恶劣的贩毒活动,成为"三反""五反"运动中侦破贩毒案件的典型站点。其中,衡阳铁路局破获的走私贩毒案被认为是当时铁路运毒案件中最巨大的,⑥足见问题的严重性。

其次,铁路运毒人员的广泛性,涉及旅行服务所、行车队、测量队、工程队等诸多部门。如衡阳铁路局贩毒人员达2000人以上,贺某贩毒证据确凿数

---

① 《大张旗鼓地开展禁烟禁毒运动——中南军政委员会民政部郑绍文部长在军政委员会第八十一次行政会议上的报告》,《南方日报》1952年6月8日第3版。
② 《东北人民政府关于根绝烟毒流害处理贩毒分子的决定》(1952年5月3日),邱创教主编:《毒品犯罪惩治与防范全书》,中国法制出版社1998年版,第833页。
③ 《大张旗鼓地开展禁烟禁毒运动——中南军政委员会民政部郑绍文部长在军政委员会第八十一次行政会议上的报告》,中南军政委员会民政部编:《民政工作手册》第4辑,内部资料,1952年,第157页。
④ 《天津铁路管理局胜利进行反贪污斗争 全路破获四十七起大贪污案 大贪污犯五十八名大部已被捕法办》,《人民日报》1952年2月7日第1版。
⑤ 《东北人民政府关于根绝烟毒流害处理贩毒分子的决定》(1952年5月3日),邱创教主编:《毒品犯罪惩治与防范全书》,中国法制出版社1998年版,第833页。
⑥ 《中共中央关于严查私商勾结干部走私贩毒案的指示》(1952年3月28日),中央档案馆、中共中央文献研究室编:《中共中央文件选集(1949年10月—1966年5月)》(第八册),人民出版社2013年版,第195页。

达1000余两。① 北京铁路的旅行服务所、列车段、车辆段三个单位中有走私运毒者共229人，占全体行车人员的20％，其中非法牟利累计在1000万元以上的占60％。② 铁道部驻东北特派员办事处直属列车段、列车贩卖管理所、餐车管理所三个单位就有走私贩毒犯63名，占出乘人员的23％。③ 铁路员工直接参与贩运毒品成为铁路烟毒问题严重的重要原因之一。

再次，铁路运毒带有极强的组织性。地方毒贩和奸商集结烟民与流氓，并且拉拢落后的铁路员工，在铁路沿线城镇设站点，编织起庞大的走私贩毒网。如郑州铁路局破获的案件显示毒犯在沿线设走私贩毒站点共计39处，涉及徐州、商丘、西安、汉口等九市六省。此组织网甚至渗透到海关、进出口商、中国旅行社等机关单位，组织力量盘根错节。天津车辆段韩宝琦不但拉拢落后职工加入运毒集团，而且在铁路沿线转运站内发展运毒党羽，建立自己的运毒网。④ 运毒网内部组织严密，互通消息，互为掩护，给案件侦破带来一定的阻碍。

最后，铁路运毒人员可分为坐探和腐化职工两类。坐探系指以各种手段打入铁路部门，以职工身份作为掩护的职业毒贩。如私商中和公司为控制郑州局餐车经营权进行运毒勾当，在拉拢腐化旅行服务所主任后先后派入20余人进入铁路餐车工作；天津运毒"老客"王某在家苦练焚火技术，连考3次后成功钻入济南机务段。⑤ 而腐化职工即指被"拉过去"的铁路员工。部分思想不坚定的干部和公安人员为谋利被金钱腐化，成为制造毒品、集资贩毒、

---

① 《中共中央中南局关于开展肃清毒品流行的指示》(1952年4月29日)，中国社会科学院、中央档案馆编：《中华人民共和国经济档案资料选编(1949—1952)》(综合卷)，中国城市出版社1990年版，第530页。

② 《中央铁道部党组关于铁路走私运毒等情况及处理的意见》(1952年3月14日)，中国社会科学院、中央档案馆编：《中华人民共和国经济档案资料选编(1949—1952)》(综合卷)，中国城市出版社1990年版，第528页。

③ 《东北人民政府关于根绝烟毒流害处理贩毒分子的决定》(1952年5月3日)，邱创教主编：《毒品犯罪惩治与防范全书》，中国法制出版社1998年版，第833页。

④ 《天津铁路管理局胜利进行反贪污斗争 全路破获四十七起大贪污案 大贪污犯五十八名大部已被捕法办》，《人民日报》1952年2月7日第1版。

⑤ 《中央铁道部党组关于铁路走私运毒等情况及处理的意见》(1952年3月14日)，中国社会科学院、中央档案馆编：《中华人民共和国经济档案资料选编(1949—1952)》(综合卷)，中国城市出版社1990年版，第529页。

为老客带毒,以及包庇毒贩的重要参与者。① 广州走私犯高亚美设立"走私公寓",作为拉拢腐蚀铁路职工以及收发私货的场所。②

严重的运毒问题引起了地方铁路局和各中央局的高度关注,他们在积极侦破案件的同时,提出应对措施并向上级主管部门及中央汇报。2月17日,东北局向中央反映,在"三反"运动中发现的铁路走私贩毒现象严重且牵连地区广,中央为此发出《关于严令查禁走私贩毒现象的指示》,要求各地务必严令查禁,以求根绝。③ 2月28日,中共天津铁路管理局委员会向华北局和中央铁道部作了关于处理走私运毒意见的报告,内容是对天津和北京的铁路走私运毒情况进行的分析和总结,认为"贩卖毒品以北京为中心,规模很大,性质严重",并提出了处理意见。④ 3月15日,北京市委向华北局、毛泽东及中央作了关于北京车站邮局集体走私运毒案的报告,认为北京车站邮局在解放前就是公开的走私运毒集团,解放以后更加严重,"三反"运动中查出该地的运毒案件"极其复杂,牵连面很广"。⑤ 3月20日,郭维城、刘慎之向中南局和中央提交报告,详述了衡阳铁路局的走私贩毒情况,指出衡阳因四通八达的地理位置,使其"解放前走私极为猖獗,解放后并未显著敛迹",并大胆推测"全国铁路航线恐都是类此情形"。⑥ 尽管问题严重,但是地方铁路局和政府部门经过周密翔实的侦查和破案工作,很好地掌握了铁路运毒的实际情况,为各中央局和中央政府的决策提供了充足依据。

作为各地铁路部门的直接领导者,中央铁道部经过仔细地分析研究后,

---

① 《中共天津铁路管理局委员会关于处理走私运毒的报告》(1952年2月28日),中共中央文献研究室、中央档案馆编:《建国以来刘少奇文稿(1952年1月—1952年12月)》(第四册),中央文献出版社2005年版,第13页。

② 《腐蚀铁路职工的"走私公寓"》,《南方日报》1952年3月23日第1版。

③ 《中共中央关于严令查禁走私贩毒现象的指示》(1952年2月17日),山东省档案馆藏,档案号:A001-05-0066-006。

④ 《中共天津铁路管理局委员会关于处理走私运毒的报告》(1952年2月28日),中共中央文献研究室、中央档案馆编:《建国以来刘少奇文稿(1952年1月—1952年12月)》(第四册),中央文献出版社2005年版,第13页。

⑤ 《中共北京市委关于北京车站邮局集体走私运毒案给毛泽东、中央并华北局报告》(1952年3月15日),中共中央文献研究室、中央档案馆编:《建国以来刘少奇文稿(1952年1月—1952年12月)》(第四册),中央文献出版社2005年版,第15页。

⑥ 《郭维城、刘慎之同志关于惩治走私犯的意见》(1952年3月20日),中国社会科学院、中央档案馆编:《中华人民共和国经济档案资料选编(1949—1952)》(综合卷),中国城市出版社1990年版,第527页。

于3月14日颁布了《关于铁路走私运毒等情况及处理的意见》,对各地铁路部门反映上来的运毒材料和情况进行了整合、归纳和分析,承认自身存在的问题,认为"铁路的走私及贩运金、银、毒品现象普遍严重",尽管各地已进行了一段时间的禁烟禁毒工作,铁路员工的觉悟有所提高,但是贩毒现象"仍带有相当的群众性";明确指出贩毒在性质上系属扰乱国家经济和毒害人民的严重犯法行为。为此,铁道部提出应对的策略,首先指示各局抽调干部组织工作组,进行专案调查;其次加强思想教育,提出"在'三反'运动中为达到根绝走私、贩运毒品的目的,必须深入反走私运毒教育,提高员工主人翁的感觉,划清与资产阶级的界线,形成铁路员工中反走私运毒的群众运动,在这一思想觉悟基础上,号召坦白",并提出在处理贩毒分子的过程中要采取惩治与教育相结合的方针。① 这是铁道部首次明确地提出在铁路部门和相关领域内开展群众性的肃毒运动。铁道部的处理意见及时准确,为各地铁路部门的反运毒工作提供了提纲挈领式的依据。

与此同时,几个典型的贩毒案件经由各地以及铁道部门的报告逐渐汇总到中共中央,相关领导人同样意识到此类案件绝非偶然,须严肃处理。3月1日,刘少奇在阅读天津铁路管理局委员会的报告后,给毛泽东的信中明确指出贩毒现象在"全国铁路皆有同样情形"。② 25日,中央向各中央局与铁路有关的分局,省、区、市党委和铁路局党委发出电文,其中转发了天津铁路管理局党委的报告,要求各地政府部门在铁路领域内的"三反"运动中,要特别注意贩毒情况。③ 26日,中央批转铁道部14日的《意见》,明确地提出"铁道、交通、邮政等部门应在'三反'斗争中发动反走私运毒的群众运动,注意破获走私运毒的案件,教育员工爱国守法,造成走私运毒是最可耻行为的风气,建立在'三反'运动后犯者从严惩治的纪律"。正如学者所言,这是首次以中央的

---

① 《中央铁道部党组关于铁路走私运毒等情况及处理的意见》(1952年3月14日),中国社会科学院、中央档案馆编:《中华人民共和国经济档案资料选编(1949—1952)》(综合卷),中国城市出版社1990年版,第528、533—535页。

② 《关于处理走私运毒问题:一》(1952年3月1日),中共中央文献研究室、中央档案馆编:《建国以来刘少奇文稿(1952年1月—1952年12月)》(第四册),中央文献出版社2005年版,第11页。

③ 《关于处理走私运毒问题:三》(1952年3月25日),中共中央文献研究室、中央档案馆编:《建国以来刘少奇文稿(1952年1月—1952年12月)》(第四册),中央文献出版社2005年版,第12页。

名义提出在铁路部门以外更广泛的领域内开展群众性的全民禁烟禁毒运动。① 28日,针对衡阳铁路局的报告,中央发出《关于严查私商勾结干部走私贩毒案的指示》,提出各地要认真研究衡阳铁路局的经验,必须严查此类走私贩毒案件。② 可见中央逐渐意识到毒品流行不是历史性、地区性和社会性的问题,而是现实的、普遍性的和机关内部性的,要想根绝毒品流行的祸根,就必须从国家层面大张旗鼓地发动一场群众性的肃毒运动。

二、1952年肃毒运动的确立

在严查铁路运毒的过程中,中央领导人及中央各部委讨论扩大禁烟禁毒活动的广度和深度,最终决定大张旗鼓地开展一场全国性、群众性的肃毒运动。3月1日,刘少奇给毛泽东的信中提到天津铁路局的运毒案件在轮船、木船和长途汽车等交通工具上应都有此类情况,因此对于运毒犯人的处理方法"中央须作统一规定,提议由周总理指定有关人员拟定办法";毛泽东于23日批示"此事请周注意"。③ 这就意味着中央层面开始正式探讨肃清毒品的问题,标志着群众性的肃毒运动进入国家层面的讨论阶段。18日,在收到北京市委关于北京车站邮局的报告后,中央给各部门及铁道、邮电、交通部门党组及各中央局发出电文称"这类案件在铁道、邮电、交通部门几乎到处都有"④,表明中央开始提醒各部门注意此类案件。25日,为避免打草惊蛇及做好充分的准备来开展统一行动,中央向各中央局并转铁路分局及各级党委下达指示:一是要求除情节严重者逮捕法办外,对走私贩毒分子暂时不予处理,待"三反"运动结束,再行调查处理,这就为各地开展肃毒工作的时间做了基本限定;二是要求将贩运毒品犯和走私金银犯区别对待,这就意味着中央已然意识到烟毒之危害要更甚于走私金银,更加表明中央将要出重拳大力整治

---

① 杨志强:《刘少奇与1952年禁毒运动》,《党的文献》2003年第6期,第54页。
② 《中共中央关于严查私商勾结干部走私贩毒案的指示》(1952年3月28日),中央档案馆、中共中央文献研究室编:《中共中央文件选集(1949年10月—1966年5月)》(第八册),人民出版社2013年版,第195页。
③ 《关于处理走私运毒问题:一》(1952年3月1日),中共中央文献研究室、中央档案馆编:《建国以来刘少奇文稿(1952年1月—1952年12月)》(第四册),中央文献出版社2005年版,第11页。
④ 《关于处理走私运毒问题:二》(1952年3月18日),中共中央文献研究室、中央档案馆编:《建国以来刘少奇文稿(1952年1月—1952年12月)》(第四册),中央文献出版社2005年版,第11—12页。

并肃清烟毒问题;三是阐明中央正在研究处理贩毒分子的办法,希望各地积极建言献策,①这就标志着1952年肃毒运动进入实质性的决策筹备阶段。

在中央未公布发动全国统一肃毒运动的指令之前,地方铁路局在汇报禁烟禁毒案件的同时提出了一些建设性的意见。3月15日,北京市委曾提出运毒案件"案情极为复杂,牵连面很广"②,开始因只有北京单枪匹马在破案,困难重重,后包头、大同、绥远、张家口、天津等地逐渐联动起来,不断发现新线索,由此可见北京意识到必须城市、省份之间联动起来才能有效肃清毒品。郭维城、刘慎之在20日的报告里明确论述了铁路走私对于经济、政治、军事和人民生命财产的危害性,提出"建议中央早下决心,乘'三反''五反'之威,内部外部一网打尽,订出有关走私案犯具体处理办法,以便遵行"③,以期国家早日禁绝烟毒。地方政府部门从实地的案件中总结经验,成为中央正确决策的源头。

4月15日,经过仔细的研究讨论,中央正式向全国下发了《关于肃清毒品流行的指示》(以下简称《指示》),该文件由周恩来主持起草,经毛泽东和刘少奇审阅批准施行。该文件明确提出"为了根绝这种旧社会的恶劣遗毒,在全国范围内有重点地大张旗鼓地发动一次群众性的运动,来一次集中的彻底的扫除",这是中央为开展群众性肃毒运动而正式下发的国家级文件,标志着1952年全国性肃毒运动进入实质的筹备阶段。该《指示》是对之前各地方部门禁毒方案以及中央系列电文的承接和延续,同时对其中部分建议进行了修改和纠正,最终对肃毒运动中的方针、办法及注意事项等问题作出纲领性的陈述:第一,承认了问题的客观存在性。中央指出在铁路、航运等部门的"三反"运动中确实暴露出比较多的机关人员勾结毒贩、奸商,甚至反革命分子进行贩毒的现象;尽管中华人民共和国成立后禁烟禁毒工作已经展开,但毒品

---

① 《关于处理走私运毒问题:三》(1952年3月25日),中共中央文献研究室、中央档案馆编:《建国以来刘少奇文稿(1952年1月—1952年12月)》(第四册),中央文献出版社2005年版,第12页。

② 《中共北京市委关于北京车站邮局集体走私运毒案给毛泽东、中央并华北局报告》(1952年3月15日),中共中央文献研究室、中央档案馆编:《建国以来刘少奇文稿(1952年1月—1952年12月)》(第四册),中央文献出版社2005年版,第15页。

③ 《郭维城、刘慎之同志关于惩治走私犯的意见》(1952年3月20日),中国社会科学院、中央档案馆编:《中华人民共和国经济档案资料选编(1949—1952)》(综合卷),中国城市出版社1990年版,第527页。

问题依然严重。第二,明确了这次运动的重点。《指示》明确指出,相较于贩卖金银和走私,贩卖毒品的损失和危害更大,因此本次运动应集中解决毒品问题,对于与毒品无关的走私金银及反革命案件按照相应法令处理。第三,阐述了"三反""五反"运动和肃毒运动的承接关系。《指示》要求各地可以在"三反""五反"运动的同时开展全盘性的肃毒准备工作,提出情节不是特别严重的贩毒案件不予逮捕结案,待运动结束,有重点地在机关和社会上,运用"三反""五反"的队伍开展一次群众性的肃毒运动,以达到内外夹击的效果。第四,规定了此次运动的重点部门和地区。重点部门是铁道、海运、河运、公路、海关、邮政、公安、司法、税务等,重点地区是大中城市、边防口岸以及烟毒盛行的地区。第五,明确提出了毒犯处理的方针、原则和重点。方针是将严厉惩办与改造教育相结合;原则是打击惩办少数,教育改造多数;重点是集中打击集体大量的制贩毒犯和工作人员,单纯的吸食毒品者不作为斗争对象。第六,对少数民族和内地的种毒问题提出运动后另行处理的办法。[①]

《指示》对1952年肃毒运动的开展作了整体性的说明,为接下来运动的筹备指明了方向。但是,《指示》毕竟是纲领性的文件,对运动的领导机关、行动时间、具体地区等一系列环节未作具体说明。不久,各大区根据中央指示,先后制订了一系列禁烟禁毒计划,并报中央审核,其中涉及这场肃毒运动中的诸多环节。随后,中央与地方多次沟通与交流,发布一系列的通令或指示(见表22-4),对具体的环节问题进行了订正和确立。7月25日至28日,中央召开了全国禁毒工作会议,公安部副部长徐子荣在会上作了报告,对各项工作最后进行了系统性、全面性的阐释。至此,开展全国性和群众性肃毒运动的一个个重要的相关节点问题得以顺利解决,标志着1952年肃毒运动的正式确立。其中,确立的重要环节主要包括以下几个方面:

表22-4 1952年中央及各大区有关肃毒运动确立的部分文件列表

时间	法规名称
4月12日	《东北公安部关于打击烟毒贩的具体指示》
4月15日	《中共中央关于肃清毒品流行的指示》

---

① 《中共中央关于肃清毒品流行的指示》(1952年4月15日),中共中央文献研究室编:《建国以来重要文献选编》(第三册),中央文献出版社2011年版,第132—134页。

(续表)

时间	法规名称
4月18日	《华东军政委员会关于禁烟禁毒指示》
4月29日	《中共中央中南局关于开展肃清毒品流行的指示》
5月3日	《中央同意中南局关于开展肃清毒品流行指示的电报》
5月3日	《东北人民政府关于根绝烟毒流害处理贩毒分子的决定》
5月16日	《中共中央西北局关于发动禁毒运动指示》
5月21日	《中央人民政府政务院为查禁烟毒的通令》
5月24日	《禁毒运动中的配合行动由公安部负责掌握》
5月25日	《中共中央华东局关于肃清毒品流行的指示》
6月初	《大张旗鼓地开展禁烟禁毒运动——中南军政委员会民政部郑绍文部长在军政委员会第八十一次行政会议上的报告》
6月10日	《中共中央批转西北局关于发动禁毒运动的指示》
6月19日	《公安部关于做好侦查准备阶段各项工作的通知》
7月6日	《中南公安部关于禁毒会议的报告》
7月9日	《罗瑞卿、徐子荣关于各地禁毒准备工作进展情形和全国一致行动时间问题给刘少奇、政务院政治法律委员会副主任彭真并中共中央的报告》
7月10日	《中共中央转发中南公安部禁毒会议情况报告的批示》
7月10日	《中央同意七月底八月初为全国禁毒破案开始同意行动时间的指示》
7月15日	《公安部关于禁毒运动统一行动时间和召开禁毒会议的通知》
7月16日	《毛泽东对公安部关于禁毒运动统一行动时间和召开禁毒会议通知的批语》
7月19日	《中央宣传部、公安部关于禁毒宣传的指示》
7月30日	徐子荣:《关于开展全国规模禁毒运动的报告》

第一,直接领导部门的确立。因为许多制贩毒集团的活动带有全国性,在各地区形成了较长的贩运推销网络,所以必须有一部门统筹部署工作,才能肃清贩毒行为。而关于肃毒运动的直接领导部门,开始主要有三种主张:一是民政部门领导,如中南局建议由五反委员会或民政部门领导肃毒工作,由其成立禁烟禁毒组织,有关部门派人参加;① 二是公安部门领导,如东北局

---

① 《大张旗鼓地开展禁烟禁毒运动——中南军政委员会民政部郑绍文部长在军政委员会第八十一次行政会议上的报告》,《南方日报》1952年6月8日第3版。

提出打击烟毒贩的工作应该由各省市公安厅、局长亲自领导，以治安部门为主，组织力量进行；①西北局则是责成西北公安部指导全区的禁烟禁毒工作，各地由公安部门负责相关工作。② 三是合力领导，如华东局提出以公安、民政部门为主，吸收有关部门人员组织领导。③ 5 月 24 日，刘少奇和彭真商量后向毛泽东等人汇报了相关情况；④中央领导人意识到贩毒的集团性和网络性只有通盘部署才能解决，最终决定肃毒工作的具体行动和配合由中央公安部负主责，并提出由彭真定期召集公安、铁道、交通、邮电、海关、内务、卫生等部门汇报情况，⑤而各地工作则是在党委领导下具体由公安机关负责。6 月 10 日，中央发出《批转西北局关于发动禁毒运动的指示》，以正式文件的形式明确了中央公安部的职责，提出只有公安部通盘部署并作全面侦察，肃毒工作才能"收一网打尽，基本禁绝之效"⑥。7 月 28 日，徐子荣的报告进一步阐释："禁毒运动，必须在中央统一领导下，在各级党委和政府的具体领导下，以各级公安部门为主体，统一行动，集中破案。"⑦至此，肃毒运动的直接领导部门问题得以最终确立。

第二，打击重点区域的确立。如上文所述，《指示》对肃毒运动的重点部门和地区只是进行了框架性说明，且未对农村肃毒进行规定。之后，各中央局先后对本区工作作出具体规划报中央审阅。东北局提出首先将打击重点

---

① 《东北公安部关于打击烟毒贩的具体指示》(1952 年 4 月)，邱创教主编：《毒品犯罪惩治与防范全书》，中国法制出版社 1998 年版，第 833 页。

② 《中共中央西北局关于发动禁毒运动指示》(1952 年 5 月 16 日)，山东省档案馆藏，档案号：A001-05-0061-002。

③ 《中共中央华东局关于肃清毒品流行的指示》(1952 年 5 月 25 日)，《斗争》1952 年第 154 期，第 16 页。

④ 刘崇文、陈绍畴主编，中共中央文献研究室编：《刘少奇年谱(1898—1969)》，中央文献出版社 1996 年版，第 296 页。

⑤ 《禁毒运动中的配合行动由公安部负责掌握》(1952 年 5 月 24 日、6 月 10 日)，中共中央文献研究室、中央档案馆编：《建国以来刘少奇文稿(1952 年 1 月—1952 年 12 月)》(第四册)，中央文献出版社 2005 年版，第 199—200 页。

⑥ 《中共中央批转西北局关于发动禁毒运动的指示》(1952 年 6 月 10 日)，中央档案馆、中共中央文献研究室编：《中共中央文件选集(1949 年 10 月—1966 年 5 月)》(第九册)，人民出版社 2013 年版，第 13 页。

⑦ 《批发中央转发徐子荣在禁毒工作会议上报告的指示》(1952 年 7 月)，中共中央文献研究室、中央档案馆编：《建国以来刘少奇文稿(1952 年 1 月—1952 年 12 月)》(第四册)，中央文献出版社 2005 年版，第 370 页。

放在各直属、省属市、中朝边境的各县城和所属口岸、市镇及汪清等37个交通要道的重要县城和集镇,其次一般的农村和县城暂不涉及。① 而中南局在打击区域上制定三步走的方针,首先是大中城市、交通沿线和边境海岸,其次是毒品流行的小城市,最后是毒品流行地区和种烟乡村。② 西北局则认为首先在进行过"五反"运动的重要城市和重要交通线开展工作,其次是否在较大城镇和乡村进行工作延后决定。③ 华东局提出首先在上海等39个大中城市、交通要道及重要县镇和港口进行肃毒工作,然后在一般的小城镇及个别种毒农村开展。④ 由此可见,对于在大中城市、交通沿线以及边境海岸进行肃毒工作,各中央局的态度一致,而对于是否在农村进行广泛的肃毒运动则态度不一。与此同时,中央在参考各地决定后,对这一情况的政策制定经历一定变化后最终得以确立。5月21日的通令中先是明确肯定城市作为肃毒的重点地区,然后提出"过去产毒较盛的地区,也应根据具体情况,开展反毒运动"⑤,产毒地区多为农村,意味着农村也要开展相关工作。7月30日,徐子荣的报告对这一点进行了明确:"目前(肃毒运动)主要集中力量在城镇中进行,农村一般暂时不动。"⑥对于这一政策变化的具体原因,笔者尚未发现具体史料进行说明,但可知土改后连续的政治运动不利于农村政治稳定及农业生产的恢复,因此中央决定将农村缴毒的相关事宜放在肃毒运动结束后进行是非常正确的。

第三,打击对象的确立。如何有效地打击毒犯和发动广大群众是肃毒运

---

① 《东北公安部关于打击烟毒贩的具体指示》(1952年4月),邱创教主编:《毒品犯罪惩治与防范全书》,中国法制出版社1998年版,第832页。
② 《中共中央中南局关于开展肃清毒品流行的指示》(1952年4月29日),中国社会科学院、中央档案馆编:《中华人民共和国经济档案资料选编(1949—1952)》(综合卷),中国城市出版社1990年版,第538页。
③ 《中共中央西北局关于发动禁毒运动指示》(1952年5月16日),山东省档案馆藏,档案号:A001-05-0061-002。
④ 《中共中央华东局关于肃清毒品流行的指示》(1952年5月25日),《斗争》1952年第154期,第16页。
⑤ 《中央人民政府政务院为查禁鸦片烟毒的通令》(1952年5月21日),江苏省档案馆藏,档案号:7014-2-0427-4。
⑥ 《批发中央转发徐子荣在禁毒工作会议上报告的指示》(1952年7月),中共中央文献研究室、中央档案馆编:《建国以来刘少奇文稿(1952年1月—1952年12月)》(第四册),中央文献出版社2005年版,第370页。

动成功所在。那么,选定打击的重点对象则是关键之一,各中央局的观点基本保持一致。东北局将贩、运、制的首要分子和业主及惯犯等作为主要打击对象;至于一般的种烟和吸毒者只令其交毒、具结保证后,一律不予追究。① 中南局4月29日的指示在肯定民政部长大部分内容的基础上作出微调,提出肃毒应着重打击贩运制造者,而对于种毒者则劝导铲除,帮助生产。② 随后,中南民政部部长在报告中提出对贩运、制造及种植烟毒者的处罚要重于吸食者,并采取宽严结合的方法。③ 随后,西北局同样提出集中力量打击制贩毒品的首要分子、专业分子和匪特分子等;吸毒者一律不过问,待后教育;对种烟区进行清查和劝导铲烟的工作,但不强迫缴毒。④ 华东局同样提出普通的种毒者和吸毒者不作为斗争对象,只进行交毒和教育;但认为对制毒犯的惩处要重于贩毒犯。⑤ 由此可见,打击对象方面各地意见基本一致,只存在细微差异。中央基本同意各地在这方面的提议,只作出适当补充。中央在审阅同意中南局的计划后,补充到对于少数民族种烟采取不强迫及酌情救济的方针。⑥ 随后政务院5月21日的通令和徐子荣的报告在打击对象的方案上基本承袭各区的意见,即主要打击制、贩、运;暂时不问吸毒和种烟问题。此外,5月21日的通令提出禁种要与爱国丰产运动结合,吸毒者可在社会舆论和家属的监督下戒吸。⑦ 这种方案既可以有效打击毒品流行,也不至于打击面过宽,有利于团结群众,推动肃毒运动的顺利进行。

---

① 《东北公安部关于打击烟毒贩的具体指示》(1952年4月12日),邱创教主编:《毒品犯罪惩治与防范全书》,中国法制出版社1998年版,第832页。
② 《中共中央中南局关于开展肃清毒品流行的指示》(1952年4月29日),中国社会科学院、中央档案馆编:《中华人民共和国经济档案资料选编(1949—1952)》(综合卷),中国城市出版社1990年版,第837—838页。
③ 《大张旗鼓地开展禁烟禁毒运动——中南军政委员会民政部郑绍文部长在军政委员会第八十一次行政会议上的报告》,《南方日报》1952年6月8日第3版。
④ 《中共中央西北局关于发动禁毒运动指示》(1952年5月16日),山东省档案馆藏,档案号:A001-05-0061-002。
⑤ 《中共中央华东局关于肃清毒品流行的指示》(1952年5月25日),《斗争》1952年第154期,第16页。
⑥ 《中央同意中南局关于开展肃清毒品流行指示的电报》(1952年5月3日),中共中央文献研究室、中央档案馆编:《建国以来刘少奇文稿(1952年1月—1952年12月)》(第四册),中央文献出版社2005年版,第154页。
⑦ 《中央人民政府政务院为查禁鸦片烟毒的通令》(1952年5月21日),江苏省档案馆藏,档案号:7014-2-0427-4。

第四，口头宣传方式的确立。1952年肃毒运动的宣传方式有别于之前，更不同于中华人民共和国成立初期其他的政治运动，其中经历了政策的转变。起初，各区的禁烟禁毒宣传政策除延续之前的惯例外，进一步强调大张旗鼓地宣传和动员群众，如中南局提出采取动员报纸等舆论媒介、颁发布告、塑造典型人物、召开群众大会等方法，①以求实现运动的规模效应。政务院5月21日的通令和华东区5月25日的指示均阐明要大张旗鼓地做禁烟禁毒的宣传工作，通过各种方式在群众中进行广泛深入的宣传。5月20日，《人民日报》刊文称，美国在联合国麻醉药品委员会上诬蔑中国在日本私卖海洛因，对此人民政府特发声明称中国不仅没有私卖海洛因，而且在积极地开展肃毒运动。② 在冷战的大背景下，为避免美国的造谣，中央开始考虑转变运动的宣传方式。6月10日，中央在批转西北局的文件时决定暂不在报刊发布禁烟禁毒新闻，但未作具体说明，称将来如何发布另行通知。③ 7月10日，经过研究和讨论，中央将肃毒宣传方式进一步明确为只在内部和人民内进行"口头宣传"的方式，以后不再登报，"以免为美国利用"。④ 16日，毛泽东作出批示，要求相关部门发布指示，"规定禁毒运动只作人民中的口头宣传，一律不许在任何公开的报告或刊物上发表任何消息"⑤。19日，中央宣传部和公安部按照毛泽东的批示发出《关于禁毒宣传的指示》，对口头宣传的原因、内容、宣传方式和要求作了详细说明，⑥此举成为中央首次正式地对禁烟禁毒宣传方式作出规定。30日，徐子荣的报告对以上各点进行重申和明确。至

---

① 《大张旗鼓地开展禁烟禁毒运动——中南军政委员会民政部郑绍文部长在军政委员会第八十一次行政会议上的报告》，《南方日报》1952年6月8日第3版。
② 新华社:《我中央人民政府外交部发表声明 抗议美国政府诬蔑我在日本私卖海洛英》，《人民日报》1952年5月20日第1版。
③ 《中共中央批转西北局关于发动禁毒运动的指示》(1952年6月10日)，中央档案馆、中共中央文献研究室编:《中共中央文件选集(1949年10月—1966年5月)》(第九册)，人民出版社2013年版，第14页。
④ 《中央同意七月底八月初为全国禁毒破案开始统一行动时间的指示》(1952年7月10日)，中共中央文献研究室、中央档案馆编:《建国以来刘少奇文稿(1952年1月—1952年12月)》(第四册)，中央文献出版社2005年版，第320页。
⑤ 《毛泽东对公安部关于禁毒运动统一行动时间和召开禁毒会议通知的批语》(1952年7月16日)，转引自杨志强:《刘少奇与1952年禁毒运动》，《党的文献》2003年第6期，第56页。
⑥ 中央宣传部、公安部:《关于禁毒宣传的指示》(1952年7月19日)，山东省档案馆藏，档案号:A001-04-0024-011。

此,1952年肃毒运动特有的宣传方式得以确立。同时,这样的宣传方式使得这场伟大运动的相关一手史料多为档案,无形中限制了学术界对这场运动的深入研究。

第五,行动破案时间的确立。行动破案时间是肃毒运动正式开始的标志,因此它的确立就更为复杂和漫长,需要经过中央和地方的认真研究,也成为各项工作中确立最晚的一个。起初,各区根据自身准备工作的推进情况制定了不同的破案行动时间。各地方案可归纳为三种:第一种是时间待定。华北局认为工作中心是经济建设,应全力抓恢复生产,肃毒不利于生产,更无法兼顾其他工作。第二种是6月行动。多个中央局提议在这个时间点发动肃毒运动,包括西北局、东北局、中南局、华东局及中央公安部,其中公安部解释时间可以推迟,但是必须坚持全国统一行动的原则。第三种是8月或9月行动。西南局认为这个时间比较合适,前期应多做准备工作。① 为充分贯彻统一行动的原则,破案时间的确立经过了中央长时间的研究和讨论。5月21日的通令并没有提到行动时间。6月10日,中央在批转西北局的文件时指示各地把工作重点放在侦察和准备工作上,全国普遍大举破案的时间届时由中央公安部另行通知,说明这个议题仍在讨论中。② 7月9日,公安部罗瑞卿等人给中央的报告中详细分析了各地准备工作的进展情况,强调只有全国统一行动,才能给毒犯以规模的突然袭击,达到互相支援配合的目的,因此向中央提议拟定7月底8月初为全国开始统一行动肃毒破案的时间。③ 7月10日,中央同意此项提议,并在批转中南公安部的文件时告知各地中央的决定。④ 然而,笔者尚未发现公布准确时间的中央文件,据罗瑞卿之后的报告

---

① 《禁毒运动中的配合行动由公安部负责掌握》(1952年5月24日、6月10日),中共中央文献研究室、中央档案馆编:《建国以来刘少奇文稿(1952年1月—1952年12月)》(第四册),中央文献出版社2005年版,第200—201页。
② 《中共中央批转西北局关于发动禁毒运动的指示》(1952年6月10日),中央档案馆、中共中央文献研究室编:《中共中央文件选集(1949年10月—1966年5月)》(第九册),人民出版社2013年版,第13页。
③ 《中央同意七月底八月初为全国禁毒破案开始统一行动时间的指示》(1952年7月10日),中共中央文献研究室、中央档案馆编:《建国以来刘少奇文稿(1952年1月—1952年12月)》(第四册),中央文献出版社2005年版,第320—321页。
④ 《中共中央转发中南公安部禁毒会议情况报告的批示》(1952年7月10日),中央档案馆、中共中央文献研究室编:《中共中央文件选集(1949年10月—1966年5月)》(第九册),人民出版社2013年版,第65页。

和各地方档案显示,8月10日左右,肃毒运动在全国各地大规模地开展起来。由此可见,行动时间的确立照顾到了肃毒任务艰巨的西南区,从而为肃毒运动的胜利打下了良好的基础。

截至11月底,1952年肃毒运动宣告结束,并取得了优异的成绩。因此,笔者将1952年4月15日至12月12日的这段时间划分为禁烟禁毒运动的第三阶段。12月12日,政务院颁布《关于推行戒烟、禁种鸦片和收缴农村存毒的工作指示》,对肃毒运动后的禁烟禁毒工作进行部署,标志着禁烟禁毒政策的再次转型。除西南和东北区因上半年工作任务繁重将禁烟禁毒任务推迟到下半年进行外,全国各地开始展开相关工作的调查和摸底工作,并先后制订了关于禁吸、禁种和毒品处理的执行计划。各地到1953年底基本上完成上述工作任务,中华人民共和国成立初期的禁烟禁毒运动至此正式宣告胜利结束。笔者将1952年12月12日至1953年底的这段时间划定为禁烟禁毒运动的第四阶段。

第三节 禁烟禁毒运动的组织形态及其演变

培养禁烟禁毒干部和成立禁烟禁毒委员会是禁烟禁毒运动顺利开展的组织保障。在禁烟禁毒运动的各个阶段,各地一方面认真地对禁烟禁毒干部和工作人员开展禁烟禁毒教育,使其彻底了解禁烟禁毒政策,从而顺利开展禁烟禁毒任务,同时严厉惩处包庇他人或本人从事制、贩、运烟毒活动的违法犯罪行为;另一方面积极建立本地区的禁烟禁毒委员会,并在不同阶段对其进行调整和充实,以期符合运动的需求。

一、禁烟禁毒干部的教育与惩处

新中国成立初期的禁烟禁毒运动开始后,中央要求政府执行人员必须意识到禁烟禁毒工作是全国性的政治任务,是一项重要的社会改造工作,从而根据当地实际情况来确定工作重点、步骤和具体办法。随后,各大区和省份在开展禁烟禁毒工作前必须首先打通干部的思想,使其充分考虑广大人民的短期利益和长远利益,既不能盲目地迁就某些烟农的短期利益和落后要求,也不能简单地依赖行政命令,强迫人民执行或敷衍了事。同时,各地针对干部的廉洁问题作出明确规定。1950年5月22日,西南局就要求执行禁烟禁毒工作的政府人员保持廉洁奉公的态度,并提出依法严惩营私舞弊和贪污受贿的政府人员。①

进入第二阶段后,各中央局要求各地干部在执行查禁烟毒的工作中要树立和端正自己的思想,既要积极了解中央禁烟政策和决心,绝不可怀疑或误解禁烟禁毒工作,坚决执行和完成此项任务,又要戒骄戒躁,去除急于求成的想法,从而稳步地完成查禁工作。同时,中央和地方政府对于徇私舞弊和包庇烟毒贩运的政府工作人员的处罚态度依旧强硬,要求按情节轻重从严惩处。尽管如此,各地在"三反""五反"运动中发现部分干部对于禁烟禁毒政策的认识依旧模糊,对相关工作不够重视,甚至产生收税、包庇及受贿等严重的违法行为。这与领导干部的禁烟禁政态度不端正、政治觉悟低和思想目的不单纯有直接的关系。因此,各地一方面积极教育干部,使其认识根绝烟毒祸害的必要性;另一方面通过依法追责和进行处罚的方式对违法干部施以实际教育。

在1952年肃毒运动开展的同时,中央要求中央部委和各地机关普遍进行一次机关内部的禁烟禁毒工作,号召从事烟毒贩运的工作人员坦白登记,并处理"三反"运动中尚未了结的贩运案件。各地的铁道系统最先积极配合禁烟禁毒工作,派人参加本地区的禁烟禁毒机构,与当地的肃毒运动相结合,逮捕了一部分"三反"运动中发现的烟毒犯。随后,中央各有关部门仿照铁道部的做法,开展和督促所属系统的禁烟禁毒工作。政法系统的禁烟禁毒工作则是在司法改革和整顿民警工作中进行的。全国机关内共发现烟毒犯12958人另17件,可见机关内的禁烟禁毒工作很好地配合了全国的肃毒运动。国家机关内部的肃毒工作不但纯化了机关内部的人员构成,而且使广大机关工作人员接受了一次深刻的禁烟禁毒教育。

二、禁烟禁毒委员会的建立与发展

禁烟禁毒工作不是单一的政府部门能够独立完成的,需要各有关部门密

---

① 中南军政委员会:《中南区禁烟禁毒实施办法》(1950年5月22日),中南军政委员会民政部编:《民政工作手册》第2辑,内部资料,1950年,第159页。

切配合和协作。其中,查禁鸦片烟毒的进出口工作需要税务、交通及邮政等部门协助办理;禁吸工作需要民政、公安及卫生等部门相互联系和沟通;禁种工作需要农林、公安及民政等部门的通力合作。因此,成立专门的禁烟禁毒机构才能保障相关工作的顺利进行。中华人民共和国成立后不久,部分地区就提出组建禁烟禁毒委员会的建议。1949年10月,苏南要求区级以上政府可组织相关部门成立禁烟禁毒委员会,协调各部门的工作,共同处理禁烟禁毒事务,同时提出以民政部门为主负责经常性的工作。①

1950年2月24日,政务院在《关于严禁鸦片烟毒的通令》中对禁烟禁毒委员会的设立作出具体规定,即各级人民政府为推动禁烟禁毒工作的顺利开展,须设立禁烟禁毒委员会;民政、公安部门及各人民团体共同组织禁烟禁毒委员会,由民政部门负责组建禁烟禁毒委员会的相关成立工作。② 该规定明确了委员会设立的必要性和主体参与者,为各地成立委员会提供了政策依据。随后,各大区开始筹备建立禁烟禁毒委员会并要求各级政府组织相应的禁烟禁毒机构。4月,西南局要求各级政府迅速成立禁烟禁毒委员会,从而在各方力量的协助之下有步骤地推进禁绝烟毒工作。③

进入第二阶段后,随着禁烟禁毒工作的全面展开,各中央局要求各地迅速成立禁烟禁毒委员会,以便加强领导查禁工作。各级禁烟禁毒委员会随之在全国各地普遍地设立起来。各大区军政委员会和省市县人民政府组织设立省市县级禁烟禁毒委员会;区乡人民政府成立禁烟禁毒分会和禁烟禁毒小组;部分烟毒流行的集镇或交通要道,由民政、公安、工商、税务及交通等部门成立缉毒小组。一个相对系统的禁烟禁毒组织结构逐渐在全国各地被建立起来。(见表22-5)

---

① 苏南行政公署:《关于禁烟禁毒的指示》(1949年10月),江苏省档案馆藏,档案号:7014-1-0007-5。
② 政务院:《关于严禁鸦片烟毒的通令》(1950年2月24日),中央人民政府法制委员会编:《中央人民政府法令汇编(1949—1950)》,法律出版社1982年版,第211页。
③ 西南军政委员会:《关于开展禁烟禁毒工作的指示》,《云南档案史料》1991年第4期,第10页。

表 22-5　部分大区和省级禁委会成立时间列表

地区	时间
中南区禁烟禁毒委员会	1950年3月4日
天津市禁烟禁毒委员会	1950年6月10日
重庆市禁烟禁毒委员会	1950年9月20日
西南区禁烟禁毒委员会	1950年9月30日
陕西省禁烟禁毒委员会	1950年10月18日
北京市禁烟禁毒委员会	1950年11月27日
云南省禁烟禁毒委员会	1950年12月9日
贵州省禁烟禁毒委员会	1951年1月11日

总体来说，各级禁烟禁毒委员会均由民政、公安、卫生、教育、税务、法院、铁路、邮政、民族事务委员会、妇联、学联、青联、文联、工会、农协、电台及报社等机关团体和各界民主人士组织而成。该会下设有宣教科、检查登记科、禁烟科、秘书处及戒烟所。宣教科由教育部门为主召集，结合妇联、工会、青委、农协、电台及报社等部门参加，负责办理禁烟禁毒宣传教育工作；检查登记科由公安部门召集，结合税务、公路管理、邮局及法院等部门参加，负责烟毒犯检查、登记、检举、查缉及处罚的工作；禁烟科由卫生部门召集，结合公安、民政局及救济院等部门参加，负责烟民调验和施戒、贫苦烟民救济、组织公私立医院兼办戒烟业务、配售戒烟药品及戒烟所的筹建与运行等工作；秘书处由民政和公安部门组成，负责日常事务、行政、预算及文书会议汇报等工作。

在第二阶段末期，部分地区认为禁烟禁毒工作已经完成，于是撤销了禁烟禁毒委员会，将禁烟禁毒相关工作分配给相关的政府部门，作为长期性和经常性的工作来开展，如天津市人民政府于1951年底呈请政务院结束禁烟禁毒委员会。但是，在第三阶段的肃毒运动开始后，为有组织、有计划及有步骤地推进肃毒工作，中央要求各地组建全新的禁烟禁毒委员会。

在筹备1952年肃毒运动的过程中，中央逐渐发现虽然部分地区已经建立禁烟禁毒委员会，但是基层的禁烟禁毒机构相对不健全，而且部分地区已经撤销了禁烟禁毒委员会，导致全国的禁烟禁毒组织结构缺乏系统性和完整性。因此，政务院于5月21日发布通令，指示已成立禁烟禁毒委员会的地区应加强自身的组织结构和工作能力；未成立的地区应在"三反""五反"运动指挥机构的基础上建立禁烟禁毒委员会。① 随后,已有禁烟禁毒委员会的地方在原有的组织基础上重新组建新的机构,而尚未设立的地方则积极筹建禁烟禁毒委员会。各地在"三反""五反"运动指挥机构的基础上组织和调整禁烟禁毒委员会,并抽调各有关部门的干部成立办事机构。各地在党委统一领导下,以公安部门为主,吸收民政、宣传、铁道、卫生等部门的负责人组织禁烟禁毒委员会。有的地方甚至在禁烟禁毒委员会上组织统一的肃毒指挥部,由其负责材料整理和督促检查等肃毒运动的准备工作,如苏州不但成立禁烟禁毒委员会,而且组建禁毒指挥部,下设宣传动员、审判处理、材料等三组,具体负责肃毒运动的相关筹备工作。② 梧州则是先由公安局成立禁烟禁毒办公室,随后在其基础上成立由相关部门负责人构成的禁烟禁毒委员会,并下设有水上分委,负责在航运业内开展禁烟禁毒工作。③ 重庆对原有禁烟禁毒委员会进行调整,下设办公室、行动指挥部、侦审部、宣传部及毒产处理部。④ 此外,烟毒流行地区的禁烟禁毒委员会建立到区乡一级,村街组织反毒小组,而一般的乡村则由专人分片包干,逐级负责。

---

① 《中央人民政府政务院为查禁鸦片烟毒的通令》(1952年5月21日),江苏省档案馆藏,档案号:7014-2-0427-4。
② 《市委关于执行苏南禁毒工作署的具体署草案》(1952年8月13日),中共苏州市委党史工作办公室编:《苏州城市接管与社会改造》,内部资料,2009年,第215页。
③ 《梧州市禁烟禁毒运动工作总结报告》(1952年12月),中共广西壮族自治区委员会党史研究室编:《城市的接管与社会改造》(广西卷),中央文献出版社2003年版,第240页。
④ 重庆市公安局:《关于肃清烟毒流行的行动计划》(1952年7月19日),《档案史料与研究》1990年第1期,第42页。

第二十三章　禁烟禁毒宣传工作的实施与调整

禁烟禁毒运动的宣传政策经历了一个不断变化的过程。一方面,1952年肃毒运动前后的禁烟禁毒宣传政策截然不同。在运动之前,各地在第一阶段和第二阶段实行的宣传政策与同期政治运动是完全相同的,均是普遍意义上的宣传策略。各地使用了各种类型的宣传形式,在所有的群众集会场所广泛地讲解人民政府禁绝鸦片烟毒的决心和政策。在运动中,为避免美国的诬蔑,中央政府创造性地施行"口头宣传"政策,严禁使用任何形式的文字宣传形式。另一方面,尽管运动前后的宣传策略有所不同,但是民族主义贯穿了整个禁烟禁毒宣传工作的始末。从宣传的内容上看,美英日等帝国主义国家被指认为中国烟毒问题长期存在的罪恶根源。随着抗美援朝战争的爆发和美国诬蔑事件的发生,美国被各地的宣传话语描述成中国烟毒问题的罪魁祸首。"口头宣传"政策的制定和实施正是为了避免美国再次诬蔑和扭曲中国的毒品政策。此时,揭露帝国主义对中国人民施行的毒化政策和罪恶行为成为宣传的重点内容,而积极参与禁烟禁毒运动被视为一种积极的爱国行为。

第一节　1952年肃毒运动之前的禁烟禁毒宣传政策

中华人民共和国成立伊始,部分老解放区较早地开展了禁烟禁毒宣传工作。1949年10月,苏南行署建议通过各种会议或群众场合宣传政府坚决的禁烟禁毒态度,并且发动群众协助宣传工作,让群众来监督、劝导及检举,保证禁烟禁毒命令真正地贯彻落实。① 1950年2月24日,政务院发布《关于严禁鸦片烟毒的通令》,提出"各级人民政府协同人民团体,作广泛的禁烟禁毒宣传,动员人民起来一致行动"②,该规定不但要求各地积极开展禁烟禁毒宣传工作,而且明确了该项工作的主体责任者,即政府和人民群众都应积极从事该项工作,才能保证禁烟禁毒政策落到实处。尽管政务院发布了该项通令,但是大部分地区在第一阶段里尚未全面地开展禁烟禁毒运动,只有少部分解放较早的地区在五六月份开始尝试进行禁烟禁毒宣传工作。6月,天津召集文化机构和群众团体参与禁烟禁毒宣传工作。文化馆和回民学习会、青年学习会及家庭妇女联谊会分别组织宣传队深入街头,以漫画、秧歌、讲演等方式宣传禁烟禁毒政策,吸引了大批的群众围观。③ 部分地区还配合清匪反霸运动和生产渡荒运动发动群众开展禁烟禁毒宣传动员工作。

进入第二阶段后,中央政府和各中央局颁布禁烟禁毒宣传政策,要求各地迅速开展禁烟禁毒宣传工作。7月10日,政务院指示各地"应广泛进行禁烟宣传",并在人代会上讨论禁烟办法,为宣传工作指明方向。④ 7月17日,周恩来在回复西南局的文件中除继承政务院2月24日的规定外进一步细化了禁烟禁毒宣传的主体责任人,还要求"一切科学文化教育机关亦应进行广泛的宣传教育工作",目的是要使群众充分了解禁烟禁毒相关政策,从而有效禁绝烟毒。⑤ 随后,西南局、东北局、中南局及西北局先后在发动禁烟禁毒运动的指示文件中延续了中央要求广泛宣传的方针,指出只有依靠群众才能实现广泛宣传的目标,才能彻底发动群众的自觉性和积极性,造成群众性的禁烟禁毒运动。1951年2月24日,中央内务部指示各地坚决贯彻政务院严禁

---

① 苏南行政公署:《关于禁烟禁毒的指示》(1949年10月),江苏省档案馆藏,档案号:7011-2-0009-5。
② 政务院:《关于严禁鸦片烟毒的通令》(1950年2月24日),中央人民政府法制委员会编:《中央人民政府法令汇编(1949—1950)》,法律出版社1982年版,第211页。
③ 《街头宣传禁毒 南市一带已开始》,《天津日报》1950年6月26日第2版;《八区回民及妇联等宣传和平签名》,《天津日报》1950年7月11日第2版。
④ 浙江省人民政府:《转发中央和华东处理鸦片烟毒规定并结合实际情况特作补充指示的训令》(1950年8月5日),浙江省档案馆藏,档案号:J103-002-031-068。
⑤ 周恩来:《对西南禁绝鸦片烟毒实施办法修改意见的电报》(1950年7月17日),中共中央文献研究室、中央档案馆编:《建国以来周恩来文稿(1950年7月—1950年12月)》(第四册),中央文献出版社2008年版,第57页。

鸦片烟毒的通令,广大农村在禁种前必须广泛地宣传禁烟禁毒政策。① 3月19日,中南局提出只有建立起禁烟禁毒工作的群众基础,广大群众才能经常性地协助政府做宣传劝喻和检查工作,才能完成禁烟禁毒任务。② 为有效地宣传政策,各地将政务院通令和本省禁烟禁毒布告普遍张贴在大街小巷。这些布告内容简短,观点鲜明易懂。它们带有一定的政治权威性,容易引起群众关注,使其快速明白禁烟禁毒工作的内涵,了解人民政府禁绝烟毒的决心。

为规范宣传内容,各地在第二阶段初期纷纷制定自己的宣传提纲,其主要内容包括以下几个方面:

第一,揭露自鸦片战争以来帝国主义侵略中国的各项罪恶史实。鸦片烟毒在近代中国流害百余年时间,其根源是帝国主义将大量鸦片贩运到中国。因此,各地的宣传提纲重点强调帝国主义在鸦片战争前后如何一步步地摧残中国人的民族意志。帝国主义通过输入鸦片的方式完成其侵略中国的目的。其中,英国东印度公司源源不断地把鸦片输入中国,换取中国的白银和工业原料。

抗日战争时期,日本帝国主义为满足其以战养战的目的,在华施行惨绝人寰的毒化政策,公开制造和贩卖毒品,有计划地毒化中国人民。因此,各地是从民族国家建构的角度出发,要求广大群众积极参加禁烟禁毒运动,戒除烟瘾,从而增强民族体质和抵御外来侵略,达到巩固国防和保障国家安全的目的。为肃清帝国主义遗留下来的污毒,人民政府有必要开展一场深刻的社会改革运动。

第二,批判旧中国的历届统治者不顾人民的切身利益,假借禁烟禁毒的幌子来掩盖自身的毒化政策,进而剥削广大人民,导致毒品问题愈来愈严重。北洋政府时期,封建军阀不但公开设立土膏店,施行鸦片专卖,而且勒令人民种植鸦片,强迫抽捐,从人民手中榨取利益。国民政府时期,国民党实施"寓禁于征"的政策,假借禁烟禁毒之名,实为鼓励鸦片的种植,实行鸦片专卖,刮财自肥作为自己的财政收入。各地要求向群众暴露国民党错误的禁烟禁毒政策。西南局就指出"特别应揭发过去国民党反动统治下所造成烟毒罪恶的

---

① 中央内务部:《关于禁烟毒的指示》(1951年2月24日),山东省档案馆藏,档案号:A101-04-0043-015。
② 中南军政委员会:《为禁绝烟毒工作的指示》(1951年3月19日),中南军政委员会民政部编:《民政工作手册》第3辑,内部资料,1951年,第221页。

各种事实"①。随后,各地从巩固政权的角度出发,重点论述了国民党的禁烟禁毒政策是为了加重剥削人民,满足个人的利益诉求。中华人民共和国成立后,美国与国民党残余势力更是勾结从事反革命活动,利用制、贩、运毒贩在国内继续推行毒化政策,将毒品输入国内,并从事制造和贩运毒品的勾当,从而获取从事破坏活动的经费。

第三,讲解中国共产党领导下的人民政府实施的禁烟禁毒政策,并强调人民政府的政策与国民党的完全不同,表明人民政府禁毒的真实目的和决心。各地从政权建设的角度出发,说明人民政府的政策是从整个人民利益出发,不是把烟毒用作牟利的工具,与国民党的禁烟禁毒政策在本质上是不同的;同时要让广大群众意识到人民政府禁烟禁毒的真实目的是保护人民身体健康,从而使群众在内心建立起对人民政府的信任和依赖,如西南局要求各地"广泛宣传禁烟禁毒实施办法,说明人民政府彻底禁绝烟毒的决心"②。从经济发展和社会稳定的角度出发,各地明确指出共和国禁烟禁毒政策的目的是恢复与发展生产。种烟直接影响了各地的粮食产量,直接造成了部分地区的饥荒问题。制、贩、运毒贩为谋取非法利益,往往做出损人利己的事情,从事偷窃、敲诈、欺骗等违法事件,妨碍社会治安。烟毒贩使用黄金和白银买卖毒品,扰乱金融市场,导致生产资金的匮乏,阻碍了工商业的正常发展,最终降低了广大人民的生活水平。此外,各地积极宣传政府对烟毒犯的惩处政策。各级政府强调烟毒是帝国主义和旧社会遗留下来的一种恶果,人民政府对制、贩、运毒犯施行教育与改造相结合的宽大政策,即政府会宽大处理主动坦白或检举立功的毒犯,而严惩那些拒不登记、死不悔改的毒犯分子。因此,只要广大烟民配合政策主动登记戒除,人民政府是既往不咎的,人民政府是有决心、有办法、有把握将禁烟禁毒政策执行到底的。

第四,从个人和家庭的角度向群众说明烟毒的害处。从个人生活上讲,吸食烟毒不但给人带来精神上的痛苦,使人精神萎靡和意志消沉,而且造成身体上的伤害,使人体机能受损且减短寿命。身体和精神上的双重消磨使吸

---

① 西南军政委员会:《关于开展禁烟禁毒工作的指示》(1950年10月16日),《云南档案史料》1991年第4期,第41页。

② 西南军政委员会:《关于开展禁烟禁毒工作的指示》(1950年10月16日),《云南档案史料》1991年第4期,第41页。

毒者无法享受幸福的家庭生活,更不能从事正常的劳动生产,最终造成其家庭破裂、经济困窘。

第五,宣传禁烟禁毒过程中鲜活动人的具体事例。中央内务部要求"必须把禁烟禁毒法令与各地烟毒祸害的具体事实联系起来,抓住各种时机,反复进行宣传教育",这样才能发动广大群众参与到禁烟禁毒运动中来。① 在运动开展的初期,隐藏在群众中的特务分子为破坏人民政府的禁烟禁毒政策,故意散布谣言称戒烟所是劳动改造的地方,生活条件极差,意图动摇烟民戒烟的决心。为此,《天津日报》连续刊载多篇烟民自己写的戒烟报道,如《市禁烟禁毒委员会戒烟所工作人员耐心进行施戒工作》(1950年8月13日)、《烟瘾戒除后一身轻　合家快乐过好光景——杨姚氏从戒烟所归来谈感想》(1950年8月20日)、《我戒除大烟前前后后》(1950年8月28日)、《戒除烟瘾做好公民》(1950年8月31日)等。烟民在这几篇报道里详细地描述了自己在戒烟所顺利戒瘾的过程,从医疗护理、生活饮食及文娱活动等各个方面介绍了戒烟所的全貌。这种生动的戒烟案例消除了烟民的顾虑,同时打破了特务分子的蛊惑造谣企图。

在具体的宣传工作中,各地首先揭露帝国主义的毒化政策、官僚军阀和国民党强迫种植鸦片的阴谋,随后再宣传人民政府禁烟禁毒的政策和典型禁烟案例。与此同时,各地将宣传提纲变繁为简,先后制定了简明扼要的禁烟禁毒宣传标语,并将其书写在街道、广场等人口流动地区的醒目位置,便于群众能够随时看到,了解相关政策。以下是三个地区的禁烟禁毒标语,从中可以概括出几个特点:首先,各地的标语多是从宣传提纲中凝练而来,基本涵盖了宣传提纲的主要思想。其次,标语多简短明了,且通俗易懂。

重庆市的禁烟禁毒标语:

1. 贯彻执行中央人民政府禁烟禁毒法令!
2. 坚决执行军政委员会禁烟毒的命令!
3. 肃清烟毒是建设新重庆的重要任务!
4. 肃清烟毒是维持社会治安的必要措施!

---

① 《全国禁烟禁毒成绩巨大》,《天津日报》1951年3月29日第3版。

5. 肃清烟毒,加强生产力量,肃清烟毒,保护人民健康!
6. 烟毒是帝国主义和中国反动派残害中国人民的手段!
7. 严惩违反禁令的贩运、制造、私藏毒品的不法分子!
8. 每一个人民都有宣传禁烟禁毒和检举不法分子的责任!
9. 不要忘记帝国主义武装侵略我国的鸦片战争!
10. 坚决肃清为害人民的烟毒!
11. 彻底消除烟毒和蒋介石匪帮!①

昆明市的禁烟禁毒标语:

1. 坚决执行中央人民政府政务院的禁烟法令,彻底肃清烟毒。
2. 发动群众力量,根绝烟毒。
3. 对运、售、制造烟毒的人要严厉惩罚。
4. 吸食烟毒的人,赶快立志戒绝,脱离苦海。
5. 自动戒烟是知过改过的勇敢行为。
6. 检举烟毒犯,是维护社会福利的正义行为。
7. 种植鸦片是破坏生产危害人民的行为。
8. 禁绝烟毒,保护人民健康。
9. 禁绝烟毒,增加社会生产。
10. 禁绝烟毒,根除帝国主义的遗害。
11. 吸食烟毒的同胞们要火速到公安派出所去登记。
12. 坚决彻底肃清烟毒。②

陕西省的禁烟禁毒标语:

1. 严禁种运售吸烟毒,违者依法惩处。

---

① 重庆市禁烟禁毒宣传委员会:《重庆市禁烟禁毒宣传提纲》(1950年10月19日),重庆市档案馆藏,档案号:1068-1-12。
② 昆明市人民政府民政局:《昆明市禁烟禁毒宣传提纲》(1950年12月),《云南档案史料》1991年第4期,第11—12页。

2. 严禁种烟,违者依法惩处。

3. 吸食烟毒者速向政府登记,限期戒绝。

4. 加强查缉工作,肃清烟毒祸害。

5. 检举烟毒,人人有责。

6. 人民一条心,烟毒必断根。

7. 戒绝烟毒,搞好生产,劳动致富。

8. 要劳动致富,必先戒绝烟毒瘾,才能搞好生产,劳动致富。

9. 人人监视烟鬼,改造二流子。

10. 要肃清匪祸,必先肃清烟祸。①

各地通过多种途径来提高普通群众的思想觉悟,使其认识到烟毒的危害和政府的禁烟禁毒决心,并启发烟民自动登记和戒瘾交毒。各地在各级人代会和农代会上将禁烟禁毒问题进行专题讨论,深入研究和解读相关政策,并作出具体的决议。同时,政府召开干部会议,各机关在本系统内召开大会,学习禁烟禁毒的方针和政策,逐级打通干部思想,自上而下将宣传内容传达下来,动员机关干部和工作人员积极参加禁烟禁毒宣传工作。再者,基层政府在农协会、妇女会、小组会、座谈会及居民大会等会议上使用真实事例开展禁烟禁毒宣传教育,讲清道理并交代政策。随后,地方政府在各种群众集会或逢场中举办禁烟禁毒宣传的文娱活动。各地还定时召开群众大会,通过烧毁烟毒和公审毒犯的方式启发和教育群众。此外,学校召开禁烟禁毒宣传大会,发动学生在社会家庭中进行公开宣传,如河南卢氏县组织召开教员会议,向其讲解政府的禁烟禁毒政策。教员回校后向学生宣讲,并且组织学生在节假日深入村镇宣传相关政策。②

与此同时,各地将禁烟禁毒宣传工作与其他中心工作密切结合,揭发匪特谣言,深入讲解政府的禁烟禁毒政策。

第二阶段的禁烟禁毒宣传形式与其他政治运动的没有太大差异。各地

---

① 陕西省人民政府:《禁烟禁毒标语》(1951年1月6日),陕西省档案馆藏,档案号:198-1-150-10。

② 河南省人民政府:《河南省1951年禁烟禁毒工作报告》,河南省档案馆藏,档案号:J0149-01-003-00108-025。

广泛搜制、贩、运、吸烟毒的典型素材并将其系统整理,通过广播、影戏、报纸、街头表演、标语、黑板报等形式普遍深入地向群众宣传禁烟禁毒政策。具体来说,这些宣传形式可以归类为口头性质的和文字性质的。其中,口头性质的宣传形式包括在街集和庙会进行化装游行、在各类大会上表演禁毒节目、借用各种曲艺形式进行宣讲、使用无线电广播禁烟禁毒政策、举办禁烟禁毒宣传周等。文字性质的宣传形式包括印制禁烟禁毒小册子、张贴书报和标语、分发传单、放映幻灯片、举办禁烟禁毒壁报、绘制禁烟禁毒漫画及在报刊登载禁烟禁毒相关文字信息等。以重庆为例,政府收集有关禁烟禁毒的材料刊登在报纸上,并通过电台进行广播;制作禁烟禁毒五彩幻灯片,在大众游艺园、影院等场所放映;将禁烟禁毒政策法令编成歌曲和戏剧,分发给机关单位和公共场所;与文化艺术团体合作,制作影片在影院放映,并交由农村放映队在乡镇巡回放映。①

此外,烟毒流行地区经常会举办烟毒展览会。除继续宣传烟毒的危害和人民政府的禁烟禁毒政策外,各地在展览会上使用多种形式重点展示本地区禁烟禁毒工作的成绩、政府帮助烟民成功改造的典型事例及广大群众拥护禁烟禁毒政策的具体行动。1951年10月,昆明市禁烟禁毒委员会举办了一次禁烟禁毒展览会,以照片和图表的形式向群众直观地展示了烟毒的危害和人民政府禁烟禁毒的成果。其中,为介绍人民政府禁吸工作的成功经验,展览会张贴了多张戒烟所的照片,向广大市民形象地呈现了烟民在戒瘾期间的生活、劳动及治疗情况,并重点展示了一位七十多岁烟民的戒烟过程。这些生动形象的照片打破了参观烟民的思想顾虑,加强了他们戒断烟毒的信心。为论证烟毒是国防建设和国家经济发展的重要障碍,禁烟禁毒委员会绘制了云南地区消耗鸦片量的量化对比图,并对其进行了详细的解释:"解放前云南烟民约110万人,平均每日每人以吸食三钱计算,全年消耗一亿三千余万两,由1900年到现在51年中,因吸毒而消耗的钱折合人民币27万亿元,如果用来购买飞机可得一万三千架,可以开设两万锭的纱厂280个。种烟耕地有654万余亩,如果用来生产粮食,足够500万人使用一年。"②

---

① 重庆市禁烟禁毒委员会:《关于重庆市禁烟禁毒工作的总结报告》(1951年8月),《档案史料与研究》1990年第1期,第49页。
② 《昆明市禁烟禁毒展览会的专题报告》(1951年),云南省档案馆藏,档案号:103-1-40。

从这段文字可以看出,鸦片吸食问题已非简单的个人健康问题,已被政府提升到国家层面,涉及国家的经济发展问题和安全问题。因此,各地开展禁烟禁毒宣传工作的过程同样成为民族国家建构和巩固人民政权的过程。开办展览会的目的除了向广大群众普及严禁烟毒的知识和政策外,更是要进一步提高群众的政治觉悟,启发群众参与到各类反帝爱国的政治运动中来。土改训练班农民干部在参观完展览会后说:"不坚决割断帝国主义的□①根,彻底肃清烟毒,穷人一辈子他翻不了身的。"②农民干部很好地将禁烟毒、反抗帝国主义及农民翻身联系在一起,这显然才是政府禁烟禁毒宣传的真实诉求。

群众大会成为宣传和贯彻禁烟禁毒政策的重要形式。中央和地方政府积极提倡各地通过举办群众大会的方式宣传禁烟禁毒的相关内容。1950年11月,西南民政部提出"各地缴获有大量烟毒及重大烟犯,要有计划的召开群众大会,当众烧毁烟毒,公审烟毒犯,以事实教育群众"③。1951年4月,中央内务部在禁烟禁毒报告中提到严惩毒犯和焚毁烟土是贯彻禁令不可缺少的措施,称赞西安、重庆及昆明等地通过召开万人参加的群众公审大会来惩治毒犯和焚烧烟土,受到群众的极大欢迎。④ 1951年9月,河南要求各地召开群众大会,将查获的烟毒当众焚毁,并有重点地公审屡教不改的大毒犯,从而扩大禁烟禁毒宣传。⑤

表23-1 第二阶段部分地区群众大会情况列表

时间	地点	焚毁毒品总数	判处死刑	参加人数
1950.11.12	贵阳民教馆广场	23000余两	枪决毒犯二名	1万余人
1950.12.29	昆明	111200余两	枪毙毒犯一名	万余人

---

① 本文引文中"〈〉"代表更正之错别字,"()"代表补充之缺字,"□"代表原字无法辨认,"×"代表隐去内容,下同。
② 《昆明市禁烟禁毒展览会的专题报告》(1951年),云南省档案馆藏,档案号:103-1-40。
③ 西南民政部:《关于禁烟禁毒几个问题的意见》(1950年11月),《档案史料与研究》1990年第1期,第45页。
④ 中央内务部:《一九五○年禁烟禁毒工作报告》(1951年4月19日),中国社会科学院、中央档案馆编:《中华人民共和国经济档案资料选编(1949—1952)》(综合卷),中国城市出版社1990年版,第543页。
⑤ 河南省人民政府民政厅:《关于禁烟禁毒工作的意见》(1951年9月),河南省档案馆藏,档案号:J0149-01-003-00108-030。

(续表)

时间	地点	焚毁毒品总数	判处死刑	参加人数
1951.6.3	西安新城广场	6200余两	处死毒犯一名	2万余人
1951.6.3	广州越秀山人民广场	2万余两	无死刑	万余人
1951.9.24	南宁大众剧场	300多件烟具	无死刑	1500余人

资料来源：《贵阳市一年来禁烟禁毒工作总结报告（1950年度）》，中共贵州省委党史研究室编：《贵州城市的接管与社会改造》，中共贵州省委党史研究室2000年版，第321页；《云南省人民政府1950年禁烟工作报告》，《云南档案史料》1991年第4期，第15页；《西安市昨日举行第二次禁毒大会》，《群众日报》1951年6月4日第2版。

从表23-1可知，各地一般将群众大会的地点选在城市的中心繁华地带，因其位置便利，人口密集且流动性强，有利于扩大群众大会的宣传效果。同时，各地多将群众大会的时间选在重要节日前后，如元旦节、国庆节等。广州和西安甚至选择在"六三"禁烟纪念日举办群众大会，一方面是要纪念林则徐虎门销烟的壮举，向其致敬；另一方面借纪念日的影响力充分表达人民政府的决心，扩大群众大会的影响力。在大会举办之前，各地不但精心地做会前准备工作，而且积极为群众大会做宣传，如广州在机关报《南方日报》上登载《深入宣传发动群众禁绝烟毒 禁烟禁毒宣传大会定"六三举行"会上当众焚毁烟毒烟具会后举行禁毒宣传》的报道，[1]西安在机关报《群众日报》上发表《西安市禁烟委员会明举行焚毁烟毒大会》的文章，[2]这些准备工作都是在为群众大会进行宣传造势。此外，参加大会的人数众多，大多数地区均组织了上万人参加会议。参与者涵盖了社会各个阶层，包括禁烟禁毒的相关领导、成功戒瘾的烟民典型、烟民及其家属代表、居民代表、机关和团体代表、学校代表、普通群众等。

群众大会当日，各地首先由主要领导讲话，内容基本与上面提到的宣传内容相同，一方面要表明人民政府的禁烟禁毒决心和政策，充分揭露国民党虚伪的禁烟禁毒政策及帝国主义毒化中华民族的本质；另一方面要介绍本地区禁烟禁毒工作的进展情况，以此激发群众参加禁烟禁毒运动的热情。如西

---

[1] 《深入宣传发动群众禁绝烟毒 禁烟禁毒宣传大会定"六三举行"会上当众焚毁烟毒烟具会后举行禁毒宣传》，《南方日报》1951年5月24日第2版。
[2] 《西安市禁烟委员会 明举行焚毁烟毒大会》，《群众日报》1951年6月2日第2版。

安市政治协商委员会副主席马平甫在演讲的最后建议人人应该在抗美援朝的爱国运动中协助政府搞好禁烟禁毒工作,彻底消灭帝国主义带给我国人民的毒害。①

随后,戒瘾成功的典型人物上台发言,讲述自己获取新生的亲身经历,烟民家属代表则通过追根诉苦的方式诉说自己家庭的悲惨经历。在广州的群众大会上,戒瘾的烟民代表反省了自己的错误行为,列举了国民党虚假禁烟禁毒政策对自己的坏影响,称只有在人民政府的领导下才能戒除烟瘾,"才能得到新生,人民政府是我们的大恩人",并且鼓励烟民在决心戒烟的同时劝告其他烟民和检举烟贩。② 这些具体的事例向未登记和在戒的烟民呈现了一个美好的生活图景,不但展示了人民政府的禁烟禁毒措施,打消他们的顾虑,而且激励他们以实际行动协助政府的禁绝烟毒工作。同时,烟民家属代表简述家人戒烟的整个过程,包含从恐惧戒烟到勉强登记的艰辛,从忧虑入所到重获新生的快乐,并且诚恳地感谢人民政府的再造之恩,表示会尽全力协助政府禁烟禁毒。③ 烟民家属的真实感受从情感上触动了所有在场者的内心,打消了未戒烟民家属的恐惧和忧虑,使其勇敢地将家人送入戒烟所。

接下来,法院当场宣布制、贩、运毒犯的罪状,依据罪犯的不同情节判处相应的徒刑。各地往往将群众大会与镇压反革命运动结合起来进行。各地的群众大会将大量制、贩、运烟毒的五方面反革命分子作为重点审判对象。人民法院在大会上陈述这些反革命分子的犯罪事实,指出他们散布谣言和组织武装反抗,以贩卖烟毒的名义从事反革命活动,并当场宣布惩处结果和执行相关判决。例如,青海反革命分子王道明曾任国民党青海军人特别党部书记长,在解放后煽惑落后群众种植鸦片并武装保护种植行为。曾任国民党新八师团长及参谋主任等职务的重庆大毒犯范公武在解放后继续从事反革命目的的贩烟活动。各地政府在群众大会上对这些反革命烟毒犯进行审判,一方面要向广大群众表明政府的强硬态度和宽严相济政策,在毒犯中形成紧张

---

① 《西安市昨日举行第二次禁毒大会》,《群众日报》1951年6月4日第2版。
② 《彻底消灭帝国主义的遗毒 广州昨举行禁烟禁毒大会 大批毒品焚毁 各界人民一致鼓掌》,《南方日报》1951年6月4日第1版。
③ 《彻底消灭帝国主义的遗毒 广州昨举行禁烟禁毒大会 大批毒品焚毁 各界人民一致鼓掌》,《南方日报》1951年6月4日第1版。

气氛,敦促其投案自首;另一方面要警示反革命分子,配合镇压反革命运动,从而维护社会秩序的稳定和巩固新生的人民政权。

最后,在大批群众的围观之下,参会领导当场用火炬点燃烟毒和烟具。大量的烟毒被点燃后形成巨大的火焰,火光冲天。此时的大会现场往往掌声雷动,会场气氛随之达到高潮。声势浩大的群众大会往往能够起到良好的宣传效果。一方面,它使群众清晰地认识到烟毒对于国家和个人的危害,表明人民政府的相关政策和决心,巩固初步建立起来的禁烟禁毒群众基础,为进一步发动群众性的社会规训运动创造条件;另一方面,当场焚烧毒品和宣判烟毒犯的举动在群众心中产生强烈的震撼,起到巨大的教育作用,能够在很大程度上打消烟民和烟贩心中的观望态度和侥幸心理,使得普通群众有信心协助政府完成肃清烟毒的任务。

抗美援朝战争直接影响了禁烟禁毒宣传内容的转向。1950年10月,彭德怀率领中国人民志愿军跨过鸭绿江,揭开了抗美援朝战争的序幕。为配合前方战争,中央于1951年2月2日发布《关于进一步开展抗美援朝爱国运动的指示》,要求各地在各阶层人民中"广泛进行时事教育,开展蔑视、鄙视、仇视美国帝国主义与提高民族自信心自尊心的运动"①。在继承之前宣传内容的前提下,各地1951年的禁烟禁毒宣传工作积极与抗美援朝运动相结合,重点揭露历史上美帝国主义向中国输出鸦片的史实,向群众展示英美与国民党匪帮相互勾结从事烟毒活动的罪状,从而使两个运动互相推动和促进。

总体来说,尽管各地在第二阶段积极开展禁烟禁毒宣传工作,但是宣教工作主要停留在宣传行政命令的层面,群众并未被充分发动起来。同时,各地在此期间忙于接管、镇压反革命和"三反""五反"等政治运动,无法持续地组织充足的力量开展宣传工作。因此,禁烟禁毒的宣教工作只能配合这些中心任务,偶尔还会被暂时搁置,成为一项缺乏经常性和连续性的工作。上述情况势必会影响禁烟禁毒运动的推行。不少群众仍旧对禁烟禁毒运动存在疑虑;一些烟民拒绝配合禁烟禁毒工作,不进行登记的同时还在暗地里偷吸烟毒;大量烟毒贩仍旧心存侥幸心理,秘密从事买卖烟毒的违法活动。

---

① 中共中央:《关于进一步开展抗美援朝爱国运动的指示》(1951年2月2日),中共中央文献研究室编:《建国以来重要文献选编》(第二册),中央文献出版社2011年版,第23页。

在禁烟禁毒宣传的过程中,人民政府要求摒弃"帝国主义""封建主义""资本主义"旧中国的糟粕历史,重建起民族的和科学的民众生活文化。人民政府一方面将美国和日本作为禁烟禁毒宣传批驳的外在对象,突出强调运动的爱国主义内涵;另一方面始终将国民党作为腐朽统治的典型代表,全力论证人民政权的合法性。

第二节　美国诬蔑事件与"口头宣传"政策的推行

除官方档案外,关于1952年肃毒运动的公开历史记录均未出现在当时的报纸、刊物、图书、图画等各种文献里,究其原因是与美国诬蔑事件及针对此而实行的"口头宣传"政策密切相关。中华人民共和国成立后,中央政府随即着手解决这一在中国遗留近百年的重大社会问题,以摆脱"东亚病夫"的旧时印象,进而重塑国家形象。然而,此举给对中共具有极强敌意的美国政府和退居台湾的国民党集团联合丑化共和国提供了契机。为避免美国的造谣,中国政府决定在1952年肃毒运动中推行"口头宣传"政策。目前,学术界对这一问题的研究主要集中于单方面的美国对外毒品政策或中国政府禁烟禁毒运动本身上,对二者互动关系的关注还很不足,同时相关研究对文献挖掘和分析程度不够。因此,本节依据中外文档案,基于冷战视野梳理共和国初期美国对共和国禁毒活动的诬蔑,以及中国政府的应对,尤其是"口头宣传"政策的内涵和功用。

一、冷战初期美国诬蔑共和国贩毒的系列事件

中华人民共和国成立初期,中央政府实行"一边倒"的外交方针。1950年2月14日,中华人民共和国与苏联签订《中苏友好互助同盟条约》及相关协定,标志着中国正式加入社会主义阵营。同时,中央政府为保障人民健康和发展经济,更为彻底改变"东亚病夫"的国际形象,发动了一场前所未有的禁烟禁毒运动。然而,随着中苏联盟的形成和朝鲜战争的爆发,美国政府和退居台湾的国民党集团无视中国政府在禁烟禁毒上的努力和成绩,开始借助新闻媒介和联合国麻醉药品委员会(以下简称"联麻委")两个平台肆意歪曲

中国政府的禁烟禁毒政策,诬蔑中共贩毒以丑化共和国的形象。显然,这种诬蔑行为是美国冷战思维支配下毒品外交政策的一种具体反应,目的是遏制共和国的国际生存空间以图颠覆人民政权。外交政策支配着一国的对外行为,但因其根本上服从于本国的政治总则,所以它在某些情况下并非客观事实的真实反映。正如张勇安所言,美国的毒品外交政策服从于其遏制共产主义的战略需要。① 在冷战的特殊环境下,美国的诬蔑行为是为争夺国际禁烟禁毒话语权而展开的一场政治博弈。

现有史料表明,美国在第五届联麻委会议上的公开指控乃是美国系列诬蔑事件的肇始。1950年11月7日,英国政府向联合国诬告中国政府拟卖给在华的帝国化工公司500吨鸦片,称此违背了1925年的国际鸦片公约,②然而其中并未列举确凿证据。12月2日,联麻委在召开第五届会议时讨论了英国的控诉;③美国对此表示支持,并在会上提出中国政府存在种植、贩卖及走私鸦片的嫌疑;④而苏联代表对此诬蔑行径提出抗议。会后不久,帝国化工公司的区域经理戈登就公开否认了英国的指控。⑤ 1951年1月13日,苏联驻华大使贾丕才向外交部告知此事,称会议最后决定将此诬告提交联合国秘书长赖依,并转告中央鸦片常设局(以下简称"中鸦局"),要求其调查中国政府贩毒事宜。⑥ 随后,外交部积极调查此事,先后向中财委和贸易部咨询相关情况。⑦ 两部委查实并无美国指控之事,故外交部暂未公开回应。

2月26日,联麻委在给第十二届联合国经社理事会做报告时,提到了美国的上述指控,但报告也指出这些控诉缺乏事实依据。⑧ 苏驻华大使馆及时通知外交部,以征求中国的意见,并索取共和国相关禁烟禁毒法令条例以便

---

① 张勇安:《冷战、毒品与美国对新中国的想象》,《中国社会科学报》2010年1月28日第7版。
② "Peiping Regime has Opium Cache of 500 Tons," Britain Informs U. N. *New York Times*, 08 Nov 1950: 34.
③ "Rise Reported in Nation's Drug Addicts," *The Washington Post*, 03 Dec 1950: M2.
④ 外交部国际司:《关于苏联通知英美诬告我贩卖鸦片事》(1951年2与27日),外交部档案馆藏,档案号:113-00065-01。
⑤ "Alleged Opium Offer to HK Firm," *South China Morning Post*, 16 Dec 1950: 1.
⑥ 外交部苏欧司:《报告》(1951年1月13日),外交部档案馆藏,档案号:113-00065-01。
⑦ 外交部国际司:《密稿》(1951年1月26日),外交部档案馆藏,档案号:113-00065-01。
⑧ 《麻醉药品委员会报告摘录》(1950年12月29日),外交部档案馆藏,档案号:113-00065-01。

回击上述诬告。① 2月27日,美国主导下的经社理事会不顾苏联、捷克和波兰代表的反对,通过上述报告,并决定指派适当机构调查和处理其中的指控内容。② 3月9日,新华社奉中央政府命令发表声明,不但正面回应美国诬蔑是"毫无根据的恶意的捏造",而且一针见血地指出美国此举是为转移世人对其侵朝战争的关注,掩饰其正在进行的侵略行为;更是明确指出联合国相关机构已沦为美国操纵下的"侵略工具"。③

5月1日,美国代表安斯林格在新一届联麻委会议上将意大利、希腊、土耳其和中国列为世界上主要的鸦片走私国。安斯林格大加赞赏意大利等国在抑制毒品贩卖上采取的积极措施,而提出对中国要"特别关注",并声称握有所谓的重要"证据"。④ 从此,安斯林格逐渐成为美国政府诬蔑中国政府的急先锋。无独有偶,掌握中国在联合国合法席位的国民党集团与美国政府狼狈为奸,配合其诬蔑行为。8月4日,国民党向经社理事会谎称中国政府通过香港向东南亚和太平洋地区贩卖鸦片,⑤力图进一步证实美国政府的指控。正因有如此多的追随者,联合国机构的决策不免受到他们的影响。11月6日,中鸦局主席赫伯特·梅伊致函周总理,毫无根据地要求中国政府交代500吨鸦片的具体详情以及现存鸦片的种植、存量和输出情况。⑥ 外交部国际司认为,中国政府已于3月9日由新华社对此事发出声明进行驳斥,且此事纯属诬蔑,因此决定暂时不予置评,此决定得到周总理的同意。⑦ 然而,随着朝鲜战争的推进和亚洲冷战局势不断恶化,美国并未打算停止对中国政府的诬蔑活动。

1952年的联麻委会议再次成为美国上演诬蔑大戏的舞台。会议开始

---

① 外交部国际司:《关于苏联通知英美诬告我贩卖鸦片事》(1951年2月27日),外交部档案馆藏,档案号:113-00065-01。
② 《联合国广播》(1951年2月28日),外交部档案馆藏,档案号:113-00065-01。
③ 新华社:《新华通讯社奉令声明 美国集团污蔑我在香港"兜售鸦片"纯系恶意造谣企图掩饰侵略行为》,《人民日报》1951年3月10日第1版。
④ "U.S. Finds Heroin Big Narcotic Snag," *New York Times*, 02 May 1951:17.
⑤ "Reds Said to Supply Opium," *New York Times*, 05 Aug 1951:23.
⑥ Narcontrol Unations Geneve, 6 November 1951. 外交部档案馆藏,档案号:113-00065-01。
⑦ 外交部国际司:《关于联合国鸦片常设局调查我兜售鸦片事》(1951年11月23日),外交部档案馆藏,档案号:113-00065-01。

前,安斯林格已经开始舆论造势。4月26日,他向记者"爆料",称中国在向日朝走私毒品,目的是毒害驻扎在远东的美国军人,以此降低他们的战斗士气和赚取活动经费。随后,苏联代表和美蒋代表在会上针锋相对。5月2日,苏联对安斯林格的污蔑行径提出反驳,认为美国很可能是鸦片走私入日的真正幕后黑手,因为此时的日本处于美国的控制下,美国不可能允许他国轻易插手日本事务。5月5日,安斯林格在做报告时大放厥词,称中国是世界最大的毒品来源地;而国民党代表在联麻委会议上再次提出所谓的"证据",与美国政府沆瀣一气。尽管如此,苏联代表仍给予激烈地回击,提出美军士气低落的真实原因是他们对这场战争侵略本质的识破,认为安斯林格的报告是"诽谤性的和完全无事实根据的",是在掩盖美军从事毒气战和细菌战的事实。5月18日夜,苏联驻华大使罗申将美国诬蔑材料送至外交部,并提出希望中国政府于19日前有正式表态,以便其联合国代表在20日的会议上参考,对美国进行反驳。① 5月19日,外交部向联合国发出正式声明,明确指出美国的诬蔑报告是"无稽的捏造";介绍了中华人民共和国成立后厉行禁毒的态度和系列政策;批判了日本过去对华的毒化政策及美军在南朝鲜的毒品政策;最后断言美国的真实目的是转移世人的注意力,掩饰美军毒化政策的罪行。② 条理清晰的声明给了美国重重的回击。

尽管以苏联为代表的社会主义国家都在积极驳斥美国的诬蔑,但是受美国影响的联合国仍旧作出了错误的决议。5月14日,中鸦局秘书阿特任维勒二次致函周总理索取前次所提的相关材料,并称将在6月9日的例会上讨论此事。③ 再次面对不合理的指控,外交部于6月5日对中鸦局的来函作出处理,判断其仍是美国为其诬蔑阴谋所进行的造势宣传,决定再次不予理睬。④ 强硬的回复是为回应美国的诬蔑,而适度的冷静则是避免助力于美国的宣传造势。

纵观美国在联麻委的污蔑行径,皆是其在冷战思维主导下的行为。一方

---

① 《伍修权给周总理的报告》(1952年5月18日),外交部档案馆藏,档案号:113-00124-01。
② 《关于就美国诬蔑我国私贩海洛因我国外交部发表声明》(1952年5月19日),外交部档案馆藏:113-00124-01。
③ "Narcontrol Unations Geneve," 14 May 1952.外交部档案馆藏,档案号:113-00065-01。
④ 《关于联合国中央鸦片常设局调查我有关鸦片情况事》(1952年6月4日),外交部档案馆藏,档案号:113-00065-01。

面,诬告中国向日朝贩运毒品的真实诉求是为其侵朝战争宣传造势,进行合理化的洗白。1950年6月,以美军为主的联合国军队进入朝鲜半岛。美军在与中朝人民军队作战中大量使用毒气和细菌,而反诬中方向其士兵贩售毒品。显然,这样的诡计是在为其侵略行为辩护,试图赢得国际社会的支持。另一方面,美国试图继续阻断恢复中华人民共和国在联合国的合法席位。早在1950年9月19日,美国操纵下的联合国大会就否决苏印的提案,拒绝恢复中华人民共和国的合法席位,理由是中国在朝鲜与联合国军队作战。① 而诬蔑中国军队贩毒则为这一理由添砖加瓦,进而保障国民党长期窃据联合国席位。同时,美国诬蔑中国政府通过香港向东南亚和欧美等地走私毒品,其目的亦是要妖魔化共和国的国际形象,进而阻断共和国的合理要求和挤压共和国的成长空间。

在联合国兴风作浪的同时,美国也借助新闻媒介为自己进一步造势宣传。此间,安斯林格经常向《纽约时报》《华盛顿邮报》等美国主流报刊提供独家和即时的"新闻",从而激发其连续采访和报道的兴趣,使自己在短时间内成为这些报刊报道的焦点人物。遍览5月份的两种报刊,与安斯林格的诬蔑活动有关的报道共计7篇,整个1952年与此相关的报道更达20多篇,②一场声势浩大的新闻舆论战完美地配合了安斯林格在联合国的诬蔑行动。正如苏联驻华大使谈到,美国代表在联合国发言的同时,美国出版物也同时展开了关于"中国及朝鲜民主主义人民共和国在远东进行反对联合国的麻醉品战争"的诽谤,③其用意昭然若揭。

显然,在信息相对闭塞、普通民众仅能依靠报刊获取新闻的20世纪50年代,安斯林格的诡计确实在短时间内起到了一定的作用,蒙蔽了美国民众的视听,更被其他国家的媒体所关注。《泰晤士报》《曼彻斯特卫报》等英国报纸也相继对其活动进行了跟踪报道,但他们并非简单地机械复制,更有相对客观公正的评断。1952年5月8日的《泰晤士报》曾刊载香港通讯员的报道,称对美国的指控"感到诧异",并指出"没有证据证明来自中国大陆的从事鸦

---

① "Assembly Adopts Plan for 7-Nation Study of Problem in 42-to-9 Vote; U. N. Assembly Rejects Plan to Seat Chinese Communists," *The Washington Post*, 20 Sep 1950: 1.
② 此处的统计是以"opium""heroin""narcotic""China""anslinger"等词为基础的综合搜索结果。
③ 《苏大使馆给外交部的文稿》(原文无题目),中国外交部档案馆藏,档案号:113-00124-01。

片贸易"①。可见,真相是不会被完全掩埋的。随后,新华社引用和介绍了该篇客观理性的通讯,并在《人民日报》上刊登,用以反击美国的诬蔑。② 纵观所有的报道内容,安斯林格一方面试图借助这些报刊向民众呈现诬蔑活动的所有进程和内容,从而将自己在报刊上的煽动性语言和在联麻委上的荒谬行为结合起来,向美国民众和世界呈现一个被异化的中华人民共和国形象;另一方面以此向政府展示自己"卓越"的政治能力,谋取政治资本,妄想成为美国甚至国际禁烟禁毒体系的"领导者"。

同时,国民党借助《华侨日报》《工商日报》《工商晚报》等香港报刊为自己的诬蔑诡计摇旗呐喊。美蒋诬蔑内容中的重要一条是指控中国政府将香港作为走私毒品的中转站,故而从舆论上将香港打造为一个毒品据点成为国民党的要务。加之,此时香港的主流报刊直接或间接地受到国民党的支配和影响。因此,他们开始利用这些报刊歪曲报道共和国的禁烟禁毒运动,配合其诬蔑行为。一方面,亲蒋港报大肆歪曲报道"三反""五反"运动中的毒品个案,进而质疑共和国的毒品政策。《华侨日报》于1952年4月曾刊出一篇名为《赤色的南宁 贩毒业一枝独秀 共干与走私商做得好事》的诬蔑性报道。显然,题目就具有很强的煽动性。而该报道的事实基点为当地政府成功破获的毒品个案,但是整篇文章本末倒置,大篇幅地渲染南宁走私者的贩毒情况,更宣称"在中共统治下的南宁,贩运烟毒事业极为蓬勃"③,刻意掩盖当地政府的努力和成就,以此迷惑读者。另一方面,这些报刊也为美蒋的诬蔑活动提供了宣传平台。《工商日报》1952年5月的报道详细介绍了安斯林格在联合国的控诉内容,却对共和国的禁烟禁毒努力只字未提。④ 它们往往不加判断且带有偏见地刊登安斯林格在联合国的所作所为,试图混淆香港民众的视听。尽管如此,理性的香港报纸同样存在,它们不但客观报道香港的贩毒情况,而且积极登载禁烟禁毒运动的相关成就。香港《大公报》便是其中的代

---

① "Traffic in Narcotics," *The Times*, 8 May 1952, Issue 52306, p.5.
② 新华社:《伦敦〈泰晤士报〉香港通讯 揭穿美国诬我卖毒品的谎言》,《人民日报》1952年5月30日第1版。
③ 《赤色的南宁 贩毒业一枝独秀 共干与走私商做得好事》,(香港)《华侨日报》1952年4月5日第1张第4页。
④ 《美国指摘中共在东北热河大量种鸦片》,(香港)《工商日报》1952年5月7日,第1页。

表,它不仅曾刊载新华社反驳美国诬蔑的电讯,[①]并且积极报道广东等地的禁烟禁毒成绩,[②]以此匡扶正义。

二、禁烟禁毒方针的转向与"口头宣传"政策的确立

与此同时,中华人民共和国成立初期的禁烟禁毒运动也进展到攻坚阶段。"三反""五反"运动后,中央政府意识到禁烟禁毒形势依然严峻,因此决定在全国范围内发动一场群众性的禁烟禁毒运动。然而,面对美国的诬蔑行为,如何在完成禁烟禁毒宣传任务的同时又不被美国继续利用成为中央领导人进行禁烟禁毒决策的重要考量。正如卜正民等人所说,近代历史中的鸦片已非单一的、一元的自然物质,它超越了油膏、原材料、有毒物质等商品物质内涵,逐渐成为财富、权力和民族形象的象征物。[③] 因此,毒品问题的处理直接关系到资本的转移、政治的演进及民族的声誉。在与美国进行国际政治博弈的同时,中央领导人果断地进行了策略转型,创造性地在 1952 年肃毒运动中推行爱国主义性质的"口头宣传"政策,以此避免被敌对势力利用和给造谣者提供可乘之机。

中华人民共和国成立后,中央政府便颁布了《关于严禁鸦片烟毒的通令》等一系列禁烟禁毒法令。直到 1951 年底,国家和地方依靠行政力量破获了不少制、贩、运毒案件,在禁毒工作上取得了一定的成绩。然而,在 1952 年初的"三反""五反"运动中,各地中央局逐渐发现依旧存在较为严重的贩运毒问题,使得中央领导人逐渐意识到单纯的行政力量无法彻底解决烟毒问题。随之,中央和地方开始商讨在全国范围内开展一场群众性的肃毒运动,以此彻底肃清毒品。1952 年肃毒运动的确立过程复杂,并非已有学术著作所述那样简单,它涉及多方面、多环节和多部门的协调。

在这一过程中,禁烟禁毒宣传政策的确立经历了一个曲折且不同以往的

---

① 新华社:《美诬我贩毒完全是捏造 英〈泰晤士报〉证明美造谣》,(香港)《大公报》1952 年 5 月 31 日第 1 张第 1 版。
② 相关报道如:《穗禁烟禁毒有成绩 土改后郊区农民不再种植罂粟 五千多烟民已有八成完全戒绝》,(香港)《大公报》1952 年 6 月 3 日第 1 张第 2 版;《粤穗成立禁烟禁毒委会负责执行禁绝烟毒各具体工作 古大存为主委李章达梁广副之》,(香港)《大公报》1952 年 6 月 4 日第 1 张第 2 版等。
③ [加]卜正民、若林正编著:《鸦片政权:中国、英国和日本,1839—1952 年》,弘侠译,黄山书社 2009 年版,第 24—25 页。

过程。回顾1952年肃毒运动之前,中央和地方政府出台的禁烟禁毒法令法规皆规定要竭力进行禁烟禁毒宣传,为肃清烟毒服务。政务院于1950年2月24日发布的《关于严禁鸦片烟毒的通令》被认为是共和国禁烟毒运动开始的标志,其中规定要"作广泛的禁烟禁毒宣传"[1]。随后各地响应中央规定,号召加大禁烟禁毒宣传,如西南局主张"继续深入政府禁绝烟毒的宣传"[2];北京市则对宣传工作进行部署,"由民政局利用广播、影戏、报纸、街头宣传表演、标语等方法宣传"[3]。可见,之前的禁烟禁毒宣传政策与其他政治活动的宣传策略并无太大差别。而且,在讨论如何开展1952年肃毒运动的初期,政务院和部分中央局仍提倡使用传统的宣传方式。政务院5月21日的通令明确规定各地"必须大张旗鼓的做禁烟禁毒的宣传工作",要将烟毒危害和典型罪恶事实在人民群众中"进行深入、广泛的宣传"。[4] 为响应和落实这一政策,华东局要求各地"大张旗鼓的展开宣传"[5]。中南局也曾于4月29日提出"大张旗鼓的宣传"[6],做法是要"动员报纸,动员舆论,各级政府还须颁发布告"[7]。

然而,此时的美国在策划和实施新一轮的诬蔑阴谋。如上文所述,从4月底开始,美国再次借由新闻媒介和联麻委两个平台对中国政府的禁毒活动展开了新的造谣和挑衅。虽然外交部一再声明中央政府对毒品"一贯地坚决

---

[1] 政务院:《关于严禁鸦片烟毒的通令》(1950年2月24日),中央人民政府法制委员会编:《中央人民政府法令汇编(1949—1950)》,法律出版社1982年版,第211页。

[2] 《中共中央批转西南局关于禁绝烟毒的办法》(1950年5月24日),中央档案馆、中共中央文献研究室编:《中共中央文件选集(1949年10月—1966年5月)》(第四册),人民出版社2013年版,第66页。

[3] 北京市人民政府公安局,民政局:《查禁烟毒办法执行计划》(1950年6月28日),北京市档案馆藏,档案号:196-002-00200-00048。

[4] 中央人民政府政务院:《严禁鸦片烟毒的通令》(1952年5月21日),江苏省档案馆藏,档案号:7014-2-0427-4。

[5] 华东局:《肃清毒品流行的指示》(1952年5月25日),山东省档案馆藏,档案号:A001-05-0050-013。

[6] 《中共中央中南局关于开展肃清毒品流行的指示》(1952年4月29日),中国社会科学院、中央档案馆编:《中华人民共和国经济档案资料选编(1949—1952)》(综合卷),中国城市出版社1990年版,第538页。

[7] 《大张旗鼓地开展禁烟禁毒运动——中南军政委员会民政部郑绍文部长在军政委员会第八十一次行政会议上的报告》,《南方日报》1952年6月8日第3版。

地采取并执行了严厉禁绝的政策"①,但是这些努力均未能阻止美国的诬蔑图谋。为避免他们继续利用禁烟禁毒宣传材料进行恶意诬蔑,中央领导人开始考虑对禁烟禁毒宣传政策进行策略调整。

《建国以来刘少奇文稿》《中共中央文件选集(1949年10月—1966年5月)》及各地馆藏的公开档案揭示了此次策略转型的全过程。5月16日,西北局向中央和所辖地发出《关于发动禁毒运动的指示》。刘少奇阅后作出甲项批示,随后彭真又根据刘少奇和周恩来的指示补写了乙、丙两项批示。5月24日,刘少奇将三项内容形成的草稿文件和相关情况汇报给毛泽东。5月25日,毛泽东在刘的来信上批示:"同意。"②6月10日,中央将正式的批示文件转发全国,其中源自周恩来建议的丙项内容指出:"关于系统的全国规模的禁毒工作,目前尚在侦查准备阶段,而美帝又正在造谣污蔑我向日输出毒品,因此中央决定暂不在报刊发布禁毒新闻,至将来是否发布及如何发布,中央另有通知。"③此项批示是目前可见的最早记载中央考虑禁烟禁毒宣传策略转型的正式文件。可见,"口头宣传"的构想源自周恩来,得到了刘少奇、彭真及毛泽东等人的赞成。中央领导人虽然意识到美国有可能继续利用此次禁烟禁毒运动的宣传材料,并提出暂不登报的建议,但尚未确定宣传的具体形式。7月10日,在回复罗瑞卿等人关于禁烟禁毒准备工作报告的文件里,毛泽东提出:"惟宣传问题应确定只在内部及人民中作口头宣传不要登报,以免为美国利用(美国在两个月前说我们向日本输出鸦片,我们曾予以驳斥)。"④此乃中央领导人首次明确使用"口头宣传"这个词作为此次运动的总宣传方针,并再次阐明了政策制定的原因。

---

① 《关于就美国诬蔑我国私贩海洛因我国外交部发表声明》(1952年5月19日),外交部档案馆藏,档案号:113-00124-01。
② 《禁毒运动中的配合行动由公安部负责掌握》(1952年5月24日、6月10日),中共中央文献研究室、中央档案馆编:《建国以来刘少奇文稿(1952年1月—1952年12月)》(第四册),中央文献出版社2005年版,第199—201页。
③ 《中共中央批转西北局关于发动禁毒运动的指示》(1952年6月10日),中央档案馆、中共中央文献研究室编:《中共中央文件选集(1949年10月—1966年5月)》(第九册),人民出版社2013年版,第13—14页。
④ 《中央同意七月底八月初为全国禁毒破案开始统一行动时间的指示》(1952年7月10日),中共中央文献研究室、中央档案馆编:《建国以来刘少奇文稿(1952年1月—1952年12月)》(第四册),中央文献出版社2005年版,第320页。

"口头宣传"的总体方针既已明确,接下来的工作就是政策的正式确立。7月16日,在批准公安部召开全国禁烟禁毒会议的文件里,毛泽东再次批示:禁毒宣传工作应由中宣部(或与公安部联合)发一个内部指示,"规定禁毒运动只作人民中的口头内部宣传,一律不许在任何公开的报告或刊物上发表任何消息"①。此次,毛泽东明确了"口头宣传"政策的主体制定和落实部门。7月19日,中宣部和公安部根据中央指示,制定并发布了《关于禁毒宣传的指示》,对该政策的原因、要点和实施途径等内容作了规定,此文件是中央首次正式地向全国明确说明该政策的具体内容。

在7月19日的文件中,中央指示各地在接下来的肃毒运动中只能在人民群众中开展内部的口头宣传工作,并首次公开地向全国各地阐释"口头宣传"政策制定的原因是"为避免美帝国主义利用我禁毒运动进行造谣污蔑"。中央对"口头宣传"的具体纪律作出解释,要求各地"不在报纸、刊物、新华社及广播电台公开的文字的宣传,一切公开的报纸、刊物、新华社及广播电台不得发表关于禁毒运动的任何消息,违者应受处分";少宣传或不宣传国家机关内部的毒品案件、有关统一战线组织中人员的毒品案件、偷运毒品出国的案件、少数民族的毒品案件、工商界的毒品案件、逮捕毒贩和没收毒品的数字等;各级党委要统一布置各地的宣传工作,严格审核其宣传内容。中央规定通过各界人民代表会议、机关内部会议、群众集会和宣传员宣讲等方式展开宣传,有重点地在大中城市、边防口岸等烟毒流行地区和铁道、公路、海运、邮政、海关、边防、公安等相关部门内进行宣传,而非平均使用宣传力量。②

为回击美国的诬蔑攻势,中央将揭露美国的毒化政策和具体活动作为"口头宣传"工作的重点内容之一。中央指出美帝国主义在中华人民共和国成立后与国民党残余势力勾结,继承日本在抗战时期施行的毒化中国政策,利用残余毒犯和反革命分子将毒品偷运到中国,在国内从事制、贩、运毒品的违法活动。因此,中央明确指出禁烟禁毒运动是一场"打击美帝国主义的侵

---

① 《毛泽东对公安部关于禁毒运动统一行动时间和召开禁毒会议通知的批语》(1952年7月16日),转引自杨志强:《刘少奇与1952年禁毒运动》,《党的文献》2003年第6期,第56页。
② 中央宣传部、公安部:《关于禁毒宣传的指示》(1952年7月19日),山东省档案馆藏,档案号:A001-04-0024-011。

略阴谋,维护人民利益的爱国主义运动"①。围绕这一宗旨,中央提出了各地在宣传过程中一方面要重点揭露美帝国主义制、贩、运毒品入中国的案件,毒害中国人民的实例及强迫输入毒品的历史罪行;另一方面要着重暴露反革命分子利用毒品从事破坏活动和毒害人民的罪恶例证。显然,禁烟禁毒宣传的内容发生了较大的转变,更加侧重从民族国家的角度出发,试图建构广大群众的民族国家意识,进而激发他们的反美思想。这一转变不仅是为了完成禁绝烟毒这一社会改造的任务,更是要与抗美援朝运动完美衔接。如上文所述,美国诬蔑共和国贩毒的理由之一就是共和国用毒品来削弱朝鲜战场的美军士气。因此,中央转变宣传内容不仅是要回击美国的诬蔑,更是要将肃毒运动与抗美援朝运动相结合,更大范围地动员全民族起来抗击美国的侵略意图。

7月25日至28日,全国禁烟禁毒工作会议召开,标志着1952年肃毒运动正式确立,会上徐子荣再次重申"口头宣传"政策的规定,要求各地严格执行19日的指示。② 至此,特殊的"口头宣传"政策得以正式确立和颁布,它不但是一项社会改造运动的政策依据,而且成为抵抗美国政治和军事进攻的重要爱国主义工具。

三、"口头宣传"政策的执行

现代中国的禁烟禁毒运动均具有极强的政治色彩,民族主义和国家建构在其中扮演着重要的角色。③ 此时的毒品问题已不再是简单的社会越轨行为,它涉及意识形态交锋、中美苏关系、国际身份和地位等多个议题。禁烟禁毒运动也不再是简单的社会改造运动,它的表现情况直接关系到冷战格局的变化、抗美援朝战争的正义性以及共和国的国家形象等诸多问题。在未因循其他政治运动宣传办法的前提下,因为"口头宣传"政策要服务于禁烟禁毒运动且传递更多的爱国主义内涵,所以它在实施过程中遇到了一些困难,经历

---

① 中央宣传部、公安部:《关于禁毒宣传的指示》(1952年7月19日),山东省档案馆藏,档案号:A001-04-0024-011。
② 《中央批准徐子荣同志关于禁毒工作会议上的报告》(1952年7月30日),山东省档案馆藏,档案号:A001-05-0061-003。
③ *Anti-Drug Crusades in Twentieth-Century China: Nationalism, History, and State Building*. Zhou Yongming. Lanham, MD: Rowman and Littlefield Publishers, 1999: 2-3.

了一个不断调整的过程。

　　1952年,为将中央指示落到实处,各中央局出台一系列政策对"口头宣传"的内容和注意事项作出具体规定,如东北局的《关于禁毒宣传的指示》(7月25日)、华北局的《关于禁毒宣传的补充指示》(8月2日)、西北局的《关于展开禁毒宣传工作的指示》(8月5日)、华东局的《关于禁毒宣传工作中应注意事项的指示》(8月9日)、中南局的《关于禁毒宣传工作的指示》(8月9日)等。总览各中央局的规定,宣传纪律的遵守成为宣传工作的重中之重,非文字的宣传形式被广泛重视和使用。其内容包括:第一,不允许宣传的绝不能宣传。除上述不宜公开使用的文字形式外,华北局要求有关毒情的线索数字和行动计划的文件均不得公开使用;[1]华东局提到"漫画、宣传画、黑板报、标语、(纸质)口号、幻灯、展览会"等宣传形式也不得使用。[2] 第二,各地要做好准备工作。由于之前的禁烟禁毒工作允许使用文字宣传材料,因此各地对单纯使用口头宣传形式尚缺乏经验,且出现准备工作不足和不重视做准备工作的现象。为充分配合禁烟禁毒运动的开展,中央宣传部转发东北局的文件,要求各地的宣传部部长亲自领导,按照中央指示布置和检查相关准备工作,既要反对任何违反纪律乱宣传的现象,也要防止出现缩手缩脚、不敢宣传的偏向。[3] 第三,宣传材料要严格审批和保密。华北局要求宣传文件应由省委和大市委制发,且该材料在有无禁烟禁毒任务的地区均只能被发放到县委和地委;[4]西北等局均规定将讲话和宣传提纲作为内部材料进行编号发放,定期收回销毁;[5]中南局提出严禁悬挂禁委会机关牌子并印制同类名称的信纸

---

[1] 华北局宣传部:《关于禁毒宣传的补充指示》(1952年8月2日),中共中央宣传部办公厅、中央档案馆编研部编:《中国共产党宣传工作文献选编(1949—1956)》,学习出版社1996年版,第390页。

[2] 华东局宣传部、公安部:《关于禁毒宣传工作中应注意事项的指示》(1952年8月9日),山东省档案馆藏,档案号:A001-04-0024-012。

[3] 中央宣传部:《转发东北局关于禁毒宣传的指示》(1952年7月31日),陕西省档案馆藏,档案号:123-1-283-2。

[4] 华北局宣传部:《关于禁毒宣传的补充指示》(1952年8月2日),中共中央宣传部办公厅、中央档案馆编研部编:《中国共产党宣传工作文献选编(1949—1956)》,学习出版社1996年版,第390页。

[5] 西北公安局、宣传部:《关于展开禁毒宣传工作的指示》(1952年8月5日),陕西省档案馆藏,档案号:123-1-283-3。

信封,更要求禁烟禁毒唱本也须强记后收回。① 第四,由于不能散发各种文字材料,各中央局要求重视和创造多种多样的口头宣传形式。各地一方面提出重视会议的作用,建议采取大会与小会相结合的方法,大会包括干部会、工会、青年会、妇女会、机关会议、群众大会、代表会、公审与控诉大会等;小会包括烟民和家属会、群众座谈会、片会或个别谈话等;另一方面倡议组织由报告员、宣传员、治安小组人员及文工团员构成的群众性宣传文娱队伍进行口头表演宣传,东北局建议着重使用短剧、大鼓、快板、二人转等各类通俗文艺形式进行宣传,②并可在电影院、百货公司、街道等群众聚集的场所举办禁烟禁毒小演唱和毒犯游行等活动,吸引群众注意力。③ 下面是安徽在禁烟禁毒宣传中编写的杂调剧本:

《王老八检举毒犯》(杂调)李卓作④

人物表

宣传员甲:(以下简称甲)除合唱外都唱马灯调

宣传员乙:(以下简称乙)除合唱外都唱补缸调

烟民王老八:(以下简称王)快板、扬州调大鼓调

伴奏乐器:竹板、锣鼓、铙钹、二胡、萧、月琴、四胡

一、前腔(快板)

(王唱)

王老八无事街上行,大街小巷乱纷纷,锣鼓喧天好热闹。宣传队员把话说。

不讲鬼怪山海经,单讲禁毒大事情。样样讲得有道理。句句打

---

① 中南局宣传部、公安部:《关于禁毒宣传工作的指示》(1952年8月9日),中共中央宣传部办公厅、中央档案馆编研部编:《中国共产党宣传工作文献选编(1949—1956)》,学习出版社1996年版,第395页。
② 中央宣传部:《转发东北局关于禁毒宣传的指示》(1952年7月31日),陕西省档案馆藏,档案号:123-1-283-2。
③ 《东北公安部关于沈阳市禁毒宣传工作中几个问题的通报》(1952年8月7日),中共中央宣传部办公厅、中央档案馆编研部编:《中国共产党宣传工作文献选编(1949—1956)》,学习出版社1996年版,第399页。
④ 中共安徽省委宣传部:《转发芜湖市在肃毒宣传中编写的"王老八检举毒犯""大家动手划毒根"的通知》(1952年9月6日),安徽省档案馆藏,档案号:J005-000001-00010-5。

动我底心。

"(白)哎唷□！在下扬州人，唱不起来快板哩，让我来坐坐（转身坐下地，双手托腮）听听哩。"

二、数毒根（马灯调）

（甲唱）提起鸦片（啦格）心头恨（啦），这笔冤仇（啦格）数不清（啦）。

（甲、乙合唱）千家荡产万家穷（啦），无数人儿变鬼形（啦）（嗳格弄咚唷）。无数人儿变鬼形（啦）。

（甲唱）中国本来（啦格）没鸦片（啦），英帝美帝（啦格）害人精（啦），百余年前装来了（啦），骗去无数白花银（啦）。

（甲、乙合唱）（嗳格弄咚唷）骗去无数白花银（啦）。

（甲、乙合唱）蒋匪卖国（啦格）心肠狠（啦），推行毒化（啦格）害人民（啦）。

（甲唱）美帝一见心欢喜（啦），找到蒋匪继承人（啦）。（全场合唱）（嗳格弄咚唷）找到蒋匪继承人（啦）。

三、谁散毒（补缸调）

（乙唱）全国解放乐欢腾，人民政府爱人民，前年二月下禁令，要把烟毒禁干净。（甲唱）蒋匪一见（啦格）发了昏（啦），（下转马灯调）忙派特务（啦格）国内行（啦），勾结毒贩来贩毒（啦），存心毒化我人民（啦）。

（甲、乙合唱）（嗳格弄咚唷）存心毒化我人民（啦）。

（甲唱）毒犯心肠（啦格）狠又横（啦），（甲、乙合唱）比那豺狼（啦格）狠十分（啦），（甲唱）大批偷运害人乐（啦），烟毒猖獗到如今（啦）。（全场合唱）（嗳格弄咚唷），烟毒猖獗到如今（啦）。

四、号召（补缸调）

（乙唱）禁毒运动大开展，（全场合唱）全市人民出主张，（乙唱）男女老少齐动手，（甲、乙、王合唱）旧社会污毒扫干净。（下转马灯调）

（甲唱）烟毒不禁（啦格）害处深（啦），（甲、乙合唱）人民身体（啦格）受毒侵（啦），生产建设受影响（啦），社会秩序不安宁（啦）（全场合唱)(嗳格弄咚唷),社会秩序不安宁(啦)。

五、控诉(扬州调)

(王唱)

王老八听能如梦醒,不由自主叹一声,同志句句讲得对,我就是个被害人。

我今年已四十整,二十一岁染祸根。未上瘾前真正好,一家大小乐安宁。

自从吸上倒头瘾,房屋家具卖干净。老婆孩子没得吃,家庭里面动刀兵。

从前还能把地耕,上瘾之后变废人。亲戚看了不顺眼,朋友见了冷冰冰。

(下转大鼓词)

(王唱)王老八想罢(那个)咬牙恨,手指蒋匪骂一声。(一恨你)不该暗中把毒运(啦),临死(你)还要把脚蹬。二恨(那)制毒贩毒犯,只顾发财(你可)丧良心。(你大)不该把那烟毒贩,祸害国家和人民(啦)。从今(我)决心把烟毒戒,脱离苦海把岸登。还要积极来检举,检举(那)毒犯害人(的)精。走上前去问一声(作鞠躬状),同志(你)听我说分明(呐):检举信信往何处送?吸毒是否受处分(啦哈)?

六、检举(马灯调)

(甲唱)过去吸毒(啦格)不追究(啦),今后必须(啦格)戒断根(啦)。戒烟□戒是难受(啦),长疼就不如短疼(啦)。(全场合唱)(嗳格弄咚唷)长疼就不如短疼(啦)。(下转大鼓词)

(王唱)(我问你)贩毒制毒怎么办?抓到是否判徒刑?假如悔过永不干,是否准他去自新?(下转马灯调)

(甲唱)人民政府(啦格)政策明(啦)(甲、乙合唱)按其表现(啦格)分两边(啦)。

(甲唱)一边从宽一边严(啦)看他、选择那一边(啦)。(全场合唱)(嗳格弄咚唷)看他、选择那一边(啦)。

(甲唱)彻底坦白(啦格)真诚改(啦),积极检举(啦格)又立功

（啦）交出毒品和毒具（啦），免予处分或从宽（啦）。（全场合唱）（嗳格弄咚唷）免予处分或从宽（啦）。

（甲唱）拒不坦白（啦格）要严办（啦），政府、法令（啦格）不留情（啦）。惩办改造教育相结合（啦），毒犯必须听得真（啦）。（全场合唱）（嗳格弄咚唷）毒犯必须听得真（啦）。

（甲唱）一切（啦格）制毒贩毒犯（啦）（甲、乙合唱）要到政府（啦格）把记登（啦）如敢违抗不登记（啦），重重处分不留情（啦）。（全场合唱）（嗳格弄咚唷）重重处分不留情（啦）。

（甲唱）坦白登记（啦格）要赶快（啦）（甲、乙合唱）交出（啦格）烟具和毒品（啦）。检举同伙贩毒犯（啦），从此不贩要保证（啦）。（全场合唱）（嗳格弄咚唷）从此不贩要保证（啦）。

（甲唱）五〇年（啦格）二月下禁令后，一直没干是真情（啦），确已悔过改前前非（啦）。不予追究不处分（啦）（甲、乙合唱）（嗳格弄咚唷）不予追究不处分（啦）。（下转大鼓词）

（王唱）王老八听罢（我）喜盈盈，人民政府比天清。条条道理，讲得对，做事样样有分寸。如今（我）思想无顾虑，决心戒掉（那）鸦片烟，回去（我）还要写检举毒犯的罪行。长江（那）流水流不尽，政府恩情比海深；从今我要学劳动，报答共产党的恩。

七、扫毒根（马灯调）

（甲、乙、王合唱）

人民政府（啦格）爱人民（啦），烟民戒烟（啦），受欢迎（啦）大家检举贩毒犯（啦），扫清烟毒挖祸根（啦）。（全场帮腔）（嗳格弄咚唷），扫清烟毒挖祸根（啦）。不让毒犯（啦格）逃避掉（啦），不让烟毒（啦格）暗中存（啦）。广大群众来协助（啦），斩断美帝毒化根（啦）。（全场帮腔）（嗳格弄咚唷），斩断美帝毒化根（啦）。

各级政府依据 7 月 19 日的指示，在继承之前经验的基础上对宣传提纲进行了调整。各地除了继续宣传英日帝国主义的侵略行径和毒化政策，揭露封建军阀和国民党的毒品政策及解释烟毒对个人、家庭和社会影响外，更加重视宣传美帝国主义向中国输入鸦片的史实及美蒋勾结从事贩运走私毒品

第二十三章　禁烟禁毒宣传工作的实施与调整

的案件。

首先,各地进一步揭露晚清时期美国入侵中国的各项史实。除了英国之外,美国在鸦片战争前同样源源不断地向中国输入鸦片,并且积极参与随后的鸦片战争、八国联军侵华战争等数次侵略活动,从中巧取豪夺,趁火打劫。

其次,各级政府深入暴露当时美蒋相互勾结的罪行。美蒋不但在联合国污蔑共和国贩卖毒品,而且指使国内遗留的反革命分子通过制、贩、运毒品从事反革命活动。因此,各地积极宣传美蒋利用残存毒犯、唆使反革命分子偷运毒品入境并且在国内制贩毒品的各种危害国家安全和社会治安的案例,宣传美蒋勾结国家机关留用人员并派遣内奸坐探来破坏国家机关工作的事件。

再次,人民政府更加强调个人的爱国责任感。人民政府鼓励每个人积极参加禁烟禁毒运动,不但要随时随地宣传禁烟禁毒政策,防止反革命分子造谣破坏,而且要搜集烟毒材料,大胆检举和规劝烟毒分子。为此,各地积极宣传"三反""五反"运动中动员家人坦白登记的典型事例,以此动员广大群众。此时的独立个体已完全被置身于国家这个集体里,消极的举动会被视为不爱国的表现,正如安徽的宣传提纲所言,人人只有大胆地检举制、贩、运毒的亲戚、邻居、朋友和家属们,"才是真正爱护祖国、爱护亲人的行动"①。显然,各地的做法是要通过禁烟禁毒宣传工作,进一步激发人民群众的反帝爱国热情,使其更加拥护中国共产党的领导,达到巩固政权的目的。

最后,各地要求广泛宣传之前所取得的禁烟禁毒成绩。中华人民共和国成立后,中央出台了系列的禁烟禁毒政策。各地积极开展禁种工作,到1951年底基本消除了大部分地区的鸦片种植现象,并通过禁吸工作挽救和改造了一大批烟民,使其回归正常的社会生活。因此,人民政府有决心且一定能够彻底禁绝烟毒。人民政府对制、贩、运毒犯的基本方针是"教育改造与严厉惩办相结合"和"彻底坦白从宽,拒不坦白者从严"的方针。

由于不能进行文字宣传,肃毒宣传口号取代了之前的宣传标语,口号的内容也更加通俗简短,便于群众记忆。下面是安徽的肃毒运动宣传口号:

---

① 《肃清毒品流行运动宣传提纲(草稿)》(1952年7月4日),安徽省档案馆藏,档案号:J005-000001-00010-2。

一、全市(县、区、镇、乡、村)人民,一致行动起来,展开肃清毒品流行运动。

二、鸦片、白面是帝国主义毒害中国人民的毒物!

三、鸦片、白面是慢性杀人的炮弹!

四、肃清毒品流行,保护人民身体健康!

五、肃清毒品流行,保障社会治安!

六、吸食毒品,倾家荡产,伤身短命,贻害子孙!

七、彻底肃清毒品流行,肃清制毒、贩毒分子!

八、人人有责任检举制毒、贩毒分子!

九、检举制毒、贩毒分子是爱国的表现!

十、坦白从宽,抗拒从严;过去从宽,今后从严!

十一、一切制毒、贩毒分子,赶快坦白悔过,交出毒品,检举立功,才是出路!

十二、一切制毒、贩毒分子,再不坦白悔过,一定会受到人民的严厉惩办!

十三、吸毒分子,赶快戒毒自新!

十四、全体人民团结起来,为彻底肃清毒品流行而奋斗!①

由于口头宣传工作的复杂性,中央借鉴中南局的经验,要求禁烟禁毒重点地区的党委宣传和公安部门召集有关部门组成临时的统一的宣传领导机构,掌握宣传政策的传达,收集和研究群众的思想动态,检查宣传工作的进展情况。同时,中南局建议禁烟禁毒宣传的干部须事先结合爱国主义教育学习宣传政策,使其深刻认识这些政策的政治意义,遵守必要的宣传纪律。②

各地按照已有经验展开宣传,先召开各界人代会,传达禁烟禁毒宣传政策,动员各党派、各阶层积极规劝检举烟毒犯,协助运动开展;在各机关内部

---

① 《肃清毒品流行运动宣传口号(草稿)》(1952年6月12日),安徽省档案馆藏,档案号:J005-000001-00010-1。
② 中央宣传部:《批转中南局宣传部、公安部关于禁毒宣传工作的指示》(1952年8月13日),中共中央宣传部办公厅、中央档案馆编研部编:《中国共产党宣传工作文献选编(1949—1956)》,学习出版社1996年版,第394—395页。

召开全体人员会议,由机关首长做报告;组织召开各种群众会议,由政府负责人做动员报告;举办宣传员会议,动员宣传员深入街头宣传;由学联组织学生宣传队,向家人宣传动员。其中,宣传员和报告员组成的口头宣传队伍成为这一时期禁烟禁毒宣传的中坚力量,宣传员多从居民组长、读报组长、俱乐部主任、户籍员中进行选择。东北局指出宣传员和报告员将在此次宣传工作中起重要作用,各地应在开展禁烟禁毒宣传工作的同时整顿党的宣传网和报告员制度。[①] 宣传政策的贯彻采取由内到外、从干部到群众的层层交代和步步深入的办法,即各地的报告员出面向群众做报告,给宣传员传授宣传内容;宣传员按地区或部门分段包干,挨家挨户宣传,做到家喻户晓、深入人心。通过此次口头宣传工作,各地进一步巩固了已经建立起来的宣传网。

由于对"口头宣传"政策的理解和执行不够深入,部分地区的宣传工作出现了一些错误和困难。有的地方准备大量印发传单和布告,并筹备展览会;有的无法向群众解释清楚不使用文字宣传工具的具体原因,更不能将群众对禁烟禁毒意义的认识提升到爱国主义的觉悟水平;有的宣传人员只记得宣传材料要严格保密,于是束手束脚而不敢宣传,只敢语言生硬地照本宣科;还有的地方人为地将运动神秘化,未能将各种力量有效地组织起来,不敢普遍采用文娱活动,造成了宣传形式单一的问题。8月27日,罗瑞卿在向中央的报告中就指出许多城市在第一期行动中"没有打中要害,大张旗鼓开展口头宣传做得不够"[②]。这些问题一方面使得部分群众怀疑政府的决心;另一方面也导致第一轮逮捕后的宣传效果不佳,未能对毒贩和广大群众带来足够大的震动,给禁烟禁毒运动的统一推进造成一定影响。

为及时解决这些问题,中央和地方均出台相关政策积极应对和调整。其中,如何合理地向群众阐明"口头宣传"的原因成为宣传任务顺利推行的基础。中宣部为此发出正式文件,对其进行了明确说明:一方面要重点消除群众疑惑,阐明禁烟禁毒运动的光明正大性。中宣部提出可以从历史和现实角

---

① 东北局:《关于禁毒宣传的指示》(1952年7月25日),陕西省档案馆藏,档案号:123-1-283-2。
② 罗瑞卿:《关于在禁毒重点区应即准备处决几个大毒犯问题的请示电报》(1952年8月27日),中共中央文献研究室、中央档案馆编:《建国以来刘少奇文稿(1952年1月—1952年12月)》(第四册),中央文献出版社2005年版,第437页。

度论证帝国主义不断向我国输入鸦片的事实,特别是 1949 年后,美国依然利用毒品从事反革命活动,因此禁烟禁毒运动是为粉碎美国侵略活动的正义行为。另一方面要说明不做公开文字宣传的目的是避免美国的造谣诬蔑。中宣部要求各地向群众讲清中华人民共和国成立后美国为掩饰自身罪行、反诬共和国向外输出毒品的真实目的是欺骗本国人民。"口头宣传"政策正是要避免美国借此进行歪曲宣传,继续其欺骗行为,而"不是简单地怕帝国主义知道我们在进行此一正义的行动"①。中央公安部部长罗瑞卿指出,"从我们破案缴获的各类毒犯的罪证完全证明:继承日本军国主义在亚洲继续推行毒化政策的正是美帝国主义者自己"②。与此同时,各地干部开始用通俗语言解释帝国主义的毒化阴谋,如北京某生产教养院干部说:"帝国主义用大烟毒化中国,杀人不见血,想使我们亡国灭种。"③翔实的解释可以褪去禁烟禁毒运动的神秘外衣,从根本上解除群众的疑虑和普通干部的担忧。而强调帝国主义行为的非正义性则成功地将爱国意识和民族情绪传播到群众中,反过来推动了禁烟禁毒运动的顺利开展。

打消疑虑后,高效率地推动宣传工作成为关键。各地积极出谋划策,致力于增强宣传形式的生动性和多样性。其一,宣传人员的发言必须大众化。东北局提出宣传干部的讲话必须"通俗简明,生动有力"④。各地也要求结合自己管界内的真人真事来揭发历史上侵略者的毒化政策及美国偷运毒品的罪恶阴谋。其二,各地更加注重文娱活动的规范化。安徽省对肃毒宣传唱本的创作进行规定,要求只能对艺人进行"口头传授",并编写《调子选配的几点说明》,对快板、马灯调、大补缸调等曲艺形式的使用进行了说明;⑤芜湖市提

---

① 《中央宣传部批转东北公安部关于沈阳市禁毒宣传工作中几个问题的通报》(1952 年 8 月 14 日),中共中央宣传部办公厅、中央档案馆编研部编:《中国共产党宣传工作文献选编(1949—1956)》,学习出版社 1996 年版,第 397 页。
② 罗瑞卿:《关于惩治毒犯的报告》(1952 年 9 月 18 日),罗瑞卿著,公安部《罗瑞卿论人民公安工作》编辑组编:《罗瑞卿论人民公安工作(1949—1959)》,群众出版社 1994 年版,第 151 页。
③ 北京市人民政府民政局:《关于宣传禁烟禁毒工作情况给北京市人民政府的报告》(1952 年 9 月),北京市档案馆藏,档案号:196-002-00207-00026。
④ 《东北公安部关于沈阳市禁毒宣传工作中几个问题的通报》(1952 年 8 月 7 日),中共中央宣传部办公厅、中央档案馆编研部编:《中国共产党宣传工作文献选编(1949—1956)》,学习出版社 1996 年版,第 399 页。
⑤ 安徽省委宣传部:《转发芜湖市在肃毒宣传中编写的"王老八检举毒犯""大家动手划毒根"的通知》(1952 年 9 月 6 日),安徽省档案馆藏,档案号:J005-000001-00010-5。

出说唱内容要严肃活泼,防止其庸俗化和中心倒置。① 这种做法可以兼顾说唱内容的娱乐性和规范化。其三,受害者的切身经历和典型烟毒犯事例可以引导毒犯及其家属消除顾虑,交代政策,进而检举立功。华东局提出各地应将典型烟毒犯的宽严处理事例广泛地宣传到群众中。② 其四,为了禁毒内容能够广为人知,各地更加重视召开小型会议。各地的实践证明多种形式的小型座谈会是解决思想问题的有效方法,包括小型群众座谈会、烟民会、毒犯会及毒犯家属座谈会等。各地在毒犯家属会上详细讲解逮捕毒犯的原因,讲明坦白从宽和抗拒从严的政策,动员家属帮助毒犯坦白检举;在烟民会上讲明此次禁烟禁毒运动不会问罪吸食者的政策,鼓励他们用亲身经历控诉帝国主义的毒化政策,当场检举毒犯;在毒犯会上鼓励毒犯坦白检举立功,分化大小毒犯。

各种类型的小型座谈会成为基层干部开展禁烟禁毒宣传工作的重要形式。因为参加的人较少,主持小型座谈会的人可针对群众的思想情况进行深入的宣传。各地事先准备参考材料,包括烟毒危害的典型材料、毒犯罪行的典型材料及各种思想情况等,并且配备好宣传骨干分子和老年人。随后,街道干部召集烟民、毒犯家属和其他教育对象参加漫谈,首先用具体的实例控诉毒品的危害,其次引导参与者追寻毒根,从而激发其反帝爱国的思想,再在此基础上,表明人民政府的禁烟禁毒决心和政策,最后号召大家坦白检举。各地通过召开小型座谈会,以实例对比、回忆对比、算账追根等办法,实现既定的宣传目标。下面引用的正是一个记述吸毒者家属座谈会的档案资料:

(上海市江湾区)9月8日晚上召开了吸毒者家属座谈会,到会的约有50人,首先由宣传部同志与镇政府同志做启发报告,还原□□他们之实际情况,说明毒品之害、帝国主义及反动派之阴谋,进而说明政府禁毒之决心与政策,启发其觉悟。后有两个吸毒家属控诉,他们一边控诉,一边哭哭喷喷,全厂□好一千人,都跟着流泪了。

---

① 《芜湖市禁毒宣传工作总结报告》(1952年9月19日),安徽省档案馆藏,档案号:J005-000001-00010-7。
② 华东局:《关于华东禁毒工作具体部署》(1952年8月6日),山东省档案馆藏,档案号:A001-05-0062-014。

> 控诉以后组织小组讨论,由职工及妇女宣传组长主持,讨论的情况相当之热。虽然是小组讨论,实际上这是小组控诉。吸毒者家属发言固能□□,就连吸毒者也自动坦白,痛恨不已,痛恨美日帝国主义。①

从上面的例子中可以看出,控诉在各种形式的会议中发挥了重要的作用。各地发动群众控诉美蒋相互勾结施行毒化政策的真人真事;发动烟民控诉因受毒犯引诱导致倾家荡产和妻离子散的实际事例;运用算细账的方法揭发大毒犯祸国殃民的典型事实;引导群众用追根的办法将悲伤情绪上升到对帝国主义侵略的仇视。典型控诉代表在控诉过程中起到示范的作用,各地多事先在制、贩、运及吸烟毒者和男女老少中均挑选代表进行典型培养。宣传干部对其控诉的内容和方式进行纠正与审核,力求在各种会议中发挥应有的作用。控诉的最终目的是要进一步启发烟民、家属及广大群众的觉悟,使其深刻感受到人民政府肃清烟毒的政策和决心,从而孤立大制大贩的毒犯,发动坦白登记和规劝检举。

9月8日,中央批转罗瑞卿的报告,要求中央、各大行政区及部分省市的机关应在9月内普遍进行禁烟禁毒宣传工作,对广大的干部进行禁烟禁毒教育。② 中央交通部于9月9日发出《配合禁毒运动的指示》,要求各地的运输系统在机关内部开展宣传教育工作。③

在肃毒运动胜利结束的同时,"口头宣传"政策同样得到了很好的落实。据公安部部长罗瑞卿的报告显示,1952年的肃毒运动中,各地组织报告员、宣传员、宣传车、宣传队,召开各种规模和形式的群众会议,很好地完成了宣传任务。各地召开了各种宣传会76万多次,受教育的群众达到7400多万人。中国政府通过禁烟禁毒宣传的策略转型,同样取得了良好的禁烟禁毒宣传效果,正如罗瑞卿所言:"大张旗鼓地进行口头宣传,反复交代政策,完全可

---

① 《江湾区禁毒宣传工作情况报告(3)》(1952年9月13日),上海市档案馆藏,档案号:A71-2-905-59。
② 中共中央:《转发罗瑞卿关于全国禁毒运动第四号简报》(1952年9月8日),中央档案馆、中共中央文献研究室编:《中共中央文件选集(1949年10月—1966年5月)》(第九册),人民出版社2013年版,第370页。
③ 中央交通部:《配合禁毒运动的指示》(1952年9月9日),山东省档案馆藏,档案号:A101-04-0109-012。

以做到家喻户晓、人人皆知,并达到了充分发动教育群众和制服毒贩的目的。"①普通群众不但自发组织腰鼓队进行宣传,而且协助政府缉拿烟毒犯,并从密告转变为公开检举,全国共收到群众检举信 131 万多件。毒犯家属由原来的不满情绪转变成为亲人争取宽大处理而积极协助政府。未被发现的烟毒犯纷纷到派出所坦白登记,运动中登记的烟毒犯达到 34 万多名。②

不出所料,美国政府竟扭曲和利用有关 1952 年肃毒运动的相关报道,继续从事诬蔑活动。如上文所述,最早提出不在报刊发布禁毒新闻的文件是 6 月 10 日发布的批转指示。因此在这之前,部分国内报刊曾报道了本地禁烟禁毒运动的准备情况,其中包括《长江日报》于 5 月 19 日和 6 月 4 日对禁烟禁毒委员会议的相关报道③及《南方日报》于 6 月 3 日刊登的两篇反映本地禁烟禁毒决心和现状的报道。④ 然而这四篇文章被安斯林格利用,成为诬蔑中国政府的又一"佐证"。1953 年 4 月 15 日,安斯林格在第八届联麻委会议上再次发言,继续诬蔑中国政府在远东地区从事麻醉药品贸易,目的是换取支持抗美援朝战争的经费。⑤ 其间,安斯林格向大会提交了一份名为《远东的非法麻醉药品贸易》的报告,其结论部分篡改并使用了上述四篇文章作为论证依据。例如,他毫无因果关联地用《长江日报》6 月 4 日的报道反驳外交部于 1952 年 5 月 19 日发表的声明,而该篇报道只是刊登了中南军政委员会民政部部长郑绍文在禁烟禁毒委员会议上的报告,内容是介绍中南区和广州在中华人民共和国成立以来在禁烟禁毒方面的成就,⑥这一内容根本无法证

---

① 《中共中央批转罗瑞卿关于全国禁毒运动的总结报告》(1952 年 12 月 18 日),中央档案馆、中共中央文献研究室编:《中共中央文件选集(1949 年 10 月—1966 年 5 月)》(第三册),人民出版社 2013 年版,第 405、408 页。

② 罗瑞卿:《全国禁毒运动总结报告》(1952 年 12 月 14 日),中央档案馆、中共中央文献研究室编:《中共中央文件选集(1949 年 10 月—1966 年 5 月)》(第十册),人民出版社 2013 年版,第 405 页。

③ 《中南禁烟禁毒委员会召开会议决定开展群众性的禁烟禁毒运动 邓子恢副主席指示禁烟禁毒运动的政策和作法》,《长江日报》1952 年 5 月 19 日第 1 版;《大张旗鼓地开展禁烟禁毒运动——中南军政委员会民政部郑绍文部长在军政委员会第八十一次行政会议上的报告》,《长江日报》1952 年 6 月 4 日第 3 版。

④ 《彻底禁绝烟毒 粉碎帝国主义和蒋匪帮的毒化阴谋》,《南方日报》1952 年 6 月 3 日第 1 版;古关贤:《广州市禁毒情况与主要经验》,《南方日报》1952 年 6 月 3 日第 3 版。

⑤ "U. S. Charges Red China Runs Big Dope Ring to Finance War," *The Washington Post*, 16 Apr 1953: 3.

⑥ 《大张旗鼓地开展禁烟禁毒运动——中南军政委员会民政部郑绍文部长在军政委员会第八十一次行政会议上的报告》,《长江日报》1952 年 6 月 4 日第 3 版。

明安斯林格的指控。尽管如此,安斯林格仍荒诞地断定:"所有大陆报纸的可采用报道表明中国继续使用和贩卖麻醉品。"紧接着,他进一步引用《南华早报》和《华侨日报》的不实报道,断言"关于 1952 年的证据,加上关于 1951 年及以前几年的证据,是不可辩驳的"①,从而得出中国政府贩毒的论点。显然,此次他的报告仍是在无中生有,是其诬蔑活动的延续。之后,随着"口头宣传"政策的实施,他再也无法利用中国的公开材料来进行自欺欺人式的诬蔑。

美国的诬蔑并没有确切的证据。但是,美国在冷战思维的驱使下无法理性地推动国际毒品问题的解决,更不能停止诬蔑中国政府的荒谬行为。直到 1962 年(1960 年除外),美国每年均将中国列为主要的非法麻醉药品来源地。追根究底,美国的诬蔑活动是为满足自身在国际政治博弈中的诉求。美国将毒品问题政治化和国际化,将其与亚洲冷战相勾连,其目的是力求在冷战的过程中遏制以中苏为代表的共产主义势力,进而维持自己的霸权地位。这种错误行为不但直接影响了中美关系的正常化发展,而且反过来推动亚洲冷战局势不断加剧,阻碍了地区的和平与发展。

第三节 群众的宣传动员:禁烟禁毒运动中控诉的微观研究

作为禁烟禁毒宣传动员中的重要一环,有组织的控诉被成功运用到禁烟禁毒工作中,它大大提高了群众的认识觉悟,明确了政府的宽大政策,帮助其消除顾虑,相继地进行坦白检举,并将其仇恨由家庭切身利益的损害引导到国民党反动派和帝国主义身上,促使他们积极参与到禁烟禁毒运动中。

一、控诉:一种宣传动员技术

中华人民共和国成立初期,中央政府对禁烟禁毒状况作出了正确的判断并制定了相应方针:全国解放以后很多地区的烟毒问题虽在减少,但总体上

---

① "Anslinger, The Illicit Narcotic Traffic in the Far East," April 1953. 中国外交部档案馆藏,档案号:113-00206-01。

情况依然严重;为了根除旧社会的遗毒须大张旗鼓地发动一次群众性的运动;提出将打击重点放在制、贩、运毒上,对于单纯吸毒者不作为运动的斗争对象;①在禁烟禁毒宣传动员上,中央指出要强调近代以来烟毒问题的根源是帝国主义,百年来他们不顾人民的反抗,大量输入鸦片,解放以后,美帝国主义更是与国民党残余勾结继续从事这一罪恶活动。②

一系列禁毒政策成为共产党发动禁烟禁毒运动的政策依据和合法性来源。但是中共在既定方针下进行的禁毒宣传动员工作,起初及过程并不顺利。在普通的城镇居民中,部分群众对当时的烟毒状况抱有麻痹思想。如有的群众反映:"解放了,啥人还敢再吸毒",③上海电车工人对"五毒"认识不足,认为"吸毒的人已经过去了,现在不吸毒□了"④。棚户居民说,"我们这里吃饭也不能过去,那有吸毒的"。教师认为我们这里个别吸毒的有,贩、制、运根本没有。⑤ 还有的觉得"打不开情面",老邻居或亲戚不好检举,更怕检举之后受报复。⑥ 同时,有的群众对禁毒运动的方针政策也认识不足。一部分抱有无所谓的态度,知道毒品不好,"可是我家附近又很有吃的,卖的,无啥检举"。由于不了解政策,个别犹豫道:"(毒犯)这次政府抓去,是否还放,意见若是秋以后,就不检举了。"⑦农民蔡林珍说:"我们农民种田人,啥事件不晓得,啥也不管,只要到时候拿上农业税就行,什么禁毒不禁毒我伲不管。"⑧

---

① 《中共中央关于肃清毒品流行的指示》(1952年4月15日),中央档案馆、中共中央文献研究室编:《中共中央文件选集(1949年10月—1966年5月)》(第八册),人民出版社2013年版,第248页。

② 中央宣传部:《中央宣传部批转东北公安部关于沈阳市禁毒宣传工作中几个问题的通报》(1952年8月14日),中共中央宣传部办公厅、中央档案馆编研部编:《中国共产党宣传工作文献选编(1915—1992)》,学习出版社1996年版,第397页。

③ 新市区委宣传部:《新市区禁毒工作情况报告》(1952年9月3日),上海市档案馆藏,档案号:A71-2-905-59。

④ 上海市委公用事业委员会宣传部:《关于禁毒工作情况的汇报》(1952年8月30日),上海市档案馆藏,档案号:A59-1-258-12。

⑤ 洋泾区委宣传部:《传达市区两级人民代表扩大会情况报告》(1952年8月31日),上海市档案馆藏,档案号:A71-2-905-59。

⑥ 吴淞区委宣传部:《吴淞区禁毒工作报告》(1952年9月10日),上海市档案馆藏,档案号:A71-2-905-59。

⑦ 上海市郊区工作委员会宣传部:《禁毒宣传工作综合情况》(1952年9月4日),上海市档案馆藏,档案号:A71-2-905-23。

⑧ 《大场镇禁毒宣传工作总结》(1952年9月15日),上海市档案馆藏,档案号:A71-2-905-59。

有的承认禁毒是好,"但是我们既不吃又不贩,与我关系不大"①。再者,部分群众对于制、贩、运毒的人缺乏仇恨,因直接受其害者较少,接触到的多是吸毒者,从而将仇恨情绪集中在吸毒者身上。如电车公司职员称:"吸毒人也应抓进去,去问问清楚就可问出来了。"②市民唐旭臣说:"吸毒的和制运贩毒的不坦白登记都要一律严办。"③这样一来,造成了吸毒者的恐慌,更不利于他们登记坦白与检举毒贩。如新市区早已不吸毒的万寿全到处探问:"过去吸过,现在勿吸了,如向政府去坦白登记是否还会追究?"④

部分吸毒者和毒犯家属起初并不配合禁烟禁毒运动。有的吸毒者认为自己不吸毒了,不愿检举别人,或者"只检举明的,不检举暗的,检举已逮捕的,不检举尚未发现的"。⑤个别吸毒者与政府对抗,如沙金妙说:"毒愈是紧得紧,价钱愈好卖,你不相信,请呼□,我照样卖给你。"⑥部分毒贩家属态度暧昧,采取敷衍说好话的态度,在动员毒犯家人坦白时顾虑重重;有的态度由消极转为无所谓,早出晚归躲避禁烟禁毒干部,称"你们这样来不是帮助我,是来压迫我,再来我要去跳黄浦去了"⑦;个别行为极端,面对干部说服时装神经病,以此来拒绝说服;个别的与政府干部理论,要求救济照顾;等等。甚至在部分基层干部中也存在"本区本段没有大的贩毒犯,大部分是做小贩的"或"怕得罪人,怕被检举的害"的麻痹思想。⑧妇女干部朱娇妹说:"过去吸毒

---

① 洋泾区委宣传部:《传达市区两级人民代表扩大会情况报告》(1952年8月31日),上海市档案馆藏,档案号:A71-2-905-59。
② 上海法商电车公司第一总支委员会:《关于禁毒情况的汇报》(1952年8月30日),上海市档案馆藏,档案号:A59-1-258-13。
③ 上海市郊区工作委员会宣传部:《禁毒宣传工作情况简报》(1952年9月1日),上海市档案馆藏,档案号:A71-2-905-23。
④ 新市区委宣传部:《新市区禁毒工作情况报告》(1952年9月3日),上海市档案馆藏,档案号:A71-2-905-59。
⑤ 吴淞区委宣传部:《吴淞区禁毒工作报告》(1952年9月10日),上海市档案馆藏,档案号:A71-2-905-59。
⑥ 洋泾区委宣传部:《传达市区两级人民代表扩大会情况报告》(1952年8月31日),上海市档案馆藏,档案号:A71-2-905-59。
⑦ 洋泾区委会宣传部:《禁毒运动宣传工作动态报告》(1952年9月7日),上海市档案馆藏,档案号:A71-2-905-59。
⑧ 吴淞区委宣传部:《吴淞区禁毒工作报告》(1952年9月10日),上海市档案馆藏,档案号:A71-2-905-59。

还听到过,现在那里会有什么烟毒贩。"①

禁烟禁毒干部经常感觉到,动员群众加入运动并检举揭发毒犯是一件不易的事情,而必须借助控诉等方式才能逐渐完成任务。禁烟禁毒运动的最终动员目的一方面是清除社会余毒;另一方面更重要的是引导群众意识到烟毒的根源在于国民党反动派和帝国主义的压迫,进而激发他们的仇恨心理。

因此,在禁烟禁毒运动中,各级部门极为重视控诉的发动情况。控诉工作做得不到位经常被认为是群众禁毒意识和阶级觉悟不够,因此必须"抓紧对瘾民教育启发,以关心体贴的态度提高他们的觉悟,达到小会诉苦,大会控诉,达到检举控诉的最高潮"②。江湾区对群众控诉的内容和目的作出了具体的要求:"群众的控诉中为群众对毒品的仇恨,更主要的是使每个人都知道毒品原□□帝国主义这一点,由此为仇恨帝国主义及蒋匪,代为深深地感激人民政府的彻底的禁烟禁毒政策,尤其是吸毒者及家属认为是政府挽救了他。"③贩毒家属不愿坦白更不愿控诉,往往被认为是领导上缺乏对家属工作的执行和研究,必须"对贩毒家属工作加强指导,抽调专人负责家属工作,帮助研究办法"④。

二、组织与培养典型控诉人

动员广大群众进行控诉,强有力的组织能力是必不可少的,这与其他同期运动的开展是相同的。在运用受害者现身说法与控诉进行实例教育的时候,"领导上也要注意从政治上加以提高"⑤。禁烟禁毒运动期间,许多地区先召开干部会议、宣传员和宣传积极分子会议,统一规定宣传内容和方法,强调事先请示事后报告的制度;然后召开由职工、店员、妇女、农民、工商界等各

---

① 上海市郊区工作委员会宣传部:《禁毒宣传工作综合情况》(1952年9月4日),上海市档案馆藏,档案号:A71-2-905-23。
② 真如镇工作组:《禁毒运动报告》(1952年9月14日),上海市档案馆藏,档案号:A71-2-905-181。
③ 《江湾区禁毒工作情况报告》(1952年10月6日),上海市档案馆藏,档案号:A71-2-905-59。
④ 吴淞区委宣传部:《吴淞区禁毒工作报告》(1952年9月10日),上海市档案馆藏,档案号:A71-2-905-59。
⑤ 《关于禁毒运动宣传工作的初步总结报告》(1952年10月22日),上海市档案馆藏,档案号:A22-1-59。

界人士构成的人民代表扩大会议,从中吸收积极分子和骨干组成禁毒力量,担负宣传动员之责,其中就包括启发引导群众进行控诉。如真如镇召开各界各部门会议,详细布置禁烟禁毒宣传动员工作;其中工商负责动员教育启发瘾民,达到根据不同情况来进行诉苦、全面检举的目的;妇联负责毒犯家属工作,启发培养他们进行控诉。江湾区的经验是组织妇女宣传骨干在吸毒家属座谈会之中启发他们诉苦,从而有效地延长诉苦座谈会的时间和激发群众情绪。①

培养"诉苦人",进行典型控诉,是禁烟禁毒运动中不可或缺的手段。为充分发挥"典型控诉"的现身说法作用,"须事先对(要)选择典型、培养典型,不能草率行事,要充分准备"②。因此,"诉苦人"的选定与培养方法至关重要。北新泾镇的经验是首先召开吸毒者及其家属的小组讨论会,从中进行挑选,进而有意识地培养,最终"(典型控诉人)吸毒本人及其家属王永昌、王凤南、蕉关明三人在大会上控诉,效果很大,收获也很大"③。大场区在召开审讯大会前"对毒犯有充分的教育和培养,使他大胆无虑的在人民面前暴露了自己的罪行",做到"有把握的开庭"。④ 真如镇积极培养代表各阶层的典型控诉人,在召开全镇的市民大会前培养了来自工、农、青、妇、商界的五位典型代表进行控诉,以此教育和启发社会各界积极参与到禁毒运动中来。有的街道居委会有重点地深入家庭,对毒犯家属及吸毒者进行访问和教育,启发引导他们在大会上进行控诉。通过各种禁毒会议,培养过的"诉苦人"进行典型控诉,从而有效地打消了群众顾虑,并启发更多人加入控诉队伍,如吴淞区进行妇女受害人典型控诉之后,收到良好效果,群众深刻感受到:"这样以真人真事,具体例子的控诉,对群众教育意义很大。"⑤反之,如果控诉典型培养得不好,宣传效果自然减半,如北新泾镇诉苦典型谈绍新在罪行公布大会上由

---

① 《江湾区禁毒工作情况报告》(1952年10月6日),上海市档案馆藏,档案号:A71-2-905-59。
② 《高桥区禁毒工作报告》(1952年10月12日),上海市档案馆藏,档案号:A71-2-905-59。
③ 《新泾区北新泾镇第二阶段工作总结报告》(1952年9月16日),上海市档案馆藏,档案号:A71-2-905-181。
④ 大场区政府群运部:《禁毒工作概况总结(从开始到九月三十一日)》(1952年10月6日),上海市档案馆藏,档案号:A71-2-905-59。
⑤ 吴淞区委宣传部:《吴淞区禁毒工作报告》(1952年9月15日),上海市档案馆藏,档案号:A71-2-905-59。

于"不把住中心",使群众出现了混乱的现象。①

在组织控诉的过程中,要注重控诉者群体来源的多样化。上海市委宣传部在部署禁烟禁毒宣传工作中指出要分别发动和组织不同群体的控诉,可将其划分为四种类型:"群众控诉""吸毒者及家属控诉""受害人控诉""毒犯控诉"。宣传部对组织这四种类型的控诉进行了详细要求与规范:1."群众控诉"的组织方法是由每区选出两个以上人贩俱全、证据确实的专案,轮流至各派出所或里弄内召开审讯大会宣布罪状,从而发动普通群众控诉,号召他们坦白检举。2."吸毒者及家属控诉"的规划是要求全市组织吸毒者百人以上,轮流到各种会议上控诉,组织吸毒者及毒犯家属控诉制、贩、运毒的罪行。3."受害人控诉"通过组织受过毒品祸害的群众或深知毒品危害的老人,在会上讲述毒品祸国殃民的具体生动事例。4."毒犯控诉"须挑选罪行不大且表现较好的毒犯当群众面控诉坦白。②

禁烟禁毒干部将消除控诉人顾虑作为重要职责。动员群众进行控诉的过程中,部分吸、贩毒犯及其家属由于未充分认识到毒品的危害性和相关政策,普遍存在"怕上台""丢面子""怕登记"等顾虑情绪。因此,了解他们的顾虑,通过各种方式对症下药,讲明政府的禁毒决心,使他们"打破情面",控诉内容才能触及心灵深处,才能引导和号召他们进行控诉检举。真如镇的经验是先后组织三次讨论会和干部小组长联席会,通过会议解除典型控诉人的顾虑,"本来他们不敢讲,谁吸谁贩,现在当面敢讲,并打破了情面"③。相反,如果进行强迫教育,不仅不会消除顾虑,反而会引起反弹,如江湾区带有顾虑的几个人说:"你坦白呢!不坦白政府更加要办你。"④

在进行典型控诉之前,控诉材料须经上级审阅,符合宣传要求。上海市郊区工作委员会宣传部规定:"各区在宣传中要举本区的实际例子,一定送工

---

① 《新泾区北新泾镇第二阶段工作总结报告》(1952年9月16日),上海市档案馆藏,档案号:A71-2-905-181。
② 上海市委宣传部:《市委并报华东局宣传部》(1952年9月13日),上海市档案馆藏,档案号:A22-1-59。
③ 真如镇工作组:《禁毒运动报告》(1952年9月14日),上海市档案馆藏,档案号:A71-2-905-181。
④ 《江湾区禁毒宣传工作情况报告(2)》(1952年9月13日),上海市档案馆藏,档案号:A71-2-905-59。

委宣传部审阅提出意见送市宣批准后再宣传。"严格的审阅制度确保了控诉内容的方向正确性。以江湾区为例,区委宣传部在积极组织家属进行控诉的同时,提出"控诉内容要严加审查"。① 流程是先将活人活事的典型宣传材料写成书面形式,典型控诉人先进行预诉,将烦琐和错误的内容删去,随后由专人与公安局联系,经区委审阅,送市宣批准后,向下传达教育。如典型控诉人、吸毒者徐茂芳的控诉材料在市区代表性大会宣读前被上交审查。

> 吸毒者徐茂芳,男,47岁,本地人,本人出身店员,家庭成分为小资产阶级,住江湾奎照路,在一二·八之前上海成都路开设徐新记美术公司,专门做进出口生意,后来生意做大了,轧了一些朋友（行商老板吃鸦片的）在一起,吃喝嫖赌,精神疲倦了,学吸鸦片提神,起先吸玩的,吸至1938年改吸白粉。烟瘾大了,但收入少了,因此将家中东西变卖,至1940年破产,妻子自立,徐即同一般吸白粉为伍,沦为乞丐,并专以偷窃为生,这样一直至解放后仍吸食白粉,在1950年12月偷窃案被捕,经政府教育改造后1951年9月释放。妻子仍归于好,目前做小贩种田。②

从材料中可以看出吸毒者的前后经历详细且落差大,中华人民共和国成立后的成功改造更是成为重点。控诉内容一般包括烟毒危害、认罪服法、知法而感恩及改务正业的态度等内容。

召开会议,用实际例子教育是发动群众的最好方法。组织吸、贩毒者及其家属开大会,一方面可以协助宣传普及政府的禁烟禁毒政策;另一方面可以有效地激起群众的仇恨。禁烟禁毒领导也意识到单调的政策宣读往往收效一般,"而群众上台的控诉却深刻具体得多了,他们很具体地说出了一家如何由于毒品而弄得家破人亡,倾家荡产,毒犯如何勾结敌寇等,使得会上群众

---

① 江湾区委宣传部:《江湾区开展禁毒宣传工作初步打算报告》(1952年8月22日),上海市档案馆藏,档案号:A71-2-905-34。
② 江湾区委宣传部:《情况报告》(1952年8月24日),上海市档案馆藏,档案号:A71-2-905-59。

没有不痛恨毒品而要求禁绝的"①。因此,典型控诉要想达到预期的宣传动员作用,必须在市民聚合的场所进行。开会成为控诉最合适的方式。会议主要包括大会和小会两种,大会有控诉会、群众大会、审讯毒犯大会、公审毒犯大会、各界人民代表扩大会议;小会有小组讨论会、小组漫谈会、吸毒者或毒犯座谈会、家属座谈会等。通过"大会传达和小组讨论"的方式开展控诉,即开大会时由培养的典型控诉人进行控诉,为普通民众做示范;小组讨论时由民众进行诉苦模仿,通过大会套小会的形式充分发挥控诉的作用。

三、家庭苦与"大义灭亲"的情感动员

禁烟禁毒运动中的控诉不可避免地要涉及群众的情感表达。让典型控诉人在大会上进行强烈的控诉,找到了当家做主的感觉,进而引发了群众集体性的情感诉求,积极地向制、贩、运毒犯及国民党等展开猛烈的控诉。

禁烟禁毒干部清楚地认识到一旦"(禁毒)运动与群众的切身利益相结合,因此很快地就能发动起来,毒品之危害是为每个人所熟知的、痛恨的,所以加以配合便很快接受"②,这成为控诉得以成功应用的根本原因。如大场区对宣传内容进行具体规定:"说明毒品输入中国后,给中国人民造成的危害性,如吸毒使强健的人变成瘦弱的人,家破人亡,妻子离散,造成社会不良风气,危害了社会治安,反害生产等危害。"③上海市轮渡工人曹家福同志说:"我的哥哥和父亲吸了鸦片,因此家庭财产都完了。"④北新泾镇王永清的妻子哭诉道:"前夫吸毒把家内的大东西卖掉,……在别的没卖了,把亲生养大的2个女孩也卖掉了换毒品,……我只好领了儿子去讨饭求吃"⑤。大场镇吸毒的黄翠□说:"我们夫妇俩没有吸毒的时候家里的日子是很美满的生

---

① 《江湾区禁毒工作情况报告》(1952年10月6日),上海市档案馆藏,档案号:A71-2-905-59。
② 《江湾区禁毒工作情况报告》(1952年10月6日),上海市档案馆藏,档案号:A71-2-905-59。
③ 《大场区西宝兴路禁毒运动中九号—十四号的宣传情况报告》(1952年9月14日),上海市档案馆藏,档案号:A71-2-905-59。
④ 上海市公用事业委员会宣传部:《关于禁毒宣传工作的报告》(1952年),上海市档案馆藏,档案号:A59-1-258-1。
⑤ 《新泾区北新泾镇第二阶段工作总结报告》(1952年9月16日),上海市档案馆藏,档案号:A71-2-905-181。

活,……但吸上毒品之后就一天一天的难过了,后来不但把店吃光了,什么东西也就继续着卖光,后来我们俩人谁也不管谁了,互相流浪到街头上,身上也就披麻袋,我也跟过人也偷过人家就不像个人样子。"①讲述自己家庭的切身苦难经历能够有效地引起其他人的同情和怜悯。

群众参加控诉后情绪反应强烈。"被害家属的诉苦,(群众)往往感动得流下了眼泪,有的就低着头很难受表示同情被害者。"②吸毒者家属在大会上控诉,"由关个人切身利害时,就痛苦流泪,大大的感动了会场群众的情感,引起了群众对制、运、贩毒品的仇恨性更加仇恨"③。痛彻心扉的哭诉往往可以引起听众强烈的情感共鸣和同情,从而达到禁烟禁毒宣传的目的,在江湾区的巡回控诉会上,"吸毒家属在诉苦时,放声大哭,眼泪直流,感动了广大群众,有少数群众流泪,有些红着眼,有些低侧了头,有些听得发呆"④。哭得越重就越能感染在场的听众,激发他们的痛感和愤怒。西宝兴张泉英听完控诉后感慨道:"过去不知道毒品如此厉害,昨天去开了公审大会,才晓得它害得家破、妻离、子散,我听了人家的控诉,也流泪了。"⑤西宝兴□会生说:"我的父亲过去也吸毒,屋里家具全部都被他卖光,那些诉苦的人所说的吸毒的危害的确如此,我有一个弟弟说是过房给别人,其实也是被父亲卖给人家,听人家诉苦回想自己确很同情。"⑥

为了有效地调动群众的情绪,控诉者的选择至关重要。老年人和妇女成为控诉的主力。因为"老年工友情绪非常高涨,认为此种运动意义伟大"⑦,他们又都亲身体验到吸毒的苦难,痛恨感也就更强。妇女多感情丰富,容易动情。如新港路有个五十多岁的妇女王彩芝控诉过去无处诉吸毒的苦时,

---

① 大场区政府群运部:《禁毒工作概况总结(从开始到九月三十一日)》(1952年10月6日),上海市档案馆藏,档案号:A71-2-905-59。
② 上海市郊区工作委员会宣传部:《中共上海市郊区工作委员会宣传部关于禁毒运动宣传工作情况的简报》(1952年9月30日),上海市档案馆藏,档案号:A71-2-905-7。
③ 上海法商电车公司第一总支委员会:《关于禁毒运动群众思想情况的报告》(1952年8月28日),上海市档案馆藏,档案号:A59-1-258-17。
④ 《江湾区禁毒工作的报告(4)》(1952年),上海市档案馆藏,档案号:A71-2-905-59。
⑤ 大场区委宣传部:《报告》(1952年9月20日),上海市档案馆藏,档案号:A71-2-905-59。
⑥ 大场区委宣传部:《报告》(1952年9月20日),上海市档案馆藏,档案号:A71-2-905-59。
⑦ 上海法商电车公司第一总支委员会:《关于禁毒运动群众思想情况的报告》(1952年8月28日),上海市档案馆藏,档案号:A59-1-258-17。

"谈到苦处,她哭了起来,台下也有五个人随着流泪,会后群众检举了二个贩毒的"①。同时,因旧社会妇女地位低下,她们常因亲人吸毒而遭受苦难,如北新泾镇妇女朱爱珍控诉说:"我哥哥吸上了毒,为了过瘾,把我卖给妓院,过非人的生活。"②这样悲惨的经历自然让人心生怜悯与仇恨。同时,不仅要叙述同辈家人的苦,还要深挖讲述祖辈的苦。如四平乡工人王正其痛恨地说:"鸦片上瘾,就要破家荡产,我家乡下廿多亩田就给祖父一人吃鸦片化光了。"③上海市轮渡工人钱海龙说:"我祖父因吸鸦片成瘾,家中东西都卖光,他自己变成了一个枯骨头,害的家庭破落,子女无靠。"④

为使会议达到预期的仪式目标,会场的准备布置很重要,良好的秩序成为关键。如北新泾镇开会"动员本镇各界做纠察20人维持秩序,□村里弄都有组织的、有秩序的进入会场,有各区地段都按〈安〉排好的,情绪秩序很好"⑤。虽然群众情绪激动,但是会场往往是异常严肃和紧张热烈的氛围。只有这样,控诉及整个会议的效果才会更佳,如新市区的经验是"(控诉人)说到悲痛处,台上台下痛哭流涕,传达会一般的情绪很高又严肃",这样才能达到"声势很大"的目的。⑥ 同时,控诉人在陈述完毕后如能高喊禁烟禁毒口号,效果更佳。如诸翟镇的审讯大会经过精心安排之后,"大会秩序也相当好,在报告时都仰首静听,无吵嚷之声,……会议的进(展)都在紧张气氛中,并在大会过程中高呼口号,表示拥护政府肃毒政策和措施,督促烟毒犯彻底坦白才能得到从宽处理"。控诉人呼喊的典型口号有"严禁毒品流行,保护人民幸福,发展生产,巩固国防!""严禁毒品流行,清除坏风气,巩固新道德!""开展禁毒运动,粉碎美帝国主义毒化中国的阴谋!""各界人民进一步动员起

---

① 新市区宣传动员部:《关于传达上海市市区各界人民代表扩大会议后的情况报告》(1952年9月26日),上海市档案馆藏,档案号:A71-2-905-59。
② 《新泾区禁毒宣传工作情况的报告》(1952年9月4日),上海市档案馆藏,档案号:A71-2-905-181。
③ 新市区委宣传部:《新市区禁毒工作情况报告》(1952年9月3日),上海市档案馆藏,档案号:A71-2-905-59。
④ 上海市公用事业委员会宣传部:《关于禁毒宣传工作的报告》(1952年),上海市档案馆藏,档案号:A59-1-258-1。
⑤ 《新泾区北新泾镇第二阶段工作总结报告》(1952年9月16日),上海市档案馆藏,档案号:A71-2-905-181。
⑥ 新市区宣传动员部:《关于传达上海市市区各界人民代表扩大会议后的情况报告》(1952年9月26日),上海市档案馆藏,档案号:A71-2-905-59。

来,争取禁毒运动的彻底胜利!""彻底坦白者从宽,抗拒坦白者从严!""毛主席万岁!"等。① 政府将复杂的禁烟禁毒政策精简为简单易记的口号,在宣传政策的同时调动群众的激情与愤怒,将会场气氛推向高潮。

控诉是禁烟禁毒宣传的方式,坦白检举是禁烟禁毒宣传的目的,两者不可偏废。沈家行吸毒者周清涛的女人在选区会一面诉苦一面懊恨说:"早知政府政策如此宽大,我老早检举我丈夫了。"②这种"大义灭亲"式的控诉往往能给听众留下震撼的印象,如诸翟镇控诉代表王秀焕在控诉贩毒危害的同时,检举毒犯父亲,表示一定将所有材料交出,要求政府惩办,"这种大义灭亲的精神感动了到会群众"③。吴淞区的经验是要想群众大会开得好,除培养典型控诉外,须经由"会上这许多检举信对已经坦白的及尚未坦白的毒犯压力很大,对群众是鼓舞,形成登记、检举热潮"④。作为一种情感动员方式,控诉的目的不仅要引导群众检举家人亲友,更要感化毒犯进行坦白。以吴淞区为例,通过市里审判与区巡回审判控诉大会,积极分子按户排队,掀起检举热潮,由运动初期检举信 270 件迅速增加到 1500 多件,超过了初期的五倍半,检举的毒犯已查明的有 100 名,超过原来所掌握的二倍半;同时对毒犯形成巨大压力,促使其坦白自新,登记人数从 9 人增加到 40 多人,超过三倍,⑤足见控诉大会的效果。

四、深挖毒根与阶级苦难

阶级观念在控诉的过程中逐渐引导控诉者深挖毒根,将烟毒泛滥的根源直接归结到国民党和帝国主义身上。路径则是让群众意识到所受之鸦片毒害并非命运安排,将其仇恨心理转化,进而有针对性地进行控诉。

未经仔细培养和引导的控诉者往往只能结合自己最切身的利益关系进

---

① 《上海市市、区各界人民代表公审毒犯鼓励口号》,上海市档案馆藏,档案号:A22-1-59。
② 新市区宣传员部:《关于传达上海市市区各界人民代表扩大会议后的情况报告》(1952年9月26日),上海市档案馆藏,档案号:A71-2-905-59。
③ 上海市郊新泾区宣传部:《新泾区诸翟镇审讯大会情况报告》(1952年9月18日),上海市档案馆藏,档案号:A71-2-905-181。
④ 吴淞区委宣传部:《吴淞区禁毒工作报告》(1952年9月15日),上海市档案馆藏,档案号:A71-2-905-59。
⑤ 《吴淞区禁毒运动情况》(1952年10月9日),上海市档案馆藏,档案号:A71-2-905-59。

行控诉,内容触及不到更为深层次的阶级控诉。据江湾区 9 月 12 日、13 日召开的一次巡回控诉会的统计:8 个控诉者中,控苦于"家破人亡,妻离子散"的 3 个,控苦于"营业不能发展而逐渐缩小范围"的 3 个,控苦于"虐待妻子,痛打儿女,饥寒交迫"的 2 个。① 可见,控诉家庭苦和经济苦是主流,大部分群众没有直接控诉国民党反动派及帝国主义的阶级苦。而禁烟禁毒领导干部的任务正是通过追挖毒根、逻辑归罪等方法,将群众及吸、贩毒犯的苦楚与国民党反动派及其靠山帝国主义勾连起来,进而从控诉表面的家庭苦等走向深层的阶级苦,并真正参与到行动中来。

禁烟禁毒政策明确指出要将吸毒与贩毒、制毒、运毒区分开来,严格贯彻坦白从宽,抗拒从严;过去从宽,今后从严的方针。然而现实情况是,由于不了解政策,部分贩毒家属气焰嚣张,采取对抗的态度;同时普通民众多接触吸毒者,逐渐形成了"只要大家不吸,制、贩、运毒的也不会有"的错误观念。②因此有效地将这一政策宣传和落实下去,控诉人的控诉内容应侧重制、运、贩毒的相关内容。大场区农民陈琴珍说:"政府做得对,是要这样拿这些制、运、贩的大头子抓脱,吸的人自然会没有,因为他们没有地方可以去买了。"③江湾区群众与毒犯算账,"平均一家五人,共危害了四十六户,合计要二百多人被害,真正可恶,今天对她这样实在太便宜她了"④。诸翟镇典当街的群众在审讯大会后说:"过去反动派禁毒单是禁小脚色(指起码的贩毒者),小脚色倒霉,大贩毒犯不捉,完全是骗我们老百姓。"⑤

禁烟禁毒有意识地经由控诉向群众灌输阶级意识,从而强化其对新政权的认可度。如大场镇过去吸毒的赵永林说:"今天共产党领导真是大公无私,过去国民党是挂羊头卖狗肉,禁来禁去禁不掉,结果把我的地都卖掉了,假如

---

① 《江湾区禁毒工作的报告(4)》(1952 年),上海市档案馆藏,档案号:A71-2-905-59。
② 新市区委宣传部:《关于禁毒宣传工作综合报告》(1952 年 10 月 9 日),上海市档案馆藏,档案号:A71-2-905-59。
③ 上海市郊区工作委员会宣传部:《中共上海市郊区工作委员会宣传部关于禁毒运动宣传工作情况的简报》(1952 年 9 月 30 日),上海市档案馆藏,档案号:A71-2-905-7。
④ 《江湾区禁毒工作的报告(4)》(1952 年),上海市档案馆藏,档案号:A71-2-905-59。
⑤ 上海市新泾区委宣传部:《近几天来本区禁毒工作情况报告》(1952 年 9 月 23 日),上海市档案馆藏,档案号:A71-2-905-181。

早几年解放就不会如此了。"①真如镇妇女李玉珍过去贩毒,控诉国民党的虚假劳改,"在旧社会里被捕后二三天就放出来了,因贩毒赚钞便当,故喝不多□仍干旧行,唯有在人民政府下,我警告劳动改造,就不再想醉了"②。江湾区妇女誉好美在控诉会上"将二个政府来对比,一边感激人民政府,一边啼啼哭哭的痛骂反动派政府"③。听完之后,群众豁然开朗,将苦难根源指向国民党。大场区米店员反映:"禁毒在共产党领导下政策的正确,想反派政府时做梦也想不到,这次大会有杀的、关的、放的,我看经过这次禁毒运动并没有人吸毒了。"④马桥乡群众在小组讨论时说:"该死的国民党,它禁毒都是禁吸毒的,但是越禁越多,毛主席禁毒是禁制毒贩毒运毒的,是斩草除根的办法。"⑤

运动初期,部分领导干部还不善于将群众的注意力引向帝国主义的阴谋,未能达到宣传动员的目标,如上海市公用事业委员会宣传部指出的:"(控诉的内容)虽亦提到了是帝国主义的阴谋,但尚有力量不够强之感,同时这也说明作为宣传教育,讨论仍停留在对遭受□□上,则无形中会把我们打击的对象指向吸毒者。"⑥所以有意识地将控诉者的认识提高到社会改革、反帝爱国的高度成为要务。如大场区明确规定了宣传内容之一是:"毒品进入中国后在中国流行的情况,说明毒品输入中国,这是帝国主义侵略中国的一种毒化手段和方式,这是杀人不见血的杀人武器。"⑦北新泾镇王永清的妻子在小组会上哭诉:"我这种苦是帝国主义反动派及其毒犯走狗害了我全家,现在共产党毛主席有这一措施,我非常感谢。"⑧上海二电14号查票员控诉:"过去

---

① 上海市郊区工作委员会宣传部:《中共上海市郊区工作委员会宣传部关于禁毒运动宣传工作情况的简报》(1952年9月30日),上海市档案馆藏,档案号:A71-2-905-7。
② 《真如镇禁毒工作简报》(1952年9月8日),上海市档案馆藏,档案号:A71-2-905-181。
③ 《江湾区禁毒宣传工作情况报告(3)》(1952年9月13日),上海市档案馆藏,档案号:A71-2-905-59。
④ 大场区委宣传部:《报告》(1952年9月20日),上海市档案馆藏,档案号:A71-2-905-59。
⑤ 新市区宣传动员部:《关于传达上海市市区各界人民代表扩大会议后的情况报告》(1952年9月26日),上海市档案馆藏,档案号:A71-2-905-59。
⑥ 中共上海市公用事业委员会宣传部:《关于禁毒宣传工作的报告》(1952年),上海市档案馆藏,档案号:A59-1-258-1。
⑦ 《大场区西宝兴路禁毒运动中九号——十四号的宣传情况报告》(1952年9月14日),上海市档案馆藏,档案号:A71-2-905-59。
⑧ 《新泾区北新泾镇第二阶段工作总结报告》(1952年9月16日),上海市档案馆藏,档案号:A71-2-905-181。

法国人时,也禁的,也捉人的,以我看帝国主义是做生意,是自愿的";1056号售票员称:"帝国主义是坏,过去大英牌中放吗啡,我过去在颐中做,更有人叫我们不要吃大英牌。"①经过会议控诉,群众的民族意识大大提高。如宝兴乡农民反映:"毒品这种东西应该是外国帝国主义运来毒化我伲中国并毒化中国人民,还传□中国东亚病夫的不耻[齿]称号,我伲中国向来简单朴素,勤劳勇敢的劳动人民被这批外国帝国主义毒化我们的生命,并严重的造成社会的不良影响。"②大场镇张经汉说:"有的人过去对美帝很亲美,说他们帮助中国,实则是杀害中国,他们老早就把毒品运到中国来毒化中国,……只有苏联用科学建设来帮助我们才是真的好朋友,帝国主义一天不死,人民一天不安,个别人认为美国好,这人没心肝。"③

五、"由鬼成人"与身份认同

吸毒者长期吸毒后健康欠佳,形象怪异,且破产后多从事偷盗,逐渐在群众中形成了"鸦片鬼人人恨,做贼骨头偷东西"的形象。④ 引导吸毒者戒毒是共产党义不容辞的责任,戒毒成功的案例更是层出不穷,通过有效地组织戒毒典型进行控诉,自然有助于禁烟禁毒运动的宣传动员工作。

控诉人对旧社会虚伪戒毒方式进行痛斥和对未能赶上新时代感到惋惜。莘庄镇一位妇女在控诉时说:"毛主席又替人民做了件好事,如果早几年解放,我的儿子(吸毒)就不会死了,更不会家破人亡了。"⑤革命分子黄长乡杨新民在选区会上控诉说:"过去我吸上了鸦片,搞得妻离子散,最后什么东西都卖光,……不是东洋瘪三和反动派卖国贼把毒品运进来,我不会弄到这样

---

① 上海法商电车公司第一总支委员会:《关于禁毒情况的汇报》(1952年8月30日),上海市档案馆藏,档案号:A59-1-258-13。
② 宝兴乡人民政府:《情况报告》(1952年8月30日),上海市档案馆藏,档案号:A71-2-905-174。
③ 大场区委宣传部:《报告》(1952年9月20日),上海市档案馆藏,档案号:A71-2-905-59。
④ 新市区委宣传部:《关于禁毒宣传工作综合报告》(1952年10月9日),上海市档案馆藏,档案号:A71-2-905-59。
⑤ 《龙华区禁毒宣传工作简报》(1952年9月2日),上海市档案馆藏,档案号:A71-2-905-181。

的。"①陈家头控诉典型妇女周素贞在控诉会上说:"害得我家破人亡的是国民党反动派和英国鬼子,人民政府对我宽大,但我不听话,继续吸毒,我实在惭愧,对不起政府。"②

戒毒模范通过典型控诉,纷纷表达了重获新生感激之情,点燃了吸毒者渴望新生的愿望。商人典型代表杨振家现身说法讲述吸毒经历:"吸毒时身重79斤,戒毒后身重99斤,吸毒时是人变成鬼,戒毒后的鬼变成人。"③新泾区戒毒成功的王翠弟控诉道:"由于吸上了毒,他变成了个社会上的败类,但他感到今天幸亏有了共产党毛主席,把他由鬼变成人。"④诸翟镇控诉代表陈连生说:"我控诉帝国主义及其走狗,他们贩制毒品,害我吸上了烟毒,……解放后经共产党人民政府教育之下,我戒了烟,现在吃穿住都不用想了。"⑤妇女周阿珍讲:"今次政府开展肃毒运动是救了很多的人,如吴妹妹吸了毒,家产卖光,衣服穿不上,被着麻袋□上睡在厕所里,好像一个鬼,今次禁毒都能把这样人救出来。"⑥一个个生动鲜活的例子自然会让大烟鬼们主动坦白戒烟,重新回到正常的生活。

通过禁烟禁毒运动,表现优异的戒毒者不但在戒毒所等地方转换角色、服务社会,而且通过典型控诉的方式实现了"大烟鬼"到戒烟模范的提升,无形中身份重新获得社会的认同,自身价值也得到提高。真如镇工人典型代表周传荣在市民大会上拿孙锡章的例子进行控诉:"镇上孙锡章过去家庭日子过得不错,吸上鸦片以后偷东西不务正业当流氓,解放后被抓送到苏北劳改,现在来信当了劳改所干部了,旧社会和反动政府把孙锡章变坏人、鬼,而毛主席和人民政府把孙锡章改造成好人,我们要坚决协助政府肃清毒品,争取禁

---

① 新市区委宣传部:《关于禁毒宣传工作的检查报告(二)》(1952年9月17日),上海市档案馆藏,档案号:A71-2-905-59。
② 新市区宣传动员部:《关于传达上海市市区各界人民代表扩大会议后的情况报告》(1952年9月26日),上海市档案馆藏,档案号:A71-2-905-59。
③ 《真如镇禁毒工作简报》(1952年9月8日),上海市档案馆藏,档案号:A71-2-905-181。
④ 上海市郊区工作委员会宣传部:《关于禁毒运动宣传工作情况的简报》(1952年9月30日),上海市档案馆藏,档案号:A71-2-905-7。
⑤ 上海市郊新泾区宣传部:《新泾区诸翟镇审讯大会情况报告》(1952年9月18日),上海市档案馆藏,档案号:A71-2-905-181。
⑥ 《大场禁毒宣传简报》(1952年9月3日),上海市档案馆藏,档案号:A71-2-905-174。

毒运动的彻底胜利。"①大场区医生蔡兰生说:"从前我吸了毒,人人看我不起,叫我大烟鬼,生意也没有了,后虽解脱了,影响还是很坏,经过这次运动,他们对我的看法二样了,不像过去被看不起。"②

总之,中华人民共和国成立初期,广大群众对于禁烟禁毒的认识还很不深入与明确,概括起来就是,在禁烟禁毒的意义上对个人利害关系有较清楚认识,对长远的国家利害关系认识较差;对吸毒者比较关切,而对制、贩、运毒者则不够注意;对吸毒会倾家荡产做小偷等害处较明确,但对国家的害处及帝国主义毒化政策认识较差。为此,在禁烟禁毒运动过程中,各级政府开展了广泛的宣传动员工作。宣传方式上,政府将从上而下的政策性宣传动员与从下而上群众性的宣传活动相结合,一方面从上而下,由内到外,进行教育动员,说明禁烟禁毒运动的意义和政策,但此种单向宣传,稍显生硬,群众接受有限;另一方面组织群众性的宣传活动,如召开受害者控诉会、吸毒者及家属控诉会等,让受害群众现身说法,控诉与揭发帝国主义和毒犯罪行,真人真事自然感人最深。两种宣传方式互相结合,互相渗透,最终得到了完满的宣传效果。

---

① 《真如镇禁毒工作简报》(1952年9月8日),上海市档案馆藏,档案号:A71-2-905-181。
② 大场区委宣传部:《报告》(1952年9月20日),上海市档案馆藏,档案号:A71-2-905-59。

第二十四章　农村政治运动与禁种工作的开展

中华人民共和国成立初期,有种烟习惯的农村仍在普遍种植鸦片,且深山老林和边沿区的偷种现象更加严重。土产鸦片在烟毒市场上占据着重要的地位。1950年1月8日,为切断烟毒的来源,中央政府在颁布严禁烟毒通令之前出台了《关于严格禁种鸦片烟苗的指示》,要求各级政府制定禁种办法,严厉禁止种植罂粟。随后,各地结合土地改革、剿匪镇反、减租退押及生产渡荒等各类农村政治运动开展禁种工作,在1951年底基本上肃清了大部分地区的鸦片种植现象,并在1952年肃毒运动及之后的时间里检查偷种行为。

第一节　禁种鸦片政策的制定与调整

中华人民共和国成立前后,解放区的人民政府积极地制定新的禁烟禁毒政策,为共和国的禁种事业做好准备。1949年9月,苏南行署的《禁烟禁毒暂行条例》和苏北行署的《禁烟禁毒暂行办法》相继颁布,它们均严禁种植鸦片,要求地方政府如发现群众种烟苗,勒令其限期自行铲除,改种其他谷物。[①] 10月,河南先后公布《禁烟禁毒暂行办法》和《禁烟禁毒条例暂行办法》,要求各地严禁种烟,铲除违者烟苗并处罚之,[②] 方法是先由农民自动铲

[①] 苏北行政公署:《苏北区禁烟禁毒暂行办法》(1949年9月23日),江苏省档案馆藏,档案号:7011-2-0009-3;苏南行政公署:《苏南行政区禁烟禁毒暂行条例》(1949年9月),江苏省档案馆藏,档案号:7014-1-0007-4。

[②] 《为公布河南省禁烟禁毒暂行办法》(1949年10月14日),河南省档案馆藏,档案号:J0149-01-001-00027-003。

除,无效者由政府强迫执行。①

尽管如此,直到1950年初,全国的禁种形势仍不容乐观。农村地区的种烟面积巨大,且鸦片产量惊人,从各大行政区1950年初的部分调查结果可见一斑。(见表24-1)中南区的五华县刚解放时有1/3的地区种植鸦片。② 华东区的站岗、芦桥、社集等地种烟户达到90%至95%。西北区的宁夏种烟户有2547户,占全省户口的1.752%;陕西的陕南、商雒、榆林等地均发现烟苗万亩以上,岚皋铁佛区种烟户更达到80%。③ 榆林地区4个县估计种烟达2.2万亩以上,甘肃定西查铲烟苗6万余亩。④ 西南区的西康堰坎村70%以上的土地均种植鸦片。⑤ 云南种烟面积约占全省耕地面积的1/5至1/3;宝兴县的烟地占全县耕地面积的60%以上;川南雷波、峨边及马边三县全部种植鸦片。据统计,西南过去每年鸦片总产量约为9838万两,换算成烟地面积达659万亩,实际数字超过此数。可见当时全国烟毒流行之重,部分地区已形成普遍种烟现象。种植鸦片致使农作物种植面积急剧缩小,造成严重的粮荒,给群众生活带来痛苦。

表24-1 1950年初部分种烟严重地区列表

省份	偷种严重地区
陕西	陕南、商雒、榆林
甘肃	庆阳、武都
广西	南丹
苏北	邳睢县、睢宁县、新安县、宿迁县
浙江	仙居、天台、文成、三门
河南	潢川、陕州

---

① 河南省人民政府:《禁烟禁毒条例暂行办法(草案)》(1949年10月14日),河南省档案馆藏,档案号:J0149-01-003-00108-017。
② 广东省民政厅:《函送1950至1951年禁烟工作报告》(1952年1月15日),广东省档案馆藏,档案号:249-1-4-115-125。
③ 陕西省人民政府民政厅:《关于转送1950年上半年禁烟工作初步总结的请示》(1950年6月30日),陕西省档案馆藏,档案号:198-1-86-2。
④ 《甘肃省工作报告》(1950年6月26日),中国社会科学院、中央档案馆编:《中华人民共和国经济档案资料选编(1949—1952)》(综合卷),中国城市出版社1990年版,第542页。
⑤ 新华社:《经济生活动态》,《人民日报》1951年6月20日第2版。

(续表)

省份	偷种严重地区
湖北	恩旋、宜昌、郧阳
河南	商丘、淮阳、陕州、南阳
广东	八乡山区：包括五华、揭阳、隆丰、丰顺四县的边区 西山区：云浮、郁南、罗定、阳春四县的边区 禺北区：番禺、花县、从化、增城四县的边区

资料来源：中共陕西省委：《关于铲除各地烟苗的指示》（1950年4月23日），中共陕西省委党史研究室：《城市的接管与社会改造》（陕西卷），陕西人民出版社2001年版，第100页；苏北行署：《关于禁毒问题给华东财委的电》（1949年12月28日），《江苏历史档案》1996年第2期，第49页。

  多种因素导致上述普遍种烟情况的发生。首先，普遍种烟地区多是新解放区，这些地区解放不久，基层政权组织尚未健全和巩固，难以全面开展禁种工作。其次，个别基层干部带头种烟。此时各地的基层政权刚刚建立，个别种烟的坏分子混入乡村政权，造成组织和干部思想不纯净。他们怕自己铲了烟地其他人不铲，自己吃了亏，产生观望态度，未能起到榜样作用，有的甚至向群众发放烟籽，包庇他们伙种。再次，这些地区的土改、反霸等政治运动尚未全面展开，汉奸、地主、恶霸及流氓等坏分子仍大肆偷种烟苗，而农民尚未被充分发动起来，不敢说话，更不敢大胆地检举。最后，由于禁种宣传工作尚未全面铺开，群众的觉悟程度尚未提高，这就给散兵和匪特等反革命分子大肆造谣煽动群众种烟提供了机会。他们散布谣言，利用部分群众观念上的落后性，蛊惑群众种烟。一方面，他们肆意夸大鸦片的功效，蒙蔽无知群众，如称"老海能避免瘟疫，现八路又准种了"[①]，使大部分劳动力都集中在种植鸦片和敬神念经上，从而影响农业生产发展。另一方面匪特歪曲人民政府禁种政策，并且武装威胁群众种植鸦片。青海反革命分子王道明勾结地方恶势力，大量贩卖烟籽和煽惑群众种烟，制造谣言称："甘肃永登县种了，人家不怕，咱也不怕……人民政府是宽大政策，抓住土匪还放呢！种烟……顶重坐几天班房还管吃喝。"王道明等人还组织武装力量，贴出反动告示，威胁群众

---

① 河南省人民政府：《关于严禁种植鸦片的紧急指示》（1950年3月9日），河南省档案馆藏，档案号：J0149-01-003-00108-013。

说:"不管县的省的命令,如果要拔咱的烟苗,就反;谁不听指挥,私自铲了烟苗,就先把谁打死。"①

中央在中华人民共和国成立后对种烟仍坚持严厉禁绝的态度。1950年1月8日,中央发布《关于严格禁种鸦片烟苗的指示》,要求过去种烟较普遍的地区"在解放后须立即严格禁种烟苗",各大区立即通知各省禁种烟苗;各地须制定禁烟禁毒办法,办法经各地人代会讨论和决定后施行。② 1月30日,贵州发布《为禁绝鸦片告全省民众书》,明令禁种鸦片,要求各地的可耕地立即恢复冬耕,种植有益农作物;烟农及时自动铲除已种烟苗,改种冬季作物。③ 2月24日,政务院颁布《关于严禁鸦片烟毒的通令》,标志着中华人民共和国成立初期的全国性禁烟禁毒运动正式开始。通令要求军事活动完全结束的地区从1950年春起应禁止种烟;未完全结束的地区一旦军事结束,立即禁止种烟。④

按照中央指示,部分大区陆续提出具体的禁种政策。4月,西南局提出禁种工作应与征收公粮、反霸、减租、退押运动等中心任务密切结合起来开展。⑤ 5月14日,西南局要求种烟地区召开人代会专题讨论禁种问题,作出决议尽快施行,严防春季各地种植鸦片。⑥ 22日,中南局对不同地区的禁种任务作出具体规定:河南等有禁种基础的地区即日起严予铲除和禁绝烟苗;其他地区应结合剿匪反霸运动推进禁烟禁毒工作,以期秋后完全禁绝种烟。⑦

---

① 西北军政委员会民政部:《禁止烟毒工作简报》(1950年5月13日),陕西省档案馆藏,档案号:198-1-68-3。
② 中共中央:《关于严格禁种鸦片烟苗的指示》(1950年1月8日),中央档案馆、中共中央文献研究室编:《中共中央文件选集(1949年10月—1966年5月)》(第二册),人民出版社2013年版,第32页。
③ 贵州省人民政府:《为禁绝鸦片告全省民众书》,中共贵州省委党研究室编:《贵州城市的接管与社会改造》,中共贵州省委党史研究室2000年版,第269页。
④ 政务院:《关于严禁鸦片烟毒的通令》(1950年2月24日),中央人民政府法制委员会编:《中央人民政府法令汇编(1949—1950)》,法律出版社1982年版,第212页。
⑤ 西南军政委员会:《关于开展禁烟禁毒工作的指示》(1950年10月16日),《云南档案史料》1991年第4期,第41页。
⑥ 西南局及财委:《关于禁烟的几种办法》(1950年5月14日),中央档案馆、中共中央文献研究室编:《中共中央文件选集(1949年10月—1966年5月)》(第三册),人民出版社2013年版,第66—67页。
⑦ 中南军政委员会:《中南区禁烟禁毒实施办法》(1950年5月22日),中南军政委员会民政部编:《民政工作手册》第2辑,1950年,第158页。

为贯彻中央和行政区的禁种规定,部分省份根据自身情况制定了禁种办法。3月9日,河南省发布《关于严禁种植鸦片的紧急指示》,要求专署根据政务院2月24日的通令拿出布告,县区由各界代表会及农代会研究和商讨,将禁种工作列为经常工作之一,制定出相关决议。① 4月23日,陕西提出有禁种基础的地区在春耕时节说服群众,坚决铲除烟苗,改种田禾;土匪盘踞、社会尚未稳定且种烟习俗深重的地区不应勉强铲除,避免被匪特分子利用,而应向群众广泛宣传烟毒危害和禁烟禁毒政策,说服教育群众自愿铲除。②

总体来说,1950年上半年全国范围内的禁种政策尚未全面开始制定和实施。中央1月18日的指示和政务院2月24日的通令均是纲领性的文件,只是提出严禁种植鸦片的总体原则,尚未对禁种具体内容作出规定。同时,地方性禁种政策的制定工作也未全面展开。一部分地区虽已出台禁烟禁毒办法,但是政策未能赶在春耕前充分下达和推行,不少地区的烟农仍继续下种烟籽和收割烟土。另一部分地区上半年虽提出禁种方针,但是尚未制定和实施详细的禁种办法,如西南区直到7月才开始大范围开展禁种工作。出现这种情况的原因主要是各地解放时间不同,社会秩序尚未稳定,禁种政策的制定出现滞后和不同步的现象。老解放区忙于基层的民主建政和土地改革运动,一时难有时间制定政策;新解放区社会秩序尚未建立,剿匪肃特的任务繁重,因此没有充足时间制定禁令和开展禁种工作。

7月10日,政务院发布《关于禁烟毒办法的决定》,标志着禁烟禁毒运动进入第二阶段。政务院在对禁烟禁毒工作做系统性规定的同时将禁种作为重点环节进行解释。该文件一方面概述了上半年的禁种实施情况,指出鸦片种植现象依然严重存在;另一方面对今后禁种工作作出具体要求:第一,将今冬明春作为各地自动不种鸦片的截止日期;第二,要求各地研究地方具体情况,制定相应办法,积极实施;第三,禁种工作与剿匪相结合,严惩大烟毒犯。③ 同时,各大行政区依据政务院的要求纷纷发布指示或命令,如西南局7

---

① 河南省人民政府:《关于严禁种植鸦片的紧急指示》(1950年3月9日),河南省档案馆藏,档案号:J0149-01-003-00108-013。
② 中共陕西省委:《关于铲除各地烟苗的指示》(1950年4月23日),中共陕西省委党史研究室:《城市的接管与社会改造》(陕西卷),陕西人民出版社2001年版,第100页。
③ 浙江省人民政府:《转发中央和华东处理鸦片烟毒规定并结合实际情况特作补充指示的训令》(1950年8月5日),浙江省档案馆藏,档案号:J103-002-031-068。

月31日的《关于禁绝鸦片烟毒的实施办法》、西北局8月22日的《关于贯彻执行中央政务院严禁鸦片烟毒的命令》、西南局10月5日的《转达中央指示贯彻严禁烟毒工作并请将查禁烟毒等情形报送本部以便汇转》、中南局10月13日的《禁烟禁毒工作补充指示》、东北局10月13日的《禁烟禁毒贯彻实施办法》等。这些办法或指示均提出自办法公布日起,严禁种植鸦片,且一律铲除已种烟苗,改种其他作物。①

禁烟禁毒运动与其他环节的经常性工作不同,春耕秋播季节是全国禁种工作的重点开展时期。政务院2月24日的通令就曾要求各地注意在播种前认真执行禁令。② 8—9月正值秋播时期,中央和各大区积极布置禁种任务。8月3日,西北局要求在各级干部会议上总结之前春播禁烟禁毒工作的经验和教训。③ 8月5日,华东局要求各地深入检查有无种烟情况。④ 9月12日,中央内务部要求在秋播季节大力开展禁种工作,且匪患尚未肃清的地区要集中全力开展剿匪反霸工作,暂时不必突出进行禁烟禁毒工作。⑤ 同时,种烟严重的省份积极布置具体的禁种工作。云南督促各县于种烟季节前一个月召开各界人代会,专题讨论禁种问题,针对各地实际情况制定具体办法。⑥ 陕西要求在秋播季节认真教育干部,使其在彻底认识禁种政策的基础上严加防范和加强检查。⑦

1950年底,普通平坦地区的烟苗已基本肃清,沿大道及容易被发现地区的烟苗多已铲除。据统计,东北大部分地区已基本禁绝种烟,绥、青、甘、宁等

---

① 西南军政委员会:《关于禁绝鸦片烟毒的实施办法》(1950年7月31日),《档案史料与研究》1990年第1期,第38页。
② 政务院:《关于严禁鸦片烟毒的通令》(1950年2月24日),中央人民政府法制委员会编:《中央人民政府法令汇编(1949—1950)》,法律出版社1982年版,第212页。
③ 西北军政委员会民政部:《关于防止种秋烟有关事宜的函》(1950年8月3日),陕西省档案馆藏,档案号:198-1-74-2。
④ 浙江省人民政府:《转发中央和华东处理鸦片烟毒规定并结合实际情况特作补充指示的训令》(1950年8月5日),浙江省档案馆藏,档案号:J103-002-031-068。
⑤ 中央人民政府内务部:《关于贯彻严禁烟毒工作的指示》(1950年9月12日),重庆市档案馆藏,档案号:1068-1-2。
⑥ 《云南省人民政府禁烟的训令》(1950年7月21日),中共云南省委党史研究室、中共云南省公安厅委员会:《建国以来云南的禁毒斗争》,云南民族出版社1997年版,第392页。
⑦ 陕西省人民政府民政厅:《为严防秋季群众偷种鸦片希早布置进行由》(1950年7月21日),陕西省档案馆藏,档案号:198-1-69-6。

省的种烟面积减少60%,中南、西南的烟地亦大大减少。其中,西北区的陕、甘、宁、青四省在89个县市共发现烟苗177723亩。① 可见1950年的禁种工作取得阶段性胜利。尽管平坦地区大范围种植鸦片的现象已基本消失,但是少数烟农为躲避政府检查,在麦地、蒜地或菜籽地里夹种烟苗,个别地区出现铲麦复种大烟的情况,特别是深山密林和边沿地区的偷种现象仍较为严重。例如,1951年春季,陕西南郑专区的12县发现较严重的偷种现象,其中南郑、褒城及宁强三县偷种最多,每县查铲面积竟在万亩以上。② 5月,山东诸城发现下常和汪铺等村25%的农户在偷种大烟。③ 因此,积极检查偷种鸦片行为成为1951年禁种工作的主要内容。

为布置1951年的禁种任务,中央内务部于2月24日发布《关于禁烟毒的指示》,用大篇幅论述了禁种工作的急迫性和重要性。内务部明确指出春耕种烟季节将到,各地亟须抓紧禁种工作,要求各地在年内基本禁绝种烟。同时,内务部梳理与总结了之前的禁种方法。④ 中央要求各地在春耕夏播季节进一步结合发动群众,特别是在有种烟历史的山区和边沿地区,普遍地进行检查偷种现象,举行大清查运动。各地依据中央的指示对严查偷种行为作出具体布置,如河南于3月23日要求边沿区的专县与邻省交界的专县主动联系,相互配合检查,统一禁烟禁毒步骤,防止偷种现象再次发生。⑤ 6月6日,华东局将山东诸城偷种鸦片事件上报内务部,并向各省发布《检查杜绝种植鸦片的通知》,要求各地组织专人深入检查和动员群众监督,发现烟苗立即铲除,并惩处相应的负责人员。⑥

8月17日,内务部再次发出禁烟禁毒代电,对禁种工作做进一步的部

---

① 西北军政委员会民政部:《为通知南郑、安康专区查铲烟苗工作报告由》(1951年8月23日),陕西省档案馆藏,档案号:198-1-150-11。
② 《检查南郑、安康两专区查铲烟苗工作报告》(1951年9月4日),陕西省档案馆藏,档案号:198-1-150-12。
③ 山东省府:《关于胶州诸城县五区下常、汪铺、芽村种植鸦片的通报》(1951年6月3日),山东省档案馆藏,档案号:A101-04-0044-022。
④ 中央内务部:《关于禁烟毒的指示》(1951年2月24日),山东省档案馆藏,档案号:A101-04-0043-015。
⑤ 河南省人民政府民政厅:《为加强边沿区禁烟禁毒工作由》(1951年3月23日),河南省档案馆藏,档案号:J0149-01-003-00108-027。
⑥ 华东军政委员会:《检查杜绝种植鸦片的通知》(1951年6月6日),山东省档案馆藏,档案号:A101-04-0043-016。

署。首先，内务部肯定了一年多来全国各地的禁种成绩，但也指出少数地区未能合理地结合中心工作贯彻禁种政策，造成该地区禁种工作未能全面推行。其次，内务部赞扬并介绍了西北局的成功经验。西北局能经常组织检查组深入种烟流行地区，积极发现和解决禁种问题，并提出干部在思想领导上注重督促和检查才是取得禁种成绩的关键因素。再次，内务部要求各地严格执行中央禁绝鸦片种植的规定，对本地区禁种开展情况进行认真的检查。①

1951年底，除个别山区和边沿区外，全国大部分地区的种烟现象已基本肃清。1951年的禁种策略基本继承了1950年积极查铲鸦片的基本政策，该项政策一直延续到1952年初。1952年1月18日，内务部发布《禁种鸦片代电》。该电文不但总结和肯定了之前的禁种工作成绩，表示全国已基本上完成禁种鸦片的任务，而且针对苏北、福州、莆田、陕西等地出现的偷种鸦片情况，再次重申了之前的禁种政策，强调偏僻山林区、长久种烟地区及边沿地区仍是检查的重点，要求各地在春播前结合土改、春耕等运动，通过各种会议做好禁种准备和宣传动员群众的工作，从而保证不让烟籽入土，谨防烟农复种的现象发生。② 2月9日，东北局要求各地加强缉查偷种现象，必要时可继续派遣武装力量深入山林僻乡检查，彻底铲除烟苗，将烟匪拿获，依法惩办。③ 3月26日，西北局同样发布禁种指示，要求各地在春耕季节抓紧种烟地区的查铲工作，大力开展生产和防旱任务。④ 总之，中央在第二阶段将禁种作为禁烟禁毒运动的重点，制定了详细的政策和实施办法。因此，此时的禁种运动处于中央统一管理时期。

1952年4月15日，中央发布《关于肃清毒品流行的指示》，标志禁烟禁毒运动进入第三阶段，各地开始筹备1952年肃毒运动，禁种政策随之经历了一个转变的过程。该指示提出1952年肃毒运动的主要内容是集中解决贩毒问

---

① 中央人民政府内务部：《禁毒代电》（1951年8月17日），江苏省档案馆藏，档案号：7014-2-0363-3。
② 中央内务部：《禁种鸦片代电》（1952年1月18日），江苏省档案馆藏，档案号：7014-2-0427-5。
③ 东北人民政府：《关于严禁鸦片烟毒及其他毒品的命令》（1952年2月9日），邱创教主编：《毒品犯罪惩治与防范全书》，中国法制出版社1998年版，第831页。
④ 西北军政委员会：《关于配合春耕和城市五反运动，抓紧进行禁种禁贩禁运烟毒工作的指示》（1952年3月26日），陕西省档案馆藏，档案号：198-1-223-1。

题，暂时不着急处理种烟问题，即内地的种烟问题须检查禁止，但是如不能与禁贩运工作同时解决，可在运动结束后另行处理；边疆少数民族地区的禁种问题应在今后工作中逐步解决。① 这一规定标志着禁种政策开始转型。随后，中央要求各大区为即将开展的肃毒运动建言献策。各大区发布的指示虽赞同集中处理制、贩、运毒品的想法，但是未改变禁种策略，仍提倡积极禁绝种烟。4月12日和18日，东北局和华东局分别提出要彻底肃清种烟，通过组织公安机关和武装力量，深入种烟习惯的深山中进行搜查，依法逮捕匪特和恶霸等坏分子。② 4月29日，中南局亦提出禁铲劝教的禁种政策，即"发布禁令，铲除烟苗，帮助生产，教育劝导"③。5月16日和25日，西北局和华东局的肃毒指示仍坚持同样观点，未实质改变禁种政策。④ 5月21日，政务院发布《为查禁鸦片烟毒的通令》，继承了各大行政区的禁种观点，提出禁种鸦片要与爱国丰产运动结合起来，要求已禁种的地区绝不能复种。⑤

随着中央深入部署1952年肃毒运动的总体规划，禁种政策逐渐发生转变。6月10日，中央指示在中央公安部系统部署禁毒工作之前，各地应将禁毒工作的重点放在侦察及其他准备工作上，禁种工作随之被暂时停止。⑥ 7月25日至28日，全国禁烟禁毒工作会议召开，国家对肃毒运动的各项工作进行讨论和敲定，标志着1952年肃毒运动的正式确立。会议最后，公安部副

---

① 中共中央：《关于肃清毒品流行的指示》(1952年4月15日)，中共中央文献研究室编：《建国以来重要文献选编》(第三册)，中央文献出版社2011年版，第133—134页。

② 《东北公安部关于打击烟毒贩的具体指示》(1952年4月12日)，中央档案馆、中共中央文献研究室编：《中共中央文件选集(1949年10月—1966年5月)》(第八册)，人民出版社2013年版，第289页；华东军政委员会：《禁烟禁毒指示》(1952年4月18日)，山东省档案馆藏，档案号：A101-04-0109-011。

③ 《中共中央中南局关于开展肃清毒品流行的指示》(1952年4月29日)，中国社会科学院、中央档案馆编：《中华人民共和国经济档案资料选编(1949—1952)》(综合卷)，中国城市出版社1990年版，第530页。

④ 西北局：《关于发动禁毒运动的指示》(1952年5月16日)，山东省档案馆藏，档案号：A001-05-0061-002；华东局：《肃清毒品流行的指示》(1952年5月25日)，山东省档案馆藏，档案号：A001-05-0050-013。

⑤ 政务院：《为查禁鸦片烟毒的通令》(1952年5月21日)，江苏省档案馆藏，档案号：7014-2-0427-4。

⑥ 中共中央：《关于开展全国禁毒运动的指示》(1952年6月10日)，中国社会科学院、中央档案馆编：《中华人民共和国经济档案资料选编(1949—1952)》(综合卷)，中国城市出版社1990年版，第539页。

部长徐子荣作了报告,对肃毒运动期间的禁种工作进行解释说明,对之前的政策进行了总结和调整。首先,他提出肃毒运动主要打击制、贩、运毒犯,种烟问题放在下一阶段处理;其次,他虽提出可暂行不处理种烟的劳动人民,但要严厉惩办大量种烟与存毒的土匪、恶霸及流氓等首恶分子;再次,他要求种烟地区组织诉苦运动,启发和发动群众控诉国民党反动政府和帝国主义的罪行及毒品的危害。① 至此,延缓禁种的政策正式确立,并一直延续到1952年11月底,直到全国性的肃毒运动结束。

在此期间,全国农村在集中精力搞爱国丰产运动,发展农村经济。为此,中央指示不要在广大农村开展禁烟禁毒宣传工作,动员农民坦白和检举,只需在邻近市镇的农村地区适当地向农民讲解1952年肃毒运动的相关内容,目的是保障农村正常的生产秩序,防止反革命分子进行破坏活动,从而出现混乱现象。② 各地如果发现一般种烟及存毒的农民,只是对其进行教育,劝令其铲除烟苗,号召其缴出全部烟毒即可。

进入第四阶段,少数偏僻地区的偷种鸦片现象逐渐引起了中央的重视。1952年11月25日,西北民政部向中央内务部汇报该区在1952年发现的偷种鸦片情况,谈到甘肃武都和庆阳两分区发现烟苗达16993亩,陕西南郑和宝鸡等地也发现不少烟苗。它认为如不彻底消除偷种现象,将会给刚结束的肃毒运动和国家经济建设造成很大的破坏作用。因此,它提出通过宣传禁种政策来动员教育群众,并深入种烟地区调查,严肃处理情节严重的坏分子和指示包庇家属种烟的干部。③ 此报告得到内务部的高度肯定,被转给各大区民政部学习贯彻。④ 12月12日,政务院出台《关于推行戒烟、禁种鸦片和收缴农村存毒的工作指示》,对肃毒运动结束后的禁种工作进行了布置,标志着禁种政策的再次转型。该指示要求汉族地区必须贯彻禁绝种烟的方针,继续

---

① 《中央批准徐子荣同志关于禁毒工作会议上的报告》(1952年7月30日),山东省档案馆藏,档案号:A001-05-0061-003。
② 中央宣传部:《批转华北局宣传部关于禁毒宣传的补充指示和察哈尔省委宣传部关于禁毒宣传布置情况的简报》(1952年8月9日),中共中央宣传部办公厅、中央档案编研部编:《中国共产党宣传工作文献选编(1949—1956)》,学习出版社1996年版,第390页。
③ 任谦:《关于禁烟禁毒工作的请示报告》(1952年11月25日),陕西省档案馆藏,档案号:198-2-287-1。
④ 中央人民政府内务部:《关于处理并报告查禁偷种大烟工作》(1952年12月4日),陕西省档案馆藏,档案号:198-2-484-2。

教育和动员群众,在下种时和收烟前有重点地组织专门力量进行查铲工作。① 华东局于2月18日发出《关于认真贯彻中央人民政府政务院推行戒烟、禁种鸦片和收缴存毒指示的通知》,要求各地贯彻政务院12月12日的指示,并提出补充意见,认为农村未禁绝种烟的地区应以禁种鸦片和收缴存毒为主,结合开展戒烟工作,并详细列举了未禁绝地区的名单。② 陕西公安、民政及卫生厅于1953年2月28日发出《关于贯彻严禁种植鸦片及全面开展戒烟工作的指示由》,要求各地根据政务院的指示并配合各项中心工作和肃毒运动落实禁种工作,普遍提高群众觉悟,彻底禁绝种植鸦片。③

1953年2月5日,内务部和公安部联合发布《贯彻严禁种植鸦片的指示》,先是表明经过历年各级政府的禁种努力,全国已基本禁绝种烟,然后以甘肃和陕西为例说明少数偏僻地区仍存在偷种现象。它要求各地严格遵照政务院1952年12月12日的指示,彻底肃清种烟。西北局要求各地贯彻2月5日的指示,指示陕西和甘肃民政厅按照中央规定,在春耕播种时期联合公安部门并结合当前工作对历史种烟地区和山区展开重点检查,彻底根绝毒源。④ 6月17日,陕西民政厅再次通报偷种情况,要求各地依据中央和西北局的指示合理布置禁种工作。⑤ 10月15日,西北局要求各地在烟籽播种期在种烟尚未完全禁绝地区结合冬季生产工作开展禁种工作。⑥ 10月17日,陕西民政厅指示各地执行秋播禁种工作。⑦

---

① 政务院:《关于推行戒烟、禁种鸦片和收缴农村存毒的工作指示》(1952年12月12日),邱创教主编:《毒品犯罪惩治与防范全书》,中国法制出版社1998年版,第836页。
② 华东行政委员会:《关于认真贯彻中央人民政府政务院推行戒烟、禁种鸦片和收缴存毒指示的通知》(1953年2月18日),上海市档案馆藏,档案号:B1-2-887-10。
③ 陕西省人民政府公安、民政、卫生厅:《关于贯彻严禁种植鸦片及全面开展戒烟工作的指示由》(1953年2月28日),陕西省档案馆藏,档案号:244-1-86-23。
④ 西北军政委员会:《为严禁种植鸦片由》(1953年3月19日),陕西省档案馆藏,档案号:198-1-337-9。
⑤ 陕西省人民政府民政厅:《对认真检查偷种鸦片及迅速开展瘾民施戒工作的通报》(1953年6月17日),陕西省档案馆藏,档案号:198-1-337-15。
⑥ 西北军政委员会:《通知认真防止种植鸦片烟毒工作》(1953年10月15日),陕西省档案馆藏,档案号:198-1-337-6。
⑦ 陕西省人民政府民政厅:《希认真防止种植鸦片烟毒工作》(1953年10月17日),陕西省档案馆藏,档案号:198-1-337-19。

第二节　农村政治运动与鸦片查铲工作的推进

1950年上半年全国范围内禁种成果并不理想,正如政务院在7月10日的电文中谈到上半年新解放区虽已通令禁种鸦片,但是有种烟习惯的地区和偏僻地区出产的鸦片仍数量巨大,一时难于禁绝。① 刘伯承于8月2日在西南区全体委员会上指出西南各省已收割的烟土达到六七千万两,如任其内销,将严重危害生产和社会秩序,必须坚决在西南严禁种植,严办违法者。② 造成这种情况的原因主要包括以下几个方面:

第一,如上文所述,各地的禁种政策尚未全面制定,且政策落实的程度各不相同。这种情况不但影响了本地区的禁种工作,而且使得部分地区的群众产生可以种烟的错觉。据陕西报告,陕鄂两省交界的商南白浪村、郧县南化及郧西蒿平河等地区在1950年上半年大量种植鸦片后继续收割烟土,原因是两省未能统一开展禁种活动,从而影响各自的禁种进程。③ 因陕甘川三省未能统一动员铲除烟苗,地处三地毗连地带的陕西宁强也出现了严重的种烟现象。④ 同时,深山老林地区的禁种工作尚未全面展开,这些地区的鸦片在快收割时才被发现,直接影响农业生产,造成国家和人民的经济损失。

第二,干部在领导上存在轻视态度和官僚主义作风。部分干部对政策认识不够,思想上未能引起足够重视,因此禁种过程中未能充分结合中心工作深入解释和宣传政策。他们只是肤浅地作一般的宣传号召,使禁种工作停留在命令和布置上,没有具体组织领导和检查,致使群众不了解严禁烟毒的政策和政府禁绝鸦片的决心。同时,部分干部的官僚主义作风严重,他们在发

---

① 广西民政厅:《关于执行中央政务院禁烟毒办法决定》(1950年8月1日),广西壮族自治区档案馆藏,档案号:X053-001-0053-0031。
② 新华社:《西南区的工作任务　刘伯承主席在西南军政委员会首次全体委员会议上的报告》,《人民日报》1950年8月2日第2版。
③ 陕西省人民政府民政厅:《为呈报请转知湖北河南两省政府对于毗连本省县份切取联系禁种大烟由》(1950年12月11日),陕西省档案馆藏,档案号:198-1-74-10。
④ 陕西省人民政府民政厅:《为呈请电甘肃省府迅令康县等有关县份切取研究禁绝种烟由》(1951年4月13日),陕西省档案馆藏,档案号:198-1-150-28。

现烟苗后,只是简单采用包办代替、强迫命令及经济处罚的方法,这种办法的效果可想而知。陕西商南县和甘肃皋兰县发生的烟民骚乱均是官僚作风的直接结果。两县政府在事前未充分进行禁烟禁毒宣传,等到发现种烟现象,便采取简单粗暴的强迫办法,命令烟农铲烟。反革命分子乘机挑拨离间群众,直接导致地区烟民骚乱,甚至出现打伤干部的现象。[①]

第三,干部未能充分运用政治教育和法律惩处相结合的工作方法,致使部分地区铲烟不彻底,从而引发落后群众偷种的想法。商南县的领导干部因在思想上未彻底领悟政策,他们一方面错误地依据个人成分进行铲烟工作,即严加铲除土匪和地富的烟苗,相对宽松地对待贫农种植烟苗;另一方面未按情节轻重分别处理烟户,既未能表扬积极铲烟的农户及教育改造一般群众,又没有从重追究未铲烟户和暴力抗争者的罪责,这样直接导致群众产生在下季播种时继续偷种鸦片的念头。[②]

第四,收购政策使得部分群众产生投机思想。中华人民共和国成立伊始,为稳定农村社会和不使鸦片流害社会,部分地区曾实施短暂的收购烟土政策。地方政府在种烟流行地区设立收购站,购买农民已收割的烟土,从而照顾贫苦烟农的经济利益。但是,由于禁种政策的宣传工作不够彻底,烟农逐渐产生投机图利思想,部分落后群众于1950年春耕中在原有种烟面积上增种烟苗,使得部分地区的鸦片产量不降反升。这一现象严重影响了禁种政策的实施。

第五,特务和土匪尚未肃清,他们继续造谣、煽惑和胁迫群众种烟。匪特把持深山地区,曲解和利用政府的禁烟禁毒政策在群众中挑拨离间,鼓动和组织落后群众进行暴动,暗杀区乡负责干部,给禁烟禁毒工作造成一定阻碍。如敌特、惯匪及逃兵隐藏在宝鸡太白山区的密林中大量种植鸦片,使得干部不敢贸然进山铲烟。[③] 他们向群众散布谣言称:"共产党是照老百姓的意见办事的,你们把大烟种的越多越好,家家种,人人种,那他就没办法了,如果他

---

① 西北军政委员会民政部:《禁止烟毒工作简报》(1950年5月13日),陕西省档案馆藏,档案号:198-1-68-3。
② 陕西省人民政府民政厅:《为据陕南烟毒情况指示处理由》(1951年1月2日),陕西省档案馆藏,档案号:198-1-150-9。
③ 陕西省人民政府民政厅:《为希查禁宝鸡等县种植大烟由》(1951年4月9日),陕西省档案馆藏,档案号:198-1-150-24。

要提出铲的话,你们就拿生活困难去搪塞,或拿造反威胁。"①显然,匪特歪曲了共产党"为人民服务"的基本执政原则,更试图引导群众从事反政府活动,目的是为自己的反革命行为找帮手,借收烟引起的混乱来组织政治暴动。此外,个别基层干部思想落后,心存侥幸,与反革命分子勾结,偷偷种植鸦片。他们不但没有起到带头铲烟的榜样作用,而且私下接受种烟者贿赂,在向上级政府汇报时谎报种烟者偷种大烟亩数,这样不仅妨碍禁种进程,还在群众中造成恶劣影响。

对农民的宣传教育是禁种工作的重中之重。政府明白只有通过各种方式使群众充分认识到烟毒是有损身体健康和经济利益的大害,并彻底了解政府禁种政策,才能动员广大群众加入禁种行列,彻底禁绝鸦片。各级政府通过各界人代会、农代会、三级干部会及镇压反革命座谈会等会议讨论上级禁种政策,并布置本地区的禁种任务。随后,参加会议的基层干部和代表在农民协会或群众大会上传达禁种政策,扩大宣传。基层政府不但依靠党团员和人民团体的力量深入农村,进行广泛的禁种宣传,而且结合生产救灾、土改、减租退押、镇压反革命、剿匪反霸等各种运动,充分向群众宣传禁种政策。报纸、黑板报、墙板等各种形式成为禁烟禁毒宣传的重要载体,不但《人民日报》《光明日报》等国家级报刊,而且《群众日报》《长江日报》《东北日报》等大区级及各级政府官方报刊均积极刊载禁种政策,报道禁种案例,发表禁烟禁毒社论。

播种季节是禁种宣传的关键时期。8月25日,云南在政府布告里重申禁令,要求各地在秋播季节结合群众力量开展深入的宣传教育工作,使群众提高警觉,互相监督劝导,目标是"保证在今年不再有一株烟苗出土"②。9月26日,广西指示各地在秋收播种时节抓紧宣传,让烟户明白种烟是无前途的和无出路的。③ 1951年1月19日,平原省发布《为铲除鸦片烟苗由》,提醒各

---

① 《太白山区剿匪指挥部工委会议和工委报告》(1951年7月11日),陕西省档案馆藏,档案号:198-1-150-10。
② 《云南省人民政府布告》(1950年8月25日),《云南档案史料》1991年第4期,第7页。
③ 广西省府:《抓紧宣传禁烟毒之函》(1950年9月26日),广西壮族自治区档案馆藏,档案号:X046-001-0011-0036-0037。

地务必于春耕前开展宣传工作。① 播种前开展禁种宣传可以有效避免铲除烟苗引起的各种矛盾和冲突。

辟谣是禁烟禁毒宣传的另一项任务。匪特恶霸为阻止政府禁烟,四处散布谣言称"种烟好处很多,除了赚钱,还能肥地"②,更肆意夸大鸦片的治疗功效。这样使得部分农民不但认为禁烟禁毒无所谓,而且把鸦片当成包治百病的神药。为破除这些谣言,各级政府一方面阐明禁种是为发展生产,关系到农民和子孙后代的切身利益;另一方面指出恶霸和匪特是在用各种欺骗挑拨的手段破坏禁烟禁毒活动,更是在破坏反封建的农民运动。同时,各级农协等群众团体动员全体会员结合中心工作宣传烟毒的害处,号召广大农民拥护禁烟法令和彻底禁绝烟毒。各地报纸撰写文章说明种烟危害和澄清鸦片所谓"功效",如《云南日报》批评上述谣言是一种错误认识,只有精耕细作式地种好庄稼,才能增加粮食收成和改善生活。③

在充分宣传动员的情况下,负责干部认真执行禁令,切实监督与及时实地检查。初期,负责干部多进行个别调查访问,寻找线索和对象。随后,干部亲自下乡,在帮群众干农活的过程中与其闲聊,或者与小孩说笑,从而打听和发现种烟线索。在这个过程中,负责干部需要搞清本地区的种烟面积、年产量及种烟原因,种烟者的阶级成分及所占比例,群众对国民党禁烟禁毒与共产党禁烟禁毒的态度及差异,然后根据各地不同情况研究和制定出不同的处理办法。

农村干部结合土地改革、反恶霸、减租退押、生产渡荒等各种政治运动开展禁种工作。广东花县结合土改运动将辖境内铲除的百余亩烟苗地拨交给农会分配给无地农民耕种,从而激发其生产热情和监督种烟的意识。八乡山地区将发放救济粮与禁烟禁毒运动相结合。1950年11月,该地在收到专署拨给老苏区的社会救济粮米1.5万市斤后召开代表会议和户长会议,充分说明种烟的害处,并且规定只给予种植正当农作物者贷粮贷款。该地党团员和积极分子向村民说明政策,只要保证今后不再种烟,村民互相监督,就能得到

---

① 平原省人民政府:《为铲除鸦片烟苗由》(1951年1月19日),河南省档案馆藏,档案号:J0035-001-00066-016。
② 《不让一粒烟籽入土》,《云南日报》1950年8月28日。
③ 《不让一粒烟籽入土》,《云南日报》1950年8月28日。

救济粮米。随后,贫苦农民积极向政府保证不再种烟,且将收到的粮米用在生活和生产上。通过这种方式,该地在顺利发放救济粮的同时铲除5万余株烟苗,成功地完成了该地的禁种任务。①

在基层行政村里,农民协会在禁种政策的具体实施过程中发挥了重要的作用。村主任虽主管禁种工作,但仍须对农会负责具结并保证所管辖之地未种烟苗,如发生偷重现象,村主任和农会负责人均要受到上级政府部门的批评。农协会员积极参加禁种工作,协助基层干部检查本地偷种鸦片,担负劝禁之责,劝导村民主动坦白种烟情况。同时,部分农协会员带头铲除自种烟苗,在禁种运动中起到模范作用,如陕西高寨乡20多户会员不仅铲掉自己所种的烟苗,还成立由农协会员、妇联会员、小学生及教员等组成的铲烟队,到各村查铲烟苗。② 此外,邻近农会共同负责检查县区间的插花地,共同行动和突击检查有种烟历史的边沿区。

一般情况下,烟农在负责干部的监督和引导下自动铲除烟苗。有的地方政府发起区乡村级的群众铲烟竞赛活动,从而掀起自动铲烟的热潮,如陕西商南县组织邻村间的民兵或儿童相互铲烟。同时,政府规定不论种烟者的成分差异、职务高低,一旦发现烟苗一律翻铲。各地的负责干部不仅发动区村干部、农村党团员和积极分子分头检查,还动员他们带头铲掉自己的烟苗,在群众中树立了榜样,打消他们的观望态度,激发烟农的铲烟热情。再者,干部引导群众把永不种烟的决心订为禁烟禁毒公约,互相监督和挑战,树立群众性、经常性的制度和纪律。各地还严惩收购鸦片的烟贩,以此杜绝烟毒销路,促使烟农自动铲除或不再种植鸦片。

通过上述禁种工作,多数地区的种烟现象基本上被肃清。但是,深山密林地区的偷种现象较平原地区更为隐蔽、危险和严重。为此,各级政府按照常规办法在这些地区展开禁种工作的同时,积极调整和制定针对深山密林区的禁种方案。

针对部分基层干部思想认识的不足,各级政府深刻检讨和纠正禁烟禁毒

---

① 广东省民政厅:《函送1950至1951年禁烟工作报告》(1952年1月15日),广东省档案馆藏,档案号:249-1-4-115-125。
② 《检查南郑、安康两专区查铲烟苗工作报告》(1951年9月4日),陕西省档案馆藏,档案号:198-1-150-12。

工作上的官僚主义作风。各地及时发现基层干部在禁种上存在的问题,将怠忽职责的干部给予记过处分,对个别违法抗拒及主谋种烟的干部予以党纪政令处分,对有政治背景的破坏分子依法惩办。上级政府派遣得力干部亲自下乡,配合学校和部队进行翻种庄稼的工作,同时吸收开明的上层分子参加禁烟禁毒委员会,协助开展工作。西北民政部要求各地在各级干部会议上着重教育干部,使其在思想上明确认识禁种的重要性,从而抱定禁绝的决心。①

深入了解匪特种植鸦片的基本情况是禁绝深山密林区种烟的前提。查铲之前,地方政府通过各种渠道了解该地区种烟原因、匪特与种烟者的关系及匪特与群众的种烟面积等情况,随后依据这些信息制订剿匪铲烟方案。随后,将禁种工作与剿匪运动结合是该地区禁种成功的关键。地方政府派遣熟悉情况的负责干部配合剿匪部队妥慎进行禁种工作。他们先是主动向配合匪特种烟的群众宣传政策,动员其自愿铲除烟苗,再武装剿灭匪特力量,最终切实铲尽烟苗。以陕西为例,省民政厅建议军政部门相互配合,将剿匪和查铲烟苗结合起来进行。② 陇县于1950年7月16日成立剿匪禁烟委员会,政府派遣负责干部协同独十团连长等人率队深入大小马沟、三道河、纳麻湾等深山密林中展开清查工作。③ 宝鸡市先由各行政区领导人组织召开干部会议,传达禁种与剿匪结合的政策。随后,土改工作组在军队的配合下发动群众,耐心说服群众,向他们讲解禁烟禁毒政策,打破反动军队在种烟群众中造成的洗劫恐惧心理;说明种烟的祸害和发展农副业才能致富的道理;阐明政府铲烟的目的是为革新社会和改善群众生活。政府通过这种方式稳定群众情绪,并将仇恨集中在匪特身上。紧接着,在部队的配合下,政府组织小型武工队,适时奔袭匪特的武装种烟区域,将匪特首领和武装力量绳之以法。④ 在铲烟过程中,部队的艰苦作风、灵活斗争的战术及为人民服务的精神发挥

---

① 西北军政委员会民政部:《关于防止种秋烟有关事宜的函》(1950年8月3日),陕西省档案馆藏,档案号:198-1-74-2。
② 陕西省人民政府民政厅:《关于转送1950年上半年禁烟工作初步总结的请示》(1950年6月30日),陕西省档案馆藏,档案号:198-1-86-2。
③ 陕西省人民政府民政厅:《为呈禁烟补充材料请鉴核由》(1950年8月5日),陕西省档案馆藏,档案号:198-1-86-7。
④ 《太白山区剿匪指挥部工委会议和工委报告》(1951年7月11日),陕西省档案馆藏,档案号:198-1-150-10。

了至关重要的作用,他们不仅极好地适应深山密林区的地理环境,迅速开展禁种工作,还可以消灭匪特的嚣张气焰,有效地遏制匪特的武装势力。

把握敌对关系与坚持正确的阶级立场是深山密林区禁种工作的关键。在清剿种烟户的过程中,地方政府不仅彻底破除种烟者的幻想,让其充分认识到种烟的违法性,还在重大案件中坚持了正确的阶级立场。政府要求负责干部坚定代表人民群众的阶级立场,在剿匪禁种中孤立带头者,团结多数群众,培养积极分子,从而稳定农村社会秩序,不至于搞乱农村阶级阵营。因此,各地严禁乱捕乱打乱杀,严格地分清敌我关系,逮捕并严惩匪特首领等主犯,从轻处理被胁迫种烟的群众。为维护基本群众的经济利益,负责干部积极帮助因铲烟无法生活的种烟户进行再生产。

由上文可知,积极禁种鸦片的政策持续至1952年初。随后的4月至11月是1952年肃毒运动开展时期,国家在这一阶段暂缓执行禁种工作。12月12日,政务院出台《关于推行戒烟、禁种鸦片和收缴农村存毒的工作指示》,标志着禁种工作重新提上日程。1953年2月5日,内务部和公安部联合发布《贯彻严禁种植鸦片的指示》,要求各级政府深入宣传和动员广大群众监督偷种行为,密切结合爱国增产、农村建政、土改复查、镇压反革命等运动,在播种前和收烟时重点组织力量对历史种烟和深山密林区进行检查,并与戒烟和收缴存毒工作妥善结合。① 与此同时,各大区根据自身具体情况作出有侧重的禁种工作部署。以西北区为例,该区要求1952年已基本禁绝种植鸦片的青海、宁夏和新疆主要任务是宣传教育群众,以便巩固已有成绩,其中新疆须注意防止麻烟的制造;而出现偷种现象的甘肃和陕西则要在种烟积习重的地区和深山区开展系统的禁种工作。②

从1952年底开始,各地重新将检查偷种现象作为禁种工作的重点,延续了之前的禁种方针和具体禁种办法。同时,各级政府积极组织干部学习新的禁种文件,结合批判干部的错误思想和偷种行为,使其充分认识禁种烟毒与农业丰产及国家经济恢复建设的重大关系。随后,种烟地区的政府实行逐级

---

① 中央人民政府内务部,公安部:《贯彻严禁种植鸦片的指示》(1953年2月5日),陕西省档案馆藏,档案号:198-1-337-3。
② 西北军政委员会:《呈报我区1953年禁种禁吸烟毒工作计划要点》(1953年2月27日),陕西省档案馆藏,档案号:198-1-337-7。

包干负责和区与区之间联防行动的方式,于播种时和收割前组织干部、民兵及治安人员抽查重点地区和边沿区的毗连地区。负责干部结合爱国增产、农村建政、土改复查等运动,深入宣传发动群众互相监督,保证不种鸦片,并自觉做好农业生产。其中,各地将禁种工作与抗美援朝运动结合起来,方法是干部在开展爱国主义教育的过程中讲清烟毒是帝国主义带到中国用来图谋人民生命和财产的,营造起一种仇毒空气,从而动员种过毒的群众在爱国公约内添加保证不种鸦片的条款,提高群众的禁种自觉性。通过上述工作,各地在 1953 年基本肃清剩余偷种的鸦片,陕西民政厅报告上半年的禁种成果,各地健全禁烟小组,先后结合春耕生产、查田定产等中心工作宣传教育群众,并铲除了一定数量的烟苗,将偷种鸦片的屡犯、顽固地主及匪特等坏分子送交法院处理。①

第三节 禁种善后政策的拟定与实践

禁种目标的顺利完成不仅需要成功地宣传教育农民和铲除已种烟苗,而且需要合理地解决好禁种后的善后工作。善后工作包括已收割烟土的收缴、贫苦烟农的救济、农业生产的恢复、种烟者的处理等多项内容。各地只有充分开展这些工作,才能不使烟农的生活陷入困境,避免其重蹈种烟覆辙,防止农村社会秩序动荡。

按照严禁鸦片贩卖的规定,国家在农村施行收缴烟土的政策,收缴的具体方式包括收购、征缴及没收三种。中华人民共和国成立前后,部分地区实行收购烟土的收缴方式,目的是为稳定农村的经济秩序和避免烟农生活陷入困境。1949 年 7 月,河南发布《关于征收鸦片罚金及收购鸦片的决定》,规定农村烟土一律由政府收购,并对收购的具体方法作出规定:首先,烟土质量好坏直接关系烟土价格,办法规定以质纯的干烟土为标准,用新市称称量烟农存土。其次,种烟者的阶级成分成为烟土收购价的重要依据,即贫农、中农及

---

① 陕西省人民政府民政厅:《为报告 1953 年上半年禁种鸦片工作情况由》(1953 年 8 月 14 日),陕西省档案馆藏,档案号:198-1-337-21。

地富的烟土分别以低于市价 5%、10% 及 20% 的价格被政府收购。再次,办法要求负责干部亲自下乡收购烟土,当面付款给农民并开具证明。此外,政府在新区和黄泛区征收 30% 的罚金,在有禁种基础的地区则是 50%。① 该地收购烟土的办法延续至中华人民共和国成立后,河南 10 月 14 日的《禁烟禁毒暂行办法》依旧规定政府依规收购农民收割的烟土。② 同样,苏北行署于 9 月 23 日发布《禁烟禁毒暂行办法》,规定政府在办法公布之日起的一个月内给价收购农民手中的烟土,逾期将依法没收剩余的烟土。③

1949 年底,经过几个月的收购工作,各地发现烟农收割的烟土不减反增,且数量巨大,是否继续实施收购政策成为各地毒品收缴工作的焦点。一方面,已实施收购政策的地区在收购日期过后仍发现烟农收获了大量烟土,如苏北发现邳睢等种烟流行农村收获的烟土至少还有 20 万两,该如何处理这些烟土成为棘手的问题。另一方面,有种烟传统的西南大部分地区解放较晚,农民手中普遍存有大量烟土,如直接无价收缴将导致农民生活困难且易引起社会动荡。为此,各地向中央反映和咨询问题解决的办法。1950 年 1 月 8 日,中央规定在以后坚决禁种的前提下,"民间存烟用适当方式收集,以免荼毒人民"④。中央的规定使各地可根据本地农村的具体情况,灵活地处理烟土收缴工作。1 月末,西康省主席廖志高在政府工作会议上仍提出政府统一收购农村烟土的办法,原因是要防止"反对我们的人(指土匪、恶霸、国民党残余力量)有所藉口而鼓动人民反对"⑤。总之,1950 年初,收购农村烟土的政策仍在种烟流行的农村被灵活地实施。

1950 年 2 月 24 日,政务院发布《关于严禁鸦片烟毒的通令》,标志着毒品

---

① 河南省人民政府:《关于征收鸦片罚金及收购鸦片的决定》(1949 年 7 月 18 日),河南省档案馆藏,档案号:J0078-004-00327-009。
② 河南省人民政府:《禁烟禁毒暂行办法》(1949 年 10 月 14 日),河南省档案馆藏,档案号:J0149-01-003-00108-017。
③ 苏北行政公署:《苏北区禁烟禁毒暂行办法》(1949 年 9 月 23 日),江苏省档案馆藏,档案号:7011-2-0009-3。
④ 中共中央:《关于严格禁种鸦片烟苗的指示》(1950 年 1 月 8 日),中央档案馆、中共中央文献研究室编:《中共中央文件选集(1949 年 10 月—1966 年 5 月)》(第二册),人民出版社 2013 年版,第 32 页。
⑤ 《廖志高同志关于入康工作的报告》(1950 年 1 月 29 日),徐学初主编,中共四川省委党史研究室组织编纂:《四川的城市接管与社会改造》,四川人民出版社 1997 年版,第 85 页。

收缴方式的转变,收购鸦片的政策逐渐被废止。该通令要求"(各地)散存于民间之烟土毒品,应限期令其缴出"①。该通令明确提出征缴农村存土的方针,但未给出具体的征缴办法。5月14日,西南局明确提出在收缴烟土的过程中,"政府绝不采取低价收购或抵缴粮款办法,为种烟户找出路"。西南局详细解释了原因:一方面,部分收购烟土的办法不仅会造成国家财政损失,而且容易让烟农产生依赖政府的幻想。一旦收购办法无法解决烟农的根本需求,群众就会产生对政府的埋怨情绪。只有让种烟户在实际教训中感受种烟的弊端,才能彻底禁绝种烟。②5月24日,中央将西南局的规定转发各大区,要求其讨论和参考。③7月10日,政务院发文明确废止烟土收购的办法,提出"政府决不收购烟土,也不准以烟土抵缴公粮"④。9月12日,内务部在《关于贯彻严禁烟毒工作的指示》里重申了废止收购烟土的规定。⑤11月,中财委指出部分烟农在看到政府给价收购烟土后竟然居奇不交,且财政无法负担巨大的烟土收购量,因此再次强调政府不再收购农村烟土。⑥

与此同时,国家将征缴作为新的农村烟土收缴方式。各地给出具体的征缴日期(见表24-2),农民在限期内主动向政府登记并缴出存土不但不会被处罚,还会得到相应的补偿。反之,烟土征缴日期过后,政府则要依法没收被检举而查获的烟土,并且依规处罚相关人员。从1950年7月至1952年4月初,国家在种烟流行的农村仍施行收缴烟土的政策,但这一阶段收缴烟土的主要方式是征缴和没收。

---

① 政务院:《关于严禁鸦片烟毒的通令》(1950年2月24日),中央人民政府法制委员会编:《中央人民政府法令汇编(1949—1950)》,法律出版社1982年版,第212页。
② 西南局及财委:《关于禁烟的几种办法》(1950年5月14日),中央档案馆、中共中央文献研究室编:《中共中央文件选集(1949年10月—1966年5月)》(第三册),人民出版社2013年版,第66页。
③ 《对中共中央批转西南局关于禁绝烟毒办法通知的修改》(1950年5月24日),中共中央文献研究室、中央档案馆编:《建国以来刘少奇文稿(1950年4月—1950年12月)》(第二册),中央文献出版社2005年版,第188页。
④ 浙江省人民政府:《转发中央和华东处理鸦片烟毒规定并结合实际情况特作补充指示的训令》(1950年8月5日),浙江省档案馆藏,档案号:J103-002-031-068。
⑤ 中央人民政府内务部:《关于贯彻严禁烟毒工作的指示》(1950年9月12日),重庆市档案馆藏,档案号:1068-1-2。
⑥ 华东财委:《华东转中财委烟土处理问题的指示》(1950年11月),山东省档案馆藏,档案号:A101-04-0012-003。

表 24-2　中华人民共和国成立初期部分地区征缴毒品情况表

地区	征缴日期	补偿情况	地区	征缴日期	补偿情况
西南区	1950.8.1—1950.8.11	—	苏北	1950.5—1950.6	无
东北区	1950.10.13—1950.11.13	有	上海	1950.8.1—1950.8.20	≤50%
象县	1950.12.31 前	有	浙江	1950.6.29—1950.7.29	有
西安	1950.9.28—1950.12.28	—	天津	1950.7.1—1950.7.20	≤50%

资料来源:《苏北区禁烟禁毒暂行办法》(1950 年 5 月),《江苏历史档案》1996 年第 2 期,第 50 页;《天津市人民政府布告》(1950 年 6 月 25 日),《天津日报》第 4 版;浙江省人民政府:《严禁鸦片烟毒令》(1950 年 6 月 29 日),浙江省档案馆藏,档案号:J103-002-031-010;上海市民政局:《上海市民政局关于上海市禁烟禁毒实施办法(草案)》(1950 年),上海市档案馆藏,档案号:B168-1-755-48;东北人民政府:《东北区禁烟禁毒贯彻实施办法》(1950 年 10 月 13 日),黄绍智等主编:《禁毒工作手册》,上海三联书店 1993 年版,第 102 页;象县人民政府:《报告禁烟毒办法》(1950 年 12 月 2 日),广西壮族自治区档案馆藏,档案号:X053-001-0069-0003;《西安市烟民登记限期戒除办法》(1950 年 9 月 28 日),中共西安市委党史研究室、西安市档案局:《城市的接管与社会改造》(西安卷),陕西人民出版社 1997 年版,第 341 页。说明:本表所登日期直接录自初始公布的文件,未考虑文件下达时间。

由上文可知,政务院 1952 年 4 月 15 日的指示要求暂缓处理种烟问题,① 因此农村烟土的处理政策再次发生转变,收缴工作暂时被搁置。5 月 16 日,西北局提出在农村收缴烟土过程中采取不强制的办法,农民如果自愿缴出烟土,政府酌予补偿;如果不愿上缴,政府不可强迫。② 随后,这一建议被中央转发给其他大区。7 月 30 日,徐子荣在禁烟禁毒报告里明确了 1952 年肃毒运动期间的烟土处理办法,他要求各地暂时不要鼓励农民交出烟籽和所存烟土,等到运动结束后再适时开展收缴烟土的工作。③ 这一决定持续至 11 月底。

12 月 12 日,政务院颁布《关于推行戒烟、禁种鸦片和收缴农村存毒的工作指示》,标志着收缴农村烟土的政策再次发生变化,中央重新开展征缴农村

---

① 中共中央:《关于肃清毒品流行的指示》(1952 年 4 月 15 日),中共中央文献研究室编:《建国以来重要文献选编》(第三册),中央文献出版社 2011 年版,第 133—134 页。
② 西北局:《关于发动禁毒运动的指示》(1952 年 5 月 16 日),山东省档案馆藏,档案号:A001-05-0061-002。
③ 《中央批准徐子荣同志关于禁毒工作会议上的报告》(1952 年 7 月 30 日),山东省档案馆藏,档案号:A001-05-0061-003。

烟土的工作。该指示提出"交出毒品,不予处分"的原则,要求各地不可处分主动交出烟土的单纯存土者,更不能使用粗暴的方式逼迫其缴出鸦片,可以通过宣传教育的方式使存土户自愿交出。① 内务部和公安部于1953年2月5日联合发布的《贯彻严禁种植鸦片的指示》再次提及征缴农村烟土的问题,同样要求各地一律不追究主动交出烟种和烟膏的劳动人民。② 随后,各地按照中央规定重新开展征缴农村存土的工作。

收缴农村烟土的工作在短期内会导致部分贫苦烟农生活困难,因此各地在开展收缴工作的同时实施救济贫困烟农的办法。国家从禁烟禁毒运动一开始就提出了救济的想法。政务院1950年2月24日的通令要求"我人民政府为照顾其(贫苦烟农)生活,得分别酌予补偿"③。3月9日,河南在禁种指示里提议通过互助救济办法帮助生活困难者脱困。④ 7月10日,政务院发文要求中财委拨出一部分粮食酌予救济贫苦烟农,但烟户须交出相当数量的烟土,还要求各地在禁种过程中考虑贫农的困难,充分研究本地情况后制定相关办法切实保障农民生活。⑤ 各大区先后转发了中央的指示,并作出相应的布置。华东局要求政府根据生活困难群众的受影响程度制定救济办法。⑥ 中南局强调救济粮的发放主要是依据烟农的贫苦程度,而非交出烟毒之多寡。⑦ 随后,中南局进一步规定各地从社会救济粮中酌予救济少数贫苦的种烟户,但不能依据其被铲除烟苗的多少进行配发。⑧ 1952年1月18日,内务

---

① 政务院:《关于推行戒烟、禁种鸦片和收缴农村存毒的工作指示》(1952年12月12日),邱创教主编:《毒品犯罪惩治与防范全书》,中国法制出版社1998年版,第836页。
② 中央人民政府内务部、公安部:《贯彻严禁种植鸦片的指示》(1953年2月5日),陕西省档案馆藏,档案号:198-1-337-3。
③ 政务院:《关于严禁鸦片烟毒的通令》(1950年2月24日),中央人民政府法制委员会编:《中央人民政府法令汇编(1949—1950)》,法律出版社1982年版,第212页。
④ 河南省人民政府:《关于严禁种植鸦片的紧急指示》(1950年3月9日),河南省档案馆藏,档案号:J0149-01-003-00108-013。
⑤ 浙江省人民政府:《转发中央和华东处理鸦片烟毒规定并结合实际情况特作补充指示的训令》(1950年8月5日),浙江省档案馆藏,档案号:J103-002-031-068。
⑥ 浙江省人民政府:《转发中央和华东处理鸦片烟毒规定并结合实际情况特作补充指示的训令》,(1950年8月5日),浙江省档案馆藏,档案号:J103-002-031-068。
⑦ 中南军政委员会:《禁烟禁毒工作补充指示》(1950年10月13日),河南省档案馆藏,档案号:J0149-01-003-00108-012。
⑧ 中南军政委员会:《为禁绝烟毒工作的指示》(1951年3月19日),中南军政委员会民政部编:《民政工作手册》第3辑,内部资料,1951年,第220页。

部在禁种代电中继续提出要适当帮助种烟农民解决生产中的困难。① 由上可见,救济政策从未中断,一直持续到 1952 年 4 月初。尽管肃毒运动将主要精力集中在严禁制、贩、运毒工作上,但是徐子荣 7 月 30 日的报告仍提出政府在运动结束后开展收缴烟土工作的同时要对少数因铲烟缴毒而致生活困难者酌予救济。② 12 月 12 日,政务院在要求重启收缴烟土工作的同时也明确提出各地要积极实施酌情救济的政策。③ 内务部和公安部 1953 年 2 月 5 日的指示同样提出要对山区贫苦农民进行救济的方针。④ 妥善且连续的救济工作避免烟农陷入困境,这为中华人民共和国成立初期的禁烟禁毒运动提供了保障。

救济是解决烟农短期贫困问题的重要应急办法,而恢复农业生产是烟农摆脱贫困的关键。各地在铲尽烟苗的同时,积极组织和恢复正常的农业生产。各地在广泛宣传教育禁种政策的过程中,使用各种方法让群众彻底了解种烟之害与增加粮食生产之重要性。随后,各地引进多种粮食种籽或有销路的经济农作物,解决农业生产技术、肥料、种子、农具等问题,使农民顺利开展生产。各地还要求负责干部在播种季节深入农村,结合生产救灾、改造二流子等工作,督促和指导烟农开垦荒地,播种早熟作物及杂粮作物。此外,各地积极调动政府各部门参与合作,农林部门负责指导农林技术,卫生部门负责提供医药治疗服务,贸易部门负责办理农贷增产、粮食调剂、土产收购及供销粮食和食盐等物资,部门间的良好配合切实解决了农民在恢复农业生产中遇到的各种困难。

禁种工作的开展还涉及种烟者的处罚问题。禁烟禁毒运动伊始,国家对普通种烟者的处罚较轻,只是规定要严惩参与种烟的匪特。⑤ 1952 年 9 月 18

---

① 中央内务部:《禁种鸦片代电》(1952 年 1 月 18 日),江苏省档案馆藏,档案号:7014-2-0427-5。
② 《中央批准徐子荣同志关于禁毒工作会议上的报告》(1952 年 7 月 30 日),山东省档案馆藏,档案号:A001-05-0061-003。
③ 政务院:《关于推行戒烟、禁种鸦片和收缴农村存毒的工作指示》,(1952 年 12 月 12 日),邱创教主编:《毒品犯罪惩治与防范全书》,中国法制出版社 1998 年版,第 836 页。
④ 中央人民政府内务部、公安部:《贯彻严禁种植鸦片的指示》(1953 年 2 月 5 日),陕西省档案馆藏,档案号:198-1-337-3。
⑤ 政务院:《关于严禁鸦片烟毒的通令》(1950 年 2 月 24 日),中央人民政府法制委员会编:《中央人民政府法令汇编(1949—1950)》,法律出版社 1982 年版,第 212 页;浙江省人民政府:《转发中央和华东处理鸦片烟毒规定并结合实际情况特作补充指示的训令》(1950 年 8 月 5 日),浙江省档案馆藏,档案号:J103-002-031-068。

日,公安部部长罗瑞卿在关于惩治毒犯条例的报告中提到种烟者的处理问题,他认为大部分种烟者均在历史上受到国民党错误禁种政策的诱骗和胁迫,因此共和国应一律不追究他们的刑事责任,只需依法惩治一贯大量种植鸦片或诱惑农民种植的地主和流氓分子、武装种植鸦片的组织者和参与者。① 直到1953年禁烟禁毒运动后期,国家仍规定普通劳动人民保证不再种烟后一律不予处分,但要依法惩处武装种烟或屡教不改的坏分子。②

具体来说,针对种烟者的不同身份和态度,各地采取宽大与惩处相结合的方针,按照自动、被动或抗拒铲烟等不同原因给予种烟者以适当的批评教育、劳动改造和判处刑期,部分地区通过群众审判大会的形式处理情节严重的种烟犯,使群众接受教育,意识到政府禁绝种烟的决心。首先,各地对单纯种烟群众的处罚较轻。有的地方罚他们做苦工;有的在群众大会上对他们进行批评教育,并要求其具结保证今后不再种烟。河南规定除铲除种植者的烟苗外,还要依其财富给以罚金或罚劳役;③广西规定违反禁令者依据情节轻重科以罚金;④山西规定贪图小利种植鸦片者只要登记具保悔过即可从轻处罚,但须将蓄意毒害人民的种植者送法院依法制裁。⑤ 其次,各地严加处理个别明知故犯的干部,他们多被移送法院处理,从而与开会批评的一般处理方式区别开来,向群众表明政府禁绝烟毒的决心。再次,各地严惩煽惑群众种烟或聚众抗拒铲烟的不法地主、恶霸及土匪特务,他们多被判处长期徒刑,甚至死刑,如陕西南郑县和紫阳县分别枪毙了曾武装威胁群众种烟的恶霸吴芝山和反动分子阙志安;⑥广西千江枪决种烟匪首,对种烟首恶予以

---

① 罗瑞卿:《严厉惩治毒犯》(1952年9月18日),罗瑞卿著,公安部《罗瑞卿论人民公安工作》编辑组编:《罗瑞卿论人民公安工作(1949—1959)》,群众出版社1994年版,第154页。
② 政务院:《关于推行戒烟、禁种鸦片和收缴农村存毒的工作指示》(1952年12月12日),邱创教主编:《毒品犯罪惩治与防范全书》,中国法制出版社1998年版,第836页;中央人民政府内务部,公安部:《贯彻严禁种植鸦片的指示》(1953年2月5日),陕西省档案馆藏,档案号:198-1-337-3。
③ 河南省人民政府:《禁烟禁毒条例暂行办法(草案)》(1949年10月14日),河南省档案馆藏,档案号:J0149-01-003-00108-017。
④ 广西民政厅:《广西禁烟毒实施办法》(1950年8月1日),广西壮族自治区档案馆藏,档案号:X053-001-0053-0031。
⑤ 山西省人民政府:《关于查禁烟毒的指示》(1950年7月26日),山西省史志研究院、山西省档案馆编:《当代山西重要文献选编(1949—1952)》(第一册),中央文献出版社2004年版,第198页。
⑥ 《检查南郑、安康两专区查铲烟苗工作报告》(1951年9月4日),陕西省档案馆藏,档案号:198-1-150-12。

重罚。①

在整个禁烟禁毒运动中,国家对大多数种烟者的处罚相对比较宽松,因为大部分种烟者是中国最广大最普通的劳动人民,相对宽松的处罚方式即可以给他们以警醒,又可稳定农村秩序,不至于引起社会动荡。群众在参加毒犯公审大会后反省道:"谁留烟苗,小心脑壳上钻眼眼。"②陕西积极贯彻上述规定,并进一步明确1953年再种鸦片的屡犯不论种植多少均送司法机关从严惩办。③ 此外,政府加强对因科研医疗所需而种植鸦片行为的管理。10月,山东省医学院因实验生物课程需要,向政府请示种植少许鸦片。④ 随后,华东民政部否决了种植请求,提出药校如需鸦片做实验,可申请从没收烟土中调配使用。⑤

在运动的前两个阶段,农村地区集中开展禁种工作,并于1951年底基本肃清鸦片种植现象。在运动的后两个阶段,各地则重点清查深山老林和边沿地区的偷种行为。在整个禁种过程中,农村干部一方面结合土地改革、减租退押等政治运动向农民宣传烟毒危害和政府禁绝烟毒的决心,动员其协助政府查铲烟苗,并且积极引导种烟户改种其他农作物;另一方面配合镇压反革命、剿匪反霸等政治运动澄清种烟谣言,逮捕武装种烟的土匪、恶霸地主及反革命分子。通过这种方式,种烟户不但改掉了种烟习惯,而且翻身成为新农村的主人,积极从事正常的农业生产活动。显然,禁种工作的成功有效地推动了农村社会秩序的恢复和农业经济的发展,国家在铲净烟苗的同时对乡村社会进行了颠覆性的政治改造。

---

① 《禁烟禁毒工作检查报告(1950年1月起至1951年10月5日止)》,广西壮族自治区档案馆藏,档案号:X053-001-0134-0031。

② 《检查南郑、安康两专区查铲烟苗工作报告》(1951年9月4日),陕西省档案馆藏,档案号:198-1-150-12。

③ 陕西省人民政府公安、民政、卫生厅:《关于贯彻严禁种植鸦片及全面开展戒烟工作的指示由》(1953年2月28日),陕西省档案馆藏,档案号:244-1-86-23。

④ 山东省府民政厅:《请示种植鸦片》(1950年10月8日),山东省档案馆藏,档案号:A101-04-0011-017。

⑤ 华东民政部:《请勿种植鸦片》(1950年10月21日),山东省档案馆藏,档案号:A101-04-0011-019。

第二十五章　禁贩运毒品的推进与烟毒犯的惩治处理

中华人民共和国成立初期全国各地烟毒的存量惊人,主要原因是这些烟毒有着多种来源渠道。首先,国外不法之徒勾结反革命分子向国内大量输入烟毒。港澳、东北等沿海和边境地区是国外不法之徒向国内输入鸦片烟毒的主要据点。其次,全国主要的鸦片产区仍拥有大量存土。西南的云南和贵州、华北的察哈尔和山西、西北的甘肃和陕西等地在1949年前均是大量种植鸦片的地区,因此烟农种植积存下来的烟土数量庞大。再次,虽然中央在1949年后不久就积极开展禁烟禁毒运动,且至1951年底基本禁绝鸦片种植,但是边疆少数民族地区和若干山区边沿地带仍存在偷种的现象,每年的鸦片产量仍不在少数。多渠道的烟毒来源为贩运者们提供了铤而走险的机会,给中华人民共和国成立初期的禁烟禁毒运动带来巨大的压力。

第一节　严禁制售和贩运烟毒政策的转变

尽管中央政府在中华人民共和国成立后不久即颁布《严禁鸦片烟毒的通令》,但是烟毒流行仍在继续,烟毒贩从公开贩售转为秘密运销。全国范围内逐渐形成了六条主要的烟毒贩运路线:第一条,东北区以沈阳为大集散中心,哈尔滨、安东、图们等地是烟毒输入的前线,赤峰是该区第一产烟的集散地。第二条,华北区以北京和天津为大集散中心,张家口、太原、包头等地为重要的集散地。第三条,西北区以西安为大集散中心,兰州、宝鸡、潼关等地是大集散地。第四条,华东区以上海为大集散中心,徐州、济南、杭州、蚌埠、福州等地是大集散地。第五条,中南区以广州为大集散中心,武汉、岳阳、柳州等地是大集散地。第六条,西南区以重庆为大集散中心,昆明、贵阳、成都等地是大集散地。同时,各大区和各大集散中心通过水陆空等交通工具实现互联,比如中南区的烟毒从港澳输入广深等地后,经由粤汉线渗入内地,再运往华东和华北地区;西南区的烟毒经由长江交通线一路到达中南、华东;华北区的烟毒贩经由陇海线和京汉线分别与西安和武汉等地的烟毒贩取得联系。为了肃清烟毒的流行与危害,中央政府决定发动一场声势浩大的禁烟禁毒运动,彻底禁绝鸦片烟毒的制售和贩运。

一、第一阶段的禁贩运工作概况

中华人民共和国成立前后,解放较早的地区积极开展严禁制、贩、运烟毒的工作。1949年9月,苏南发布《苏南行政区禁烟禁毒暂行条例》,要求制、贩、运烟毒者在条例公布之日后立即自行投案悔过,并改营正当事业。① 进入第一阶段后,苏南进一步规定制、贩、运售的毒贩若在限期内投案自首,政府将宽大处理,如经公安机关抓获或被人检举的,将按照相关条例治罪;勒令调查境内所有的烟馆、烟铺和烟窟,没收供人吸食的烟具和烟毒;公安机关如果查获制毒机关,应没收其全部制毒工具;公安机关须在交通要道进行检查,逮捕贩运烟毒者。② 可见,地方政府较早地意识到严禁制售和贩运烟毒是实现禁烟禁毒目标的重要环节。

1950年2月24日,中央政府颁布《关于严禁鸦片烟毒的通令》,对制、贩、运售烟毒的行为作出明确规定:一方面要求各地自通令颁布之日起严禁出现贩运和制售鸦片烟毒的案件;另一方面规定一旦发现此类案件,不仅要没收违犯者的烟毒,还要对其从严治罪。③ 各地依据中央政府的通令开始重新厘定本地区的禁制、贩、运政策,给出了纲领性的规定。5月14日,西南局明令封闭烟馆,并要求结合剿匪运动开展禁贩运烟土的工作,集中打击大量贩运

---

① 苏南行政公署:《苏南行政区禁烟禁毒暂行条例》(1949年9月),江苏省档案馆藏,档案号:7014-1-0007-4。
② 苏南行政公署:《关于禁烟禁毒的指示》(1949年10月),江苏省档案馆藏,档案号:7014-1-0007-5。
③ 政务院:《关于严禁鸦片烟毒的通令》(1950年2月24日),中央人民政府法制委员会编:《中央人民政府法令汇编(1949—1950)》,法律出版社1982年版,第212页。

的烟毒犯。① 22 日,中南局要求制售和贩运烟毒者应及时向当地政府登记并主动交出烟毒和制毒用具,政府可宽大处理;同时依情节轻重严肃处理玩忽法令和经教不改的惯犯,并没收其烟毒和相关烟毒工具。② 6 月 27 日,云南规定禁止贩运和制造鸦片烟毒,各级政府须组织检查和缉私工作,并取缔烟馆,限期令其转业。③ 29 日,浙江要求烟毒贩运和制造者立即向当地政府或公安机关登记交毒,并具结悔过保证不再违犯。④

地方政府针对烟毒案件的奖惩问题作出规定和部署。一方面,各地提倡运用群众力量协助禁烟禁毒和发动群众检举制、贩、运烟毒者。部分地区对协助有功者予以表扬或奖励,如苏南规定对检举制、贩、运烟毒者奖以缉获品代价的 5%。⑤ 另一方面,各地要求严格惩处制售和贩运烟毒犯。河南在 1949 年 10 月 14 日和 12 月 15 日分别对该省制、贩、运售烟毒者的处罚标准作出规定:在大量查获的该类案件中,政府不仅要没收违法者的烟毒和烟具,还要依据情节轻重,对其处以五年以上有期徒刑、无期徒刑或死刑;在零星的案件里,政府对烟毒犯处以五年有期徒刑的二分之一或三分之一,并得宣告缓刑或教育释放。⑥ 随后,河南进一步提出在对烟毒犯进行量刑时要依据烟和毒的不同危害给予轻重有别的处罚或刑期。⑦ 由于中央政府 2 月 24 日的通令并未对烟毒犯的量刑进行具体规定,各地对制售和贩运毒犯的处罚基本

---

① 西南局及财委:《关于禁烟的几种办法》(1950 年 5 月 14 日),中央档案馆、中共中央文献研究室编:《中共中央文件选集(1949 年 10 月—1966 年 5 月)》(第三册),人民出版社 2013 年版,第 66 页。
② 中南军政委员会:《中南区禁烟禁毒实施办法》(1950 年 5 月 22 日),中南军政委员会民政部编:《民政工作手册》第 2 辑,内部资料,1950 年,第 158—159 页。
③ 云南省人民政府:《关于严禁鸦片烟毒的指示》(1950 年 6 月 27 日),中共云南省委党史研究室、中共云南省公安厅委员会:《建国以来云南的禁毒斗争》,云南民族出版社 1997 年版,第 337 页。
④ 浙江省人民政府:《严禁鸦片烟毒令》(1950 年 6 月 29 日),浙江省档案馆藏,档案号:J103-002-031-010。
⑤ 苏南行政公署:《苏南行政区禁烟禁毒暂行条例》(1949 年 9 月),江苏省档案馆藏,档案号:7014-1-0007-4。
⑥ 《为公布河南省禁烟禁毒暂行办法》(1949 年 10 月 14 日),河南省档案馆藏,档案号:J0149-01-001-00027-003;《关于河南省禁烟禁毒暂行办法补充说明》(1949 年 12 月 15 日),河南省档案馆藏,档案号:J0149-01-001-00027-004。
⑦ 《关于河南省禁烟禁毒暂行办法补充说明》(1949 年 12 月 15 日),河南省档案馆藏,档案号:J0149-01-001-00027-004。

上继承了之前的严厉标准,如西南局在 5 月 14 日要求本区对烟毒犯要严厉处办,直至判处死刑。①

由上可知,第一阶段的禁贩运工作尚未全面展开,相关政策未能被充分制定和落实到地方,基层干部在相关工作中难免出现偏差,云南蒙自专署所辖的开远县就出现了变象抽税的现象。6 月下旬,开远县在开展缉私工作中查获多起运烟案件,使用的处罚办法则是征收罚款,即每 100 两罚 25 两,再将所罚烟土按照市价每两折合成 1.4 万元人民币,烟贩交款后可收回烟土。显然,这种处罚办法违反了相关规定,即各地须严禁贩运烟毒,不得征收烟税,要没收贩运者的所有烟毒并对其从严治罪。开远县征收罚金的做法实质上等同于变象抽税,将烟土发还的做法相当于放任毒犯贩运烟土,这些做法均违背了中央严禁贩运烟毒的精神。然而,蒙自专署在发现问题后所采取的处理办法同样存在问题。专署认为对初犯者进行教育说服,并给予初步的处罚即可,只需没收再犯者的烟毒。随后,云南省府及时纠正了这一问题,规定各地在查获贩运烟毒的案件时,不仅要没收烟毒,还要将贩运者送人民法院,由其视情节轻重处以徒刑或易科罚金,同时要求各专署召集干部会议,学习中央的通令和云南省的指示和训令。② 变象抽税的做法充分说明禁烟禁毒工作有待于在全国范围内进一步开展。

总之,全国在第一阶段里的禁制售和贩运工作开展得并不顺利,各地的行动不一致且效率较低。原因包括两方面:一是各地尚未系统地制定禁烟禁毒政策和行动方案,禁烟禁毒宣传工作也没有全面展开,广大基层干部和群众还不了解禁烟禁毒的政策和意义,导致地方政府无法协调禁烟禁毒运动和其他政治运动的关系;二是在匪特猖獗且烟毒流行地区,地方政府正忙于接管、剿匪、肃特和改造基层政权等中心工作,为避免群众受到匪特的造谣蛊惑和保障中心工作的正常开展,地方政府并未严格执行禁烟禁毒政策。

---

① 西南局及财委:《关于禁烟的几种办法》(1950 年 5 月 14 日),中央档案馆、中共中央文献研究室编:《中共中央文件选集(1949 年 10 月—1966 年 5 月)》(第三册),人民出版社 2013 年版,第 66 页。

② 《云南省人民政府禁烟的训令》(1950 年 7 月 21 日),中共云南省委党史研究室、中共云南省公安厅委员会:《建国以来云南的禁毒斗争》,云南民族出版社 1997 年版,第 391—392 页。

二、严禁制、贩、运烟毒政策的普遍推广

1951年下半年,全国各地严禁制售和贩运的形势依然十分严峻。一方面,烟毒在各地仍普遍流行。以西南区为例,在制毒方面,涪陵县有60余家吗啡制造所,重庆有475家;在贩运人数上,川东约有704人,川北约有1000余人,重庆约有325人;在烟馆数量上,西康的德昌和雅安两地有420家,昆明的烟馆和唆唆馆达1600户,贵阳公开的烟馆有1015家,重庆有烟馆279家。① 另一方面,贩运和制售的手段更加隐蔽,难以轻松地被发现。有的烟毒犯将鸦片藏在轮船油舱、机器引擎及木船夹底之内,以此躲避检查;有的利用高楼暗室或山洞售卖和制造烟毒;有的用公开营业的方式掩护贩售行为;还有的大烟毒犯高价雇用小贩,通过化整为零的办法分散带运,降低被捕的风险和成本。因此,相较于第一阶段,全国各地的禁烟禁毒任务显得仍然艰巨。

7月10日,政务院发布《关于禁烟毒办法的决定》,对严禁贩运和制售工作作出具体规定,标志着禁烟禁毒运动进入第二阶段。1951年4月19日,内务部更是在《1950年禁烟禁毒工作报告》中明确提出禁运售是禁烟禁毒运动的重要环节,对待运售烟毒犯要严惩不贷,只有这种"拦腰一棍"的做法才能切断销路,阻断烟农和烟毒吸食者的纽带。② 与此同时,各地积极响应中央的指示,根据本地区的情况对制、售及贩运烟毒的行为作出更加严厉和具体的规定。显然,禁制售和贩运烟毒的工作在第二阶段已经全面展开。

具体来说,在禁制烟毒方面,中央和地方政府要求不留余地惩处制造烟毒者。政务院7月10日的办法重点提出严厉惩治制造海洛因者。③ 河南认为要没收制造烟毒者的房屋、烟具和存土,并科以罚金或严予惩处。④ 在禁

---

① 西南民政部:《关于禁烟禁毒几个问题的意见》(1950年11月),《档案史料与研究》1990年第1期,第42—43页。
② 中央内务部:《一九五〇年禁烟禁毒工作报告》(1951年4月19日),中国社会科学院、中央档案馆编:《中华人民共和国经济档案资料选编(1949—1952)》(综合卷),中国城市出版社1990年版,第544页。
③ 浙江省人民政府:《转发中央和华东处理鸦片烟毒规定并结合实际情况特作补充指示的训令》(1950年8月5日),浙江省档案馆藏,档案号:J103-002-031-068。
④ 河南省人民政府:《关于严禁鸦片烟毒的通令》(1950年8月7日),河南省档案馆藏,档案号:J0149-01-003-00108-014。

售烟毒方面,中央和地方政府给予烟馆主人以限期登记交毒的时间,但仍要求严格处理逾期不悔改者。政务院7月10日的办法要求一律封闭烟馆,没收其房屋、烟具及存土,可对部分大量售卖烟土者科以罚金,严惩继续秘密开设烟馆者。① 9月12日,内务部规定对于逾期不登记缴毒的烟馆主人,不仅要追缴其烟毒烟具,还要将其交法院惩办。② 一般在运动开始之初,烟毒流行地区会召集烟馆老板进行座谈,对其进行教育说服,使其彻底悔悟并自动限期转业。等到限期过后,公安机关对拒不转业或秘密开设烟馆的主人实施逮捕法办。总体来说,城市的烟馆较多,乡村的较少;闭馆转业工作先从城市开始,再扩展到乡村。在禁贩运方面,中央和地方政府同样要求贩运烟毒者限期登记交毒,且指示严厉惩办武装贩运烟毒者。政务院7月10日的办法建议将禁运烟土工作与剿匪运动相结合,依法严惩大烟犯。③ 7月31日,西南局提出对武装保护贩运烟毒者要加重治罪;要求贩运烟毒者在限期内向当地政府或公安机关登记缴毒,否则对其进行严惩;指示轮船、汽车、木船等运输公司的业主及员工有协助政府查禁烟毒和检举烟毒犯的责任。④ 8月1日,广西提议对贩运烟土者的处罚要依据其情节轻重分别科以罚金或送法院惩处;如有武力贩运烟土并抗拒检查者,均以匪徒论罪。⑤ 8月5日,浙江提出地方政府在烟区剿匪时要派遣工作人员配合剿匪部队开展禁贩运烟毒的工作。⑥ 9月12日,内务部要求部分地区纠正处罚过宽的现象,因为有的地区对烟商不加惩罚,只是劝导其转业。⑦ 10月13日,中南局提出将禁贩运作

---

① 浙江省人民政府:《转发中央和华东处理鸦片烟毒规定并结合实际情况特作补充指示的训令》(1950年8月5日),浙江省档案馆藏,档案号:J103-002-031-068。
② 中央人民政府内务部:《关于贯彻严禁烟毒工作的指示》(1950年9月12日),重庆市档案馆藏,档案号:1068-1-2。
③ 浙江省人民政府:《转发中央和华东处理鸦片烟毒规定并结合实际情况特作补充指示的训令》(1950年8月5日),浙江省档案馆藏,档案号:J103-002-031-068。
④ 西南军政委员会:《关于禁绝鸦片烟毒的实施办法》(1950年7月31日),《档案史料与研究》1990年第1期,第38页。
⑤ 广西省民政厅:《广西省禁烟毒实施办法》(1950年8月1日),广西壮族自治区档案馆藏,档案号:X053-001-0053-0031。
⑥ 浙江省人民政府:《转发中央和华东处理鸦片烟毒规定并结合实际情况特作补充指示的训令》(1950年8月5日),浙江省档案馆藏,档案号:J103-002-031-068。
⑦ 中央人民政府内务部:《关于贯彻严禁烟毒工作的指示》(1950年9月12日),重庆市档案馆藏,档案号:1068-1-2。

为禁烟工作的中心,指示各地派遣干部深入调查和搜集贩运烟毒的材料,切实了解烟毒流行的秘密路线和各类运输方法,由民政、税务、公安等部门组织禁运封锁线,严格检查过往运输工具,贯彻中央的禁运政策。① 重庆提出特别注意在水陆空埠站关卡开展查缉工作,检查往来客商和运输工具;加强相邻省市政府的联络防禁,杜绝烟毒跨区域流通。② 贵州建议在邻省和临市相连的要道设立烟毒联合检查所;县区乡间将农协站岗放哨作为烟毒检查机构,共同检查过往运输工具。③

随着相关政策的全面制定和出台,全国各地陆续进行突击性的检查,逮捕并审讯制、贩、运烟毒者。烟毒的查缉工作由公安机关和缉查队负责,检查、税务和盐务等机关负责协助,各地还积极发动群众团体、民兵等群众力量参与查缉工作,而人民法院负责处理缉获的烟毒犯。在查缉烟毒犯的过程中,各地结合剿匪和镇压反革命运动,着重打击情节重大的烟毒犯。各地一开始处决了一些组织大量贩运和制售烟毒的反革命分子,扩大了人民政府严禁烟毒政策的影响力,使禁运禁售工作收到实效,公开贩售烟毒的现象基本消失。但是,在强力高压之下,毒贩开始使用种种隐蔽的方法躲避公安和查缉人员的检查,多化整为零,在车底、传动轴、轮胎夹层及车身等处做夹层运毒,并将小型的茶馆、酒店及香烟铺作为交易场所,高价雇用妇女、小孩或游民做代运的脚户,进行分散式地隐蔽贩售,导致小烟毒贩日渐增多。为此,各地研究新的查缉办法,对逮捕的小烟毒犯进行认真的教育处理,从中追查大烟毒犯的线索;教育和发动瘾民进行检举密告,获取烟毒信息;与边沿地区政府合作协商,订立互助查缉的办法;充分发动人民群众协助公安机关的追捕活动。

随着严禁制、贩、运烟毒工作的推进,各地取得了一定的禁毒成绩。截至1950年11月,西南区处理烟毒案件1.5万余件,查获制贩售烟毒者1.3万余人,判处有期徒刑1977人和死刑40人,缴获烟毒110余万两又9000余包,

---

① 中南军政委员会:《关于禁烟禁毒工作的补充指示》(1950年10月13日),河南省档案馆藏,档案号:J0149-01-003-00108-012。
② 重庆市人民政府:《重庆市禁烟禁毒工作计划》(1950年10月),重庆市档案馆藏,档案号:1068-1-12。
③ 《一九五一年贵州省禁烟禁毒工作计划》,贵州省档案馆藏,档案号:43-1-394-17。

封闭转业烟馆7492家。① 截至1952年初,重庆公开的烟馆基本绝迹,烟贩由4800多人减少至500人左右,查获烟毒7690余两又16000余包。② 尽管如此,由于忙于中心工作,各地的缉查工作处于间断状态。禁烟禁毒组织推动差,有关机关缺乏密切的配合,导致各地仍有不少漏网的烟毒商贩。还有的地区对于小烟毒犯过于宽大,对其未经很好的追究教育即行释放,使得这些烟犯认为人民政府不处罚小烟毒犯,从而继续贩运烟毒。正因如此,各地在第二阶段末期的"三反""五反"运动中发现了较为严重的贩运烟毒问题。

苏州的例子足以证明以上观点。1951年,由于苏州烟毒情况严重且未得到有效控制,居民黄少渊给毛泽东写信表达群众意愿,希望人民政府运用镇压反革命的办法逮捕和关押一批烟毒犯。此问题引起了中央内务部和华东局的高度重视。③ 5月,华东局派人到苏州进行实地调查,确实发现了较为严重的烟毒吸食和贩运现象,要求苏州遵照政务院和内务部颁布的历次指示和通令,严肃处理制贩烟毒犯。④ 9月,经过研究相关情况后,苏州反思和总结了查禁烟毒成绩欠佳的原因:一方面是由于长期将力量集中于镇压反革命、爱国增产捐献及民主改革等运动,未有效地将检验烟毒的工作与这些运动结合起来进行,另一方面是因为政府在领导上不够重视禁烟禁毒问题,对烟毒犯没有制定明确的处理办法,被捕者多被教育释放。苏州同时概述了该市吸贩毒情况:全市烟毒吸食者有930余人,贩毒者473户;大贩毒户多为留用的旧警察、军官和地方封建势力。为此,苏州重新制定了禁烟禁毒方案,计划结合民主改革运动开展禁烟禁毒工作。苏州不但制定了烟民戒绝烟瘾的方案,而且规定按情节轻重对贩毒者进行分别处理,并计划通过公开焚毁烟毒的办法教育和发动群众参与禁烟禁毒运动。⑤ 1952年4月5日,内务部再次向苏州发出《注意加强禁烟禁毒工作的批复》,询问该地禁烟禁毒工作进展

---

① 西南军政委员会:《西南区一九五〇年查禁烟毒统计表》(1950年11月),《云南档案史料》1991年第4期,第48页。

② 重庆市民政局:《关于重庆市禁烟禁毒工作总结》(1952年4月16日),《档案史料与研究》1990年第1期,第39页。

③ 中共苏州市委:《关于本市吸贩毒品情况及禁烟计划报告》(1951年12月29日),《江苏历史档案》1996年第2期,第62页。

④ 华东军政委员会:《据报苏州市烟毒情况严重,希转饬遵照严禁烟毒通令和指示贯彻肃清烟毒由》(1951年5月30日),山东省档案馆藏,档案号:A101-03-0136-005。

⑤ 《苏州市烟毒情况》(1952年1月26日),江苏省档案馆藏,档案号:7014-2-0427-6。

情况,要求苏州密切结合每一时期的中心工作,特别是认真追究和处理"三反""五反"运动中暴露的烟毒线索和案件,并且要通过召开公审大会的方式从严处理大毒犯。① 在此过程中,苏州的禁烟禁毒问题和处理情况被当做典型案例转知各地,中央和华东局要求各地参照后认真检查本地情况。显然,苏州第二阶段严禁制、贩、运烟毒的工作开展得并不顺利,有待于进一步加强。

1951年底,"三反""五反"运动在全国范围内普遍展开,各地因此未能继续组织力量进行更深入的查禁烟毒工作,对此项工作的领导和组织缺乏连续性。随着"三反""五反"运动的推进,各地暴露出不少严重的贩运烟毒案件。仍有不少不法商人大量制造和贩运烟毒,从中牟取暴利,情节极为严重。为利用国家交通工具和获取执法人员的掩护,不法商人竟然勾引交通机关工作人员和公安执法人员,合伙从事大量贩运烟毒的不法勾当。物资保管机关的工作人员和医疗机构的医务人员同样受到烟毒贩的引诱,与其勾结起来大批盗取库存烟毒进行贩卖。中央逐渐意识到各地在第二阶段虽然经过各种社会改造运动的洗礼,逮捕并惩治了大批的烟毒犯,但是仍存在大量残余的烟毒分子,必须进行一场彻底肃清烟毒的运动。

三、1952年肃毒运动的准备工作

1952年4月15日,中央发布《关于肃清毒品流行的指示》,提出要想彻底根除烟毒危害,必须在全国范围内有重点地大张旗鼓地发动一次群众性肃毒运动。② 经历"三反""五反"运动的洗礼,中央意识到制、贩、运毒的集团普遍具有全国性的特点,均拥有较长的推销网和贩运线,因此肃毒运动须由中央公安部作通盘部署并全力侦察,才能收到彻底肃清烟毒的效果。中央政府和各大区决定在大规模地开展行动破案工作之前进行夯实的准备工作。东北公安部4月12日的指示对该区的准备工作做了说明,要求各省4月底前完

---

① 中央人民政府内务部:《注意加强禁烟禁毒工作的批复》(1952年4月5日),江苏省档案馆藏,档案号:7014-2-0427-3。
② 中共中央:《关于肃清毒品流行的指示》(1952年4月15日),中共中央文献研究室编:《建国以来重要文献选编》(第三册),中央文献出版社2011年版,第132页。

成;①5月25日,华东局要求各地在6月中旬前充分做好各项准备工作。② 6月10日,中央指示各地在未进行通盘系统的肃毒运动前,需要做两项工作:一是对已暴露且须及时破案的案件可加以破案;二是应将工作重点放在侦察及准备工作方面,③明确了准备工作的必要性。至此,6月到8月初成为各地集中开展肃毒运动的准备时期。

至于准备工作的具体内容,根据各大区和中央相关文件,主要包括以下几个步骤:第一步是线索材料的搜集整理。正如上文所言,"三反""五反"运动中暴露出诸多贩毒案件,各地对这些要案的相关内外材料和档案进行对证、甄别和清查,结合旧有档案和刑事特情线索进行系统爬梳,分门别类归档;通过民政、税务、航运等部门收集发现烟毒材料;选择坦白不彻底的烟毒犯,对其进行教育,启发其赎罪立功,交代贩毒线索。如山东从整理的1645起案件线索中发现贩毒案件占到93.7%,④从而论证了中央要求集中力量打击贩毒犯的指示是完全正确的。北京对2500余件材料逐一对证,确定了61个专案。⑤ 西安在统计和整理了3826户烟毒贩的材料后发现,贩卖料面在100两以下者3680户,占到总数的96.2%,进一步论证了中小烟毒贩居多的事实,并且发现该市贩毒情况呈现三种状态:外埠贩运、本市零售和代客另卖。⑥ 各地纷纷将这些材料和线索进行排队,为后期侦查逮捕工作奠定良好基础。

第二步是侦查工作的开展。各方配合清查重大毒品案件,审讯犯人,跟踪侦查,从而有效地对证和扩大线索。如保定市认为侦调工作是准备工作中

---

① 《东北公安部关于打击烟毒贩的具体指示》(1952年4月),邱创教主编:《毒品犯罪惩治与防范全书》,中国法制出版社1998年版,第833页。

② 《中共中央华东局关于肃清毒品流行的指示》(1952年5月25日),《斗争》1952年第154期,第16页。

③ 《中共中央批转西北局关于发动禁毒运动的指示》(1952年6月10日),中央档案馆、中共中央文献研究室编:《中共中央文件选集(1949年10月—1966年5月)》(第九册),人民出版社2013年版,第13页。

④ 中共中央山东分局:《关于开展肃清毒品运动的计划》(1952年6月4日),山东省档案馆藏,档案号:A001-01-0069-001。

⑤ 《北京市公安局肃毒工作初步报告》(1952年9月14日),《北京档案史料》1997年第5期,第41页。

⑥ 《西安市公安局肃毒报告第一号》(1952年7月17日),中共西安市委党史研究室、西安市档案局:《城市的接管与社会改造》(西安卷),陕西人民出版社1997年版,第351页。

的主要环节,只有将外地查证与内线侦调结合起来才能保证材料内容的充足与正确。① 多地利用内线建立特情,展开侦察工作,如北京在侦查过程中突击使用"三反""五反"中的特情,从而起到很大作用。② 郑州运用公安部门的侦察机构,并组建烟毒特情人员,进行专案侦查重点突击的工作。③ 西安运用打进、拉出和跟踪的三种方法进行专案侦查。打进去是指将明确坦白的毒贩派到烟毒网中;拉出来是用敦促突击和秘密传讯的方式对毒贩进行利用;跟踪则是利用与毒贩接近的邻居、亲友及吸毒者等社会关系追查毒贩的线索。④

第三步是逮捕毒犯名单和数字的确立。各地对逮捕名单中的毒犯须进行严密调查,取得确切证据,逐个研究审定。如重庆经过3个月的摸底,摸出大小案件5583件,人犯6303名。⑤ 贵阳通过侦察调查工作,掌握贩运千两以上毒品的671案,其中万两以上的72案,并将其按照烟毒数量、案件性质、毒犯职业、情节情况及成分等进行了细致分类,从中确立第一批需要逮捕的人员名单。⑥ 苏州通过材料整理出一份40人至50人的名单,他们均系贩毒起家及以毒起业的大毒犯,将其作为重点打击对象。⑦ 确定详细的逮捕对象为行动的顺利开展提供了保障。

第四步是禁烟禁毒行动计划的制订。5月21日的通令要求各地结合自身具体情况制订行动计划。运动计划一般包括禁烟禁毒的具体方针、策略和内容;判死刑标准和数量;社会各界和内部的捕、杀、管的政策界限。东北局

---

① 《中共保定市委关于司法改革工作进行情况与禁毒工作总结向省委的报告》(1952年11月5日),中共河北省委党史研究室、中共保定市委党史研究室编:《城市的接管与社会改造》(保定卷),内部资料,1998年,第481页。
② 《北京市公安局肃毒工作初步报告》(1952年9月14日),《北京档案史料》1997年第5期,第41页。
③ 《中共郑州市委会关于开展肃毒运动初步方案(草案)》(1952年6月25日),中共郑州市委党史研究室编:《历史的涛声:郑州市城市接管与社会改造》,内部资料,第208—209页。
④ 《西安市公安局肃毒报告第一号》(1952年7月17日),中共西安市委党史研究室、西安市档案局:《城市的接管与社会改造》(西安卷),陕西人民出版社1997年版,第352页。
⑤ 《重庆市公安局关于重庆市肃清烟毒的总结报告》(1952年10月29日),《档案史料与研究》1990年第3期,第44页。
⑥ 《贵阳市肃毒运动总结报告》(1952年11月20日),中共贵阳市委党史研究室、贵阳市档案馆编:《中共贵阳市历史文献选编(1949—1952)》,2004年,第630页。
⑦ 苏州市委:《关于肃清毒品流行的计划》(1952年6月16日),中共苏州市委党史工作办公室编:《苏州城市接管与社会改造》,中共党史出版社2009年版,第213页。

5月3日的决定提出了处理毒犯的方针和重点及对内部贩毒分子的处理办法。① 北京市在逮捕前不但慎重审查案卷,而且制定逮捕、管制、登记的标准与财产处理方法,以及量刑标准。② 重庆市公安局指定的行动计划详细交代了肃毒方针、毒犯打击政策、注意事项等内容。③ 翔实的行动计划可保障行动人员不至于手足无措。

由上可见,整个准备工作有的放矢且有很强的针对性,但是各大区准备工作的进展情况并非步调一致。据罗瑞卿和徐子荣7月9日向中央的报告称,东北、华北、西北三大区准备工作做得较好,它们在充分掌握毒情的基础上,初步完成了政策研究、毒犯逮捕名单确立及专案侦查的工作;西南和华东大区虽进行了初步的侦查摸底,但未充分掌握全部毒情;中南区则于7月初才开始进行准备工作。④ 显然,中南区成为准备工作进展时间最晚且成绩较差的地区。中南公安部在意识到问题后召开了禁烟禁毒会议,并向中央公安部作了报告,详细分析了自身不足,指出自身准备工作较差;禁烟禁毒机构建立不均衡;"三反""五反"运动中发现的材料零乱且未全部整理,侦查工作缓慢等情况。中南公安部还意识到如不加速改变,"我们将与全国统一行动无法配合,将给整个清毒运动造成极大损害"。为此,中南公安部分析原因,认为首先是负责机关对运动重要性认识不足,其次是部分地区忙于"三反"思想建设和其他工作,暂无暇开展;最后,由上文可知,中南局本计划由民政部门于5月底开展肃毒运动,中央统一政策后,自身确未主动调整。⑤ 可见,要想实现肃毒运动按时统一行动并大举破案,各地必须保持行动的一致性。7月

---

① 《东北人民政府关于根绝烟毒流害处理贩毒分子的决定》(1952年5月3日),邱创教主编:《毒品犯罪惩治与防范全书》,中国法制出版社1998年版,第833—834页。

② 《北京市公安局肃毒工作初步报告》(1952年9月14日),《北京档案史料》1997年第5期,第41页。

③ 《重庆市公安局关于肃清烟毒流行的行动计划》(1952年7月19日),《档案史料与研究》1990年第3期,第41—42页。

④ 《罗瑞卿、徐子荣一九五二年七月九日关于各地禁毒准备工作进展情形和全国一致行动时间问题给刘少奇、政务院政治法律委员会副主任彭真并中共中央的报告》(1952年7月9日),中共中央文献研究室、中央档案馆编:《建国以来刘少奇文稿(1952年1月—1952年12月)》(第四册),中央文献出版社2005年版,第320—321页。

⑤ 《中南公安部关于禁毒会议的报告》(1952年7月6日),中国社会科学院、中央档案馆编:《中华人民共和国经济档案资料选编(1949—1952)》(综合卷),中国城市出版社1990年版,第544—545页。

10日,中央将中南公安部的报告转发各地,批示各级党委要检查和督促那些准备工作差的单位,批评和补救那些忽视准备工作的人,并再次强调各地事前要制订具体的行动计划。① 正是各地紧跟中央步调,及时调整,才能保证运动如期开展。

25日至28日,中央召开全国禁毒工作会议,主题显然是前一阶段的准备工作和即将开始的大举破案工作。30日,徐子荣在会上的报告经中央同意转发各地。该报告是一份详细的肃毒运动行动纲领。它首先概述了全国毒品流行和毒犯的活动情况;其次明确了运动部署的具体要求,确立以统一行动、分期完成为行动部署的原则;再次详述了对于毒犯的逮捕和处理规定,应采取惩办与改造相结合的方针;最后解释了运动中的具体政策问题。② 可见,它既是对肃毒运动各项细节的肯定与补充,是对各地准备工作的总结与审定,也是对下一阶段行动破案工作的规划与部署。至此,在中央的领导下,各地在组织上、思想上和材料准备上已然做好了充分的预备,标志着全国性和群众性肃毒运动的准备工作已基本完成。

四、1952年肃毒运动的执行情况

经过各地清查和统计,全国各地有制造、贩运和主谋种烟的烟毒犯达到16.5万人以上,实际人数将达到25万人。其中,东北区有2.3万人,华北区有2.8万人,西北区有1.2万人,华东区有2.3万人,中南区有3.8万人,西南区有4.3万人。其中,贩运者占到烟毒犯总数的95%;从事毒品犯罪的国家工作人员约占总数的10%。由此可见,虽然种植鸦片烟毒的现象已被基本禁绝,但是国内的烟毒流行问题依然存在。中央最终决定将1952年肃毒运动的重点放在打击制造和贩运烟毒犯上,暂时不开展禁种和禁吸烟毒的

---

① 《中共中央转发中南公安部禁毒会议情况报告的批示》(1952年7月10日),中央档案馆、中共中央文献研究室编:《中共中央文件选集(1949年10月—1966年5月)》(第九册),人民出版社2013年版,第65页。

② 《批发中央转发徐子荣在禁毒工作会议上报告的指示》(1952年7月),中共中央文献研究室、中央档案馆编:《建国以来刘少奇文稿(1952年1月—1952年12月)》(第四册),中央文献出版社2005年版,第369—371页;《中央公安部徐子荣副部长在全国禁毒工作会议上的报告》(1952年7月30日),中共云南省委党史研究室、中共云南省公安厅委员会编:《建国以来云南的禁毒斗争》,云南民族出版社1997年版,第310—315页。

工作。① 同时,因为各地在"三反""五反"运动中陆续破获一批由国际势力和国民党集团相互勾结所策动的大贩毒案件,所以中央公安部部长罗瑞卿指示在运动中必须坚决反对帝国主义和国民党反动派的毒化政策,这样才能阻止他们利用烟毒犯和反革命分子通过偷运毒品入境的方式毒害中国人民的罪恶阴谋。②

随着各项准备工作的完成,一场轰轰烈烈的群众性肃毒运动开始在全国范围内拉开帷幕,1952 年 8 月 10 日左右至 11 月底成为运动的统一行动时间。除东北区提前于 8 月 4 日、5 日和福建推迟到 15 日开始外,全国性的肃毒运动统一于 8 月 10 日至 13 日开始,运动分为三期进行,每期大约持续半个月左右的时间。第一期是大举破案期。由于事前充分准备和组织力量强大,各地统一行动后,迅速在重点城镇逮捕了一批已掌握确切材料的大犯、主犯及惯犯,完成了第一期的搜捕任务,社会并未发生严重的混乱现象和违规行为。同时,各地立即组织突击审讯,并密切结合侦察调查、群众检举密告和毒犯坦白登记等工作。经过审讯,各地摸清了烟毒犯的思想情况,他们一方面害怕没收违法所得、打"老虎"及得到比"五反"运动更重的处罚,另一方面认为政府对烟毒犯处理并不严,幻想蒙混过关,想方设法不交存货。针对这种情况,各地对烟毒犯使用政策攻心的办法,向其具体交代政策,消除顾虑,指出利害和前途;采用普遍号召和个别交代的策略,通过了解烟毒犯的思想变化,发现和利用毒犯间的矛盾,从而扩大烟毒线索;紧抓大案件,突破其中的薄弱环节,进而发展案情,为第二期工作做准备。

总体来说,大部分地区第一期的审讯工作进展顺利,毒犯受到惊吓后积极交代毒情,初步动摇了毒犯阵营,如中南区在 7 天的时间内逮捕毒犯 2192 人,缴获毒品 8540 余两。③ 同时,突击审讯和扩大线索也有了进展,如哈尔滨在第一周的审讯工作中扩大线索 3080 件,重庆则扩大线索 1100 件,上海

---

① 《中央批准徐子荣同志关于禁毒工作会议上的报告》(1952 年 7 月 30 日),山东省档案馆藏,档案号:A001-05-0061-003。
② 罗瑞卿:《关于惩治毒犯的报告》(1952 年 9 月 18 日),罗瑞卿著,公安部《罗瑞卿论人民公安工作》编辑组编:《罗瑞卿论人民公安工作(1949—1959)》,群众出版社 1994 年版,第 151 页。
③ 中南局:《关于深入开展禁毒运动的指示》(1952 年 8 月 24 日),中国社会科学院、中央档案馆编:《中华人民共和国经济档案资料选编(1949—1952)》(综合卷),中国城市出版社 1990 年版,第 538 页。

的在押毒犯供出线索 1007 件。① 但是,部分地区的逮捕工作进展缓慢。罗瑞卿在 8 月 27 日的报告中就指出许多城市在第一期逮捕中"捉得少""没有打中要害",因而"没有打下毒犯的气焰"。② 这些地区存在以下问题:部分地区未能逮捕足够的烟毒犯,对大犯、主犯和惯犯的打击不够大,对烟毒集团的震动不强。这种情况使得毒犯团伙的分化不明显。有的地区因审讯工作没有打开局面,使得烟毒犯心存侥幸。他们认为只要坚持不承认就可被释放,所以谈远不谈近,谈吸食不谈制、贩、运,甚至装疯卖傻。有的地区宣传工作未全面展开,没有充分激发群众的仇恨心理和检举毒犯的热情。不少人停留在口头上的拥护,对运动采取漠不关心的态度。有的烟毒犯乘机散布谣言,威胁检举的群众和积极分子。还有的机关内部的禁烟禁毒工作与社会上的运动配合不够协调,甚至没有及时开展。上述现象导致部分地区第一期的运动成果欠佳,毒犯气焰嚣张,群众对政府禁烟禁毒决心表现出观望和怀疑的态度。

第二期是继续深入逮捕审讯和开展相关工作的阶段。各地继续审讯第一期逮捕的烟毒犯,为继续侦察准备新的逮捕名单。随着毒犯坦白和群众检举的高涨,新的烟毒线索越来越多,打破了之前各地所估计的烟毒数字。因此,各地又陆续逮捕了几批烟毒犯,基本解决了大部分重点城镇的贩运烟毒问题。

同时,为解决第一期逮捕所暴露出来的问题并打击毒犯气焰,中央提出在重点区域召开公审毒犯大会。8 月 23 日,罗瑞卿在向中央报告时建议禁毒重点地区在 8 月下旬至 9 月上旬召开公审毒犯大会,大张旗鼓地处决几个罪大恶极且民愤极大的烟毒犯,以便充分开展宣传教育和发动群众的工作。③ 27 日,罗瑞卿再次要求禁毒重点地区在第二期行动后召开大会,在处

---

① 中共中央:《转发罗瑞卿关于全国禁毒运动第二号简报》(1952 年 8 月 14 日),中央档案馆、中共中央文献研究室编:《中共中央文件选集(1949 年 10 月—1966 年 5 月)》(第九册),人民出版社 2013 年版,第 238 页。
② 罗瑞卿:《关于在禁毒重点区应即准备处决几个大毒犯问题的请示电报》(1952 年 8 月 27 日),中共中央文献研究室、中央档案馆编:《建国以来刘少奇文稿(1952 年 1 月—1952 年 12 月)》(第四册),中央文献出版社 2005 年版,第 437 页。
③ 中共中央:《转发罗瑞卿关于全国禁毒运动第二号简报》(1952 年 8 月 24 日),中央档案馆、中共中央文献研究室编:《中共中央文件选集(1949 年 10 月—1966 年 5 月)》(第九册),人民出版社 2013 年版,第 240 页。

决大毒犯的同时从宽处理一批毒犯,这一建议得到中央的同意。① 随后,重点城市先后召开了公审毒犯大会。以安阳为例,该市先后于9月11日和26日召开全市公审处理大会,到会群众达万余人。会议首先由李市长讲话,内容基本上与各地制定的宣传提纲一致。人民法院张院长接着宣布对几个具有代表性的烟毒犯分别处以死刑、徒刑、管制和释放,公安人员则结合这些人的具体事例阐明政府的宽严政策。随后,几个情节较轻且自动坦白立功的毒犯和群众代表进行发言与诉苦,控诉烟毒对自己和家庭的危害。其中,大毒犯刘荣臣的儿子刘保德在会上进行了典型控诉,详细讲述了自己动员父亲交代问题和亲赴西安动员母亲交毒的经过及其思想转变的过程,并当场检举了父亲一贯制造和贩卖烟毒的事实,表示坚决协助政府的肃毒运动,号召毒犯家属像他一样动员亲人坦白登记。他说:"我和刘荣臣虽是父子关系,但绝不能因父子关系而对他的罪恶事实不检举、不揭发,或包庇他,今天我当场警告我父,望你迅速交代你的问题,求得政府的宽大处理,否则,仍是抗拒交代,要求政府从严处理"。大会接着对部分情节重大且拒不坦白者当场进行逮捕,并号召群众对烟毒犯进行检举揭发。最后,大会焚毁烟毒,并处决了成分坏、罪恶和民愤巨大且拒不坦白的大毒犯。② 大会过后,安阳紧抓公审大会的余威贯彻大会精神和禁烟禁毒政策。集训组在大会结束的当天下午组织毒犯召开小型的动员会议,进行小组讨论和个别交代,具体做法包括:一是分街道召开会议讲解政策,运用政策威力进行普遍号召;二是依靠群众力量有目标地以毒犯居住地为中心分小组进行重点突破。③

公审大会通过使用杀、关、管、放的具体事例使禁烟禁毒政策得到彻底的贯彻,这样既可以增加对烟毒犯的威慑,分化瓦解毒犯集团,打消烟毒犯气焰,从而引导他们坦白罪行和检举立功,又可以起到说服烟民和烟毒犯家属

---

① 中共中央:《中央同意禁毒重点区应即准备处决几个大毒犯意见的电报》(1952年8月27日),中共中央文献研究室、中央档案馆编:《建国以来刘少奇文稿(1952年1月—1952年12月)》(第四册),中央文献出版社2005年版,第436—437页。
② 中共安阳市委会:《安阳市公审处理大会总结报告》(1952年9月15日),河南省档案馆藏,档案号:J0025-015-00981-004;中共安阳市委会:《安阳市第二次公审处理大会总结报告》(1952年10月1日),河南省档案馆藏,档案号:J0025-015-00981-005。
③ 中共安阳市委会:《第一次公审处理大会以后运动进展的情况及主要收获》,河南省档案馆藏,档案号:J0025-015-00981-006。

规劝与检举烟毒犯的功效,增强群众的禁毒信心,将肃毒运动推向高潮。因此,公审大会是兼具烟毒犯处理与禁烟禁毒宣传功能的重要集体政治仪式。毒犯在禁烟禁毒威力之下,感到四面楚歌,被逼无奈之下进行坦白登记。西安在审判大会当场收到检举信件 17000 余封。① 北京在公审大会结束的当天下午就收到群众的检举密告 2274 件,241 名毒犯进行坦白登记。② 由此可见,公审毒犯大会的效果十分明显。

　　第三期是追捕漏网毒犯和开展处理工作的阶段。各地一方面整理烟毒犯坦白和群众检举密告的材料,对其进行侦察和查对,随后根据整理出来的线索进行追捕漏网毒犯的行动。各地将该管制的烟毒犯交群众管制,对登记后不予处理者则置于群众的监督之下。截至 11 月底,全国各地的肃毒运动基本结束。各地把肃毒运动打击和逮捕的重点聚焦于三类烟毒犯:第一类是严重包庇、参与及组织制售和贩运烟毒的国家工作人员。第二类是集中大量的制售和贩运烟毒的主犯、惯犯及现行犯。西安在第一周的行动中逮捕了 318 名烟毒犯,其中大犯和惯犯 183 名,现行犯 135 名。③ 他们的组织严密且活动诡秘,拥有成帮成派的组织结构,构建了严密的贩运网络,从上层指挥到下层贩运,有专人和暗号,活动严谨且秘密。第三类是具有反革命身份的烟毒犯和地痞、流氓、游民及旧军警宪特成分的烟毒犯。这些人罪恶大且危害严重,他们勾结国家机关内的留用人员,甚至派人打入公安、铁道、邮政等部门,为制、贩、运烟毒活动提供便利和保护伞。从大区的层面来看,第三类烟毒犯在各地逮捕的烟毒犯总数中的比例较高,如东北、华北和中南三区在运动结束后逮捕第三类烟毒犯共 20383 人,占已逮捕数的 67%。④ 从城市的统计数据来看,第三类烟毒犯的占比同样较高,均在三成以上。(见表 25-1)

---

　　① 中共中央:《转发罗瑞卿关于全国禁毒运动第三号简报》(1952 年 9 月 1 日),中央档案馆、中共中央文献研究室编:《中共中央文件选集(1949 年 10 月—1966 年 5 月)》(第九册),人民出版社 2013 年版,第 304 页。
　　② 中共中央:《转发罗瑞卿关于全国禁毒运动第四号简报》(1952 年 9 月 8 日),中央档案馆、中共中央文献研究室编:《中共中央文件选集(1949 年 10 月—1966 年 5 月)》(第九册),人民出版社 2013 年版,第 371 页。
　　③ 西北公安部:《转全国禁毒工作第一号简报》(1952 年 8 月 20 日),陕西省档案馆藏,档案号:123-1-278-10。
　　④ 罗瑞卿:《全国禁毒运动总结报告》(1952 年 12 月 14 日),中央档案馆、中共中央文献研究室编:《中共中央文件选集(1949 年 10 月—1966 年 5 月)》(第十册),人民出版社 2013 年版,第 404 页。

表 25-1　1952 年肃毒运动中部分城市已逮捕烟毒犯的分析统计表

地区	烟毒犯总数	已逮捕数	逮捕比例	第三类人数	第三类比例
贵阳	8023	890	11.1%	285	32.0%
郑州	1344	345	25.7%	137	39.7%
重庆	13008	3148	24.2%	1297	41.2%
沈阳	—	869	—	826	95.1%

资料来源：中共郑州市委：《关于郑州市禁毒工作专题报告》(1952 年 10 月 8 日)，中共郑州市委党史研究室编：《历史的涛声：郑州市城市接管与社会改造》，内部资料，第 223 页；重庆市公安局：《关于重庆市肃清烟毒的总结报告》，《档案史料与研究》1990 年第 1 期，第 45 页；《贵阳市肃毒运动总结报告》(1952 年 11 月 20 日)，中共贵阳市委党史研究室、贵阳市档案馆编：《中共贵阳市历史文献选编(1949—1952)》，内部资料，2004 年，第 635—636 页；南京市公安局史志组：《记南京解放初期的禁毒工作》，南京市档案馆：《解放南京》(上)，中国档案出版社 2009 年版，第 636 页。

针对逮捕烟毒犯的处理问题，中央要求各地对烟毒犯的惩治要稍微宽于对反革命犯的惩治，但要严格于"三反""五反"运动中的贪污和盗窃犯，因此决定逮捕毒犯的数字要占到所有制造、贩运及主谋种植烟毒犯总数的 20%～30%，烟毒流行特别严重的地区可适当增加逮捕人数。① 在肃毒运动初期，由于干部思想松动，不少地区出现了逮捕数不达标的问题。从表 25-2 可以看出全国在 8 月和 9 月逮捕的烟毒犯人数虽然在不断上升，但是逮捕烟毒犯人数占总数的比例均未能达到国家要求的最低标准。从分大区的角度来看，截至 9 月 5 日，东北区 17.7% 的逮捕比例是最高的，中南区 5.8% 的逮捕比例为最低；截至 9 月 12 日，东北区的比例上升到 19.3%，仍为最高；西北区的比例则为 7.5%，为最低。② 此外，西北区自 8 月 10 日到 10 月 10 日共

---

① 《中央批准徐子荣同志关于禁毒工作会议上的报告》(1952 年 7 月 30 日)，山东省档案馆藏，档案号：A001-05-0061-003。

② 《中共中央转发罗瑞卿关于全国禁毒运动第四号简报》(1952 年 9 月 8 日)，中央档案馆、中共中央文献研究室编：《中共中央文件选集(1949 年 10 月—1966 年 5 月)》(第九册)，人民出版社 2013 年版，第 371 页；《中共中央转发罗瑞卿关于全国禁毒运动第五号简报》(1952 年 9 月 14 日)，中央档案馆、中共中央文献研究室编：《中共中央文件选集(1949 年 10 月—1966 年 5 月)》(第九册)，人民出版社 2013 年版，第 404 页。

逮捕毒犯 2115 人,逮捕比例仅为 15.5%。①

表 25-2 1952 年肃毒运动中已逮捕烟毒犯统计表

时间	截至 8月19日	截至 8月22日	截至 8月29日	截至 9月5日	截至 9月12日	截至 11月底
逮捕数	6367	10821	14939	20112	30998	82056
毒犯总数	165072	165072	189338	213107	237463	369705
逮捕比例	3.9%	6.5%	7.8%	9.4%	13.1%	22.2%

资料来源:西北公安部:《转全国禁毒工作第一号简报》(1952 年 8 月 20 日),陕西省档案馆藏,档案号:123-1-278-10;《中共中央转发罗瑞卿关于全国禁毒运动第二号简报》(1952 年 8 月 14 日),中央档案馆、中共中央文献研究室编:《中共中央文件选集(1949 年 10 月—1966 年 5 月)》(第九册),人民出版社 2013 年版,第 238 页;《中共中央转发罗瑞卿关于全国禁毒运动第三号简报》(1952 年 9 月 1 日),中央档案馆、中共中央文献研究室编:《中共中央文件选集(1949 年 10 月—1966 年 5 月)》(第九册),人民出版社 2013 年版,第 303 页;《中共中央转发罗瑞卿关于全国禁毒运动第四号简报》(1952 年 9 月 8 日),中央档案馆、中共中央文献研究室编:《中共中央文件选集(1949 年 10 月—1966 年 5 月)》(第九册),人民出版社 2013 年版,第 371 页;《中共中央转发罗瑞卿关于全国禁毒运动第五号简报》(1952 年 9 月 14 日),中央档案馆、中共中央文献研究室编:《中共中央文件选集(1949 年 10 月—1966 年 5 月)》(第九册),人民出版社 2013 年版,第 404 页;罗瑞卿:《全国禁毒运动总结报告》(1952 年 12 月 14 日),中央档案馆、中共中央文献研究室编:《中共中央文件选集(1949 年 10 月—1966 年 5 月)》(第十册),人民出版社 2013 年版,第 404 页。

为解决这一问题,中央于 10 月 3 日批转西南局的建议,要求各地不应机械地死守"贩运量须 500 两以上"的逮捕标准,应一律逮捕那些虽不足 500 两而有根据判断出大问题或情节严重的拒不登记者、不彻底登记交毒的大毒犯及仍在继续行动的现行犯。② 各地在收到通知后积极落实工作,如西南区截至 10 月 15 日共逮捕毒犯 21366 人,占毒犯总数 105805 人的 20.2%,达到中

---

① 中共中央西北局:《关于继续开展禁毒运动的具体意见及捕杀关管的内定数字的函》(1952 年 10 月 14 日),陕西省档案馆藏,档案号:123-1-278-25。
② 中共中央:《中共中央转发西南局关于深入肃毒运动的紧急通知》(1952 年 10 月 3 日),陕西省档案馆藏,档案号:123-1-278-17。

央规定的最低标准。① 10月25日,中央再次转发西南局的通知,要求各地解决逮捕人数不均衡的现象,即已达标的地区应组织力量进行毒犯处理工作,未达标的地区结合处理工作进一步深挖和揭露,逮捕那些大犯、主犯、惯犯及现行犯。② 从表25-2可以看出,在运动开始的一个多月里,全国发现的烟毒犯总数和逮捕数在缓慢增长,且逮捕比例不高,但是随着国家调整相关政策,逮捕人数均快速增长,逮捕比例最终升至22%,达到了国家最初定的标准。

11月底,经过三期的破案行动,全国范围内的肃毒运动胜利结束,在打击毒犯、追缴烟毒及发动群众等方面都取得了骄人的成绩。随着政务院于12月12日颁布《关于推行戒烟、禁种鸦片和收缴农村存毒的工作指示》,中华人民共和国成立初期的禁烟禁毒运动进入第四阶段。在第四阶段中,全国大部分地区很少出现贩运和制售烟毒的现象,国家也没有再次发动全国规模的严禁贩运烟毒运动。但是,少数海口、边沿、接近少数民族和禁烟禁毒不彻底的地区偶有发生贩运烟毒的事件,个别顽固的毒贩妄图更加诡秘地从事制、贩、运烟毒的活动。据中央公安部的调查显示,毒贩经常铤而走险从藏区将毒品贩运到兰州一带;昆明、成都、重庆、贵阳等西南城市也不时发现烟毒案件;吉林和广东的边境地区亦发生此类情况。中央公安部认为"毒品流行的完全肃清是一件长期复杂的斗争工作",因此决定在今后的经常性工作中逐步解决贩运和制售烟毒的问题。③

第二节 中央和地方对烟毒犯的处理与惩治

虽然政务院于1950年2月24日发布《严禁鸦片烟毒的通令》,但是国家尚未对运动各环节的工作做全面的部署,且部分地区忙于中心工作,未能及

---

① 中共中央:《中共中央转发西南局关于肃毒运动几个问题的通知》(1952年10月25日),陕西省档案馆藏,档案号:123-1-278-18。
② 中共中央:《中共中央转发西南局关于肃毒运动几个问题的通知》(1952年10月25日),陕西省档案馆藏,档案号:123-1-278-18。
③ 中共中央:《批转罗瑞卿关于戒烟、禁种鸦片和收缴存毒工作的简报》(1953年3月6日),中央档案馆、中共中央文献研究室编:《中共中央文件选集(1949年10月—1966年5月)》(第十一册),人民出版社2013年版,第274页。

时开展禁烟禁毒运动。因此,针对烟毒犯的惩治问题,已开展禁烟禁毒工作的地区多在沿袭之前规定的基础上自主制定惩治办法。

总体来说,各地在第一阶段中对烟毒犯的惩处过于宽大,具体呈现以下特点:第一,不少地区的制、贩、运烟毒犯均可通过缴纳罚金的方式免受徒刑。如川西行署对制、贩、售烟毒犯的处罚包含酌科罚金。① 天津蚨亨银号经理董学舒因贩卖烟土44两被公安机关逮捕,人民法院判处其为贩卖毒品罪,但是该犯得到的处罚结果仅为罚金人民券4000万元,并未得到相关刑事处罚。② 第二,部分地区对该类烟毒犯的量刑较轻。山西霍县的禁烟禁毒报告显示:大部分烟毒犯只被扣押十天八天或交几万罚金就可被释放。③ 陕西长安县对烟毒贩卖者只进行批评教育就予以释放。④ 表25-3所列数据亦可论证这一事实:1950年3至6月,《天津日报》共登载了41名制售和贩运烟毒犯,其中,13名被判处徒刑,刑期超过1年的只有4名,最高刑期为2年;27名被判处劳役,劳役时间超过半年的只有1人;1人被判处罚金。第三,地区间与地区内部对烟毒犯的量刑标准均不统一。从表25-3可知,贩运烟土77两的烟毒犯被判处3个月徒刑,而贩运16两的则被判处5个月徒刑。然而,川西行署则规定对制售和贩运烟毒者可以分别处以五年以下、十年以下及十五年以下的徒刑。⑤ 由此可见,地区间和地区内部的量刑标准存在较大差异。造成上述现象的主要原因是中央在政务院2月24日通令颁布之后尚未制定统一的烟毒犯量刑标准,且各地因忙于中心工作未能全面开展禁烟禁毒工作,在处理此类烟毒犯时多依据之前的经验进行审判。

---

① 川西行政公署:《关于贩运制售烟毒治罪暂行办法(草案)》(1950年5月),中共四川省委党史研究室组织编:《四川的城市接管与社会改造》,四川人民出版社1997年版,第138页。

② 《蚨亨银号经理董学舒贩卖黄金毒品案 判决罚金四千万元赃物没收》,《天津日报》1950年3月27日第2版。

③ 最高人民法院:《处理烟毒犯应坚决废止专科与易科罚金办法》(1950年11月10日),北大法宝法律信息数据库:https://www.pkulaw.com/chl/092741a49d3496f7bdfb.html?。

④ 陕西省人民政府民政厅:《关于对灞桥、三桥烟毒预以查禁报核的函》(1950年7月14日),陕西省档案馆藏,档案号:198-1-69-16。

⑤ 川西行政公署:《关于贩运制售烟毒治罪暂行办法(草案)》(1950年5月),中共四川省委党史研究室组织编:《四川的城市接管与社会改造》,四川人民出版社1997年版,第138页。

表 25-3 《天津日报》载烟民及制贩售者惩治情况表（1950 年 3 月至 10 月）

序号	登报日期	姓名	案情	判决结果
1	3月3日	鲍洪雁	吸食兼贩卖鸦片	5 个月劳役，没收鸦片
2	3月3日	许林华	携带烟土 11 两 6 钱	5 个月徒刑，没收烟土
3	3月3日	颜之修	贩卖烟土 4 两	3 个月劳役，没收烟土
4	3月3日	沈国华	吸食兼贩卖烟土	4 个月劳役
5	3月15日	侯佩贞	售卖烟土 78 两 5 钱	4 个月徒刑
6	3月15日	徐子玉	运输烟土 77 两	3 个月徒刑，没收烟土
7	3月15日	焦德臣	贩卖白面	4 个月劳役，没收烟土
8	3月15日	郭维坤	吸食毒品行贿罪	3 个月劳役，缓刑一年
9	3月27日	董学舒	贩毒 44 两与倒卖金银	4000 万元罚金，没收烟土
10	4月4日	夏世奎	贩运烟土	1 年半徒刑，没收烟土
11	4月4日	王殿甲	伙同夏世奎贩运烟土	4 个月劳役
12	4月4日	王贵本	贩运烟土 5 两	1 年徒刑，没收烟土
13	4月4日	金廷和	伙同王贵本贩运烟土	2 个月劳役
14	4月20日	袁宝山	贩运烟土 16 两	5 个月徒刑
15	4月20日	裴庭骧	贩卖烟土 4 两	4 个月徒刑，没收烟土
16	4月20日	刘儒	贩运烟土 8 两	5 个月劳役，没收烟土
17	4月20日	吉养山	售卖烟土 8 两	3 个月劳役，没收烟土
18	4月20日	张鸿起	贩运白面 3 钱 6 分	3 个月劳役，没收白面
19	4月20日	毕永生	同上	3 个月劳役，没收白面
20	4月20日	孙德清	运送烟土 19 两	8 个月徒刑，没收烟土
21	5月1日	傅新齐	多次贩售烟土计 42 两	6 个月劳役，没收烟土
22	5月1日	赵金声	购买制毒用的醋酸 10 磅	5 个月劳役，没收醋酸
23	5月1日	任之造	贩卖烟土 7 两	5 个月劳役，没收烟土
24	5月1日	李傅志	贩运烟土 9 两	4 个月劳役，没收烟土
25	5月1日	刘子远	代运烟土 10 两	4 个月劳役，没收烟土
26	5月1日	刘鸿岳	经常贩卖烟土	5 个月劳役，没收烟土
27	5月1日	杨庆祥	经常贩卖烟土	5 个月劳役，没收烟土
28	5月1日	于乐亭	开灯零售烟土	3 个月劳役，没收烟土

(续表)

序号	登报日期	姓名	案情	判决结果
29	5月1日	张鑫主	吸毒成瘾	4个月劳役,没收烟土
30	5月25日	陈方和	贩运大批烟土	2年徒刑,没收烟土
31	5月25日	方玉章	藏匿大批烟土	3个月劳役,没收烟土
32	5月25日	庞三禄	贩运烟土40两	1年半徒刑,没收烟土
33	5月25日	宫受清	携带烟土10两	6个月劳役,没收烟土
34	6月17日	安梦洲	吸毒并供他人吸食地	5个月劳役
35	6月17日	钟凤鸢	代卖烟土16两	6个月徒刑,没收烟土
36	6月17日	张廷俊	贩运烟土一包	2个月劳役,没收烟土
37	6月17日	李毕氏	多次吸食和贩运烟土	2个月劳役,没收烟土
38	6月17日	张李氏	吸食烟毒	限令1月内戒瘾
39	6月17日	雷恩惠	介绍售卖烟土	2个月劳役
40	6月17日	郑赓甫	吸食烟毒	6个月劳役,缓刑一年
41	6月22日	陈少堂	多次贩运白面	10个月劳役,没收白面
42	6月22日	于泽民	售卖烟土39两4钱	6个月徒刑,没收烟土
43	6月22日	赵纯志	协助售卖烟土	4个月徒刑
44	6月22日	杨立山	吸食并两次零售烟土	6个月劳役,没收烟土
45	7月19日	齐明扬	多次贩运烟土87两	1年徒刑,没收烟土
46	7月19日	薛玉敏	与他人贩卖烟土20两	8个月徒刑,没收烟土
47	7月19日	沈殿英	与他人贩卖烟土50两	5个月徒刑,没收烟土
48	7月19日	刘洪儒	多次贩运烟土	1年徒刑,没收烟土
49	7月19日	纪连第	吸食并介绍售卖烟土	5个月徒刑,缓刑1年
50	7月19日	王宝发	贩运烟土47两	7个月徒刑,没收烟土
51	7月19日	王士英	介绍售卖烟土	3个月劳役
52	7月19日	尚振肃	介绍售卖烟土	3个月劳役
53	7月28日	陈华曾	介绍售卖烟土	4个月劳役
54	7月28日	刘树田	伙同贩售醋酸36磅	5个月徒刑,没收醋酸
55	7月28日	高忠	伙同贩售醋酸36磅	5个月徒刑,没收醋酸
56	7月28日	沉玉书	贩运烟土110两	1年徒刑,没收烟土

(续表)

序号	登报日期	姓名	案情	判决结果
57	7月28日	张肃然	烟土售卖介绍人	3个月劳役
58	10月9日	刘绍宗	多次贩卖烟土	2年2月徒刑,没收烟土
59	10月9日	陈宝森	介绍售卖烟土	1年半徒刑
60	10月9日	张树本	介绍售卖烟土	10个月徒刑
61	10月9日	李振和	多次吸、贩烟土	1年半个月徒刑,没收烟土
62	10月9日	袁维新	多次贩卖烟土	1年2月徒刑
63	10月9日	马兴周	登记后仍吸食烟毒	8个月徒刑

上述惩治烟毒犯的办法无助于禁烟禁毒运动的顺利推行,因而造成了不利的社会影响。一是不能给烟毒犯造成足够的威慑力,使得烟毒犯毫无悔改之意,他们认为"三贩两破不赔本""烟上丢了烟上捞"。① 陕西长安县一名被释放的烟毒犯嚣张地说:"他们查出我那一点,不够我一回赚回来了。"② 二是严重损伤了广大群众协助禁烟禁毒运动的热情和积极性。陕西仁义村的烟毒犯在被批评释放后,对村中积极禁烟的农会会员和青年团员进行辱骂和打击报复,使他们的积极性大减。随后,村里的烟毒犯由3家增加到30家,有的农会会员竟然也开始贩卖烟毒。③ 三是降低了禁烟禁毒工作的法律效用,间接助长了烟毒贩运的气焰,从而妨碍了正常的生产建设和社会秩序。陕西灞桥区就因此出现了殴打学生的事件。该区雾庄村小学的青年学生曾积极搜集烟毒犯的犯罪证据,并向政府检举汇报。随后,被释放的烟毒犯怀恨在心,借学校搬倒神像之事,集合群众到学校打砸闹事,打伤一个查禁烟毒最积极的学生,并扬言要将校长打死。上级政府在事后及时介入,才解决问题。④

随着禁烟禁毒运动的全面展开,各地在第二阶段里的逮捕人数不断增

---

① 最高人民法院:《处理烟毒犯应坚决废止专科与易科罚金办法》(1950年11月10日),北大法宝法律信息数据库:https://www.pkulaw.com/chl/092741a49d3496f7bdfb.html?。
② 陕西省人民政府民政厅:《关于对灞桥、三桥烟毒预以查禁报核的函》(1950年7月14日),陕西省档案馆藏,档案号:198-1-69-16。
③ 陕西省人民政府民政厅:《关于对灞桥、三桥烟毒预以查禁报核的函》(1950年7月14日),陕西省档案馆藏,档案号:198-1-69-16。
④ 陕西省人民政府民政厅:《关于对灞桥、三桥烟毒预以查禁报核的函》(1950年7月14日),陕西省档案馆藏,档案号:198-1-69-16。

加。中央和各大区均意识到之前的惩治办法已不能满足禁烟禁毒运动的发展需求，开始纠正和调整各地之前对烟毒犯的处理态度和方针，并制定了新的惩治办法。中央和各大区首先要求加重对烟毒犯的惩处。7月10日，政务院在《关于禁烟毒办法的决定》里再次提出严禁运销烟土，要严厉惩治大烟贩和秘密开设烟馆者。① 31日，西南局规定烟馆主人须在限期内向公安部门登记缴毒，公安机关视其烟馆大小，没收其用作烟馆部分的房屋和家具；同时在限期过后严厉处理那些秘密开办烟馆的人。② 9月12日，内务部指出部分地区对烟商的处理过宽，劝导其转业的做法是错误的，应对违反禁令仍继续贩运和销售烟毒者严予治罪。③ 10月16日，西南局提出对待那些屡教不改和敢于以身试法的烟毒犯，不能单靠政治教育或片面的宽大处理来解决问题，而是要坚决对其严厉制裁，直至处以极刑，这样才能使他们有所警戒并完成禁烟禁毒运动的目标。④ 11月10日，最高人民法院针对此问题作出明确布置，一方面指出在禁烟禁毒政策公布后仍继续从事吸食、种植、贩运及售卖烟毒等活动的人均应受到必要的法律制裁；另一方面要求各地贯彻人民法治的严肃性，依据烟毒犯的具体情况和历史根源，分别对其处以徒刑或强制劳动。⑤ 1951年2月16日，西北局同样提出对违法制造、贩运及售卖烟毒者处以劳役或徒刑，对情节重大之首犯得判处死刑。⑥ 由此说明，中央和各大区改变了对烟毒犯宽大处理的态度，制售和贩运烟毒犯成为禁烟禁毒运动严肃处理和惩办的重点对象。

中央和地方政府同时对罚金问题作出调整和规定。其一，规定各地在对烟毒犯判处徒刑的同时可以科以罚金。1950年7月10日，政务院在《关于禁

---

① 浙江省人民政府：《转发中央和华东处理鸦片烟毒规定并结合实际情况特作补充指示的训令》(1950年8月5日)，浙江省档案馆藏，档案号：J103-002-031-068。
② 西南军政委员会：《关于禁绝鸦片烟毒的实施办法》(1950年7月31日)，《档案史料与研究》1990年第1期，第38页。
③ 中央人民政府内务部：《关于贯彻严禁烟毒工作的指示》(1950年9月12日)，重庆市档案馆藏，档案号：1068-1-2。
④ 西南军政委员会：《关于开展禁烟禁毒工作的指示》(1950年10月16日)，《云南档案史料》1991年第4期，第41页。
⑤ 最高人民法院：《处理烟毒犯应坚决废止专科与易科罚金办法》(1950年11月10日)，北大法宝法律信息数据库，https://www.pkulaw.com/chl/092741a49d3496f7bdfb.html?。
⑥ 西北军政委员会：《西北区禁烟禁毒暂行办法》(1951年2月16日)，陕西省档案馆藏，档案号：198-2-207-4。

烟毒办法的决定》里指示对某些首要分子可科以罚金。① 8月22日,西北局提出对大量制售和贩运烟毒者可在依法治罪的同时科以罚金。② 9月2日,广西在转发中央7月10日的决定后补充说明,对贩运烟土的主人应科以若干罚金。③ 10月13日,中南局建议对烟毒犯严予治罪的同时要科以重额罚金。④ 11月10日,最高人民法院进一步解释,在铲除烟毒犯用以犯罪的资本时,可以对其科以罚金。⑤ 其二,坚决废除以罚金赎罪的规定。11月10日,最高人民法院针对罚金问题作出明确的表态,坚决反对专科罚金和易科罚金的做法,认为此种行为是沾染旧法观念的做法,指示各地对于任何罪犯均应禁止使用这种赎罪的办法。⑥ 1951年8月10日,中央内务部再次强调各地要根据具体情节的轻重对烟毒犯处以徒刑和罚金,而不宜使用"专科罚金"或"易科罚金"的办法,避免不法分子钻空用钱赎罪,继续从事违法活动。⑦ 其三,各地在执行应科罚金规定的过程中对相关政策进行了积极的补充和说明。贵州指出在执行治罪条例的过程中既不能忽视对烟毒犯处以罚金的规定,又要根据烟毒犯的经济情况分别进行适当的处理,如对从事正当工商业的烟毒犯进行科处罚金时要保证不影响其工商业的正常经营,对小烟毒犯的处罚则须保障其本人和家属的正常生活。⑧ 由此,罚金赎罪的条款正式被废除。

根据上级指示和精神,各地陆续制定了全新的烟毒犯惩治办法和量刑标

---

① 浙江省人民政府:《转发中央和华东处理鸦片烟毒规定并结合实际情况特作补充指示的训令》(1950年8月5日),浙江省档案馆藏,档案号:J103-002-031-068。
② 西北军政委员会:《关于贯彻执行中央政务院严禁鸦片烟毒的命令,特发布的指示》(1950年8月22日),陕西省档案馆藏,档案号:198-1-68-4。
③ 广西省民政厅:《转发中央政务院禁烟土项电示及补充实施办法四项仰遵照执行由》(1950年9月2日),广西壮族自治区档案馆藏,档案号:X053-001-0053-0028。
④ 中南军政委员会:《禁烟禁毒工作补充指示》(1950年10月13日),河南省档案馆藏,档案号:J0149-01-003-00108-012。
⑤ 最高人民法院:《处理烟毒犯应坚决废止专科与易科罚金办法》(1950年11月10日),北大法宝法律信息数据库:https://www.pkulaw.com/chl/092741a49d3496f7bdfb.html?。
⑥ 最高人民法院:《处理烟毒犯应坚决废止专科与易科罚金办法》(1950年11月10日),北大法宝法律信息数据库:https://www.pkulaw.com/chl/092741a49d3496f7bdfb.html?。
⑦ 中央人民政府内务部:《关于禁烟禁毒工作的几点意见》(1951年8月10日),河南省档案馆藏,档案号:J0041-001-00019-004。
⑧ 贵州省人民政府:《关于处理烟毒案件的补充指示》(1951年1月16日),中共贵州省委党研究室编:《贵州城市的接管与社会改造》,中共贵州省委党研究室2000年版,第323页。

准,如西南局的《西南区禁绝鸦片烟毒治罪暂行条例》、上海的《上海市禁绝烟毒暂行条例》及陕西的《陕西省禁烟禁毒实施办法》等。同时,随着严禁贩运工作的全面展开,各地破获的烟毒案件激增,人民法院依据新的惩治办法对相关人员进行处理。与第一阶段的情况相比,各地第二阶段的惩治烟毒犯工作更加合理化和规范化,呈现出三个新的特征。

各地重点惩治贩运和制售烟毒的主犯和惯犯。贵州发现在烟毒案件中逮捕的罪犯多是被指使或雇用的从犯,因此要求公安部门在拿获从犯的同时抓住线索,及时追捕主犯,同时对零星的小犯和从犯可以令其取保释放,由群众监督和教育。① 从表25-4可知,三地对主从犯和不同情节烟毒犯的量刑明显不同:对主犯和重犯均处以5年以上的徒刑,且大部分地区的最低量刑在10年,最高至死刑;对从犯和轻犯的处罚普遍低于5年。相较于第一阶段较轻的处罚情况,各地用具体的量刑年份对主从犯进行区分,并且普遍提高了对烟毒犯的量刑年限。

表25-4 第二阶段部分地区对制售和贩运烟毒犯的量刑标准列表

惩治对象	西南	陕西	上海
制造者	重:≥10年,至死刑; 轻:5~10年	重:5~10年; 轻:≤5年	重:≥10年,至无期; 轻:3~10年
贩运者	主:5~15年,至死刑; 从:1~5年	重:5~10年; 轻:≤5年	重:≥10年,至无期; 轻:3~10年
武装贩运者	≥10年,至死刑	≥10年,至死刑	无期至死刑
烟馆主人	重:≥10年,至死刑; 轻:1~5年	重:5~10年; 轻:≤5年	1~5年
政府人员	重:≥10年,至死刑; 轻:2~7年	≤10年	各种类型的均加重二分之一处罚

注:"主、从、重、轻"分别指主犯、从犯、重犯及轻犯。
资料来源:西南军政委员会:《西南区禁绝鸦片烟毒治罪暂行条例》(1952年12月28日),《档案史料与研究》1990年第1期,第46—47页;陕西省人民政府:《陕西省禁烟禁毒实施办法》(1951年5月2日),陕西省人民政府办公厅编:《法令汇编》第2集(1951年7月),第27—28页;上海市民政局:《关于上海市禁绝烟毒暂行条例第二次修正草案》(1950年),上海市档案馆藏,档案号:B168-1-755-39。

---

① 贵州省人民政府:《关于处理烟毒案件的补充指示》(1951年1月16日),中共贵州省委党研究室编:《贵州城市的接管与社会改造》,中共贵州省委党研究室2000年版,第324页。

带有反革命性质的烟毒犯逐渐成为各地在处理烟毒案件过程中关注的焦点对象。各地普遍发现烟毒犯存在偶业犯和常业犯之分,偶业犯为满足自己的利益需求,铤而走险贩卖烟毒;而常业犯多是有组织有目的地从事犯罪活动。因此,各地提出案件处理不能单纯以情节轻重或缴获烟毒多寡为量刑标准,应结合烟毒犯的历史背景和政治诉求进行处罚。表 25-4 所列的三地均一致地对反革命烟毒犯或武装保护贩运者施以重刑,直至判处死刑。对反革命烟毒犯的严厉惩处不仅可以完成禁烟禁毒的任务,还可以保障社会生活的稳定和新生政权的稳固。

各地对烟毒犯的处罚采用刑财兼施和刑劳结合的办法。各地对大贩大制者给以刑财并重甚至罚款重于刑罚的处理办法,意图在政治上和经济上给烟毒犯以重大的打击。地方政府在审理烟毒案件的过程中发现普通烟毒犯从事烟毒活动的主要目的是希图厚利,而大烟毒犯定有依赖的经济势力,所以要重视在经济上对烟毒犯的惩治和警示。表 25-4 所列三地的法令均规定对所有惩治对象除处以徒刑外应酌科罚金。表 25-5 所列三地均依据情节轻重对烟毒犯进行区别处理,分别判处教育释放、保释、罚金、劳改、徒刑及死刑等。显然,各地已经开始改变之前的惩处办法,依据烟毒犯的不同情况给以年限不等的徒刑和不同类型的处罚。由此说明,各地对烟毒犯的惩处逐渐趋于科学化和合理化。

表 25-5 第二阶段部分地区烟毒犯处理结果对比列表

地区	处理结果								
	徒刑	比例	劳改	比例	释放	比例	罚金	比例	总计
西南	2017	15.1%	—	—	—	—	770	5.9%	13101
苏南	611	15.1%	369	9.1%	2982	73.9%	0	0	4035
天津	604	47.9%	380	30.1%	199	15.8%	7	0.6%	1262

资料来源:西南民政部:《西南区一九五○年查禁烟毒统计表》(1950 年 11 月),《档案史料与研究》1990 年第 1 期,第 48 页;苏南行政公署:《关于苏南烟毒概况报告》(1951 年 11 月),《江苏历史档案》1996 年 2 月,第 62 页;天津市人民法院:《为函送本院 1950 年 7 月至 1951 年 9 月份处理烟毒案件材料由》(1951 年 10 月 20 日),天津市档案馆藏,档案号:X0065-Y-000168-003。

各地在处理烟毒犯的过程中仍暴露出一些问题,如对烟毒犯宽大处理的偏差仍然存在。天津在报告中指出有的地区未对屡劝不改的烟民给予适当处罚,且对重犯的判决仍较轻。① 从表 25-5 的数据同样可以证明这一点,如西南区虽作为全国烟毒流行最严重的地区,但是在处以徒刑和罚金的人数比例上仍旧不算太高;苏南释放的比例高达 73.9%;只有天津处以徒刑和劳改的比例高达 78%。同时,三地差距较大的惩处比例反映出另一个问题,即地区间的处罚差异依然存在,惩治烟毒犯工作有待进一步提高。造成这种现象的直接原因是中央尚未制定全国统一的烟毒犯惩治标准,各地只能以自己所属大区或省份发布的法规为依据进行处罚和惩治。

进入第三阶段后,中央决定发动一场全国范围内的群众性肃毒运动,并将严禁贩运和制售烟毒工作作为重点。为彻底肃清烟毒,中央进行了精心的准备,对肃毒运动各环节均制定了严格统一的标准和办法。其中,中央就制定统一的烟毒犯处理办法进行了深入探讨和研究。1952 年 4 月 15 日,中央在《关于肃清毒品流行的指示》里提出了烟毒犯处理的总体方针和原则。7 月 28 日,中央公安部副部长徐子荣在禁毒工作会议上作报告,对烟毒犯的处理原则和标准问题进行了详细的说明。9 月 18 日,中央公安部部长罗瑞卿向中央作关于惩治烟毒犯的专题报告,明确提出"为了彻底粉碎帝国主义的毒化政策,为了严厉惩治毒犯,禁绝毒品流行,为了给处理各类毒犯以量刑的标准,需要有一个惩治毒犯的条例"②,因此向中央提交《中华人民共和国惩治毒犯条例(草案)》(以下简称《条例》)。10 月 3 日,政务院第 153 次政务会议讨论并通过了该《条例》,使其成为中华人民共和国成立初期禁烟禁毒运动中第一部国家级的烟毒犯治罪法规。在这一过程中,中央和地方就烟毒犯惩治的各项细节进行了详细的规定。

中央首先确立了 1952 年肃毒运动中烟毒犯惩治的总体原则和政策。4 月 15 日,中央提出对烟毒犯的处理要采用严厉惩办与教育改造相结合的方针,并在运动中实施打击惩办少数和教育改造多数的政策。③ 随后,东北局、

---

① 《天津市禁烟禁毒工作报告》(1951 年 4 月 21 日),天津市档案馆藏,档案号:X0065-Y-000169-012。
② 罗瑞卿:《关于惩治毒犯的报告》(1952 年 9 月 18 日),罗瑞卿著,公安部《罗瑞卿论人民公安工作》编辑组编:《罗瑞卿论人民公安工作(1949—1959)》,群众出版社 1994 年版,第 151 页。
③ 中共中央:《关于肃清毒品流行的指示》(1952 年 4 月 15 日),中共中央文献研究室编:《建国以来重要文献选编》(第三册),中央文献出版社 2011 年版,第 133 页。

中南局、西北局、华东局及西南局均在发动肃毒运动的相关文件里明确提出对制、贩、运烟毒的主犯和从犯要依据情节轻重给予不同的处罚,并要求各地具体落实惩治与改造相结合的方针。5月21日,政务院进一步明确要从轻处理彻底坦白和真诚悔过的检举立功者,同时严厉惩办拒不坦白者,还须依靠群众落实严厉惩办与教育改造相结合的政策。① 随后,徐子荣7月28日的报告和罗瑞卿9月18日的报告均对惩治烟毒犯的原则和政策进行了具体的解释:集体大量制造和贩运烟毒者从严,个别制造和贩运烟毒者从宽;主谋者从严,胁从者从宽;反革命分子从严,一般烟毒犯从宽;国家机关人员从严,普通群众从宽;一贯从事贩卖烟毒者从严,偶然贩卖者从宽;今后继续贩卖者从严,过去贩卖过者从宽;拒不坦白者从严,彻底坦白者从宽。② 上述原则和政策成为整个禁烟禁毒运动的首要惩治处理标准。

中央进一步确立了计算烟毒犯违法的起讫时间。在毒犯的审判过程中,要想对其进行精准的定罪量刑就必须统一违法犯罪时间的标准,这样才能做到公平执法。在肃毒运动的筹备期间,各地曾根据自身情况制定了不同的时间标准,如东北局规定1950年后已经改正的贩毒犯不予追究。③ 而华东局规定的时间更早,直接追溯到1949年10月。④ 最终,徐子荣和罗瑞卿将计算违法的时间敲定为1951年1月,即这一时限之前的历史烟毒犯不予逮捕和处理,而之后继续进行制、贩、运烟毒的犯人不仅要被严肃惩处,还要将其罪行追溯到1950年2月24日。此外,徐子荣和罗瑞卿进一步明确"三反""五

---

① 中央人民政府政务院:《为查禁鸦片烟毒的通令》(1952年5月21日),江苏省档案馆藏,档案号:7014-2-0427-4。
② 《中央批准徐子荣同志关于禁毒工作会议上的报告》(1952年7月30日),山东省档案馆藏,档案号:A001-05-0061-003;罗瑞卿:《关于惩治毒犯的报告》(1952年9月18日),罗瑞卿著,公安部《罗瑞卿论人民公安工作》编辑组编:《罗瑞卿论人民公安工作(1949—1959)》,群众出版社1994年版,第151页。
③ 《东北公安部关于打击烟毒贩的具体指示》(1952年4月12日),邱创教主编:《毒品犯罪惩治与防范全书》,中国法制出版社1998年版,第832—833页。
④ 《中共中央华东局关于肃清毒品流行的指示》(1952年5月25日),《斗争》1952年第154期,第16页。

反"运动中已结案且无造假或继续犯罪的毒犯,一般不再翻案。① 显然,中央制定的起讫时间更靠后且更合理。自政务院于1950年2月24日发布《关于严禁鸦片烟毒的通令》后,各地虽逐渐开展禁毒工作,但1950年的工作重心并未转到禁烟禁毒,使得该项工作的开展缺乏广度和深度,很多群众并不知晓禁毒政策,导致各地实质性的禁毒工作普遍于1950年底才开始,因此将定罪时间延后至1951年1月则显得更为人性化。

严厉惩治少数罪大恶极的烟毒犯依旧是肃毒运动的重中之重,目的是要教育群众和改造胁从犯。中央4月15日的指示提出将情节严重的制贩烟毒犯和严重违法的工作人员作为运动打击的重点。② 各地一致认为对外主要打击制贩毒的首要分子、惯犯及现行犯,对内着重惩治烟毒贩派往国家机关的坐探和腐化干部。徐子荣要求各地严格处理违法从事制售和贩运烟毒的国家工作人员,对那些情节严重或拒不坦白者,给予行政处分直到判处刑期,但要免予处理那些情节较轻且积极坦白的偶犯和交通运输系统的普通员工。③ 罗瑞卿在报告中同样延续这种观点,要求从重处罚那些专事制售和贩运烟毒的犯首、罪恶重且拒不坦白的毒犯及严重违法的工作人员,特别是那些以反革命为目的而勾结国外势力和国民党集团偷运烟毒入境的烟毒犯,他认为应该依照《中华人民共和国惩治反革命条例》惩治以反革命为目的的毒犯。④ 各地一般在肃毒运动中后期的公审大会上对死刑犯进行宣判和处决,这样既配合了肃毒运动的开展,又壮大了肃毒运动的宣传声势。从上海市军事管制委员会9月29日的一份多人判决书中可以看出,死刑犯均为大量制、贩、运毒的首犯。(见表25-6)同时,中央要求严格控制死刑犯的数量。徐子荣起初建议将死刑犯的数量严格控制在烟毒犯总数的1‰或应逮捕毒犯总

---

① 《中央批准徐子荣同志关于禁毒工作会议上的报告》(1952年7月30日),山东省档案馆藏,档案号:A001-05-0061-003;罗瑞卿:《关于惩治毒犯的报告》(1952年9月18日),罗瑞卿著,公安部《罗瑞卿论人民公安工作》编辑组编:《罗瑞卿论人民公安工作(1949—1959)》,群众出版社1994年版,第155页。

② 中共中央:《关于肃清毒品流行的指示》(1952年4月15日),中共中央文献研究室编:《建国以来重要文献选编》(第三册),中央文献出版社2011年版,第133—134页。

③ 《中央批准徐子荣同志关于禁毒工作会议上的报告》(1952年7月30日),山东省档案馆藏,档案号:A001-05-0061-003。

④ 罗瑞卿:《关于惩治毒犯的报告》(1952年9月18日),罗瑞卿著,公安部《罗瑞卿论人民公安工作》编辑组编:《罗瑞卿论人民公安工作(1949—1959)》,群众出版社1994年版,第152页。

数的 5‰,并将死刑批准权集中于省级人民政府。① 西南局建议将该数字控制在毒犯总数的 2‰。中央最终将其提升到已捕毒犯的 2‰。② 从具体的数据来看,西北区截至 10 月 10 日处决毒犯 16 人,占毒犯总数和已逮捕毒犯数的 1‰和 7.5‰;③西南区截至 10 月 15 日处决 68 人,占毒犯总数和已逮捕毒犯数的 0.6‰和 3.2‰;全国截至肃毒运动结束共处决烟毒犯 880 人,占到逮捕总人数的 1%。④ 由此可见,尽管各地的实际处决比例均低于中央预期,但是全国未出现严重的错判现象。

中央要求充分落实教育改造多数的原则,并严格把握逮捕毒犯的判刑比例和标准。中央 4 月 15 日的指示规定对情节不是特别严重的烟毒犯,只要他们彻底坦白和检举立功,对其可减轻或免予处分。⑤ 各地对小犯、偶犯及初犯均采取令其登记坦白、交出毒品及具结悔过的宽大办法。7 月 28 日,徐子荣提出判处释放或交群众管制的烟毒犯数字不应超过总数的 20%,判处徒刑或劳动改造的烟毒犯数字应占逮捕烟毒犯总数的 80%～90%,且判处徒刑者均应接受长期和集中的劳动改造。⑥ 9 月 18 日,罗瑞卿同样提出应该给多数烟毒犯以重新做人的机会,允许他们通过长期劳动改造的方式实现自我改造,对小犯和坦白立功的毒犯给予减免刑期的处理,同时要求一律从轻处理情节较轻且坦白悔过的工商业者,只需处理其制售和贩运烟毒的犯法部分,以此保护正当工商业的发展,稳定社会经济秩序。截至 11 月底运动结束,全国各地逮捕烟毒犯总数为 82056 人,已处理的 51627 人,其中判处释放和交群众管制的共 10377 人,占已处理的 20%;判处徒刑和劳改的共 35924

---

① 《中央批准徐子荣同志关于禁毒工作会议上的报告》(1952 年 7 月 30 日),山东省档案馆藏,档案号:A001-05-0061-003。
② 中共中央:《中共中央转发西南局关于深入肃毒运动的紧急通知》(1952 年 10 月 3 日),陕西省档案馆藏,档案号:123-1-278-17。
③ 中共中央西北局:《关于继续开展禁毒运动的具体意见及捕杀关管的内定数字的函》(1952 年 10 月 14 日),陕西省档案馆藏,档案号:123-1-278-25。
④ 罗瑞卿:《全国禁毒运动总结报告》(1952 年 12 月 14 日),中央档案馆、中共中央文献研究室编:《中共中央文件选集(1949 年 10 月—1966 年 5 月)》(第十册),人民出版社 2013 年版,第 404 页。
⑤ 中共中央:《关于肃清毒品流行的指示》(1952 年 4 月 15 日),中共中央文献研究室编:《建国以来重要文献选编》(第三册),中央文献出版社 2011 年版,第 134 页。
⑥ 《中央批准徐子荣同志关于禁毒工作会议上的报告》(1952 年 7 月 30 日),山东省档案馆藏,档案号:A001-05-0061-003。

人,占已处理的 69.6%。① 地方政府亦很好地实施了宽严政策,以安阳为例,该市在运动中逮捕毒犯 127 人,已审结 117 人,其中释放和管制的 9 人,占已处理的 7.7%;判处徒刑的 108 人,占已处理的 92.3%。② 此外,至于烟毒犯的财产处理问题,罗瑞卿提议各地依法追究烟毒犯的违法所得,但为照顾其家属生活,可适当免除没收或为其预留家庭生活费。③

从具体的量刑年限来看,《条例》对五个层次烟毒犯的量刑标准进行了说明:第一类是大量种植、制售和贩运烟毒的业主、组织者、主谋者及武装分子,处以 10 年以上有期徒刑、无期徒刑或死刑;第二类是一贯小量制造毒品的业主或技师,武装种植和贩运售烟毒的出资者、参与者、包庇者及烟馆主人,处以 5 年以上 10 年以下的有期徒刑;第三类是兼职制毒的技师、一贯小量贩运者、贩运烟毒的中间取利者及情节较轻的烟馆主人,处以 3 年以上 5 年以下的有期徒刑;第四类是小量制、贩、运烟毒的小犯、妇女及老弱病残孕者,处以 3 年以下之管制;第五类是轻微制、贩、运烟毒的偶犯、初犯、包庇犯及胁从犯,经登记坦白及悔过后免予处罚。同时,《条例》规定对具有五方面反革命和伪军警宪身份的烟毒犯、冒充国家工作人员者及拒不坦白者加重刑罚,对坦白登记、彻底交毒及积极检举立功者从轻或免予惩处。④

由上可见,《条例》在烟毒犯处理的问题上构建起了一个系统和科学的解释体系。从禁烟禁毒运动的纵向发展来看,该体系相较于第二阶段地方的量刑标准,一方面吸收和继承了各地的成功经验,另一方面打破了轻重或主从的二元量刑标准,不仅对烟毒犯的罪行进行细致区分和说明,还将处罚年限量化为五个阶梯层次,为烟毒流行程度不同的地区提供了有价值的参考。与同期地方标准进行横向相比,该体系更显得清晰和明确。云南曾于 8 月 21 日颁布《云南省对毒犯处理标准》,该标准虽然将烟毒犯判决的满足条件进行

---

① 罗瑞卿:《全国禁毒运动总结报告》(1952 年 12 月 14 日),中央档案馆、中共中央文献研究室编:《中共中央文件选集(1949 年 10 月—1966 年 5 月)》(第十册),人民出版社 2013 年版,第 404 页。
② 安阳市公安局局志办公室:《安阳市的禁烟禁毒运动》,中共安阳市委党史办公室编:《中共安阳党史专题资料选编》(三),河南人民出版社 1991 年版,第 126 页。
③ 罗瑞卿:《关于惩治毒犯的报告》(1952 年 9 月 18 日),罗瑞卿著,公安部《罗瑞卿论人民公安工作》编辑组编:《罗瑞卿论人民公安工作(1949—1959)》,群众出版社 1994 年版,第 154 页。
④ 《中华人民共和国惩治毒犯条例》(1952 年 10 月 3 日),黄绍智等主编:《禁毒工作手册》,上海三联书店 1993 年版,第 109—112 页。

了细致的描述,但仍未对判处有期徒刑的条件进行分类和细化,也没有说明各类判罚的参考年限。① 这样使得地方在审判案件的过程中无法精准定罪和量刑。总之,《条例》为全国各地提供了一个统一的和详尽的量刑标准,可以有效地指导各地肃毒运动的后期处理工作,并且终结了各地自主制定惩治办法的状态,更为之后常态化的禁烟禁毒工作提供了法律依据。

严禁制售和贩运烟毒的工作贯穿了整个运动,并呈现出一个不断拓展和完善的状态。起初,各地的侦察和逮捕行动不统一且破案效率低下,部分地区甚至出现了变象抽税和处罚过宽的问题。人民政府在第二阶段开始全面地推进此项工作,坚持严厉惩办与教育改造相结合的方针,实施打击惩办少数和教育改造多数的处理政策,并且通过召开毒犯公审大会的方式对具有反革命身份的大烟毒犯进行审判。国家在第三阶段的肃毒运动中彻底肃清了制售和贩运烟毒的现象。1952年肃毒运动能够完成此项任务的原因之一就是国家在运动前已经建立起高效的社会控制机制,二者形成了良好的互动关系。一方面,完善的管理机制为肃毒运动提供了足够的政治权力和组织保障;另一方面,肃毒运动通过暴力枪决、刑事逮捕、劳动改造、群众监管及公开表扬等方式反向助推国家对城镇人口的政治控制,将国家权力渗透进每个社会角落。

表25-6 上海市军事管制委员会于1952年9月29日的判决列表

序号	姓名	成分	案情	制贩量	判决结果
1	郭柏声	地主	制贩烟毒的主犯、惯犯、现行犯	1598114两	死刑
2	许仲明	资本家	制贩烟毒的组织者、主谋者和现行犯	40175两	死刑
3	彭友生	资本家	制贩烟毒的主犯和现行犯	1459500两	死刑
4	李成瑗	兵痞	贩运烟毒的组织者、主谋者和现行犯	7250两	死刑
5	王静娟	流氓	制贩毒品的主犯和现行犯	3380两	死刑,缓期2年
6	林森农	商人	一贯制贩烟毒	白粉338两,鸦片355两	15年

---

① 《云南省对毒犯处理标准》(1952年8月21日),中共云南省委党史研究室、中共云南省公安厅委员会编:《建国以来云南的禁毒斗争》,云南民族出版社1997年版,第395—397页。

(续表)

序号	姓名	成分	案情	制贩量	判决结果
7	叶天民	兵痞	协助和包庇他人贩卖烟毒	—	7 年
8	张剑云	流氓	贩运毒品的惯犯和现行犯	200 两	5 年
9	张旭人	伪军官	贩运毒品的惯犯和现行犯,坦白检举立功	560 两	3 年,缓刑 2 年
10	梅楚臣	伪官吏	贩运毒品的惯犯和现行犯,坦白检举立功	3600 两	3 年,缓刑 2 年
11	何淑珍	—	供给制毒场所、运送毒品	—	保释
12	刘亚芳	—	贩运毒品的惯犯,检举立功	37 两 5 钱	保释
13	刘玉芬	—	贩运毒品,检举立功	白粉 119 两,鸦片 20 两	保释
14	洪玉轩	—	一贯贩运毒品的惯犯和现行犯,坦白检举立功	白粉 14 两 8 钱,白粉底板 5 两,鸦片 14 两	保释
15	喇伟文	—	一贯贩卖白粉的惯犯和现行犯,坦白检举立功	—	保释
16	杜世鹏	—	贩卖毒品的惯犯,坦白检举立功	鸦片 104 两	保释
17	王滨	—	一贯贩卖毒品,坦白检举立功	白粉 33 两,鸦片 2 两,底板 2 两半	保释
18	陈少南	—	一贯贩毒及开灯供人吸毒,坦白检举立功	鸦片 152 两,白粉胚子 10 两	保释
19	谢毓康	—	贩卖毒品,坦白检举立功	75 两	保释
20	顾永明	—	一贯贩毒的惯犯和现行犯,坦白检举立功	白粉 34 两	保释
21	陈隆淮	—	一贯贩毒的惯犯和现行犯,坦白检举立功	鸦片 196 两 3 钱,白粉 6 两 5 钱	保释
22	罗美耀	—	一贯贩毒的惯犯和现行犯,坦白检举立功	鸦片 328 两,白粉 25 两	保释
23	韩咏福	—	一贯开烟馆并贩毒的惯犯,坦白检举立功	白粉 20 余两	保释
24	夏小妹	—	一贯开烟馆并贩毒的惯犯,坦白检举立功	—	保释

(续表)

序号	姓名	成分	案情	制贩量	判决结果
25	周凤宝	—	贩卖毒品的惯犯和现行犯,坦白检举立功	白粉24两,底板20两	保释
26	陈六明	地主	代人贩卖毒品,坦白检举立功	鸦片浆子153两	保释
27	葛玄生	—	一贯帮人贩卖毒品,坦白检举立功	贩卖白粉9两	保释
28	陈欣伯	—	贩毒的惯犯,坦白检举立功	鸦片127两,白粉浆子19两	保释
29	周希焜	—	一贯贩毒的惯犯和现行犯,坦白检举立功	白粉11两7钱,鸦片68两,底板6两7钱	保释
30	王国珍	—	贩毒的惯犯和现行犯,坦白检举立功	白粉49两5钱,鸦片10两	保释

资料来源:上海市军事管制委员会军法处:《关于判处烟毒贩的判决》(1952年9月29日),上海市档案馆藏,档案号:B1-2-1323。

第二十六章　毒品收缴和处理政策的建立与变化

中华人民共和国成立初期，为彻底解决在中国遗存近百年的鸦片问题和摆脱"东亚病夫"的旧时印象，中国政府发动了一场旨在彻底消灭鸦片烟毒的社会改造运动，以期重塑国家形象。然而，自1950年下半年开始，冷战思维支配下的美国政府和退居台湾的国民党集团无视中国政府在禁毒上的努力和成绩，连续多年借助新闻媒介和联麻委两个平台肆意歪曲中国政府的禁毒政策，诬蔑中共贩毒以丑化共和国的形象。为避免美国断章取义式地利用禁毒材料进行造谣宣传，中国政府创造性地在1952年肃毒运动中推行"口头宣传"政策，这一政策直接导致之后有关禁毒活动的公开历史记录未能出现在当时的刊物、图书、报纸等各种文献里。这个结果虽然成功地阻断了美国的企图，但同时也切断了世人洞悉中国政府在禁毒运动中收缴和处理毒品的真实过程，相应地也影响了学术界对相关历史问题的深入探析。目前，学术界对这场运动的研究只局限在宏观探讨政府在严禁种、制、贩、售毒品等环节上的举措，对毒品收缴和处理的关注尚属空白。

第一节　美国诬蔑事件对禁烟禁毒政策的影响

中华人民共和国成立初期的禁烟禁毒运动从1950年2月正式开始，一直持续到1953年。在这期间，国家多次出台政策，严厉禁止毒品的买卖与对外输出。1950年2月24日，政务院颁布《关于严禁鸦片烟毒的通令》，标志着中华人民共和国成立初期全国性禁烟禁毒运动的开始，其中规定："全国各地不许再有贩运制造及售卖烟土毒品情事，犯者不论何人，除没收其烟土外，还须从严治罪。"①9月12日,内务部再次强调:"严厉禁止运烟、售烟。"②11月,中财委向各地发出指示:"为贯彻禁毒政策并顾及对外影响,故一律不准外销(毒品)。"③1951年2月6日,周恩来再次重申禁令:"所有机关、部队、团体均不得在国内外买卖毒品,违者受国家法律处分。"④1952年初,在"三反"运动中,部分国家机关人员和部队人员包庇与勾结毒贩或反革命分子,违反禁令从事贩运走私毒品的勾当。中央意识到问题的严重性,于4月15日颁发《关于肃清毒品流行的指示》,开始筹备1952年肃毒运动。该文件指出"铁路、交通是毒贩借以偷运毒品的线路,公安、司法、税务等部门是毒贩勾结收买内部人员求得包庇掩护的主要对象,边防、海关是毒品出入国境的要隘",所以运动应将它们作为重点部门;同时要"以毒品之主要产地、毒品的集散枢纽和出入国境的'关口'"为展开运动的重点地区。⑤ 显然,中国政府对禁止毒品贩运和出口的态度是一贯坚决的,不容许包括国家工作人员在内的任何人从事毒品走私的活动。

然而,在冷战的特殊国际环境下,以美国为代表的敌对势力对中国政府展开连续的诬蔑活动。1950年11月,英国政府向联合国指控中国政府向在华的帝国化工公司贩卖鸦片,但并未列出确凿的证据。⑥ 随后,美国在第五届联麻委会议上对英的指控表示支持。⑦ 在美国的主导下,诬告材料被提交给联合国秘书长赖依,并转给中央鸦片常设局,由其调查此事。⑧ 1951年5

---

① 政务院:《关于严禁鸦片烟毒的通令》(1950年2月24日),中央人民政府法制委员会编:《中央人民政府法令汇编(1949—1950)》,法律出版社1982年版,第212页。
② 中央人民政府内务部:《关于贯彻严禁烟毒工作的指示》(1950年9月12日),重庆市档案馆藏,档案号:1068-1-2。
③ 广西财委会:《通知对已往查获烟土之处理办法及对今后处理手续希会同有关部门研究办理由》(1950年11月),广西壮族自治区档案馆藏,档案号:X053-001-0053-0048。
④ 华东军政委员会:《周总理关于禁毒的命令》(1951年2月9日),山东省档案馆藏,档案号:A101-04-0043-014。
⑤ 中共中央:《关于肃清毒品流行的指示》(1952年4月15日),中共中央文献研究室编:《建国以来重要文献选编》(第三册),中央文献出版社2011年版,第133页。
⑥ "Peiping Regime Has Opium Cache of 500 Tons," Britain Informs U. N., *New York Times*, 08 Nov 1950.
⑦ 外交部国际司:《关于苏联通知英美诬告我贩卖鸦片事》(1951年2与27日),中国外交部档案馆藏,档案号:113-00065-01。
⑧ 外交部苏欧司:《报告》(1951年1月13日),中国外交部档案馆藏,档案号:113-00065-01。

月1日,美国政府在新一届联麻委会议上将中国列为世界主要鸦片走私国之一。① 8月4日,为配合美国的行动,国民党当局向联合国经社理事会谎称中国政府通过香港向东南亚和太平洋地区贩卖鸦片。② 11月6日,中央鸦片常设局主席赫伯特·梅伊致函周恩来,要求中国政府公布鸦片来源、收集时间、输出量等相关信息。③ 1952年的联麻委会议再次成为美国上演诬蔑大戏的舞台。5月5日的会议上,美国政府称中国是世界最大的毒品来源地,而国民党代表在会上也提交了所谓的"证据"。④ 一系列毫无根据的指控均指向共和国的禁毒策略,特别是毒品收缴和处理的政策。

针对美国的诬蔑行为,中国政府作出强烈驳斥。首先,积极调查相关诬蔑内容。外交部曾于1951年1月向中财委、贸易部、中财部函告相关内容,并询问:"中国是否可以种植罂粟?是否可以输出鸦片?"⑤ 贸易部经过反复研究并向各方面查询后回复称:"本部并无此项材料,亦不了解情况。"⑥ 财政部亦查无此事,建议由新华社发表声明:"这是彻头彻尾的捏造,且帝国主义者利用联合国机器对我中华人民共和国又一次恶意诽谤。"⑦ 其次,中国政府经由苏联等社会主义国家在联合国相关会议上提出抗议。新华社于1951年3月9日发表声明,明确否认美国的诬蔑内容,指出美国是在转移世人对其侵朝战争的注意力。⑧ 外交部于1952年5月19日再次发表声明,介绍了新中国严厉禁绝毒品的政策,指出"鸦片毒品的贩卖,在新中国是绝对违法的",以及"向日本贩卖海洛英之说,正是对新中国的绝对诽谤"。⑨ 最重要的是,

---

① "U. S. Finds Heroin Big Narcotic Snag," *New York Times*, 02 May 1951.
② "Reds Said to Supply Opium," *New York Times*, 05 Aug 1951.
③ 《联合国中央鸦片常设局主席 Obedient Servant 给周恩来的信》(1951年11月6日),中国外交部档案馆藏,档案号:113-00065-01。
④ "Illicit Traffic In Opium," *The Times*, 06 May 1952.
⑤ 《外交部给中财委、贸易部、中政部的函》(1951年1月26日),中国外交部档案馆藏,档案号:113-00065-01。
⑥ 《贸易部给外交部的函》(1951年2月5日),中国外交部档案馆藏,档案号:113-00065-01。
⑦ 《中财部给外交部的函》(1951年3月5日),中国外交部档案馆藏,档案号:113-00065-01。
⑧ 新华社:《新华通讯社奉令声明 美国集团污蔑我在香港"兜售鸦片"纯系恶意造谣企图掩饰侵略行为》,《人民日报》1951年3月10日。
⑨ 《关于就美国诬蔑我国私贩海洛英我国外交部发表声明》(1952年5月19日),外交部档案馆藏,档案号:113-00124-01。

中央政府决定在1952年肃毒运动中推行爱国主义性质的"口头宣传"政策。7月10日,毛泽东对罗瑞卿等人的报告作出批示:"惟宣传问题应确定只在内部及人民中作口头宣传不要登报,以免为美国利用(美国在两个月前说我们向日本输出鸦片,我们曾予以驳斥)。"①19日,中宣部和公安部发布《关于禁毒宣传的指示》,强调鉴于美国的诬蔑,禁烟禁毒运动将"不在报纸、刊物、新华社及广播电台公开的文字的宣传",且不宣传走私毒品出国的案件、逮捕毒贩和没收毒品的数字等内容,而要重点揭露美蒋的毒化政策,包括揭露美蒋"制造输入贩运毒品的案件""人民身受毒害的实例""历史上帝国主义强迫输入毒品的罪行"等内容。②

第二节　烟毒收缴与处理政策的实施

中国政府的各项反驳掷地有声,有力地回击了美国的诬蔑,但是不公布禁烟禁毒过程的规定也使世人无法清晰地了解共和国在禁烟禁毒运动中取得的成绩。实际上,中国政府根据各地实际情况和不同阶段的客观需求,出台了严格的毒品收缴与处理政策,政策的制定和实施更经历了一个复杂变化的过程。因此,无论是出于澄清历史事实的考虑,还是介于学术求真的考量,我们都应该对中华人民共和国成立初期禁烟禁毒运动中毒品的收缴与处理工作做深入研究,完整呈现国家在这项工作中取得的卓越成就。根据政策调整和实施的过程,可以将其历史划分为四个阶段。

一、沿袭与各地独立处理时期

中华人民共和国成立伊始,国家正处于重建社会和巩固政权时期,社会秩序还未得到充分稳固,基层民主政权还在系统建立之中。为维持社会稳定

---

① 《中央同意七月底八月初为全国禁毒破案开始统一行动时间的指示》(1952年7月10日),中共中央文献研究室、中央档案馆编:《建国以来刘少奇文稿(1952年1月—1952年12月)》(第四册),中央文献出版社2005年版,第320页。
② 中央宣传部、公安部:《关于禁毒宣传的指示》(1952年7月19日),山东省档案馆藏,档案号:A001-04-0024-011。

和配合中心工作,各地在毒品的收缴、提奖与处理上多沿袭之前解放区的办法。尽管政务院于 1950 年 2 月 24 日颁布《关于严禁鸦片烟毒的通令》,但该通令更多是强调禁绝烟毒的决心与原则,并未制定与以前不同的毒品收缴与处理的政策。因此,从 1949 年 10 月至 1950 年 7 月 10 日,毒品收缴与处理工作尚处于各地独立处理时期,大多数地区仍沿袭了解放前的禁毒政策。

首先是毒品收缴政策的延续。收缴所得毒品主要是指政府部门通过收购、征缴、清理及没收等四种途径获取到的。1949 年 10 月,中华人民共和国成立伊始,针对农村私种留存之烟土,多地沿袭解放前的毒品收购政策,目的是照顾烟农生活,从而稳定与恢复农村社会经济。比如,苏北行署 9 月颁布的《禁烟禁毒暂行办法》虽严禁私存毒品,但公布了毒品收购的办法,要求村民在一个月内(10 月 23 日前)向当地政府登记封存毒品,政府据具体情况酌予给价收购,而逾期经检举查获之烟土依规没收。① 再如,河南省于 7 月颁布《关于征收鸦片罚金及收购鸦片的决定》,明确规定民间存土严禁买卖与吸食,一律由政府收购。具体办法是:第一,收购的烟价依据阶级成分不同而给出低于市价不同百分比的价格,即贫农、中农、地富分别低 5％、10％、20％。第二,一律以质量纯高之干烟土为标准,称以新市称为准,质量的好坏决定烟土的价值。第三,收购之好坏烟土分别以每包一百两的标准用油纸包封口。第四,各级政府可在市镇设收购所,亦可下乡收购,当面付款并开具证明。第五,按收获量征收烟苗罚金,即新区及黄泛区 30％,禁烟禁毒工作有基础的地区 50％。② 随后,河南省 10 月 14 日出台的《禁烟禁毒暂行办法》继续提出:在办法实施前,烟农除缴罚金外,应将私存烟土依规全部由政府收购。③ 河南省在《禁烟禁毒条例暂行办法》里给出收购农民手中烟浆的具体方法,即按其种植地亩数以麦季收获量给麦粮换回,且农民须缴纳罚金或接受罚劳

---

① 苏北行政公署:《苏北区禁烟禁毒暂行办法》(1949 年 9 月 23 日),江苏省档案馆藏,档案号:7011-2-0009-3。
② 河南省人民政府:《关于征收鸦片罚金及收购鸦片的决定》(1949 年 7 月 18 日),河南省档案馆藏,档案号:J0078-004-00327-009。
③ 河南省人民政府:《禁烟禁毒暂行办法》(1949 年 10 月 14 日),河南省档案馆藏,档案号:J0149-01-003-00108-017。

役。① 显然,政府收购毒品的目的是出于维持烟农生计考量,避免其马上陷于生活困境,能顺利展开生产,从事其他农作物的种植。

　　1949年底,部分地区开始考虑是否继续推行收购毒品的政策。一方面,有的地区收购毒品的截止日期逼近或已过,该如何处置新发现的毒品,国家尚无法可依;另一方面,西南部分种烟严重的地区在中华人民共和国成立后才相继解放,农村种鸦片烟的现象还很普遍,烟农存有大量烟土,因此当地政府考虑是否可以继续推行收购政策。为此,各地向所属中央局和中央政府询问,如苏北行署在给华东的电文中指出邳睢地区农村的留存烟土最低有20万两,如此巨大的存土量,明年上半年的收购工作该如何开展。② 1950年1月8日,中央在回复西南局并转全国的文件里,规定在严格禁种烟苗的前提下,"民间存烟用适当方式收集,以免荼毒人民"③。这一规定给地方政府一定的主动权,各地可根据自身情况来处理民间存土。1月末,廖志高在进入西康主政工作时指出禁种鸦片要采取"慢慢改造"的方式,农民已种鸦片可由政府统一收购,目的是防止"反对我们的人(指土匪、恶霸、国民党残余力量)有所藉口而鼓动人民反对"④。由此可见,1950年第一季度,种烟较普遍的地区均不同程度地延续了收购毒品的政策,目的是维持社会稳定和配合剿匪反霸工作。

　　随着各地政权建设工作的逐步推进,收购毒品的政策逐渐被停止,代之以征缴毒品的方案。2月24日,政务院颁布《关于严禁鸦片烟毒的通令》,该通令成为禁烟禁毒运动各项工作的纲领性文件。该文件规定"散存于民间之烟土毒品,应限期令其缴出",为照顾烟农生活,政府"得分别酌予补偿"。⑤

---

① 河南省人民政府:《禁烟禁毒条例暂行办法(草案)》(1949年10月14日),河南省档案馆藏,档案号:J0149-01-003-00108-017。
② 苏北行署:《关于禁毒问题给华东财委的电》(1949年12月28日),《江苏历史档案》1996年第2期,第49—50页。
③ 中共中央:《关于严格禁种鸦片烟苗的指示》(1950年1月8日),中央档案馆、中共中央文献研究室编:《中共中央文件选集(1949年10月—1966年5月)》(第二册),人民出版社2013年版,第32页。
④ 《廖志高同志关于入康工作的报告》(1950年1月29日),徐学初主编,中共四川省委党史研究室组织编纂:《四川的城市接管与社会改造》,四川人民出版社1997年版,第85页。
⑤ 政务院:《关于严禁鸦片烟毒的通令》(1950年2月24日),中央人民政府法制委员会编:《中央人民政府法令汇编(1949—1950)》,法律出版社1982年版,第212页。

该规定虽不再提及收购政策,且提出征缴毒品的方案,但是延续了对群众补偿的办法,而未对补偿标准作出解释。这就给种烟严重地区的存土处置工作带来一定的困扰。例如,西康省曾继续向西南局提议国家可用财政来收购部分农村烟土,农民可用烟土抵缴部分公粮或公款,而收烟造成的财政困难可通过对烟农科15％罚金来弥补。5月14日,西南局明确否决了这个提议,提出"政府绝不采取低价收购或抵缴粮款办法,为种烟户找出路",并列出四点原因:一是收购烟土会造成国家财政损失;二是烟农易生依赖政府的幻想;三是部分收购烟土解决不了烟户的根本需求,易引发群众对政府的埋怨情绪;四是要让种烟户在实际教训中感受种烟的弊端。① 24日,中央将西南局的回复转发各大区参考,刘少奇提出"是否可采由政府廉价收买当场当众焚毁办法?"的疑问,供各区讨论。② 随后,各地开始修改本地区的毒品收缴方式,但是大部分地区在下半年才制定出具体的毒品征缴办法。

在毒品征缴政策实施同时,由各地仓库物资清理调配委员会(以下简称"清调会")清出之毒品成为收缴毒品的第三种来源。中华人民共和国成立后,人民政府虽接收了各旧有企业和军政单位仓库中的囤积物资,但是未对其进行系统清理,更没能加以合理利用。1950年3月3日,政务院决定成立全国清调会;要求各大区及中央企业部门等均设清调分会,在6月底前查明所有仓库存货,无隐瞒地逐级上报专管机关;规定所有仓库物资由中财委统一调度和合理使用。其中,政务院明确提出凡今年不能处理或利用之物资器材,一律分别种类建立适当仓库,或指定某部门某地区代管。③ 各地的清调部门在接管旧政府部门及企业的仓库中清出大量毒品。它们成为收缴毒品的又一大来源,且被各地清调部门暂时保存起来。

第四种收缴毒品的方式是没收毒品。依据相关法规,政府部门在查获案

---

① 西南局及财委:《关于禁烟的几种办法》(1950年5月14日),中央档案馆、中共中央文献研究室编:《中共中央文件选集(1949年10月—1966年5月)》(第三册),人民出版社2013年版,第66页。

② 《对中共中央批转西南局关于禁绝烟毒办法通知的修改》(1950年5月24日),中共中央文献研究室、中央档案馆编:《建国以来刘少奇文稿(1950年4月—1950年12月)》(第二册),中央文献出版社2005年版,第188页。

③ 政务院:《关于全国仓库物资清理调配的决定》(1950年3月16日),中国社会科学院、中央档案馆编:《中华人民共和国经济档案资料选编(1949—1952)》(综合卷),中国城市出版社1990年版,第619—622页。

件和查缉走私中可以没收所发现的毒品。2月24日的通令规定:禁令颁布之日起,政府要没收违犯禁令从事制、贩、运、售毒品者的毒品,且应没收那些逾期不缴毒者的毒品。① 具体来说,一方面,公安和司法部门在办理各类违法案件中,若查获非法之毒品可将其没收。另一方面,查缉部门在查缉违禁及走私物品的过程中,若发现毒品亦可将其没收。查缉部门多与民政、司法、公安、税务、工商等部门密切配合,组成禁运封锁线,进行严密查缉,严防偷运毒品者。例如,西北区要求财经委在省市县均设立查缉违禁及走私物品委员会,并附设稽查队,执行查缉任务。当涉及毒品走私时,稽查队应接受禁烟禁毒委员会的领导,并与公安等部门联系配合,没收其违法毒品。②

尽管国家和地方出台了毒品查缉的法规,但是个别毒品流行地区仍出现了变相征收鸦片税的现象。6月,云南开远县在查缉多起运毒案的过程中,按照初犯处罚和"每100两罚25两,……所罚烟土照市价1.4万两合成人民币"的原则向毒贩征收罚款,并将烟土发还毒贩。而其上级行政机关蒙自专署在汇报此事时也称该地区的缉私原则是初犯者给予罚款处罚,再犯者才没收毒品。7月,省府对两级政府的做法作出严厉批评:提出开远县的缉私人员不可征收烟税,征收罚金等同于变象抽税;批评其抽税后将烟土返还的行为违背国家禁贩烟毒的规定;纠正蒙自专署"初犯者处罚"的草率思想;最后强调要没收缉获之毒品及不准征收烟税和变象罚金的硬性规定。③ 显然,在毒品收缴政策的实施过程中,个别地区也会出现偏差现象。但是整体来说,各地都在按照国家规定没收发现之毒品。

毒品的没收工作常会涉及毒品提奖问题。因为这一时期群众对烟毒危害的认识不足,所以要想彻底根绝烟毒流行就必须激发群众查禁烟毒的积极性,开展群众性的检举烟毒工作。由此,对检举和密告烟毒线索的群众与卓有成绩的工作人员给予一定的物质奖励就必不可少。税务总局曾于1950年1月17日规定,没收的违禁毒品如质量较纯,由县局酌量作价发给受奖人奖

---

① 政务院:《关于严禁鸦片烟毒的通令》(1950年2月24日),中央人民政府法制委员会编:《中央人民政府法令汇编(1949—1950)》,法律出版社1982年版,第212页。
② 陕西省人民政府:《关于转发西北区查缉违禁及走私物品暂行办法的通令》(1950年12月11日),陕西省档案馆藏,档案号:198-1-68-6。
③ 《云南省人民政府禁烟的训令》(1950年7月21日),中共云南省委党史研究室、中共云南省公安厅委员会:《建国以来云南的禁毒斗争》,云南民族出版社1997年版,第391—392页。

金;而质量较劣的须经化验后,按照质量好坏程度予以奖励。① 中南局要求各地政府依据群众检举的成绩予以适当奖励。② 随后,部分地区出台各自的毒品提奖办法。(见表26-1)各地规定:提奖金多从没收毒品的价值或罚款金中按比例抽取;提奖金依据检举人的社会身份而有所差异,普通群众的提奖金一般多于机关和部队工作人员,有的地区甚至规定部队和机关工作人员不予提奖;检举吸食毒品者所得提奖额要普遍低于检举制、贩、运售毒品者;单纯检举者与检举并协助破获者的提奖亦有所差别。

表 26-1　部分地区检举毒品案件提奖办法列表

省份	颁布时间	提奖比例		备注
		群众	公务人员	
河南	1949.10.14	15%~25%	10%~15%	—
浙江	1950.6.29	5%~10%	—	检举吸食或注射烟毒人犯者予以表扬或由没收罚款中给以50%奖金
上海	1950.7	15%~25%	5%~15%	—
天津	1950.7.1	5%~30%		检举吸毒者给予口头表扬

资料来源:《为公布河南省禁烟禁毒暂行办法》(1949年10月14日),河南省档案馆藏,档案号:J0149-01-001-00027-003;浙江省人民政府:《严禁鸦片烟毒令》(1950年6月29日),浙江省档案馆藏,档案号:J103-002-031-010;上海市民政局:《关于上海市禁烟禁毒实施办法(草案)》(1950年7月),上海市档案馆藏,档案号:B168-1-755-48;《烟民烟毒登记办法实施细则》(1950年7月1日),天津市档案馆藏,档案号:X0053-C-000153-001。

其次,在这场禁烟禁毒运动中,焚毁、上解及再利用成为收缴毒品的主要处理方式。再利用又可分为两种用途:一种是供生产各种麻醉药品之用,另一种是直接用于戒烟药品的配制。在运动的不同时期,收缴毒品的具体处理情况有所差别。第一阶段的处理方式比较多样,且多以省为单位制定具体办法。1950年7月前,中央未出台正式文件对收缴毒品的处理问题进行明确规定,这使得各地的处理办法难以统一。只有税务总局在1月17日函复山

---

① 中央人民政府财政部税务总局:《覆没收毒品处理及提奖办法由》(1950年1月17日),天津市档案馆藏,档案号:X0090-Y-000215-033。
② 中南军政委员会:《中南区禁烟禁毒实施办法》(1950年5月22日),中南军政委员会民政部编:《民政工作手册》第2辑,内部资料,1950年,第158页。

西省税务局时要求各地税务机关"凡属违禁毒品没收后,一律逐级解缴总局"①。但该文件未对统一解缴后的及其他途径获取的毒品该如何处理进行详细说明。

一部分省份要求地方须将收缴的毒品上解到相应地方部门。中南局要求各地将毒品上解至省级单位;②上海要求没收之毒品一律交财政部门保管;③云南规定没收的毒品统交由专署或县人民政府妥为保管;④山西制定了分别保管的办法:各级司法机关没收的烟毒加封后解送省人民法院转送财政厅处理;而各级公安机关查获之烟毒上解到省公安厅。⑤ 可见,这些省份毒品上解后的保管机关五花八门,有的上解至直属省级机关,有的解列财政部门,还有的统交人民政府,但毒品较多上解至省级单位,上解工作也多是地方自主性的。一部分省份要求将毒品直接焚毁,如苏南行署规定将查获烟毒按级呈缴由行署销毁。⑥ 他们多采用简单粗暴式方法直接将毒品销毁。再有部分省份采取多种处理方式并行的办法,如浙江提出两种处理办法:一种是查获之烟毒由县以上人民政府办理,按月被归入地方金库;另一种是查缉之毒品呈缴专署或省辖市县处理或销毁。⑦ 还有部分省份将收缴毒品进行再利用。它们允许主管部门将没收毒品调配给本地制药厂制作麻醉药品,如北京新建制药厂因制造麻醉剂需用烟土,经北京市人民政府同意后,提取各市

---

① 中央人民政府财政部税务总局:《覆没收毒品处理及提奖办法由》(1950年1月17日),天津市档案馆藏,档案号:X0090-Y-000215-033。
② 中南军政委员会:《中南区禁烟禁毒实施办法》(1950年5月22日),中南军政委员会民政部编:《民政工作手册》第2辑,1950年,第158页。
③ 上海市民政局:《关于上海市禁烟禁毒实施办法(草案)》(1950年),上海市档案馆藏,档案号:B168-1-755-48。
④ 《云南省人民政府禁烟的训令》(1950年7月21日),中共云南省委党史研究室、中共云南省公安厅委员会:《建国以来云南的禁毒斗争》,云南民族出版社1997年版,第392页。
⑤ 山西省人民政府:《关于各专市县烟毒解缴省法院由》(1949年12月13日),山西省档案馆藏,档案号:C55-1001-15。
⑥ 苏南行政公署:《苏南行政区禁烟禁毒暂行条例》(1949年9月),江苏省档案馆藏,档案号:7014-1-0007-4。
⑦ 浙江省人民政府:《严禁鸦片烟毒令》(1950年6月29日),浙江省档案馆藏,档案号:J103-002-031-010。

属单位没收之鸦片进行使用;① 天津同样将收缴的烟土拨给卫生局,由其配制戒烟药剂。② 因此在这一时期,各地的处理办法多沿袭解放前的政策或各省自主制定处理方案。

二、中央统一管理时期

1950年下半年,地方基层民主政权逐步完整地建立起来,同时土地改革运动正如火如荼地进行,镇压反革命运动和抗美援朝运动相继开始。这些政治运动均或多或少地涉及禁烟禁毒问题。为有效地开展和统筹各项中心工作,国家调整了禁烟禁毒运动相关政策。政务院7月10日的《关于禁烟毒办法的决定》和中财部8月3日的《为明确查获之毒品处理办法由》开始对毒品的收缴和处理工作作出统一的规定,中央政府部门开始逐步集中管理相关工作,标志着第二阶段的毒品收缴与处理工作正式开始。

7月10日,政务院颁布《关于禁烟毒办法的决定》,明确否定了之前的毒品收购办法,提出"政府决不收购烟土,也不准以烟土抵缴公粮"。为照顾贫困烟农,政务院规定中财委可拨出一部分粮食酌予救济,但烟户须交出相当数量的烟土。③ 9月12日,内务部的《关于贯彻严禁烟毒工作的指示》对7月10日的规定进行重申。④ 11月,中财委再次强调各地不再收购民间存烟,原因是经政府几次收购后,群众中出现了居奇不交的现象,政府负担不起存量巨大的烟土收购任务。⑤ 这就意味着毒品收购的收缴方式正式退出历史舞台。与此同时,为积极响应中央的号召,各大区制定新的禁毒实施方案,如西南区7月31日的《关于禁绝鸦片烟毒的实施办法》和10月16日的《关于开

---

① 北平市人民政府工业局:《关于新建制药厂拨领所需烟土核价转账的函》(1950年1月16日),北京市档案馆藏,档案号:031-002-00133-00009;北平市人民政府企业局:《关于将没收鸦片拨交新建制药厂使用的函》(1949年10月19日),北京市档案馆藏,档案号:031-002-00133-00006。
② 《戒烟禁毒具体计划》,天津市档案馆藏,档案号:X0104-C-000013-002。
③ 浙江省人民政府:《转发中央和华东处理鸦片烟毒规定并结合实际情况特作补充指示的训令》(1950年8月5日),浙江省档案馆藏,档案号:J103-002-031-068。
④ 中央人民政府内务部:《关于贯彻严禁烟毒工作的指示》(1950年9月12日),重庆市档案馆藏,档案号:1068-1-2。
⑤ 华东财委:《华东转中财委烟土处理问题的指示》(1950年11月),山东省档案馆藏,档案号:A101-04-0012-003。

展禁烟禁毒工作的指示》、中南区10月13日的《禁烟禁毒工作补充指示》、东北区10月13日的《禁烟禁毒贯彻实施办法》、西北区1951年2月16日的《关于加强禁烟禁毒工作的指示》《禁烟禁毒暂行办法》、中南区3月19日的《为禁绝烟毒工作的指示》等。再者,各省也制定了新的禁烟毒办法。这些办法一方面重申了禁止收购的禁令,另一方面延续了其他收缴方式,并对其进行细化解释。各地规定从事制造、贩运、买卖及吸食毒品者如能主动登记缴出毒品且具结永不再犯可被从宽处理,反之被检举查获者则要依法没收其毒品,并被依法惩处。各地还给出征缴毒品的截止日期,存毒者在日期前主动向政府报告登记缴毒不但不会被处罚,还有可能得到适当补偿。从表26-2中可见,各地的截止日期各不相同,这与各地不同的禁毒进度有直接关系。

表26-2　中华人民共和国成立初期部分地区征缴毒品情况表

地区	征缴日期	补偿情况	地区	征缴日期	补偿情况
西南区	1950.8.1—1950.8.11	—	苏北	1950.5—1950.6	无
东北区	1950.10.13—1950.11.13	有	上海	1950.8.1—1950.8.20	≤50%
象县	1950.12.31前	有	浙江	1950.6.29—1950.7.29	有
西安	1950.9.28—1950.12.28	—	天津	1950.7.1—1950.7.20	≤50%

资料来源:《苏北区禁烟禁毒暂行办法》(1950年5月),《江苏历史档案》1996年第2期,第50页;《天津市人民政府布告》(1950年6月25日),《天津日报》第4版;浙江省人民政府:《严禁鸦片烟毒令》(1950年6月29日),浙江省档案馆藏,档案号:J103-002-031-010;上海市民政局:《关于上海市禁烟禁毒实施办法(草案)》(1950年),上海市档案馆藏,档案号:B168-1-755-48;东北人民政府:《东北区禁烟禁毒贯彻实施办法》(1950年10月13日),黄绍智等主编:《禁毒工作手册》,上海三联书店1993年版,第102页;象县人民政府:《报告禁绝烟毒办法》(1950年12月2日),广西壮族自治区档案馆藏,档案号:X053-001-0069-0003;《西安市烟民登记限期戒除办法》(1950年9月28日),中共西安市委党史研究室、西安市档案局:《城市的接管与社会改造》(西安卷),陕西人民出版社1997年版,第341页。说明:本表所登日期直接录自初始公布的文件,未考虑文件下达时间。

此外,到1950年底,随着全国清仓工作的结束,各地清理所得的毒品逐渐减少,征缴和没收成为收缴毒品的主要来源渠道。这两种收缴毒品的办法一直延续到1952年初,如东北区在1952年2月仍明令群众手中的存毒要限期呈缴当地政府。①

  中财部 1950 年 8 月 3 日颁布的《为明确查获之毒品处理办法由》标志着废止毒品提奖的工作开始提上日程,该文件规定过去的提奖办法"已不适用,应即废止"②。17 日,税务总局除重申以前的提奖办法"自奉中央财政部通知之日起,应即废止"外,进一步解释称过去和将来的缉毒案件一般情况下不再提给奖金,除非有特殊情况的未处理案件可汇案请准区管理局在"没收品变价"或"罚金"项下酌情提部分奖金。③ 9 月 12 日,内务部作出灵活调整,建议在废止过去提奖办法的基础上"各地可斟酌实际情况拟定罚金与奖励办法",但奖金不宜过多。④ 11 月,中财部再次强调:"对查获人只给荣誉奖励,不发奖金。"⑤ 12 月,海关总署也提出:"鸦片毒品案件一律不发奖金。"⑥ 总体来看,废止毒品提奖办法势在必行,而因地制宜的奖励办法仍在局部施行。

  各大区和各省将中央规定转饬地方办理的同时,根据自身的具体情况,制定了相应的奖励办法。一方面,为继续激发群众检举热情,各地将精神奖励作为以后没收毒品的奖励方式,各地通过登报、各级人代会和农代会通报、发给奖状等形式对检举群众进行荣誉表扬。另一方面,各地由于烟毒流行程度及禁毒开展情况有所不同,故在提奖废除的截止日期和之前未处理烟毒案的提奖办法等问题上的规定存在差异。(见表 26-3)实际上,各大区废止提奖办法的时间均延迟到第四季度初,且各省制定的截止日期要再晚于所属大区。各地对截止日期之前未处理案件的提奖办法基本上分为两种态度:一种是前后一致,彻底停止提奖,如华东区规定截止日期过后,所有查获毒品案件一律不提奖;另一种是前后分别对待,如中南区要求以前未处理案件按照之

---

① 东北人民政府:《关于严禁鸦片烟毒及其他毒品的命令》(1952 年 2 月 9 日),邱创教主编:《毒品犯罪惩治与防范全书》,中国法制出版社 1998 年版,第 831 页。
② 中央财政部:《为明确查获之毒品处理办法由》(1950 年 8 月 3 日),天津市档案馆藏,档案号:X0090-C-000100-046。
③ 中央人民政府财政部税务总局:《为转知明确查获之毒品处理办法请查照办理由》(1950 年 8 月 17 日),天津市档案馆藏,档案号:X0090-C-000100-049。
④ 中央人民政府内务部:《关于贯彻严禁烟毒工作的指示》(1950 年 9 月 12 日),中南军政委员会民政部编:《民政工作手册》第 2 辑,内部资料,1950 年,第 156 页。
⑤ 华东财委:《华东转中财委烟土处理问题的指示》(1950 年 11 月),山东省档案馆藏,档案号:A101-04-0012-003。
⑥ 华南财委海关处:《海关总署统一规定关于鸦片及其他毒品处理办法》(1950 年 12 月 25 日),广东省档案馆藏,档案号:206-1-11-101。

前的提奖办法来处理。

表 26-3 部分地区未处理毒品案件的提奖办法情况表

地区	截止日期	提奖额度	提奖的分配比例 报告人	提奖的分配比例 查获人	备注
中南	8.29	6%~10%			(1) 凡经群众密告而查获者,提奖8%; (2) 经群众检举并协助政府查获者,提奖10%; (3) 经部队及工作人员检举或侦察报告而查获者,提奖7%; (4) 由缉私人员侦察破获者,提奖6%
河南	10.12	10%	60%	40%	公务人员每人次最高不超过本币四万元
华东	9.22	截止日期后停止提奖			
山东	9.30				
西北	8.30	—	1/2—2/3	其余归公	(1) 报告或协助查缉人员稽获者,提奖1/2; (2) 报告并协助稽获者,提奖2/3; (3) 稽查队直接查获者,不提奖
陕西	8.30	10%~20%	—	—	在罚金内提成作为奖励金
重庆	—	5%~20%			(1) 检举烟馆者提奖罚金的5%~10%; (2) 检举制造烟毒提奖罚金的10%~15%; (3) 检举贩运藏匿毒品者提奖罚金的15%~20%

资料来源:河南省人民政府财政厅:《为抄录金银提奖办法希依照执行由》(1950年11月1日),河南省档案馆藏,档案号:J0134-001-00043-010;中南财部:《为清理过去毒品积案特规定三项办法》(1950年12月18日),广东省档案馆藏,档案号:295-1-8-042;陕西省人民政府:《关于令发西北区查缉违禁及走私物品暂行办法希切实执行由》(1950年12月11日),陕西省档案馆藏,档案号:198-1-68-6;西北军政委员会:《关于贯彻执行中央政务院严禁鸦片烟毒的命令,特发布的指示》(1950年8月22日),陕西省档案馆藏,档案号:198-1-68-4;陕西省人民政府:《关于禁烟禁毒的指示》(1950年10月18日),陕西省档案馆藏,档案号:198-1-68-7;陕西省人民政府:《陕西省禁烟禁毒实施办法》(1951年5月2日),陕西省人民政府办公厅编:《法令汇编》第2集,1951年7月,第28页。

1950年11月之前,中央对提奖款的报销问题尚无明确说明,各地多以大区或省为单位,自行报销支出。有的省份要求由没收毒品部门的上级主管单位拨付。如山西规定提奖开支由罚金项下拨出,由法院奖给个人。[①] 河南

[①] 山西省人民政府:《关于查禁烟毒中几个具体处理的指示》(1950年11月8日),《山西政报》1950年第12期。

按照没收单位进行区分：属税务机关缉获的，在"没收品变价"或"罚金"项下提奖；属公安司法机关查获的，在"司法行政收入"项下提奖；①西北区规定奖金从被检举人罚金内提取。② 有的省份则统一由各级财政部门垫付。如广西财委会要求各级财政部门先行垫付以往拨付奖金，逐级开具清册，随烟土上解时至各该上级财政部门按级垫付，送达省府后，由省财厅拨还为垫。③ 由于没有统一标准，各地不断向各大区和中央询问报销方式。11月，中财部对提奖款的开支作出明确规定，要求各地将已发奖金数随毒品上报，由中财部拨还。④ 这一规定有效地解决了各地奖金开支问题，保障了提奖工作的顺利开展。

但是，部分地区仍留有政策余地，规定因检举而大量没收的毒品案件可对检举人或查缉者给予奖励金，如山西规定对那些积极性强及查获成绩大的查缉者给予不超过十万元的奖金，以资鼓励；⑤上海规定一次破获50公斤以上毒品者，按照没收毒品的类型，即每两烟灰、烟土和白面分别给予人民币1000元、2000元和5000元不等的奖金。⑥ 1951年8月10日，内务部在修正《平原省禁绝鸦片毒品暂行实施办法》时再次提醒："物质奖励办法，易生流弊，现在不必提倡。"⑦随着废止提奖规定的广泛推行，提奖工作逐渐彻底消失。

第二阶段的毒品处理方式不同于之前，举办焚烟大会和上解中央成为主流，国家对今后和之前收缴的毒品有着不同的处理办法。政务院在1950年

---

① 中南财政部：《关于提高毒品估价以资折价发款的复示》（1950年10月），河南省档案馆藏，档案号：J0134-001-00043-008。
② 陕西省人民政府：《关于令发西北区查缉违禁及走私物品暂行办法希切实执行由》（1950年12月11日），陕西省档案馆藏，档案号：198-1-68-6。
③ 广西财委会：《通知对已往查获烟土之处理办法及对今后处理手续希会同有关部门研究办理由》（1950年11月），广西壮族自治区档案馆藏，档案号：X053-001-0053-0048。
④ 华东财委：《华东转中财委烟土处理问题的指示》（1950年11月），山东省档案馆藏，档案号：A101-04-0012-003。
⑤ 山西省人民政府：《关于查禁烟毒中几个具体处理的指示》（1950年11月8日），《山西政报》1950年第12期。
⑥ 上海市麻醉药品经理所：《关于上海市缉获烟毒给奖暂行办法》（1951年9月22日），上海市档案馆藏，档案号：G99-1-17-1。
⑦ 中央人民政府内务部：《关于禁烟禁毒工作的几点意见》（1951年8月10日），河南省档案馆藏，档案号：J0041-001-00019-004。

7月10日的办法里规定今后收缴毒品的处理方式为焚毁:今后农村征缴来的烟土要当众烧燃,而查获没收的毒品送交当地县(市)政府当众烧毁。① 财政部8月3日的通知和税务总局8月17日的通知先后强调今后收缴的毒品一般的均交县以上政府当众焚毁,同时废止过去各地制定的毒品处理办法。② 12月11日,海关总署规定今后缉获的毒品"交当地民政或公安机关当众焚毁"③。随后,各地对开展焚毁工作的主导部门作出具体布置。西南局规定今后所有缴呈或没收的毒品,一律由县、市人民政府协同禁烟禁毒委员会及人民代表会议机关点清数目,当众全面焚毁。④ 山西要求今后没收毒品的焚毁由民政部门主导审查,即由民政部门选地日期,召集司法、公安、税务、财政等部门参加群众大会,并负责检查、焚毁、宣传、上报等大会事务。⑤ 广西规定查获之烟土交由县级以上公安机关当众焚毁。⑥

这一阶段的焚毁工作已非简单粗暴式的处理行为,它一般具有两层含义。第一层含义即收缴毒品的一种处理方式。据不完全统计,各地在群众大会中焚烧了为数巨大的毒品,西南民政部1950年11月的报告显示1950年该区焚毁烟毒560702两,烟具199461件,原料4670瓶,分别占收缴总数的50.6%、77.3%、90.2%。⑦ 贵州省截至1950年底焚烧毒品达332345两,烟具36957套,约占总数的53%和82.2%。⑧ 云南省焚毁毒品175088.87两,

---

① 浙江省人民政府:《转发中央和华东处理鸦片烟毒规定并结合实际情况特作补充指示的训令》(1950年8月5日),浙江省档案馆藏,档案号:J103-002-031-068。
② 中央财政部:《为明确查获之毒品处理办法由》(1950年8月3日),天津市档案馆藏,档案号:X0090-C-000100-046;中央人民政府财政部税务总局:《为转知明确查获之毒品处理办法请查照办理由》(1950年8月17日),天津市档案馆藏,档案号:X0090-C-000100-049。
③ 华南财委海关处:《海关总署统一规定关于鸦片及其他毒品处理办法》(1950年12月25日),广东省档案馆藏,档案号:206-1-11-101。
④ 西南军政委员会:《关于禁绝鸦片烟毒的实施办法》(1950年7月31日),《档案史料与研究》1990年第1期,第38页。
⑤ 山西省人民政府:《关于查禁烟毒中几个具体问题处理的指示》(1950年11月8日),《山西政报》1950年第12期。
⑥ 广西财委会:《通知对已往查获烟土之处理办法及对今后处理手续希会同有关部门研究办理由》(1950年11月),广西壮族自治区档案馆藏,档案号:X053-001-0053-0048。
⑦ 西南民政部:《西南区一九五○年查禁烟毒统计表》(1950年11月),《档案史料与研究》1990年第1期,第48页。
⑧ 《贵州省一九五○年各专市禁烟禁毒工作统计表》(1951年1月10日),贵州省档案馆藏,档案号:42-1-641。

约占总数的 68.4%。① 可见,1950 年各地焚毁烟毒数量之巨大,且占总数一半以上,焚毁成为这一阶段收缴毒品的主要处理方式之一。

第二层含义是一种禁烟禁毒宣传教育的重要仪式。焚毁毒品工作多被放在群众大会上,在这种集体仪式中占据重要地位。各地政府在收缴农村烟土后多采取当面焚毁的办法,这样可以消除烟农的侥幸和投机心理。除此之外,焚毁烟毒多作为城镇群众性禁烟禁毒大会中的重要仪式环节,而且频繁出现在各界人代会、农代会或镇反大会等群众集会中。仪式感强烈的毒品焚毁活动有其历史根源。1839 年 6 月 3 日,为表示清政府禁绝鸦片的决心,林则徐在虎门焚烧大量来自英美等国家的鸦片,此举震惊中外,直接成为鸦片战争的导火线。随后,"六三"禁毒纪念逐渐成为禁烟禁毒宣传活动不可或缺的组成部分。第二阶段里,各地延续了"六三"焚烟的传统。1951 年 6 月 3 日,广州市禁烟禁毒委员会在越秀山人民体育场举行禁烟禁毒大会,参加者达万余人,包括居民、烟民及其家属、机关团体人员、烟犯等。上午九时半,大会开始,会场中央安放着两个巨型的焚烟炉,里面放着各种毒品共计 2 万余两。广州市副市长首先致词,高度赞扬了民族英雄林则徐的销烟壮举,阐明在人民政府领导下更要铲除帝国主义和反动势力的遗毒,呼吁广大人民一致起来拥护政府的禁毒举措。在烟民和家属代表、法院代表等人发言后,李副主席用火炬点燃毒品,一时烟焰冲天,全场掌声雷动,给到场的每个人以强烈的视觉震撼。② 同时,华南分局机关报《南方日报》分别于 5 月 24 日、6 月 3 日和 6 月 4 日刊登 4 篇有关"六三"禁烟纪念的文章,对纪念活动的由来、筹备、经过和意义进行了详细报道和解释,同时刊登了两张名为《1839 年我国人民焚毁帝国主义运来的鸦片的情形》和《广州各界禁烟禁毒大会进行焚毁烟毒烟具情形》的图片,③文字加图片的报道给读者以直观的感受和极强的

---

① 《云南省人民政府 1950 年禁烟工作报告》,《云南档案史料》1991 年第 4 期,第 15 页。
② 《彻底消灭帝国主义的遗毒 广州昨举行禁烟禁毒大会 大批毒品焚毁 各界人民一致鼓掌》,《南方日报》1951 年 6 月 4 日。
③ 《深入宣传 发动群众 禁绝烟毒 禁烟禁毒宣传大会定"六三举行"会上当众焚毁烟毒烟具会后举行禁毒宣传》,《南方日报》1951 年 5 月 24 日;《广州各界今日举行禁烟禁毒大会 会上将焚毁烟毒烟具 会后举行宣传》,《南方日报》1951 年 6 月 3 日;《"六三"禁烟纪念,不要忘记美帝贩毒的罪行》,《南方日报》1951 年 6 月 3 日;《彻底消灭帝国主义的遗毒 广州昨举行禁烟禁毒大会 大批毒品焚毁 各界人民一致鼓掌》,《南方日报》1951 年 6 月 4 日。

第二十六章 毒品收缴和处理政策的建立与变化

带入感。再如,西安市于1951年6月3日在新城广场举行第二次禁毒大会,焚毁烟毒的仪式成为压轴,共计焚毁各类毒品6200余两,给群众以极大的震撼;①而西北局机关报《群众日报》于6月2日和6月4日先后对大会的筹备和经过作了报道。② 仪式体验和媒介宣传充分地让广大群众认识到烟毒对身体和国家的危害,表明人民政府禁绝烟毒的决心和禁烟禁毒的相关政策;更能让群众意识到人民政府是区别于过去的国民政府。

相反,以前收缴的毒品则是由中财部统一管理和再利用。首先是以前清出毒品的处理办法。1950年8月19日,全国清调总会在给中南区清调分会的回复中规定:清出毒品无价上解中财部,送石家庄信托商行保管处接收;运输不便的地区可暂时原地交由财委部门保管。③ 9月1日,中南区清调分会对上解办法作出补充说明:各省财委和清调支会于上缴时要先行对毒品进行把关和登记;中南区清调分会负责汇总毒品及与中财部办理上交手续;河南省因距石家庄较近,可直接与中财部在石家庄信托商行保管处办理上交手续。④ 10月,全国清调总会对各地清出毒品之处理办法作出正式规定:各地所有清出毒品一律解交中财部指定之机关统一保管。⑤ 随后,西北局要求各省市清出毒品集中于省市财厅(局),于11月底前上解到西北财政部。⑥ 至此,清出之毒品有了统一的处理办法。其次是以前没收毒品的处理办法。9月22日,华东局在询问中财部后对以前没收毒品的处理办法作出规定:一律由各地财政部门妥为保管,听候中央卫生部调用,同时要求各地财政部门将所存毒品开列清单送华东财政部。⑦ 11月,中财委作出统一规定:存烟一律

---

① 《西安市昨日举行第二次禁毒大会》,《群众日报》1951年6月4日第2版。
② 《西安市禁烟委员会 明举行焚毁烟毒大会》,《群众日报》1951年6月2日第2版;《西安市昨日举行第二次禁毒大会》,《群众日报》1951年6月4日第2版。
③ 全国仓库物资清理调配委员会中南区分会:《为通知各省市清出毒品上缴办法由》(1950年9月1日),广西壮族自治区档案馆藏,档案号:X117-001-0054-0189。
④ 中南财政部:《为通知各省市清出毒品上缴办法由》(1950年9月15日),河南省档案馆藏,档案号:J0134-001-00043-007。
⑤ 《全国仓库物资清理调配委员会华东分会通知》(1950年10月26日),江苏省档案馆藏,档案号:7014-2-1514-7。
⑥ 陕西省仓库物资清理调配委员会:《为通知清仓小组将清出之烟毒送交财政厅集中保管并册报本会由》(1950年11月14日),陕西省档案馆藏,档案号:198-1-68-9。
⑦ 华东军政委员会卫生部:《为令转饬华东军政委员会颁布查获毒品处理办法希予遵照由》(1950年9月28日),江苏省档案馆藏,档案号:7011-2-0884-3。

集中解缴省级以上财委,在满足卫生部门需求外,其余交当地财政部门暂为保管或交清调会转解中财部统一保管。① 在实际操作过程中,由于文件下达需要些时日,且中财部并未划定时间区分以前与今后没收的毒品,各地遂根据各自情况定出具体时间界线,各地的时间界线较为分散,横跨了整个第四季度。(见表26-4)

表26-4 1950年部分地区以前与之后没收毒品的时间界线

省份	山东	广西	河南	山西	上海
时间界线	10.1	10.1	10.12	11.8	12.6

资料来源:山东省人民政府:《查获毒品处理办法的通知》(1950年10月5日),山东省档案馆藏,档案号:A101-01-0046-005;山西省人民政府:《关于查禁烟毒中几个具体问题处理的指示》(1950年11月8日),《山西政报》1950年第12期;河南省人民政府财政厅:《查获烟土毒品处理办法由》(1950年10月12日),河南省档案馆藏,档案号:J0134-001-00043-009;广西财委会:《通知对已往查获烟土之处理办法及对今后处理手续希会同有关部门研究办理由》(1950年11月),广西壮族自治区档案馆藏,档案号:X053-001-0053-0048。

1950年7月后,中央开始统一利用上解的毒品用于生产麻醉药品。11月16日,中央卫生部为统一管理全国医药及科学研究所用之麻醉药品,颁布《管理麻醉药品暂行条例》,明文规定麻醉药品之制造由中央卫生部会同内务部、财政部、公安部、贸易部等有关部门统筹办理,其他任何机关和私人不得私自制造和贩卖。② 随后,卫生部指定东北化学制药厂和华东人民制药公司为统一的国家级麻醉药品制造机构。③ 然而,制药所须毒品均来自中财部。从上文可知,中财部要求各地财政部门保管的毒品要听候中央卫生部调用,满足其需求。随后,中财委明文规定中央卫生部若需制药原料,可直接从省级以上财委集中保管的烟土中调取。④ 这就意味着中央将全面接管收缴毒

---

① 华东财委:《华东转中财委烟土处理问题的指示》(1950年11月),山东省档案馆藏,档案号:A101-04-0012-003。
② 中央卫生部:《管理麻醉药品暂行条例》(1950年11月16日),江苏省档案馆藏,档案号:7014-2-1070-1。
③ 中央卫生部:《关于指定东北化学制药厂及华东人民制药公司为麻醉药品制造机构的令》(1950年12月7日),上海市档案馆藏,档案号:G97-1-69-1。
④ 华东财委:《华东转中财委烟土处理问题的指示》(1950年11月),山东省档案馆藏,档案号:A101-04-0012-003。

品再利用的权力,地方已不能自行使用收缴的毒品用于制造麻醉药品。依据上述规定,中财部于14日发函华东财委,要求其从所存烟土中拨付给中央卫生部一万公斤鸦片用于制药。① 随后,华东人民制药公司从华东财委、山东财政厅、南京财政局等地接收到所需鸦片。此外,个别地区查获的零星毒品也曾被用来制造麻醉药品。24日,上海因自身有制造麻醉药品的条件(华东人民制药公司位于上海),特向中央请示是否可将收缴的零星毒品交卫生部门使用。② 12月6日,内务部批复同意其将过去零星收缴之毒品交麻醉药品经理所使用,但同时要求今后之毒品须集中封存,定期当众焚毁。③

1950年底,虽然国家已经颁布收缴毒品的处理办法,但是个别不法分子仍在从事贩运和对外走私毒品的违法活动。1951年2月6日,周恩来发布禁毒命令,首先承认国内存在与外国间谍性商人进行勾搭贩毒者,其次重申国家收缴毒品的处理政策:所有机关、部队、团体旧存毒品一律无价交当地财委或军委总后勤部转送中财部保管处理,或者交大区财政部暂管,听候中财部处理;其旧存或以后没收的零星毒品,应由当地人民政府指定监察或负责机关监视焚毁;卫生部门制药所须鸦片要经中财部批准拨付。④ 周恩来重申国家的禁毒决心,明确中央对收缴毒品处理的绝对领导权,目的是使整个处理过程更为规范化,从而防止毒品违法流向国外,造成不良的国际影响。

随着毒品处理政策的推进,罂粟壳也被纳入中央统一管控的范畴。在传统的中药学里,罂粟壳多作为治疗痢疾泄泻病的药材被中药店广泛使用。它可作为配方货在市场上流通,被药店单独购买。然而,随着禁烟禁毒运动的深度开展,各地对罂粟壳的收缴和处理也逐渐变得严格。天津公安局于1950年7月4日规定各公私医院、工厂、学校及中西药房存有包括罂粟壳、花、茎、叶等在内的毒剂均须按期向公安部门登记,禁止供烟民服食。⑤ 中南

---

① 中央财政部:《关于卫生部需烟可价拨的函》(1950年11月14日),上海市档案馆藏,档案号:G97-1-69-7。
② 上海市人民政府:《关于上海市未普遍展开禁烟禁毒工作期中零星收缴之毒品处理问题的函》(1950年11月24日),上海市档案馆藏,档案号:B1-1-1141-11。
③ 《关于没收到之烟毒的处理问题》(1950年),上海市档案馆藏,档案号:B1-1-1141-13。
④ 华东军政委员会:《周总理关于禁毒的命令》(1951年2月9日),山东省档案馆藏,档案号:A101-04-0043-014。
⑤ 《公安局明起办理毒剂登记》,《天津日报》1950年7月5日第2版。

局于1951年2月12日和3月19日连续要求各地将罂粟壳视同鸦片处理，没收并焚毁查获的罂粟壳，而中药店购存作医药用途者应限期向卫生机关登记，由其收缴后焚毁。① 4月9日，中南卫生部在回复上饶专署关于如何处理罂粟壳的疑问中，再次重申上述规定。② 显然，部分地区对罂粟壳的收缴和处理实行了一刀切，这样彻底阻断了中药业的需求，不利于中药事业的发展。因此，中央卫生部和内政部联合于8月3日发出《关于罂粟壳管制处理问题的指示》，提出罂粟壳按不同用途分别处理的原则：一般情况下的罂粟壳应视作毒品，因违法贩运而被没收的必要时可与烟毒一起焚毁；中药店用于正当用途的，须经县以上人民政府审核批准后取得证件，并定期报告原批准机关备查。③ 这种规定既可阻断烟民贪食抵瘾的机会，又可保障中药产业的正常发展。随后，中央统一管理毒品的政策一直延续到1952年初，"三反""五反"运动中，西北区就要求各地将没收的烟毒当众焚毁，扩大禁毒宣传。④

三、暂缓与区域集中保管时期

1952年上半年，土地改革和镇压反革命运动取得阶段性成果，"三反""五反"运动也逐渐结束。这些政治运动的胜利不仅使社会经济秩序得到恢复和发展，巩固了新生政权，而且使中央政府有能力将时间和力量集中起来解决毒品问题。政务院于4月15日发布《关于肃清毒品流行的指示》，暂停了毒品焚毁和上解中央的工作，目的是为1952年肃毒运动做好充分准备，随后全国进入1952年肃毒运动的筹备阶段。此举标志着对毒品的收缴和处理工作进入暂缓与区域集中保管时期。

4月15日的文件提出要在全国范围内有重点地发动一次群众性肃毒运

---

① 中南军政委员会：《为禁绝烟毒严厉禁种禁运禁设烟馆的布告》(1951年2月12日)，中南军政委员会民政部编：《民政工作手册》第3辑，1951年，第221页；中南军政委员会：《为禁绝烟毒工作的指示》(1951年3月19日)，中南军政委员会民政部编：《民政工作手册》第3辑，1951年，第221页。
② 中南军政委员会卫生部：《为罂粟壳列入毒品应视同鸦片同样处理由》(1951年4月9日)，广西壮族自治区档案馆藏，档案号：X046-002-0073-0036。
③ 中央卫生部：《关于罂粟壳管制处理问题的指示》(1951年8月3日)，江苏省档案馆藏，档案号：7011-2-0885-3。
④ 西北军政委员会民政部：《关于配合春耕和城市五反运动，抓紧进行禁种禁贩禁运烟毒工作的指示》(1952年3月26日)，陕西省档案馆藏，档案号：198-1-223-1。

动,运动的首要任务是集中解决制、贩、运毒问题,因此内地和少数民族的种烟问题可在运动结束后另行处理。① 由于种烟问题的解决常须涉及农村存毒的处理工作,因此中央的决定间接地暂停了征缴毒品的工作。5月16日,西北局也提议采取非强制登记缴毒的措施,即群众所存烟土如愿缴出,可酌予代价;如不愿缴出,亦不强迫。② 这一提议得到中央的许可并转发全国。7月30日,公安部副部长徐子荣在《关于禁毒工作会上的报告》里对征缴工作作出具体规定:暂时不号召一般种毒和存毒的农民交出烟种与全部毒品,待运动结束后寻找适当时机开展,但少数缴出毒品致生活困难者可接受政府救济。③

但是,国家将没收毒品工作作为肃毒运动的重点。4月15日的文件提出"三反""五反"运动中暴露出来的烟毒问题可暂缓处理,原因是要待肃毒运动发动后突击处理。④ 徐子荣7月30日的报告要求各地在随后的肃毒运动中要严厉惩办大量存毒的烟匪、恶霸、流氓等首恶分子。⑤ 8月10日左右,全国性肃毒运动拉开帷幕,1202个禁毒重点地区先后展开破案行动,各地在查处制、贩、运毒案件的同时积极推进追缴毒品工作,公安部部长罗瑞卿指出:"追缴毒品工作的好坏,是说明运动做得好坏的条件之一。"⑥ 截至11月底,全国各地共开展了三期大举破案行动。从罗部长的每周及最终报告中可以看出,全国没收鸦片的数量呈不断上涨的趋势。(见表26-5)同时,全国在运动中缴获大量制运藏毒工具、武器装备和发报机等赃物。

---

① 中共中央:《关于肃清毒品流行的指示》(1952年4月15日),中共中央文献研究室编:《建国以来重要文献选编》(第三册),中央文献出版社2011年版,第133—134页。
② 西北局:《关于发动禁毒运动的指示》(1952年5月16日),山东省档案馆藏,档案号:A001-05-0061-002。
③ 《中央批准徐子荣同志关于禁毒工作会议上的报告》(1952年7月30日),山东省档案馆藏,档案号:A001-05-0061-003。
④ 中共中央:《关于肃清毒品流行的指示》(1952年4月15日),中共中央文献研究室编:《建国以来重要文献选编》(第三册),中央文献出版社2011年版,第133—134页。
⑤ 《中央批准徐子荣同志关于禁毒工作会议上的报告》(1952年7月30日),山东省档案馆藏,档案号:A001-05-0061-003。
⑥ 《中共中央转发罗瑞卿关于全国禁毒运动第五号简报》(1952年9月14日),中央档案馆、中共中央文献研究室编:《中共中央文件选集(1949年10月—1966年5月)》(第九册),人民出版社2013年版,第404页。

表 26-5　1952 年肃毒运动中全国没收鸦片量统计表

时间	8月10日—8月19日	8月15日—8月22日	8月23日—8月29日	8月30日—9月5日	9月6日—9月12日	截至11月
没收量/两	1297	15386	205313	312294	563872	3996056

资料来源：西北公安部：《转全国禁毒工作第一号简报》(1952 年 8 月 20 日)，陕西省档案馆藏，档案号：123-1-278-10；《中共中央转发罗瑞卿关于全国禁毒运动第二号简报》(1952 年 8 月 14 日)，中央档案馆、中共中央文献研究室编：《中共中央文件选集(1949 年 10 月—1966 年 5 月)》(第九册)，人民出版社 2013 年版，第 238 页；《中共中央转发罗瑞卿关于全国禁毒运动第三号简报》(1952 年 9 月 1 日)，中央档案馆、中共中央文献研究室编：《中共中央文件选集(1949 年 10 月—1966 年 5 月)》(第九册)，人民出版社 2013 年版，第 303 页；《中共中央转发罗瑞卿关于全国禁毒运动第四号简报》(1952 年 9 月 8 日)，中央档案馆、中共中央文献研究室编：《中共中央文件选集(1949 年 10 月—1966 年 5 月)》(第九册)，人民出版社 2013 年版，第 371 页；《中共中央转发罗瑞卿关于全国禁毒运动第五号简报》(1952 年 9 月 14 日)，中央档案馆、中共中央文献研究室编：《中共中央文件选集(1949 年 10 月—1966 年 5 月)》(第九册)，人民出版社 2013 年版，第 404 页；《全国禁毒运动总结报告》(1952 年 12 月 14 日)，中央档案馆、中共中央文献研究室编：《中共中央文件选集(1949 年 10 月—1966 年 5 月)》(第十册)，人民出版社 2013 年版，第 408 页。

尽管如此，各地在肃毒运动中没收的毒品量并不如预期。在运动开始前，中央预估国内存毒约为 5000 万至 1 万万两左右。[1] 然而，各大区所缴获的烟毒数量并不乐观，如西北区截至 10 月 10 日缴获毒品 19818.6 两；[2] 西南局截至 10 月 15 日缴获毒品 85 万两，[3] 各地均未能达到中央的预估值。原因主要包括：一是人货不同处的现象较多。狡猾的毒犯多有反侦察能力，常将毒品藏匿他处，防止警方突然袭击。二是"三反""五反"运动查获不少毒品案件，从而惊动一些毒犯，他们多有销毁证据的举动。三是准备工作不彻底，出

---

[1]《中央批准徐子荣同志关于禁毒工作会议上的报告》(1952 年 7 月 30 日)，山东省档案馆藏，档案号：A001-05-0061-003。

[2] 中共中央西北局：《关于继续开展禁毒运动的具体意见及捕杀关管的内定数字的函》(1952 年 10 月 14 日)，陕西省档案馆藏，档案号：123-1-278-25。

[3] 中共中央：《中共中央转发西南局关于肃毒运动几个问题的通知》(1952 年 10 月 25 日)，陕西省档案馆藏，档案号：123-1-278-18。

现对毒犯证据追查不够、逮捕人员的毒品甄别和检查能力不足等问题。① 四是自解放至运动前,各地已缴获大批毒品。五是农村尚有大量存毒,中央规定运动暂时不在一般的农村开展,致使群众手中存有大量毒品。②

由于此时国家将主要精力放在严查制、贩、运毒品上,因此收缴毒品的处理工作相对停滞,毒品的区域集中保管成为这一阶段毒品处理工作的主要办法。四月至八月初为肃毒运动的筹备期,此时正值"三反""五反"运动末期。各地在运动中收缴不少毒品,都在询问毒品的处理办法。焚毁毒品的建议曾被提出,如西北局5月16日的指示建议将农民非强制登记缴出的烟土当面全部烧毁;③政务院5月21日的《为查禁鸦片烟毒的通令》也提到"烟土毒品及时焚毁,更能启发群众的积极性"④。但是,为集中精力准备和开展肃毒运动,中央最终决定城市大量收缴的毒品暂不须上解,只需解送当地财政部门暂为保管。5月17日,中财部在回复华东局的函里称华东区在"三反"运动中收缴的毒品可指定地点集中保管,只有经化验的假毒品可就地焚毁。华东区遂决定将各省市财政部门作为集中之所。⑤ 苏南行署要求各单位所收缴的毒品,不论真伪集中解送当地财政部门保管。⑥ 徐子荣7月30日的报告明确提出农村追缴和没收的毒品可当众焚毁,用以表示政府禁毒决心;大中城市没收的毒品不应销毁,须登记保存并报财政部门,以供医药之用。⑦ 从此,暂缓与区域集中保管的政策一直延续到肃毒运动结束。

---

① 西北公安部:《转全国禁毒工作第一号简报》(1952年8月20日),陕西省档案馆藏,档案号:123-1-278-10。
② 《全国禁毒运动总结报告》(1952年12月14日),中央档案馆、中共中央文献研究室编:《中共中央文件选集1949年10月—1966年5月》(第十册),人民出版社2013年版,第404页。
③ 西北局:《关于发动禁毒运动的指示》(1952年5月16日),山东省档案馆藏,档案号:A001-05-0061-002。
④ 政务院:《为查禁鸦片烟毒的通令》(1952年5月21日),江苏省档案馆藏,档案号:7014-2-0427-4。
⑤ 华东财政部:《为对毒品处理问题报请核示由》(1953年2月11日),上海市档案馆藏,档案号:B1-1-1316-1。
⑥ 苏南人民行政公署通知:《规定没收、追缴或清查出来鸦片毒品等处理原则的通知》(1952年6月13日),江苏省档案馆藏,档案号:7014-2-0427-2。
⑦ 《中央批准徐子荣同志关于禁毒工作会议上的报告》(1952年7月30日),山东省档案馆藏,档案号:A001-05-0061-003。

四、中央重新统一管理时期

1952年11月底,全国范围内有重点的群众性肃毒运动基本结束。因为运动主要是针对城镇的制、贩、运烟毒问题,所以各地均未深入开展收缴农村存毒的工作。据中央公安部1953年初的估计,全国存毒仍有150万两以上。① 为迅速开展收缴烟毒工作,政务院于12月12日颁布《关于推行戒烟、禁种鸦片和收缴农村存毒的工作指示》,标志着中央开始重新统一管理该项工作,时间跨度为1952年12月至1953年。该文件明确将农村存毒的征缴工作提上日程,内容包括:坚持"交出毒品,不予处分"的原则,即单纯存毒者只要交出全部毒品,一律不予处分;不得采取硬逼等简单粗暴的方法,可通过宣传动员的方式,要存毒户自动交出毒品;政府应酌情救济生活苦难的群众。② 1953年2月5日,内务部和公安部联合发布《贯彻严禁种植鸦片的指示》,再次对征缴农村鸦片作出指示:只要过去种烟的劳动人民交出烟种和烟膏,并承诺以后不再种烟,国家一律既往不咎,而且因铲烟苗而生活变得困难的人可得到救济。③ 随后,各地贯彻中央指示,开展农村征缴毒品的工作。但是,部分农村的收缴烟毒工作被推迟到冬季,原因是1952年肃毒运动主要在烟毒流行的城镇和交通要道开展,广大农村并未进行深入的禁烟禁毒宣传动员,且烟毒关系到群众的经济利益,所以收缴存毒工作被暂缓执行。例如,胶州公署建议冬季农闲时再进行收缴工作,它陈述了两点原因:一是如不进行严格控制和深入宣传,收烟工作势必造成混乱;二是政府的农村工作任务繁重,领导上相对困难。④ 因此,收缴毒品工作延续到1953年底。

由上文可知,国家在1952年肃毒运动中没收了大量毒品,因此毒品处理工作亟待开展。12月14日,罗瑞卿在《全国禁毒运动的总结报告》中要求各

---

① 中共中央:《批转罗瑞卿关于戒烟、禁种鸦片和收缴存毒工作的简报》(1953年3月6日),中央档案馆、中共中央文献研究室编:《中共中央文件选集(1949年10月—1966年5月)》(第十一册),人民出版社2013年版,第275页。
② 政务院:《关于推行戒烟、禁种鸦片和收缴农村存毒的工作指示》(1952年12月12日),邱创教主编:《毒品犯罪惩治与防范全书》,中国法制出版社1998年版,第836页。
③ 中央人民政府内务部、公安部:《贯彻严禁种植鸦片的指示》(1953年2月5日),陕西省档案馆藏,档案号:198-1-337-3。
④ 胶州区专员公署:《关于戒烟禁种罂粟与收缴农村存毒指示缓期执行的请示及省人民政府的批复》(1953年3月3日),山东省档案馆藏,档案号:A101-03-0287-004。

地将已缴获之毒品按规定逐级移交财政部门。① 1953年3月18日,中财部作出具体规定:可焚毁的毒品包括"三反"运动之前及运动中封存的无效毒品、1952年肃毒运动中没收之零星和假的毒品;而运动中大量缴获的有制药价值的毒品应交由省以上财政部门集中上缴,留作制药之用;没收的麻醉药品则交麻醉药品管理机关处理。② 4月8日,中财部进一步明确各地所存鸦片先供应医药之用;余者经化验后按麻醉成分的含量多少分别处理,四成以下的经省以上政府批准后就地焚毁,五成以上且数量较大的上解中财部石家庄信托保管处,为数很少的暂由省市财政部门保管,以备卫生部门制药之用。③

按照上项规定,各地将合格的毒品上解中央,如广东于6月27日向中财部上缴毒品5640公斤。④ 同时,各地将不合格的毒品进行焚毁。此时的焚毁工作多在偏僻地点进行,且未被放在群众广泛参加的集会里,已然失去其在集体仪式中的教育作用,仅仅成为毒品的一种简单处理方式。1953年1月,北京市财政局化验库存的8000余两毒品,6000余两烟土和100多两的吗啡可被利用改制粉剂或硫酸吗啡粉,而剩余毒品则在东郊公墓火葬场内被焚毁。焚毁地点不是人口集中的市区广场,参加监烧的也只有民政局、公安局、财政局、工商联等单位代表。⑤ 山东财政厅于4月18日焚毁经化验无价值的大烟壳、烟种和腐蚀烟土,由财政厅检查处和会计处共同参加监烧。⑥ 陕西财政厅在7月组织焚毁毒品工作时提出:"召开群众大会教育意义不大,故应做内部问题处理,批一适当地方,邀请省监察委员会、省财政经济委员

---

① 《全国禁毒运动总结报告》(1952年12月14日),中央档案馆、中共中央文献研究室编:《中共中央文件选集(1949年10月—1966年5月)》(第十册),人民出版社2013年版,第408页。
② 中央人民政府财政部:《关于缴获毒品处理原则的规定由》(1953年3月18日),贵州省档案馆藏,档案号:120-1-175-7。
③ 中央财政部:《各地存烟的处理问题》(1953年4月9日),山东省档案馆藏,档案号:A101-04-0134-002。
④ 广东省财政厅:《关于上解鸦片毒品的便函》(1953年6月27日),广东省档案馆藏,档案号:295-1-40-013-013。
⑤ 北京市人民政府民政局:《关于定期焚毁财政局库存毒品派员参加的函及参加单位人员名单》(1953年1月10日),北京市档案馆藏,档案号:196-002-00207-00041。
⑥ 山东省人民政府财政厅:《为销毁作废毒品呈报备案由》(1953年4月18日),山东省档案馆藏,档案号:A128-02-0266-010。

会、省禁烟委员会、省委纪律检查委员会等有关单位参加就地焚毁。"①政府不再需要大规模地举办各式各样的群众大会来宣传动员广大群众参加禁毒等政治运动,因此焚毁活动作为政治仪式重要组成部分的价值就不复存在了。

但是,部分地区在实施上述规定的过程中出现一些困难,如河南的部分地方卫生机关自行化验的能力有限,有的没有化验设备,有的地方虽有设备但程序亦不够完善,使得多地难以按期进行化验,以至于迟迟难以上解毒品。于是,河南规定各县所存毒品一律于6月25日前全部送解专署,专署于6月底解省财政厅。② 由于其他省份反映相同情况,中财部于7月4日对上述规定作出较大修改,规定各地所存鸦片,除完全不能使用的可就地焚毁外,其余所有的均不分成色全部上解到省财政厅,再解送中财部。③ 这样既减轻了地方压力,也便于中央统一管理。

随着毒品上解工作的推进,省级以上的财政部门源源不断地接收到各地运来的毒品,中财部对其进行了统筹安排和调配。一部分毒品照常被供应给国家指定的麻醉药品生产机构,如上文所述,由中央卫生部统筹全国的麻醉药品生产工作。另一部分鸦片则被用来配制戒烟药品。政务院1950年2月24日的通令提出卫生机关应统一供给戒烟药品,严防隐蔽形式的烟毒代用品,但也规定各级人民政府卫生机关拥有配置戒烟药品的权力。④ 1952年8月16日,中央卫生部公布全国统一的戒烟方法,其中将鸦片作为一味重要的药材。⑤ 随后,它又于9月28日发出《关于戒烟的指示》,明确规定戒烟药品之配制应以大行政区为单位,其所需鸦片原料由中央拨付,⑥这样就改变之

---

① 陕西省人民政府财政厅:《关于焚毁含麻醉量四成以下毒品方式的报告》(1953年7月4日),陕西省档案馆藏,档案号:142-1-175-3。
② 河南省人民政府财政厅:《为各县市所存毒品处理办法由》(1953年6月19日),河南省档案馆藏,档案号:J0134-004-00160-005。
③ 中央财政部:《关于修订没收鸦片的处理办法的通知》(1953年7月4日),山东省档案馆藏,档案号:A101-04-0134-003。
④ 政务院:《关于严禁鸦片烟毒的通令》(1950年2月24日),中央人民政府法制委员会编:《中央人民政府法令汇编(1949—1950)》,法律出版社1982年版,第212页。
⑤ 中央卫生部:《介绍戒烟方法》(1952年8月16日),山东省档案馆藏,档案号:A101-04-0109-013。
⑥ 中央卫生部:《关于戒烟的指示》(1952年9月28日),山东省档案馆藏,档案号:A101-04-0109-014。

前各级政府均可配制的局面。1952年底,政务院12月12日的指示标志着全国性戒烟工作的开始,而此项工作需要大量的戒烟药品。它进一步明确各地所需之戒烟药品,均由中央卫生部统一准备并分发各地。[①] 1953年1月30日,中央公安部、内务部和卫生部联合发布的《中央人民政府公安部、内务部、卫生部关于全面开展戒烟工作的联合指示》再次阐述了戒烟药品的配制权问题,即中央卫生部统筹,以大区卫生部为单位,由其组织生产和免费供应。[②] 由于中央卫生部统一公布的戒烟药品配制处方将鸦片列为其中一味药,中财部遂于4月8日要求各地所存鸦片由中央卫生部分配各大区卫生部门配制戒烟药品。[③] 虽然现在尚无准确数字说明全国烟民在服用戒烟药品过程中到底消耗了多少鸦片,但是从烟民数和每份戒烟药所需鸦片量可推测当时的消耗量。按照卫生部统一发布的戒烟药品处方规定,每人按期服完四种戒烟药剂需鸦片末8.16克。[④] 据罗瑞卿3月的报告显示,此时全国烟民约为115万人。[⑤] 如果每人服完一期的戒烟药就能完全戒瘾的话,那么全国烟民将消耗鸦片接近1万公斤。可见,戒烟药品对收缴毒品的消耗量也是巨大的。综上所述,第四阶段的毒品收缴与处理工作延续到1953年底,并在随后很长时间里成为各地相关部门的常态工作之一。

为避免收缴毒品的二次流通,国家要求各地对收缴后的毒品进行规范化处理,严禁将其再次贩卖和对外销售。然而,以美国为首的敌对势力诬蔑中国政府从事贩毒活动,国家为此推行爱国主义性质的"口头宣传"政策,禁止公布毒品收缴与处理工作的相关内容。因此,毒品收缴与处理工作在运动的四个阶段呈现出不同的特征,可将其概括为四个时期,即沿袭与各地独立处

---

① 政务院:《关于推行戒烟、禁种鸦片和收缴农村存毒的工作指示》(1952年12月12日),邱创教主编:《毒品犯罪惩治与防范全书》,中国法制出版社1998年版,第836页。
② 中央人民政府公安部、内务部、卫生部:《关于全面开展戒烟工作的联合指示》(1953年1月30日),《档案史料与研究》1990年第3期,第48页。
③ 中央财政部:《各地存毒的处理问题》(1953年4月9日),山东省档案馆藏,档案号:A101-04-0134-002。
④ 每种药所需鸦片末量按参考值的最大值计算,参见中央卫生部:《介绍戒烟方法》(1952年8月16日),山东省档案馆藏,档案号:A101-04-0109-013。
⑤ 中共中央:《批转罗瑞卿关于戒烟、禁种鸦片和收缴存毒工作的简报》(1953年3月6日),中央档案馆、中共中央文献研究室编:《中共中央文件选集(1949年10月—1966年5月)》(第十一册),人民出版社2013年版,第275页。

理时期、中央统一管理时期、暂缓与区域集中保管时期及中央重新统一管理时期。在这一过程中,国家不但规范了毒品的收缴和处理程序,而且成功地回击了美国的诬蔑,在国家政治博弈中取得胜利。

第二十七章　烟民戒烟断瘾及其改造

中华人民共和国成立伊始,各地烟毒流行,烟民人数众多。以西南区为例,全区的烟民约为 600 余万人,其中贵州的烟民数约为 300 万人,云南的烟民数占总人口的 1/5。[①] 吸食烟毒的行为不但严重损害烟民的身体健康,使人民倾家荡产,而且严重影响社会治安,有碍于共和国的国家形象,使得"东亚病夫"的称号长期在国际社会流传。因此,禁绝吸食烟毒和改造烟民形象成为禁烟禁毒运动的重要一环。

第一节　禁吸政策之流变

国家的禁吸政策经历了一个不断变化的过程。起初,各地因忙于中心工作,延续了解放前的禁吸政策,强制要求烟民在短时间内戒除烟瘾,并对拒不登记或屡戒屡吸的烟民采取严厉的惩处办法。随着禁烟禁毒工作的全面展开,国家要求各地对烟民采用教育引导和劳动改造的方法,使其有步骤地分期戒绝烟瘾。各地的戒烟政策实现了渐进式的转向,普通烟民可以自愿登记和选择戒瘾方式,此种禁吸方针一直延续到运动结束。

一、强制戒烟政策的延续

在第一阶段里,尽管政务院发布了禁烟通令,但是大部分地区仍沿袭了

---

① 西南民政部:《关于禁烟禁毒几个问题的意见》(1950 年 11 月),《档案史料与研究》1990 年第 1 期,第 42—43 页。

之前相当强硬的禁吸理念和政策,仅在阶段末期开始转变禁吸态度。解放较早的地区在解放前夕便对吸食烟毒的行为作出较严格的规定,这些法规在中华人民共和国成立后仍继续被使用了一段时间。1949年9月23日,苏北行署出台《苏北区禁烟禁毒暂行办法》,规定烟毒嗜好者应在三个月内向当地政府或公安机关报告登记,并具结限期戒除;不依规限期登记或不在限期内戒除者经检举或查获后将接受处罚。① 同月,苏南行署同样规定烟民及时向当地政府登记,限期三个月内戒绝;政府可对过期未戒绝者实施强戒,强迫其参加劳动生产,并得科以罚金,须医生检验后方可释放;三次复吸者要被判处三年以上十年以下之有期徒刑。② 苏南行署还规定对烟民可依据具体情况进行批评教育、处罚金、服劳役及判刑等。③ 10月,苏南行署给出了具体的禁吸流程:首先是登记,吸食者在一个月内向区级以上政府登记,政府发给登记证,并具结限期戒绝保证书,限期三个月戒除。其次是检验,吸食者在期满后自动到登记部门检验,经检测无毒瘾后,获取戒绝证。再次是强制戒除,政府依法将限期不登记或过期未戒绝者集中于戒毒所,对其施行集体强制戒除的办法。④

部分地区还出台政策,试图通过建立戒烟所的方式帮助烟民戒烟。1949年10月,苏南行署规定以县为单位设立戒毒所,伙食费由吸食者自负,药费由政府承担。⑤ 同月,河南要求以县为单位设立戒毒所,将全县烟毒吸食者登记集中训练。河南还规定烟民入戒烟所的具体流程:第一,戒烟所依据个人毒瘾程度、经济和家庭情况制定一至三个月的戒毒期。第二,烟民每日须接受三项训练,包括做劳役、两小时的政治课、晚间两小时的检讨会或政治讨论会。第三,烟民自带所须食用,贫苦者由戒毒的地富供给日用。第四,吸食者戒绝后须每隔三个月接受调验一次,三次证明无瘾并取得群众团体具报者

---

① 苏北行政公署:《苏北区禁烟禁毒暂行办法》(1949年9月23日),江苏省档案馆藏,档案号:7011-2-0009-3。
② 苏南行政公署:《苏南行政区禁烟禁毒暂行条例》(1949年9月),江苏省档案馆藏,档案号:7011-2-0009-4。
③ 苏南人民行署:《1949年民政工作总结》,江苏省档案馆藏,档案号:7014-001-0059。
④ 苏南行政公署:《关于禁烟禁毒的指示》(1949年10月),江苏省档案馆藏,档案号:7011-2-0009-5。
⑤ 苏南行政公署:《关于禁烟禁毒的指示》(1949年10月),江苏省档案馆藏,档案号:7011-2-0009-5。

顺利通过调验，未调验通过者得视其情况进行处罚。① 由上可见，此时地方政府对拒不登记或未戒绝烟民的政治态度相对严厉，对他们的处理和惩治比较严格，与对烟毒贩运者的处罚基本相同，没有太大区别。

这些地方性的禁吸政策和办法一直被使用至1950年初。直到1950年2月24日，政务院发布《关于严禁鸦片烟毒的通令》，意味着中央首次在中华人民共和国成立后对禁吸戒烟工作作出最高指示，标志着中华人民共和国成立初期禁烟禁毒运动的禁吸戒烟工作正式开始。该通令规定烟毒吸食者应限期登记戒除，其中乡村烟民应向当地人民政府登记，而城市烟民向当地公安机关登记，并要求烟毒较盛的城市设立戒烟所。② 但是，该通令未对禁吸工作进行具体要求。

因忙于接管和政权建设等中心工作，大部分地区未能及时制定新的禁吸法规，只有部分地区根据政务院的通令制定了新的政策。4月26日，北京要求烟民限期向公安机关报告登记，缴出烟毒及烟毒用具，随后依嗜毒程度限期具结戒除烟瘾，并要求戒烟所向贫苦烟民提供免费或减费的戒烟治疗。③ 5月，苏北行署规定吸食者在三个月内自动向公安机关或当地政府报告登记，具结限期戒绝，期限依据是烟毒嗜好者的年龄、身体及嗜烟毒程度。④ 22日，中南局同样提出各地烟毒吸食者应向当地政府登记悔过，限期戒除，并指示烟毒流行较盛地区须视自身情况设立戒烟所。⑤ 但是，较少的地区能够在第一阶段同步开展具体的登记工作。从表27-1可知，大部分地区的限期登记时间都在第二阶段，表明他们的烟民登记工作未能在第一阶段及时推行。

---

① 河南省人民政府:《禁烟禁毒条例暂行办法(草案)》(1949年10月14日)，河南省档案馆藏，档案号:J0149-01-003-00108-017。
② 政务院:《关于严禁鸦片烟毒的通令》(1950年2月24日)，中央人民政府法制委员会编:《中央人民政府法令汇编(1949—1950)》，法律出版社1982年版，第211页。
③ 北京市人民政府:《关于查禁烟毒办法及执行计划决定的通知》(1950年4月26日)，北京市档案馆、中共北京市委党史研究室编:《北京市重要文献选编(1950)》(第二册)，中国档案出版社2001年版，第181页。
④ 《苏北区禁烟禁毒暂行办法》(1950年5月)，《江苏历史档案》1996年第2期，第50页。
⑤ 中南军政委员会:《中南区禁烟禁毒实施办法》(1950年5月22日)，中南军政委员会民政部编:《民政工作手册》第2辑，内部资料，1950年，第158页。

表 27-1　部分省份烟民限期登记的时间表

地区	登记时间	地区	登记时间
苏北	1950年5月—8月	上海	1950年8月—9月
浙江	1950年6月29日—9月29日	山西	1950年11月30日—12月30日
天津	1950年7月1日—30日	平原	截至1951年12月

资料来源:《苏北区禁烟禁毒暂行办法》(1950年5月),《江苏历史档案》1996年第2期,第50页;浙江省人民政府:《严禁鸦片烟毒令》(1950年6月29日),浙江省档案馆藏,档案号:J103-002-031-010;上海市民政局:《关于上海市禁烟禁毒实施办法(草案)》,1950年,上海市档案馆藏,档案号:B168-1-755-48;《山西省查禁烟毒办法》(1950年11月30日),山西省史志研究院、山西省档案馆编:《当代山西重要文献选编(1949—1952)》(第一册),中央文献出版社2004年版,第260页;《平原省人民政府布告》(1951年11月1日),河南省档案馆藏,档案号:J0035-001-00066-011;《天津市烟民烟毒检查登记办法》(1950年6月10日),《天津日报》第3版;《西安市烟民登记限期戒除办法》(1950年9月28日),中共西安市委党史研究室、西安市档案局:《城市的接管与社会改造》(西安卷),陕西人民出版社1997年版,第341页。

由于政务院的通令未对烟民处理问题作出具体规定,各地仍延续了之前的政策和态度。4月26日,北京仍规定要严加处理逾期不登记和限期内未戒绝的烟民。① 5月22日,中南局要求依据情节轻重对经教不改的烟民分别治罪。② 28日,山西规定在经区以上政府批准后,各地可对屡戒不改的烟民酌情给予惩处。③ 与此同时,西南局在5月14日的《关于禁烟的几种办法》里就此问题提出了不同的看法。它认为西南区烟民众多,可以采取劝说吸食者令其自动戒绝的办法,而不应施行强制戒除的措施,更不能拘捕或科罚吸食

---

① 北京市人民政府:《关于查禁烟毒办法及执行计划决定的通知》(1950年4月26日),北京市档案馆、中共北京市委党史研究室编:《北京市重要文献选编(1950)》(第二册),中国档案出版社2001年版,第181页。
② 中南军政委员会:《中南区禁烟禁毒实施办法》(1950年5月22日),中南军政委员会民政部编:《民政工作手册》第2辑,内部资料,1950年,第158页。
③ 山西省人民政府:《为生产运动中注意改造赌徒、烟民、二流子通令》(1950年5月28日),山西省史志研究院、山西省档案馆编:《当代山西重要文献选编(1949—1952)》(第一册),中央文献出版社2004年版,第168页。

者。随后,这一政策得到中央的许可,并被转发给其他大区施行。① 由此可见,强制戒烟的政策在第一阶段仍占据主导地位,并延续到阶段末期。

部分地区同时对烟毒登记的流程进行政策上的细化。烟民须在登记期内自行到公安机关或人民政府索取登记表进行登记,领取登记证的同时交出烟具烟毒及吸食注射工具。政府依据已登记者染嗜烟毒之程度、年龄、体力及相关具体情况,分别核定戒除期限和施戒方式,如入戒烟所、住特定医院或在家自戒。② 随后,已登记的烟民持联单或走戒介绍信到指定的戒烟所或医院住所、走戒及住院,在限期内戒除烟瘾,如北京要求根据烟民的年龄、体质、嗜毒程度及生活状况等条件,帮烟民制定戒除期限。③ 有的地区还对烟民调验进行规定,上海规定人民法院有权惩罚戒而复吸者,并吊销其断瘾证明书。④ 天津规定公安机关须会同戒烟所对未登记且有吸食嫌疑者进行调验,对有瘾者进行一定处罚,并强制其入所戒除。⑤ 但是,从实际成效来看,因为大部分地区未能在第一阶段全面展开禁烟禁毒的工作,所以禁吸的成绩自然就不理想。据统计数据显示,苏北区主要市镇(不包括扬州市)截至 4 月 10 日的已戒烟民数仅为 902 人,只占烟民总数的 25.9%。⑥ 7 月初,天津的烟民登记人数为 704 人,但是有前科且不得不登记的烟民就占到 80%。⑦

尽管如此,仍有个别解放较早的省份在积极探索禁吸方法,并获得了一定的成功经验。察哈尔在中华人民共和国成立后不久便结合冬季生产运动,发起了改造烟民的工作。该省借鉴土改的经验,在烟民大会上让戒烟积极分

---

① 西南局及财委:《关于禁烟的几种办法》(1950 年 5 月 14 日),中央档案馆、中共中央文献研究室编:《中共中央文件选集(1949 年 10 月—1966 年 5 月)》(第三册),人民出版社 2013 年版,第 66 页。
② 上海市民政局:《关于上海市禁烟禁毒执行办法(草案)》(1950 年),上海市档案馆藏,档案号:B168 - 1 - 755 - 44。
③ 北京市人民政府公安局、民政局:《查禁烟毒办法执行计划》(1950 年 6 月 28 日),北京市档案馆藏,档案号:196 - 002 - 00200 - 00048。
④ 上海市人民法院:《关于自动去医院戒烟人民的处理意见》(1949 年 12 月 2 日),上海市档案馆藏,档案号:B1 - 2 - 421 - 1。
⑤ 《天津市烟民烟毒检查登记办法》,《天津日报》1950 年 6 月 10 日第 3 版。
⑥ 《苏北区主要市镇禁毒概况表》(1950 年 4 月 10 日),江苏省档案馆藏,档案号:7011 - 1 - 0057。
⑦ 《禁烟禁毒工作报告》(1950 年 7 月 19 日),天津市档案馆藏,档案号:X0065 - Y - 000169 - 007。

子讲述亲身经历。积极分子通过回忆和算账的方式说明烟毒危害和政府的改造政策,启发烟民觉悟,使其自愿接受改造。据统计,该省在整个冬季约改造烟民3万余人,禁吸效果较明显。①

其中,《人民日报》对该省阳高县南沙岭村摸索的烟民改造办法进行了专门介绍。中华人民共和国成立后,南沙岭村在开展大生产运动中发现不少烟民和还乡人员不仅不愿从事劳动生产,还在暗地里造谣生事,声称"中农不动,秋后一定动",试图破坏社会秩序和生产建设活动,进而挑拨党群关系。此举在群众中引起不安情绪,影响了农业生产的正常开展。为解决这一问题,政府开始积极布置改造烟民的工作。村干部一面让烟瘾最大的烟民试吃戒烟药,见效后带动其他烟民服用戒烟药;一面对烟民及其家属进行说服教育,打消家属顾虑,坚定他们的信心。同时,村干部组织烟民参加打柴、拾粪等劳动生产,锻炼他们的身体,并且从中培养戒吸骨干,带领其他烟民从事生产。村干部还经常召开烟民座谈会,让烟民回忆自己戒烟前后的情景,以此教育其他人和启发烟民的思想觉悟。再者,村干部帮助已戒烟民恢复正常的农副业生产,结合土改运动分给已戒烟民土地和农具,帮助他们寻找生产门路,并且多次召开家庭生产会,动员和管制懒惰成性的烟民发挥所长,投入生产。经过整个冬天的努力,烟民得到初步改造的同时,农副业生产也获得可观的成绩。《人民日报》称赞该村的改造活动不但消除广大群众因社会秩序混乱而不安心生产的顾虑,在全村里营造了劳动致富的积极氛围,而且为全村增加了劳动力,提高了农副业的生产收益,很好地完成征收公粮的任务,更为随后的大生产运动打下基础。②

第一阶段,全国大部分地区在禁吸政策上基本延续了之前的强制办法,在具体工作上未能取得实质的成效。造成这种局面的原因是多方面的。由于禁烟禁毒运动尚未全面开展,政府各部门对禁烟禁毒政策尚不熟悉,彼此间不能密切地进行主动配合。他们普遍认为这一工作是公安和民政部门的事情,导致宣教工作没有深入展开,使烟民不了解禁烟政策。同时,烟民对登记戒烟普遍存在诸多顾虑,害怕被强制关押参加劳役和追问烟毒来源,担忧

---

① 新华社:《察省禁吸烟毒获成绩 去冬改造三万烟民》,《人民日报》1950年3月11日第3版。
② 予俊:《阳高县南沙岭支部怎样改造烟民和还乡人员》,《人民日报》1950年4月24日第3版。

戒烟给自己造成历史污点和负担不起戒烟费用,更惧怕戒烟影响正常工作和生命安全。再者,由于针对烟民的思想教育工作开展得并不顺利,土匪特务趁机煽惑造谣,引起了烟民的普遍忧虑。

二、教育改造与分期戒绝:戒烟政策的温和化转向

虽然政务院于2月24日发布了严禁烟毒的通令,但是各地1950年上半年的禁吸效果不佳,禁吸工作形势依然不容乐观。以重庆为例,全市烟民约为10万人,无力自戒的贫苦烟民达到2万人。① 为了尽快地消除烟毒吸食现象,中央和地方在第二阶段开始全面推进禁吸工作。7月10日,政务院发出《关于禁烟毒办法的决定》,对禁吸的方针进行了明确,要求各地迅速开展戒烟工作,各大行政区和省份随后根据自身情况制定了禁吸政策的具体内容。

首先,政务院要求各地要对烟民以教育为主,不能强制其戒烟。② 8月1日,广西对烟毒吸食者采取教育为主的办法。③ 22日,西北局同样提出用教育办法帮助吸食鸦片者断瘾。④ 9月12日,中央内务部再次要求各地不能强迫普通烟民进入戒烟所。⑤ 10月16日,西南局解释戒除烟瘾的方针是教育与引导烟民具备戒断决心,营造群众舆论监督的氛围,兼以服用戒烟药品。⑥ 24日,贵州申明政府不采取严厉办理的方式对待瘾民,政府充分给予自新的机会,使其自觉主动登记和戒除。⑦ 1951年8月10日,云南建议各地在禁吸工作中要以教育烟民为主,服用戒烟药品为辅,加之以群众的舆论监督和适

---

① 重庆市禁烟禁毒委员会:《关于重庆市禁烟禁毒工作的总结报告》(1951年8月),《档案史料与研究》1990年第1期,第49页。
② 浙江省人民政府:《转发中央和华东处理鸦片烟毒规定并结合实际情况特作补充指示的训令》(1950年8月5日),浙江省档案馆藏,档案号:J103-002-031-068。
③ 广西省民政厅:《广西省禁烟毒实施办法》(1950年8月1日),广西壮族自治区档案馆藏,档案号:X053-001-0053-0031。
④ 西北军政委员会:《关于贯彻执行中央政务院严禁鸦片烟毒的命令,特发布的指示》(1950年8月22日),陕西省档案馆藏,档案号:198-1-68-4。
⑤ 中央人民政府内务部:《关于贯彻严禁烟毒工作的指示》(1950年9月12日),重庆市档案馆藏,档案号:1068-1-2。
⑥ 西南军政委员会:《关于开展禁烟禁毒工作的指示》(1950年10月16日),《云南档案史料》,1991年第4期,第10页。
⑦ 贵州省人民政府:《布告:重申严禁烟毒的决心》(1951年2月24日),贵州省档案馆藏,档案号:43-1-394-5。

当的劳动改造,使烟民彻底戒除烟瘾。① 中央和地方完全摒弃了第一阶段的强制戒瘾政策,取而代之的是更为人性化的教育引导方法。

其次,相较于第一阶段的严厉惩治政策,各地对复吸烟民采取相对温和的惩罚态度。7月10日,政务院要求各地暂不拘捕烟民,只需严惩吸食海洛因者。② 9月12日,中央内务部再次强调政府只可适当处罚那些玩忽禁令和屡劝不戒的烟民。③ 10月,河南提到要严肃处罚屡劝不戒且玩忽法令的不法分子。④ 同时,各地对屡次规劝监督仍不悔改者实施管训戒吸或罚劳役的办法。1952年2月16日,内务部要求各地继续广泛深入地发动群众,协助开展施戒工作,依旧采取自愿、规劝与强制相结合的方针。⑤ 总之,中央对查获烟民采取的总体方针是初次查获的烟民要予以教育改造,屡教不改者才能给以严厉处罚,对其进行集中管制和劳动改造,强制其戒绝,但是不能对其进行拘捕和判刑。

再次,政务院要求烟毒流行地区对烟民采取有步骤地分期戒绝的办法,而不要奢望在短时间内完成禁吸任务。⑥ 7月26日,山西提出烟毒吸食者应向当地公安机关登记,交出烟毒。⑦ 31日,西南局建议烟毒吸食者定期登记,由当地政府定出分期戒绝办法。⑧ 8月1日,广西认为对烟民应该采取有步

---

① 云南省人民政府:《关于彻底贯彻禁绝烟毒的指示》(1951年8月10日),中共云南省委党史研究室、中共云南省公安厅委员会:《建国以来云南的禁毒斗争》,云南民族出版社1997年版,第344页。
② 浙江省人民政府:《转发中央和华东处理鸦片烟毒规定并结合实际情况特作补充指示的训令》(1950年8月5日),浙江省档案馆藏,档案号:J103-002-031-068。
③ 中央人民政府内务部:《关于贯彻严禁烟毒工作的指示》(1950年9月12日),重庆市档案馆藏,档案号:1068-1-2。
④ 河南省人民政府:《为严令禁绝鸦片烟毒的布告》(1950年10月),河南省档案馆藏,档案号:J0078-005-00365-002。
⑤ 中央人民政府内务部:《批复察哈尔省禁毒工作的几点意见》(1952年2月26日),天津市档案馆藏,档案号:X0053-C-000380-006。
⑥ 浙江省人民政府:《转发中央和华东处理鸦片烟毒规定并结合实际情况特作补充指示的训令》(1950年8月5日),浙江省档案馆藏,档案号:J103-002-031-068。
⑦ 山西省人民政府:《关于查禁烟毒的指示》(1950年7月26日),山西省史志研究院、山西省档案馆编:《当代山西重要文献选编(1949—1952)》(第一册),中央文献出版社2004年版,第198页。
⑧ 西南军政委员会:《关于禁绝鸦片烟毒的实施办法》(1950年7月31日),《档案史料与研究》1990年第1期,第38页。

骤登记、限令具结、分期戒除的办法。① 7日,河南在《关于严禁鸦片烟毒的通令》里作出与政务院同样的规定。② 22日,西北局同样提出各地要有步骤地分期帮助吸食鸦片者断瘾。③ 26日,内务部在给天津市禁烟禁毒委员会的回复里要求对烟民登记和戒除工作要采取"分别审慎处理"的方针,对待烟民既不可要求过高,又不能消极应付,"应逐步深入贯彻,务期求得效果,以防徒具形式,影响烟民戒吸心理,延缓戒除时间,造成人力物力的浪费"。④ 9月12日,中央内务部再次强调"禁吸工作不能希望一次搞好",各地要采取逐步禁绝的方针⑤。10月5日,河南在《关于禁绝烟毒的指示》里重复了内务部的指示,⑥并在随后再次提出亲邻应具保并监视已登记的烟毒吸食者进行戒瘾。⑦ 21日,贵州在《为及时抓紧禁烟工作重点提出指示希遵办》里贯彻了内务部的内容,重复发布了同样的指示。⑧ 11月15日,广西在禁烟毒实施办法里提到同样的禁吸政策。⑨ 1951年2月16日,西北局要求烟毒吸食者限期自愿向当地政府登记,自动戒除烟瘾。⑩ 24日,贵州重申中央严禁吸食的政策,呼吁烟民勿再观望犹豫。⑪ 3月19日,中南局指出禁吸工作"仍采有重点、有步

---

① 广西省民政厅:《广西省禁烟毒实施办法》(1950年8月1日),广西壮族自治区档案馆藏,档案号:X053-001-0053-0031。
② 河南省人民政府:《关于严禁鸦片烟毒的通令》(1950年8月7日),河南省档案馆藏,档案号:J0149-01-003-00108-014。
③ 西北军政委员会:《关于贯彻执行中央政务院严禁鸦片烟毒的命令,特发布的指示》(1950年8月22日),陕西省档案馆藏,档案号:198-1-68-4。
④ 中央人民政府内务部:《禁烟毒中应注意的几个问题》(1950年8月26日),天津市档案馆藏,档案号:X0065-Y-000169-004。
⑤ 中央人民政府内务部:《关于贯彻严禁烟毒工作的指示》(1950年9月12日),重庆市档案馆藏,档案号:1068-1-2。
⑥ 河南省人民政府:《关于禁绝烟毒的指示》(1950年10月5日),河南省档案馆藏,档案号:J0149-01-003-00108-015。
⑦ 河南省人民政府:《为严令禁绝鸦片烟毒的布告》(1950年10月),河南省档案馆藏,档案号:J0078-005-00365-002。
⑧ 陕西省人民政府:《为指示禁烟禁毒重要各点希依照执行由》(1950年10月18日),贵州省档案馆藏,档案号:198-1-68-7。
⑨ 广西省人民政府:《公布本省禁烟毒实施办法切实遵行由》(1950年11月15日),广西壮族自治区档案馆藏,档案号:X053-001-0053-0024。
⑩ 西北军政委员会:《关于加强禁烟禁毒工作的指示》(1951年2月16日),陕西省档案馆藏,档案号:198-2-207-4。
⑪ 贵州省人民政府:《布告:重申严禁烟毒的决心》(1951年2月24日),贵州省档案馆藏,档案号:43-1-394-5。

骤、有计划逐步禁绝的方针"①。4月2日,河南的《为继续贯彻禁烟工作由》完全重复了中南局3月19日的禁吸方针和政策。② 从中央到地方均认识到禁吸工作是一个长期的任务,只能有计划地分期进行。上述禁吸政策贯穿了整个禁烟禁毒运动的第二阶段。

随着禁吸政策的完善和推行,各地积极开展烟民登记工作。城市烟民向当地公安机关进行申请登记,乡村烟民向区乡人民政府进行申请登记。在登记初期,烟民因为普遍不了解禁吸政策,同样存在种种思想顾虑。部分烟民怕长期劳动改造影响正常的工作和家庭生活,年老烟民怕戒烟影响身体健康,还有些富裕烟民怕戒烟暴露自己,有损自己的身份和名誉。在一些地区,特务等别有用心分子继续造谣蛊惑烟民,一方面声称政府会把烟民关起来硬戒,不顾烟民的身体安危,另一方面谣传政府会收取高额的戒烟费用。

为此,各地积极地向烟民进行广泛的禁烟禁毒宣传及深入的禁吸教育。1950年8月26日,内务部要求各地想尽办法消除烟民戒烟的思想顾虑,既要通过各种宣传活动启发烟民主动戒烟,又要以具体的禁吸实践证明政府戒烟决心和对烟民妥善照顾的能力。③ 随后,各地通过结合土改运动、镇反运动及抗美援朝运动的方式开展戒烟规劝运动,发动普通群众参与禁烟禁毒宣传工作,启发烟民自觉自愿登记戒除。各地结合户口调查工作在群众中搜集烟毒材料,开展烟民登记工作。烟毒流行的地区开展戒烟示范工作,事先帮助烟瘾较轻且家庭生活富裕的年轻烟民戒除烟瘾,用事实论证政府戒烟工作的安全性和政府施戒的诚心。各地还在群众座谈会或群众大会等各类会议上,启发和教育烟民自动登记。一方面,禁烟干部在会上阐明政府的宽大戒烟政策,烟民只要严格遵守政府法令并在限期内登记,允许他们逐渐戒绝烟瘾;另一方面,禁烟干部明确政府禁绝烟毒吸食的决心,任何逃避登记的行为都是徒劳的,逾期不登记且继续吸食者将接受惩处。这些宣传教育工作提高了群众的觉悟和积极性,打消了他们的思想顾虑,使其下定决心戒除烟瘾。

---

① 中南军政委员会:《为禁绝烟毒工作的指示》(1951年3月19日),中南军政委员会民政部编:《民政工作手册》第3辑,内部资料,1951年,第221页。
② 河南省人民政府:《为继续贯彻禁烟工作由》(1951年4月2日),河南省档案馆藏,档案号:J0149-01-003-00108-001。
③ 中央人民政府内务部:《禁烟毒中应注意的几个问题》(1950年8月26日),天津市档案馆藏,档案号:X0065-Y-000169-004。

第二十七章 烟民戒烟断瘾及其改造

为提高登记效率,各地使用多种登记形式来开展烟民登记工作,包括公开号召烟民登记、动员亲友劝导烟民登记、禁烟组织积极主动规劝烟民登记、在烟民座谈会上开展集体登记及鼓励居民检举烟民迫其登记。当烟民进行登记时,登记工作人员先将申请登记的烟民记录在烟民烟毒登记簿上,烟民再填写烟民烟毒申请登记表。随后,派出所积极结合镇压反革命运动,对烟民所填信息进行详细核对和调查,以便在烟民中发现那些处于潜伏状态的土匪、特务、反动党团员等坏分子。

已登记烟民则要迅速接受戒烟治疗。针对烟民的戒烟方法问题,中央和地方经历了一个政策制定的过程。中央卫生部曾指示各地在不妨碍身体健康的原则下,采用各种方式帮助烟民戒除烟瘾,积极主动地吸取经验并介绍推广到各地。① 9月12日,中央内务部对烟民的戒烟方法进行明确说明:一方面要求各地为普通烟民指定公立医院施戒,或者由烟民的亲邻具结保证监视其戒除烟瘾;另一方面规定政府暂不能强迫普通烟民进入戒烟所,戒烟所只是收容少数无力自戒的游民和乞丐,通过组织他们参加劳动改造的方式帮助其融入正常的生产和生活。② 东北局规定45岁以上者可在3月内自行戒除烟瘾,各地在戒瘾期间要对烟民开展思想政治教育,③使其从认识上摆脱对烟毒的依赖。11月,西南民政部建议各地有计划有重点地组织戒烟小组,吸收戒烟经验,推动影响戒烟工作。④ 经过中央和地方的统一实施,走戒、入医院和入戒烟所成为第二阶段的主要戒烟方式。

政府建议已登记的烟民自主选择戒绝方式。西南局就提出各地通过宣传教育的方式使烟民自觉自愿地选择何种戒除烟瘾的办法,积极发动群众劝喻和监督烟民,并且要大力表彰和鼓励积极主动戒除烟瘾的人,帮助无正当

---

① 天津市禁烟禁毒委员会:《禁烟毒工作筹办阶段概况及第一、二两次委员会议纪要》(1950年7月1日),天津市档案馆藏,档案号:X0053-C-000153-001。
② 中央人民政府内务部:《关于贯彻严禁烟毒工作的指示》(1950年9月12日),重庆市档案馆藏,档案号:1068-1-2。
③ 东北人民政府:《东北区禁烟禁毒贯彻实施办法》(1950年10月13日),黄绍智等主编:《禁毒工作手册》,上海三联书店1993年版,第102页。
④ 西南民政部:《关于禁烟禁毒几个问题的意见》(1950年11月),《档案史料与研究》1990年第1期,第45页。

职业的断瘾者及时参加劳动生产。① 烟民登记机关在确定烟民的戒除方式后,便通知公安分局、派出所、戒烟所、卫生事务所或指定医院。各地在实施三种戒烟方式的过程中采取了不同的规章,每种方式所取得的成效亦各不相同。

第一种戒烟方式是走戒,即在家自戒。1950 年 8 月 26 日,内务部提出要特别照顾工人及年老体弱者的劳动时间和身体条件,②因此他们可以将走戒作为自己的首选戒烟方式。已登记的走戒烟民依规向公立医院领取戒烟药品,在家自行戒除,时间一般为三个月,最长不得超过半年。同时,医院须定期向卫生机关汇报走戒烟民的施戒情况,以便检查。事实表明,烟瘾较轻且不便脱离工作岗位者、暂时不能入所院者及登记自愿戒除的普通烟民最终选择走戒的方式在家自戒,他们可以凭登记证向卫生机构购领戒烟药品。例如,贵州烟民数量约占全省人口总数的 20%,烟民又以劳苦工农为主。因此,政府提出解除烟民的思想顾虑、教育引导其戒除烟瘾及照顾劳苦工农的禁吸工作原则,并要求各地结合实际情况和发动群众力量教育与说服一般的烟民,监督其自戒。③ 1951 年 8 月 10 日,内务部再次提出在戒烟工作中主要采用烟民限期登记自戒的办法。④ 因此,走戒成为第二阶段的主要戒烟方式。

烟民在家自戒的同时得到了广大群众的监督和帮助。中央卫生部提出加强对走戒烟民的思想教育,户警随时走访,发动群众对其进行监督。⑤ 内务部认为相较于户警监督,发动群众监督是辅助走戒烟民戒吸的最佳办法,包括亲友监戒烟民、街邻督促戒吸、烟民相互监督等多种方式。⑥ 随后,地方

---

① 西南军政委员会:《关于开展禁烟禁毒工作的指示》(1950 年 10 月 16 日),《云南档案史料》1991 年第 4 期,第 10 页。
② 中央人民政府内务部:《禁烟毒中应注意的几个问题》(1950 年 8 月 26 日),天津市档案馆藏,档案号:X0065 - Y - 000169 - 004。
③ 《1951 年上半年贵州省禁烟禁毒计划》,贵州省档案馆藏,档案号:43 - 1 - 394 - 17。
④ 中央人民政府内务部:《关于禁烟禁毒工作的几点意见》(1951 年 8 月 10 日),河南省档案馆藏,档案号:J0041 - 001 - 00019 - 004。
⑤ 天津市禁烟禁毒委员会:《禁烟毒工作筹办阶段概况及第一、两次委员会议纪要》(1950 年 7 月 1 日),天津市档案馆藏,档案号:X0053 - C - 000153 - 001。
⑥ 中央人民政府内务部:《禁烟毒中应注意的几个问题》(1950 年 8 月 26 日),天津市档案馆藏,档案号:X0065 - Y - 000169 - 004。

政府以街道或片区为单位将已登记的走戒者组织成戒烟小组,订立爱国戒烟公约,由亲友邻里督促监督,限期戒除烟瘾。农村地区多以乡为单位,召开烟民会,由乡长或村主任等人发表讲话,积极劝说烟民戒吸。天津在禁吸办法上提出要加强实施走戒,将卫生事务所和医疗站作为治疗烟民的主力军,市立医院和私人医院则积极协助走戒工作。[①] 上海要求区禁烟禁毒分会组织由医师和工作人员构成的流动施戒队,配合政府禁烟禁毒工作,到各地走访,为在家的贫苦烟民免费提供医疗和施戒服务。[②]

尽管各地积极协助烟民自戒,但是部分地区的走戒工作存在流于形式的倾向。原因包括两方面,一是部分派出所日常工作繁多,缺乏对走戒者的监督,对烟民的说服教育工作开展得不充分;二是部分无赖烟民心存侥幸,趁机钻空,在走戒中途停止治疗,继续暗地吸食烟毒或以戒烟药品顶瘾。两方面的原因导致部分地区的走戒工作出现自流现象。以天津为例,790个走戒烟民在五个月后,只有357人戒除,收效并不大。[③] 这样的结果不仅延缓了整体戒除时间,给禁吸工作顺利完成带来阻碍,还造成了人力和财力的浪费。

第二种戒烟方式是入指定医院。入指定医院戒烟者包括登记自愿者和有负担能力且烟瘾较重者,一切费用均由烟民自己承担。中华人民共和国成立伊始,国家尚未完全确立烟民戒烟的方式和方法,各地就建议有经济实力的烟民到医院接受戒烟治疗。1949年12月,上海规定烟民自动到医院就医,各医院必须妥予接收,根据烟民自身情况给予药品或住院施戒,并在确定烟民戒除后发给断瘾证明书。[④] 进入第二阶段,入医院继续成为各地普遍提倡的一种戒烟方式。上海规定公私立医院专办或兼办戒烟业务。[⑤] 重庆要

---

① 天津市禁烟禁毒委员会:《禁烟工作筹备概况》(1950年7月1日),天津市档案馆藏,档案号:X0065-Y-000165-007。
② 上海市民政局:《关于上海市禁烟禁毒实施办法(草案)》(1950年),上海市档案馆藏,档案号:B168-1-755-48。
③ 《天津市禁烟禁毒工作报告》(1951年4月21日),天津市档案馆藏,档案号:X0065-Y-000169-012。
④ 上海市人民法院:《关于自动去医院戒烟人民的处理意见》(1949年12月2日),上海市档案馆藏,档案号:B1-2-421-1。
⑤ 上海市民政局:《关于上海市禁烟禁毒执行办法(草案)》(1950年),上海市档案馆藏,档案号:B168-1-755-44。

求各地指定若干医院、诊所或注册医师,以便富足的烟民前去戒烟。① 西南局提出建立戒烟所的同时要积极组织私人医院共同开展戒烟工作。② 此外,在尚未设立戒烟所的地方,无力负担医药费的贫苦烟民可以到公立医疗机关接受免费门诊,须住院者可到卫生机关指定的医院接受治疗。③

第三种戒烟方式是入戒烟所。1950年7月31日,西南局指示以县为单位设立戒烟所。④ 10月13日,中南局提出应重点在城市设立戒烟所,而不必在各地普遍设立。⑤ 东北局同样认为戒烟所只应在烟毒较盛地区设立,且只收容少数无力自行戒瘾的乞丐和游民。⑥ 16日,西南局规定由卫生机关有重点以县市为单位设立戒烟所;戒烟所应以自给自足为原则;公立戒烟所应收取费用,但要免费为贫苦烟民施戒。⑦ 26日,河南提出不必普遍地建立戒烟所,要重点在城市设立。⑧ 1951年2月16日,西北局建议对待大量无力自戒的游民和乞丐,政府可重点设立戒烟所或劳动习艺所进行收容。⑨ 3月19日,中南局要求各地酌情在城市设立戒烟所,只限收容无力自戒者。⑩ 为特别照顾劳苦工农瘾民,贵州要求各地政府重点设立戒烟所,收容那些无力自戒的瘾民。⑪ 由上可见,有重点地为无力自戒的城镇游民和乞丐设立戒烟所

---

① 《重庆市禁烟禁毒工作计划》(1950年10月),重庆市档案馆藏,档案号:1068-1-12。
② 西南军政委员会:《关于开展禁烟禁毒工作的指示》(1950年10月16日),《云南档案史料》1991年第4期,第10页。
③ 北京市人民政府:《禁烟禁毒实施办法》(1952年1月15日),北京市档案馆藏,档案号:196-002-00200-00148。
④ 西南军政委员会:《关于禁绝鸦片烟毒的实施办法》(1950年7月31日),《档案史料与研究》1990年第1期,第39页。
⑤ 中南军政委员会:《禁烟禁毒工作补充指示》(1950年10月13日),河南省档案馆藏,档案号:J0149-01-003-00108-012。
⑥ 东北人民政府:《东北区禁烟禁毒贯彻实施办法》(1950年10月13日),黄绍智等主编:《禁毒工作手册》,上海三联书店1993年版,第102页。
⑦ 西南军政委员会:《关于开展禁烟禁毒工作的指示》(1950年10月16日),《云南档案史料》1991年第4期,第10页。
⑧ 河南省人民政府:《关于禁烟禁毒工作的补充指示》(1950年10月26日),河南省档案馆藏,档案号:J0078-005-00365-003。
⑨ 西北军政委员会:《关于加强禁烟禁毒工作的指示》(1951年2月16日),陕西省档案馆藏,档案号:198-2-207-4。
⑩ 中南军政委员会:《为禁绝烟毒工作的指示》(1951年3月19日),中南军政委员会民政部编:《民政工作手册》第3辑,内部资料,1951年,第221页。
⑪ 《1951年上半年贵州省禁烟禁毒计划》,贵州省档案馆藏,档案号:43-1-394-17。

成为各地禁吸工作的重要内容之一。

各地的禁烟禁毒委员会统筹设立戒烟所,其他相关部门共同参与戒烟所的运作。其中,民政机关负责戒烟所的选址问题,公安机关拨警卫人员承担戒烟所的治安管理任务,卫生机关选派医务人员负责烟民的治疗工作,文教机关负责烟民的思想教育任务。戒烟所一般下设医务室、警卫室、教育室及事务室等。第二阶段,群众性互助戒烟所逐渐成为各地组织戒烟所的重要形式。

入戒烟所戒除者多是贫困且烟瘾严重者或有负担能力的登记自愿者。基层干部往往事先召开烟民及家属座谈会,向其宣传禁烟禁毒政策和戒烟药品的功效,从而解除烟民入所的顾虑。在收容烟民的工作中,各地的戒烟所多采取分期戒除的办法。戒烟所首先收容身体较好的年轻烟民,并着力培养其成为戒烟积极分子,协助政府进行戒烟宣传,随后再收容其他烟民进行施戒。烟民在所内不仅要遵守严格的生活制度,还要接受思想教育,通过参与诉苦活动、阅读报纸及学习时事知识等方式,重塑自己的政治立场、阶级意识和劳动观念。烟民在出所时须接受民主鉴定,并陈述今后的生产生活计划。

天津较早开展禁吸工作,并且获得不少成功的经验。1950年5月,天津将入指定医院和戒烟所作为烟民戒瘾的两种主要方式。生活富裕的烟民依规到指定医院戒除,而生活不富裕或困难者进入戒烟所戒除,戒烟所对其酌情减费和免费施戒。同时,天津规定公安机关可强制要求不听从劝告入指定医院且不愿入所戒除的烟民到戒烟所戒除。① 天津市戒烟所于1950年7月1日正式成立,主要收容贫苦烟民。烟民须持有公安局介绍信才能办理入所手续。随后,主治医师对烟民进行身体检查,有入所必要者才能入所。该所将施戒时间定为两到三周。② 10月18日,陕西要求各地依据烟毒吸食者的个人情况分期戒烟,以三个月为一期。③ 至于费用问题,各地一般要求烟民自备所需花费,但须照顾贫苦无力烟民。有负担能力者须自理本人在戒烟所

---

① 《天津市烟民烟毒检查登记办法》,《天津日报》1950年6月10日第3版。
② 《戒烟所成立收容贫苦烟民》,《天津日报》1950年7月4日第2版;《烟民登记今日开始》,《天津日报》1950年7月1日第2版。
③ 陕西省人民政府:《关于禁烟禁毒的指示》(1950年10月18日),陕西省档案馆藏,档案号:198-1-68-7。

的所有费用,而戒烟所酌情减收或免收生活不充裕者或贫困者的费用。

各地的戒烟所一般实行自愿与强制相结合的收容方针。戒烟所积极宣传,并发动群众及烟民家属展开规劝运动,向烟民讲解烟毒害处及政府的禁烟禁毒政策,号召烟民自愿入戒烟所。戒烟所与公安机关往往事先做好调查摸底工作,对本地区的烟民情况进行深入了解,必要时强制要求部分烟民入所戒瘾。入戒烟所的烟民主要包括三类:第一类是自愿入所接受治疗的烟民;第二类是生活贫困、无力自戒且染有烟毒嗜好的游民或乞丐;第三类是屡劝不戒或登记不戒的烟毒嗜好者,他们多被强制要求进入戒烟所。戒烟所一般实行分期入所戒绝的办法,先收容身体条件较好且烟瘾较小的烟民。这种做法的目的一是吸取经验,为随后改造烟瘾重者提供便利;二是彻底改造的烟民出所后成为戒烟榜样,在群众中为戒烟所建立威信,打消其他烟民的顾虑。

各地在创办和经营戒烟所的过程中逐渐获取了不少共有的成功经验。各戒烟所不单单依靠政府的财政拨款,而且在发动群众和依靠群众的思想指导下,借助社会力量解决戒烟所物质上的匮乏,如发动工商界人士向戒烟所捐赠住房和所需物资。戒烟所将民主管理作为施戒工作顺利开展的保障,发动积极分子参与施戒工作,互相帮助与监督。成功的思想教育是保证已戒烟民不再复吸的关键,因此各地通过种种方式让烟民意识到烟毒的危害,确立仇视烟毒和旧社会的双重意识。戒烟所还将文娱活动作为鼓励烟民戒烟的重要工具,只有让烟民感受到新社会的关怀,在精神上得到安慰,才能乐观积极地戒除烟瘾。

总体来说,三种戒烟方式在各地禁吸工作中所占比例不同,而走戒成为各地采用的主要方式。例如,天津在 7 个月内共有 1505 人登记,其中走戒者、入医院者及入戒烟所者所占比例分别是 87.5%、4.7% 及 7.8%。[①] 此外,政府对犯有盗窃、撞骗等罪行的烟民进行拘留或管押,对其施行强制戒除的工作,并配合劳动改造。无论是何种戒烟方式,各地一般以三至四周作为烟民戒烟的期限。在戒除完成后,烟民手持施戒院所出具的《戒绝烟毒证明书》赴管辖派出所备案。

---

① 《禁烟禁毒委员会决定今后工作方针》,《天津日报》1950 年 8 月 18 日第 2 版。

《戒绝烟毒证明书》

原吸用烟毒人　　　　　自人民政府号召禁戒烟毒时期即举行登记,刻已自动戒绝,并经　　医院　　医师检验,证明确已无瘾无毒,并自承认以后永不复吸复用,如有违反,自愿受人民政府严厉之处分,给证明书为凭。

戒绝烟毒人:×××

检验医师:×××

政府代表:×××

×年×月×日①

事实证明,不同施戒方法的收效仍有差异。进入戒烟所或医院戒烟的效果往往要好于领药自戒的。因为进入戒烟所或医院的烟民长时间处于医务人员的监督中,能够得到良好的照顾,所以他们大多能按期戒除烟瘾。然而,不少领药自戒者未能受到持续性的监督,因此在自戒过程中出现了较多问题。第一,由于没有受到有效监督,不少烟民明戒暗吸,领药回家后在暗地里购买烟毒吸食。第二,戒烟药品沦为抵瘾药。有的烟民将戒烟药当成抵瘾药,将两天的药一天吃完。有的地区由于不限制烟民申报戒烟药的剂量和领药的时间跨度,致使部分烟民随意申报或者领取超量的药品,将其当成烟毒服用或转卖给烟瘾重的拒不登记烟民。还有烟民在药中渗烟泡吃,完全扭曲了戒烟药的正确用途。第三,领药处成为烟毒交易市场。有的烟民趁领药的机会与其他烟毒贩接触,彼此介绍烟毒生意,从事贩卖烟毒的非法活动。②

由于上述原因,对已戒烟民的调验成为各地禁吸工作的后期重要环节之一。1950年8月26日,内务部要求各地严格调查拒不登记的烟贩及所谓的"上等人",搜集相关证据,对其进行揭发和惩处,并追问烟毒来源。③ 据天津调查,拒不登记烟民包括三类:第一类是有资产的烟民,他们多深居宅院,秘

---

① 《戒绝烟毒证明书》,江苏省档案馆藏,档案号:7014-1-0007-6。
② 《禁烟禁毒委员会决开展禁烟检查　发动群众性监督检举　并扩大戒烟所增加床位》,《天津日报》1950年9月15日第2版;《天津市戒烟所河畛给宋局长的信》,天津市档案馆藏,档案号:X0065-Y-000164。
③ 中央人民政府内务部:《禁烟毒中应注意的几个问题》(1950年8月26日),天津市档案馆藏,档案号:X0065-Y-000169-004。

密吸食烟毒,自认为不会被发现,所以拒不登记;第二类是一些爱面子的烟民,这些人未能充分了解政府的禁吸政策,觉得登记丢人,有的不登记即赴医院戒除,有的则拖延不登记。第三类是无赖烟民,这类人心思狡猾,拖延时间,意图钻空,逃避登记戒烟。① 因此,各地将调验工作摆在重要的位置。有些烟瘾大且生活富裕的烟民虽然在政治压力下进行登记,保证戒绝烟瘾,但是往往不能按期兑现承诺;有些意志薄弱且怕吃苦的烟民往往阳奉阴违,明戒暗吸;还有些烟民在戒绝烟瘾后不久就再次吸食烟毒。为了有效避免这种情况的发生,各地加强了对已戒烟民的后期管理和调验工作。调验不仅可以持续地发现那些拒不登记的烟民,还可以有效地震慑已戒烟民,使其保持戒心,并及时发现戒而复吸的烟民。

各地首先加强对已戒烟民的教育和引导。各地派出所特别关注刚戒除一、二月的烟民,将他们组织成烟民小组,并经常召开座谈会和宣传会,深入宣传政府禁吸政策和吸食烟毒的危害。户籍警对已戒烟民进行劝导和启发,提高烟民的觉悟,巩固戒烟思想,使其不产生复吸的念头。各地还发动群众和积极分子监督与检举已戒或调验无瘾的烟民。有的地方要求群众和烟民互相监督,将已戒烟民编成若干小组,组内互相监督,按时汇报彼此的生活情况。

随后,各地派出所将逾期不戒除或有吸烟毒嫌疑者送卫生机关调验,调验的范围包括已戒烟民、有吸食嫌疑而无实据者及拒不登记者,一旦确定他们仍在吸食烟毒便勒令其戒除烟瘾。天津特别注意对走戒烟民的调验工作,因为政府难以掌握烟民在走戒过程中的真实情况,调验工作可防止走戒流于形式。② 重庆要求将逾期不戒或有吸毒嫌疑者送交调验,勒令确实有瘾者戒除。③ 上海市规定公立医院负责兼办烟民调验业务,戒绝烟毒的烟民须按规定调验日期到指定医院接受调验。④ 至于如何处置复吸烟民,天津要求公安

---

① 《禁烟禁毒的51年工作计划》(1951年1月3日),天津市档案馆藏,档案号:X0065-Y-000165-030。
② 天津市政府:《为加强对走戒烟民调验工作由》(1950年9月4日),天津市档案馆藏,档案号:X0065-Y-000169-008。
③ 《重庆市禁烟禁毒工作计划》(1950年10月),重庆市档案馆藏,档案号:1068-1-12。
④ 上海市民政局:《关于上海市禁烟禁毒实施办法(草案)》(1950年),上海市档案馆藏,档案号:B168-1-755-48。

机关协助戒烟所将拒不戒烟的烟民强制入所,对屡劝不改的复吸者送司法部门严惩。① 一般情况下,人民法院视情节轻重严予查办久戒复吸者,勒令其戒除,组织他们成立烟民劳动队,对其进行长期的劳动改造。

此外,各地积极鼓励自觉戒除烟瘾的烟民重新投入社会,为无正当职业的贫苦烟民提供帮助,使其掌握谋生的技术,设法解决其职业问题,使其转入正常的生产生活。各中央局将积极施戒的政策持续贯彻到1952年初。3月26日,西北民政部依旧提出在组织春耕生产的同时在农村开展禁吸工作,一方面发动烟民订立戒瘾公约,另一方面为其制订生产计划,组织他们参加变工互助组,通过劳动改造戒除烟瘾。②

随着禁吸工作的开展,各地的禁吸工作取得了一定的成绩,烟民数量大幅减少。天津在1950年下半年共登记烟民1447人,截至1950年底,已戒和正戒的烟民数占到88.3%,很好地完成了登记烟民的施戒工作。③ 热河烟民数由18万人减为3万人;察哈尔1950年断瘾人数达3万人。④ 重庆从1950年9月至1951年2月的6个月时间里共有16327人戒除烟瘾,自动参加戒烟的人数更是达到9818人之多。其中,1794名烟民在政府的协助下不但彻底戒除烟瘾,而且找到新工作,重新融入社会。⑤ 1951年,苏北的已戒烟民数达到解放初期烟民总数的70%～80%。⑥

第二阶段的禁吸工作尽管取得了不小的成绩,但是在推进的过程中也出现了一定的问题。随着"三反""五反"运动的开展,不少地区暴露出较多的国家机关工作人员包庇或勾结奸商、毒贩或反革命分子贩运烟毒的罪恶活动,而且各地在一些贪污案中发现了部分干部存在吸食烟毒的问题。为此,内务部明确指出干部吸食烟毒是"一个严重腐化堕落的问题",要求各地结合"三反"运动,严密追查烟毒及经济的相关来源,并在运动中彻底揭露干部吸食烟

---

① 《禁烟禁毒委员会戒烟所继续收容烟民施戒》,《天津日报》1950年9月13日第2版。
② 西北军政委员会:《关于配合春耕和城市五反运动,抓紧进行禁种禁贩禁运烟毒工作的指示》(1952年3月26日),陕西省档案馆藏,档案号:198-1-223-1。
③ 《禁烟禁毒的51年工作计划》(1951年1月3日),天津市档案馆藏,档案号:X0065-Y-000165-030。
④ 《全国禁烟禁毒成绩巨大》,《人民日报》1951年3月29日第3版。
⑤ 重庆市禁烟禁毒委员会:《关于重庆市禁烟禁毒工作的总结报告》(1951年8月),《档案史料与研究》1990年第1期,第49页。
⑥ 《苏北区一年来禁烟禁毒工作报告》(1952年),《江苏历史档案》1996年第2期,第52页。

毒的恶劣行为,从而表明国家禁绝烟毒的决心。① 同时,一些基层群众干部由于不了解政策,在参与禁吸工作中出现了偏差。1951年,安徽定远县群众组织互助戒烟所集中劳动改造烟民。然而,街道干部在管理上出现偏差,将打架吵嘴的群众送入戒烟所改造,引起群众的不满。群众互助戒烟所遂被公安局下令停办。② 再者,因屡教不改的烟民人数较多,部分地区难以在短时间内将其全部改造。定远县将屡教不改的烟民编入县劳动队,对其实施长期的劳动改造。但是劳改队名额有限,出现人满为患的问题,因此政府一时难以安置这些烟民。③

积极组织烟民戒瘾的政策一直持续到1952年第一季度。1952年2月26日,内务部要求各级政府继续开展施戒工作,在戒烟工作中多成立临时性或季节性的小型戒烟所。④ 4月,华东局仍旧主张开展群众性的施戒运动,要求在烟毒流行地区设立临时性的戒烟所,逐步达到禁绝吸食的要求。⑤ 可见,第二阶段的禁吸工作具有较强的连续性。总体来说,各地采取自戒为主、劝戒为辅的戒烟方针,将行政力量督促登记和群众检举登记结合起来开展戒烟工作。政府积极鼓励烟民通过走戒的方式戒除烟瘾,同时组织医院和戒烟所对烟民进行治疗与改造。

三、暂缓戒烟:1952年肃毒运动中的禁吸工作

为彻底肃清烟毒在共和国的流行,中央决定在"三反""五反"运动后发动一场全国范围内的群众性肃毒运动。1952年4月15日,中央发出《关于肃清毒品流行的指示》,该文件明确提出集中解决贩毒问题,而"对于单纯吸食毒品者,不应作为这次运动的斗争对象"。原因包括:第一,烟毒吸食者数量仍

---

① 中央人民政府内务部:《批复察哈尔省禁毒工作的几点意见》(1952年2月26日),天津市档案馆藏,档案号:X0053-C-000380-006。
② 定远县:《烟毒情况的报告》(1952年),安徽省档案馆藏,档案号:J052-000001-00012-28。
③ 定远县:《烟毒情况的报告》(1952年),安徽省档案馆藏,档案号:J052-000001-00012-28。
④ 中央人民政府内务部:《批复察哈尔省禁毒工作的几点意见》(1952年2月26日),天津市档案馆藏,档案号:X0053-C-000380-006。
⑤ 华东军政委员会:《禁烟禁毒指示》(1952年4月18日),山东省档案馆藏,档案号:A101-04-0109-011。

然不少,此次运动不能完全使其戒绝。第二,中央认为烟毒吸食者是受害者,不应与制、贩、运毒犯等同对待。第三,中央提出只要根绝制、贩、运毒的行为,就能中断吸食者的来源,吸毒现象随之则会渐渐消失。① 此举表明国家开始考虑转变禁吸政策,禁吸工作进入新的阶段。

4月至7月为肃毒运动的筹备时期。在此期间,中央要求各地建言献策,禁吸政策随之经历了一个变化和确立的过程。4月18日,华东局提倡继续开展禁吸工作,采取自愿、规劝与强制勒戒相结合的方针,实现戒绝烟毒的目标。② 5月4日,河南要求烟毒吸食者向政府登记,在群众监督下限期戒除;从严惩处屡劝不戒和拒不登记的烟民,迫使其戒绝。③ 16日,西北局提议集中力量打击制、贩、运毒犯,暂时不过问烟毒吸食者,待运动结束后进行教育改造。④ 21日,政务院在《为查禁鸦片烟毒的通令》里提出号召烟民解决烟瘾,要求各地发动烟民家属和社会舆论给烟民施加舆论压力,督促其解决。⑤ 该文件尽管仍述及禁吸工作,但是将禁贩运工作作为重点,只是提倡社会监督,未对具体禁吸工作进行具体布置。25日,华东局建议不把单纯吸食烟毒者作为肃毒运动的斗争对象,只是在允许条件下,对其进行一般的戒毒教育,争取其检举制、贩、运毒犯。⑥ 6月初,中南民政部郑绍文部长提出参照以往经验,继续进行禁吸工作,实施"群众监督,限期戒绝"的办法,即登记烟民须在农会、民兵、居民小组等群众组织的监督和管制下限期戒绝,但不必再专设戒烟机构。⑦ 由此可见,各地对禁吸工作的态度存在差异和反复,新的禁吸

---

① 中共中央:《关于肃清毒品流行的指示》(1952年4月15日),中共中央文献研究室编:《建国以来重要文献选编》(第三册),中央文献出版社2011年版,第134页。
② 华东军政委员会:《禁烟禁毒指示》(1952年4月18日),山东省档案馆藏,档案号:A101-04-0109-011。
③ 河南省人民政府:《关于严令禁绝鸦片烟毒的布告》(1952年5月4日),河南省档案馆藏,档案号:J0078-008-00516-001。
④ 中共中央西北局:《关于发动禁毒运动指示》(1952年5月16日),山东省档案馆藏,档案号:A001-05-0061-002。
⑤ 政务院:《为查禁鸦片烟毒的通令》(1952年5月21日),江苏省档案馆藏,档案号:7014-2-0427-4。
⑥ 华东局:《肃清毒品流行的指示》(1952年5月25日),山东省档案馆藏,档案号:A001-05-0050-013。
⑦ 《大张旗鼓地开展禁烟禁毒运动——中南军政委员会民政部郑绍文部长在军政委员会第八十一次行政会议上的报告》,《南方日报》1952年6月8日第3版。

政策尚待完全确立下来。

　　7月25日,全国禁毒工作会议召开,肃毒运动各环节的政策最终被确定下来。公安部副部长徐子荣在会上作了重要报告,确立了肃毒运动期间的禁吸政策。首先,他提出运动重点打击制、贩、运毒犯,暂时不过问烟毒吸食问题。其次,他指示各地暂时不要求单纯吸食烟毒者进行登记,只是号召他们检举制、贩、运毒犯。再次,他要求各地的民政和卫生部门可在运动末期为之后的禁吸工作做准备工作。① 随后,各地纷纷落实中央的政策,表示不会把烟毒吸食者作为这次运动的打击对象。华东局表示在肃毒运动中不要发动群众将烟民作为斗争对象,应该号召他们检举制、贩、运毒犯,并使他们认识到帝国主义和国民党相互勾结的罪行及吸食鸦片的危害;待运动结束后再开展禁吸工作,有步骤地解决禁吸问题。② 至此,暂缓禁吸的政策被正式确立,这一政策一直延续到1952年11月底。

　　在此期间,为集中力量开展群众性的肃毒运动,中央要求各地不再设立戒烟所集中开展戒烟工作,而是提倡选择烟民自戒和群众监督的方式。各地因此没有重点打击吸食烟毒者,更没有强迫其进行登记或发动群众对其进行斗争,而是耐心教育,动员他们自主戒除烟瘾。随后,部分地区开始办理结束戒烟所的工作。以河南为例,戒烟所首先分析研究烟民的思想情况和劳动转变情况,据此对其进行前途教育,巩固戒烟成绩,防止出所烟民思想松动后复吸。戒烟所随后实施分批出所的办法,先选择戒烟表现较好的烟民送其回籍生产就业,并要求其家属和当地群众对其进行监督,帮助其融入正常的生产和生活。再者,戒烟所将烟民坦白检举的材料和线索进行整理,交当地公安和民政部门,并将劳动工具交与当地的生产教养机构使用。③

　　与此同时,各地按照中央指示从8月开始为肃毒运动结束后的禁吸工作做准备。中央认为要想扩大肃毒运动的胜利果实,各地须在运动后期密切配合肃毒运动,筹备第四阶段的禁吸工作,目的是使烟民彻底戒绝烟瘾,全面完

---

　　① 《中央批准徐子荣同志关于禁毒工作会议上的报告》(1952年7月30日),山东省档案馆藏,档案号:A001-05-0061-003。
　　② 华东局宣传部、公安部:《关于禁毒宣传工作中应注意事项的指示》(1952年8月9日),山东省档案馆藏,档案号:A001-04-0024-012。
　　③ 河南省人民政府:《关于限期结束戒烟所工作的通知》(1952年8月23日),河南省档案馆藏,档案号:J0078-008-00516-002。

成禁烟禁毒任务。在中央尚未出台戒烟方案之前,部分烟毒流行的地区先后就肃毒运动后的禁吸工作进行政策说明。8月6日,华东局要求本地的民政和卫生部门及时为运动后的戒烟工作做准备,以便运动后能立刻将工作重心转到戒烟工作上去。① 22日,西北民政部发出《为结合肃毒运动开展禁吸工作由》,要求各地根据自身实际情况制订具体的禁吸计划,在肃毒运动结束后马上开展禁吸工作,尽早有计划地和分批地改造所有烟民。② 9月1日,安徽民政厅、公安部及卫生厅联合发布《关于收容烟民戒除烟毒的通知》,布置了禁吸的相关筹备工作,指示各地可继续使用规劝与强制结合的方针。③ 10日,哈尔滨先后出台《戒烟毒工作办法》和《戒烟工作计划》,对本市的禁吸工作进行了详细的规划。18日,公安部部长罗瑞卿在向中央作《关于惩治毒犯的报告》里再次将制、贩、运毒犯与单纯吸食烟毒者区别讨论,认为不可对烟民采取惩治政策,而应坚持"教育改造和治病救人"的政策,在运动结束后继续开展以教育劝导为主的禁吸工作。④ 随后,刘少奇阅毕该报告,指示公安部与卫生部商拟一个戒烟办法。⑤

根据上述政策,各地在1952年肃毒运动的后期先后制订了戒烟工作计划。在烟民戒烟方式的问题上,各地主要存在两种想法。第一种是提倡将烟民自戒和群众规劝监督相结合的戒烟方式。华东民政部指出此阶段不宜普遍采用号召坦白登记的办法,应采取发动群众帮助和督促烟民戒除的办法,由家属亲邻劝说烟民申请登记施戒,使其检举烟毒犯并交出烟毒和烟具。哈尔滨建议通过开展劝戒运动和召开烟民大会的方式号召烟民积极登记,并且

---

① 华东局:《关于华东禁毒工作具体部署》(1952年8月6日),山东省档案馆藏,档案号:A001-05-0062-014。
② 西北军政委员会民政部:《为结合肃毒运动开展禁吸工作由》(1952年8月22日),陕西省档案馆藏,档案号:198-1-244-2。
③ 安徽省人民政府民政厅、公安部、卫生厅联合通知:《关于收容烟民戒除烟毒的通知》(1952年9月1日),安徽省档案馆藏,档案号:J052-000001-00012-26。
④ 罗瑞卿:《关于惩治毒犯的报告》(1952年9月18日),罗瑞卿著,公安部《罗瑞卿论人民公安工作》编辑组编:《罗瑞卿论人民公安工作(1949—1959)》,群众出版社1994年版,第154页。
⑤ 刘少奇:《关于拟订戒烟办法的批语》(1952年9月),中共中央文献研究室、中央档案馆编:《建国以来刘少奇文稿(1952年1月—1952年12月)》(第四册),中央文献出版社2005年版,第509页。

要求烟民提交个人戒毒计划。① 西北民政部要求结合肃毒运动开展群众性的规劝运动,通过发动群众组织规劝小组的方式,规劝烟民尽快登记,切实戒除烟瘾。② 具体而言,西北局建议城市地区的老弱病残烟民在群众监督下在家限期自行戒除,年轻力壮的烟民应进入互助戒烟所戒绝烟瘾;而农村的禁吸工作应与生产互助组结合,用"三勤夹一懒"的办法,允许群众监督烟民在劳动中戒绝;而要将屡教不戒或屡次复吸的烟民送劳改队或劳动习艺所接受长期劳动改造,并发动群众对其进行监督。③

第二种是提倡将自戒和入戒烟所的方式并重。苏北建议将号召烟民自戒作为基本办法,即有负担能力或年轻的烟民可在家自戒,家属进行监督;年老、多病且贫困的老烟民则进入戒烟所。④ 哈尔滨一方面建议各地以自戒为主要的戒除方式,烟民须在家属亲邻的监督下戒除烟瘾,并自己制订戒除计划;另一方面同意建立群众性的小型戒烟所,组织那些无力自戒的游民或独身者及屡戒不改者进行集中施戒,哈尔滨计划用3个月时间完成禁吸工作。⑤ 安徽提出两种戒烟办法:一是烟瘾较小的烟民可在群众监督下自戒;二是烟瘾较大且无毅力的烟民须到戒烟所收容施戒。⑥ 总之,各地根据实际情况,对第二阶段的戒烟方式进行了适当调整,以便适应下一阶段的禁吸工作。

各地对禁吸工作的组织和领导机构进行调整。哈尔滨建议戒烟工作由市级禁烟禁毒委员会领导,各区政府、公安分局、卫生部门、宣传部门及群众团体成立区戒毒工作组委员会,该会具体负责戒烟政策的宣传贯彻和登记工

---

① 哈市人民政府:《戒烟毒工作办法(草案)》(1952年9月10日),中共哈尔滨市委党史研究室编:《城市的接管与社会改造》(哈尔滨卷),黑龙江人民出版社1999年版,第502页。
② 西北军政委员会民政部:《为结合肃毒运动开展禁吸工作由》(1952年8月22日),陕西省档案馆藏,档案号:198-1-244-2。
③ 西北军政委员会民政部:《为结合肃毒运动开展禁吸工作由》(1952年8月22日),陕西省档案馆藏,档案号:198-1-244-2。
④ 苏北人民行政公署民政处:《关于戒烟戒毒的初步打算》(1952年9月),《江苏历史档案》1996年第2期,第53页。
⑤ 哈市人民政府:《戒烟毒工作计划(草案)》(1952年9月10日),中共哈尔滨市委党史研究室编:《城市的接管与社会改造》(哈尔滨卷),黑龙江人民出版社1999年版,第503页。
⑥ 安徽省人民政府民政厅、公安部、卫生厅联合通知:《关于收容烟民戒除烟毒的通知》(1952年9月1日),安徽省档案馆藏,档案号:J052-000001-00012-26。

作,并且检查各街道禁吸工作进展情况,向禁烟禁毒委员会汇报工作。① 部分地区将群众组织摆在了更加重要的位置。哈尔滨建议在实施戒烟政策的过程中成立两级群众组织,由其监督和规劝烟民戒除。第一层是由区代表、居民委员会、街道积极分子、街妇女会员等组成的劝戒检查小组。哈尔滨要求各地按照烟民多少(30名以下烟民组织一个组)成立若干劝戒检查小组,组长也由群众担任。它负责协助宣传禁吸政策、检查烟民戒除进展情况、向上级反映烟民的需求等工作。第二层是由烟民的家属、亲邻及居民组长组成的保戒小组。哈尔滨规定保戒小组由居民组长负责组织,接受劝戒检查小组的领导和审核。它负责经常规劝烟民、监督烟民偷吸烟毒、掌握戒烟药品使用等工作。②

为完成以上禁吸计划,各部门在开展肃毒任务的同时积极筹备第四阶段的戒烟工作。民政部门负责戒烟所的筹建,并掌握整个禁吸工作的筹备进程。卫生部门负责戒烟药品的配制与准备,戒烟所医务人员的选派等。公安部门负责烟民的早期登记、筛选及分配。文教部门和妇联负责禁吸宣传工作,规劝烟民及其家属。总体来说,禁吸工作由民政、卫生部门为主负责,公安部门协助配合进行。其中,各地按照中央指示进行部署,要求烟毒流行地区于肃毒运动后期有重点有计划地设立戒烟所。8月22日,西北民政部提出各地按实际需求可在烟民较多的城区或乡镇设立小型的群众互助戒烟所,有计划分批地收容烟民戒瘾。③ 9月1日,安徽民政厅、公安部、卫生厅发布联合通知,要求民政、卫生、公安三部门联合起来于运动后期根据具体情况在重点城市建立戒烟所;④并将一个月作为一期的施戒时间,要求每个戒烟所每期的容量不得超过200人;戒烟所暂不收容患重病或怀孕的烟民。⑤ 华东

---

① 哈市人民政府:《戒烟毒工作办法(草案)》(1952年9月10日),中共哈尔滨市委党史研究室编:《城市的接管与社会改造》(哈尔滨卷),黑龙江人民出版社1999年版,第502—503页。

② 哈市人民政府:《戒烟毒工作办法(草案)》(1952年9月10日),中共哈尔滨市委党史研究室编:《城市的接管与社会改造》(哈尔滨卷),黑龙江人民出版社1999年版,第503页。

③ 西北军政委员会民政部:《为结合肃毒运动开展禁吸工作由》(1952年8月22日),陕西省档案馆藏,档案号:198-1-244-2。

④ 安徽省人民政府民政厅、公安部、卫生厅联合通知:《关于收容烟民戒除烟毒的通知》(1952年9月1日),安徽省档案馆藏,档案号:J052-000001-00012-26。

⑤ 安徽省人民政府民政厅、公安部、卫生厅联合通知:《关于收容烟民戒除烟毒的通知》(1952年9月1日),安徽省档案馆藏,档案号:J052-000001-00012-26。

局要求戒烟所的筹备工作必须严格贯彻"口头宣传"的政策。一是要求各地将"戒烟所"的名称改为"卫生所";二是所内不准张贴有关戒烟的公约、办法及标语等;三是戒烟所在给烟民讲解戒烟政策时只能使用口头宣传教育的方式,不准出现任何文字材料。① 充分的禁吸准备工作有效地保障了第四阶段戒烟运动的顺利开展。

四、群众规劝与第四阶段的禁吸工作

各地在肃毒运动中将主要精力放在肃清制、贩、运毒工作上,所以不少地区在肃毒运动结束后仍有烟民尚未戒除烟瘾。数据显示,全国在运动中发现成瘾烟民共 171 万人。由于运动进行了广泛的禁毒宣传和切断了烟毒的来源,部分烟民在运动中主动戒除了烟瘾。虽然全国在 1953 年初的烟民数降至 115 万人,②但是禁吸形势依然严峻。其中,西北区在运动后仍有 115104 名烟民,陕西为 2 万名,甘肃为 9 万名,两省占到总数的 95.6%。③ 由此可见,各地的戒烟工作仍不能忽视。

为此,政务院于 1952 年 12 月 12 日颁布《关于推行戒烟、禁种鸦片和收缴农村存毒的工作指示》,指出虽然全国范围内群众性的肃毒运动基本上结束,并取得了很大的成果,但是运动仍遗留一些尚待解决的问题,如大量烟民尚未戒除烟瘾。因此,政务院决定在运动已有成绩的基础上推行禁吸工作,本着"教育改造、治病救人"的方针,采用"动员规劝、自己戒烟为主,结合政府给予适当督促帮助的原则",要求各地有步骤、有计划地稳步开展禁吸工作。④ 该指示的颁布标志着禁吸政策的再次转变,禁吸工作进入新的阶段。1953 年 1 月 30 日,中央公安部、内务部及卫生部发布《关于全面开展戒烟工

---

① 华东军政委员会民政部:《关于收容烟民戒除烟毒的通知提出意见由》,安徽省档案馆藏,档案号:J052-000001-00012-26;安徽省人民政府民政厅、公安部、卫生厅联合通知:《关于收容烟民戒除烟毒的通知》(1952 年 9 月 1 日),安徽省档案馆藏,档案号:J052-000001-00012-26。

② 中共中央:《批转罗瑞卿关于戒烟、禁种鸦片和收缴存毒工作的简报》(1953 年 3 月 6 日),中央档案馆、中共中央文献研究室编:《中共中央文件选集(1949 年 10 月—1966 年 5 月)》(第十一册),人民出版社 2013 年版,第 275 页。

③ 西北军政委员会:《呈报我区 1953 年禁种禁吸烟毒工作计划要点》(1953 年 2 月 27 日),陕西省档案馆藏,档案号:198-1-337-7。

④ 政务院:《关于推行戒烟、禁种鸦片和收缴农村存毒的工作指示》(1952 年 12 月 12 日),邱创教主编:《毒品犯罪惩治与防范全书》,中国法制出版社 1998 年版,第 836 页。

作的联合指示》,所提方针和原则完全继承了 12 月 12 日的指示内容,并对禁吸的各项内容进行了细化说明和规定。① 从两个文件的内容来看,中央的总体禁吸方针已不同于第二阶段的内容,更加注重烟民的主体作用和政府的辅助功能。

各地积极贯彻中央指示,并对相关内容进行细化补充。2 月 18 日,华东局发文对政务院有计划、有领导地展开工作的规定进行补充说明,对不同地区作出不同的规划:已进行肃毒运动的城镇须抓紧开展禁吸工作,彻底肃清烟毒危害;尚在种烟的农村要结合禁种工作开展戒烟任务;非重点地区根据具体情况开展戒烟工作。② 27 日,西北局根据本区实际情况制订禁吸工作计划,要求各地首先大力宣传教育,从而做通烟民思想;随后实施"分散施戒、群众监督与烟民家属规劝相结合的办法",但须组织屡戒屡吸者进行集中施戒;并要求各地在五六月份基本使大中城市的烟民戒除烟瘾。③ 总体来说,在制定本地政策的过程中,各地将"教育改造、治病救人"的方针摆在首位,对暂时不知悔改的烟民采取说服教育和戒除顾虑的态度,坚持反复交代政策和启发自愿登记的原则,绝不能对其采取强迫硬逼的办法或施加法律惩罚,防止引起烟民不必要的恐慌和顾虑。随后,第四阶段的禁吸工作在全国范围内展开。

为加强对戒烟工作的组织领导,中央内务部和卫生部联合公安部,在内务部下设立戒烟办公室。三部门共同负责和管理全国各地的戒烟工作。随后,各地在禁烟禁毒委员会下设立戒烟办公室,由民政、公安及卫生三部门构成,指导本地区的戒烟工作。区县设立戒烟委员会,下设工作组。在具体的工作中,各地则以派出所为单位,开展烟民登记工作。派出所所在街道内设立登记检查处,由派出所所长、民政干事、妇女代表等构成,具体负责所辖区内烟民的登记分组及组织劝戒检查组的工作。

中央要求各地在开展施戒工作前要充分准备和广泛宣传,严禁简单的行

---

① 中央人民政府公安部、内务部、卫生部:《关于全面开展戒烟工作的联合指示》(1953 年 1 月 30 日),上海市档案馆藏,档案号:B1-2-887-1。

② 华东行政委员会:《关于认真贯彻中央人民政府政务院推行戒烟、禁种鸦片和收缴存毒指示的通知》(1953 年 2 月 18 日),上海市档案馆藏,档案号:B1-2-887-10。

③ 西北军政委员会:《呈报我区 1953 年禁种禁吸烟毒工作计划要点》(1953 年 2 月 27 日),陕西省档案馆藏,档案号:198-1-337-7。

政命令、强制硬逼行为及其他形式的急躁违法作法。① 因此,各地对拒不登记或戒而复吸者的处理办法更加人性化。如前文所述,中华人民共和国成立伊始部分地区曾规定将拒不坦白者送法院依法严惩,但是随着禁吸工作的不断深化,中央和地方政府逐渐意识到教育改造才是拯救烟民的最有效办法。因此,说服教育和综合施戒的办法最终取代了法院惩办的僵硬办法,成为第四阶段处理拒不坦白或复吸者的主要办法。

各地在开展施戒工作前积极应用肃毒运动中的成功宣传经验,依靠群众中的基层组织,通过各界人代会、居民组长会、街道积极分子会、烟民家属座谈会及烟民座谈会等会议,开展多种多样的口头宣传教育活动,充分发动社会舆论。这样做的目的一方面是要多次讲清禁吸政策和消除烟民及其家属的思想顾虑,通过烟毒吸食的典型事例耐心说服教育烟民,启发他们下决心戒烟;另一方面是要开展非公开的烟民调查登记工作,组织烟民的家属亲邻规劝和监督烟民戒除烟瘾。

具体来说,各地的宣传动员模式可分为重点宣传和普遍宣传两种。首先是重点宣传工作。派出所和积极分子会进行摸底调查,搜集和研究相关材料,从中找出本地区的可疑户,对其进行排队,进而确定重点宣传对象。街道以可疑户为中心,召开相邻院落的小会,有重点地宣传政策,并通过漫谈的方式了解可疑户的真实想法。积极分子同时也要深入可疑户,通过日常交流的方式向其宣传动员。但是,少数地区未能进行彻底的摸底调查,而是根据历史上有无烟瘾、是否接受过戒烟治疗、脸色好坏、烟民的劳动能力和经济条件等信息,推测出一个可疑名单,随后有重点地寻找和发动可疑者的社会关系进行宣传动员,从而引起一些不必要的麻烦。

其次是普遍宣传工作。政府召开普遍性的群众会,向群众阐明吸食烟毒对身体、家庭和社会的危害,解释政府坚决的禁吸态度和政策,讲解烟民登记和戒除的办法,并重点说明政府在肃毒运动中已经彻底肃清制、贩、运毒者和烟毒来源已经根本断绝的现实情况。在群众会议的基础上,各地积极针对烟民的疑问和思想顾虑,整理相关内容并提出解决办法。接着,街道召开烟民

---

① 中央人民政府公安部、内务部、卫生部:《关于全面开展戒烟工作的联合指示》(1953年1月30日),上海市档案馆藏,档案号:B1-2-887-1。

座谈会,为他们答疑解惑和打消戒烟顾虑。干部在会上说明政府将免费发放戒烟药品,允许烟民在家中分散自戒,并讲解针对特殊人群的缓戒政策。为充分发动群众协助禁吸工作,各地召开烟民家属座谈会,教育和启发家属参与运动,规劝吸食烟毒的家人主动登记施戒。政府从两个座谈会中挑选积极分子,培养成为诉苦典型,召开诉苦大会。政府在会上发动烟民或烟民家属诉苦,通过诉说危害社会或个人的典型案例的方式,再次教育和启发烟民主动登记施戒,使其揭发检举制、贩、运毒犯,同时发动普通群众参加戒烟规劝工作,劝导烟民戒烟。

各地还结合各项政治运动开展禁吸宣传工作。华东局要求各地与爱国增产、互助合作、贯彻婚姻法、春耕、民主建政等运动结合开展禁吸工作。有的地区结合民主建政工作宣传禁吸政策,使得基层民主政权机关在开展禁吸工作的过程中发挥了重要作用。如天津的基层组织街公所往往结合民主建政工作进行烟民的调查登记,发动群众监督施戒,并且组织召开积极分子和小型的群众片会,而基层的派出所只需协助配合其开展工作。[①] 北京结合检查婚姻法运动和拥军优属运动在全市开展戒烟宣传的工作。[②] 但是,如果地方政府未能协调好运动之间的关系,他们也会相互干扰和影响。北京东四区政府在开展婚姻法运动的时候抽调走本就不多的戒烟干部,造成戒烟组织力量的缺乏。同时,由于缺乏戒烟工作经验,该地的年轻民政干事更愿意参加爱国卫生运动,部分民政干事反映:"挖蛹越挖越带劲,挖一天有一天的成绩,搞禁毒几天还看不到有啥成绩!"[③] 由此可见,地方政府须事先协调戒烟工作和其他政治运动的关系,避免运动的相互干扰。

在第四阶段,各地多采用自戒和入戒烟所这两种施戒办法,而自戒则被普遍使用。在应用两种施戒办法的过程中,各地将群众的作用发挥得更加淋漓尽致。从肃毒运动的成功经验中,各地意识到单纯的行政命令无法解决根

---

① 天津市人民政府公安局:《对于天津市戒烟工作计划的几点意见》(1952年12月26日),天津市档案馆藏,档案号:X0065-Y-000312-002。
② 北京市人民政府:《关于北京市戒烟工作计划向政务院的报告》(1953年2月6日),北京市档案馆、中共北京市委党史研究室编:《北京市重要文献选编(1953年)》,中国档案出版社2002年版,第69页。
③ 北京市东四区人民政府民政科:《1953年2月19日至3月20日戒烟戒毒工作总结》(1953年4月28日),北京市档案馆藏,档案号:196-002-00208-00066。

本问题,只有充分发动群众,才能彻底消灭吸食烟毒的现象。因此,各地在戒烟工作中采取以自戒为主,群众负责规劝及政府适当监督的方针,力求彻底肃清烟毒流害。

1952年12月12日,政务院建议各地将分散自戒作为主要的施戒方法,并要求城镇抓紧在肃毒运动取得成绩的基础上,在群众觉悟普遍提高和制、贩、运毒现象受到严重打击的条件下,开展禁吸工作;而乡村则须结合爱国增产、镇压反革命和土改复查等运动推进戒烟政策。① 1953年1月30日,中央公安部、内务部及卫生部的联合指示允许各地采用各种办法开展禁吸工作,但应以分散自戒为主要方法。总体来说,分散自戒者包括两种人:一种是烟瘾不大,有自戒能力者,另一种是老弱病孕者,他们若接受强制戒烟,易引起生命危险。

具体来说,多数城市烟民选择在家自戒,政府则发动基层干部和广大群众对其进行监督和帮助。一方面,各街道根据烟民数量组织劝戒检查组,由区代表、居民委员会成员、街道积极分子及妇女代表构成。它负责协助政府开展宣传劝戒和检查监督烟民戒除的工作,听取自戒烟民的定期汇报。另一方面,同一街道或居民小组在烟民自愿的基础上组建保戒小组(包戒小组),由烟民及其家属亲邻组成,负责监督检查烟民自戒,管理与保存戒烟药品,监督烟民按时服用,并对生活困难的烟民进行帮扶救济。劝戒检查组和保戒小组是劝戒工作的基层执行者,它有效地协助政府传达和实施相关劝戒政策,成为戒烟运动顺利推行的基本保障。2月12日,内务部将哈尔滨市的戒烟工作总结报告转发给全国,要求各地学习该市的成功戒烟经验,特别是在群众和烟民自愿基础上组织保戒小组,并由其进行宣传教育和消除烟民顾虑等工作。② 从此,劝戒检查组和保戒小组逐渐成为城镇在第四阶段中开展戒烟工作的重要基层组织模式。而在农村中,中央政府要求各地在春耕前结合生产动员、组织生产及人口调查等工作,广泛发动群众对烟民进行教育和劳动改造。③

---

① 政务院:《关于推行戒烟、禁种鸦片和收缴农村存毒的工作指示》(1952年12月12日),邱创教主编:《毒品犯罪惩治与防范全书》,中国法制出版社1998年版,第836页。
② 中央人民政府内务部:《关于抄发哈尔滨市戒烟工作的通知》(1953年2月12日),上海市档案馆藏,档案号:B1-2-887-5。
③ 中央人民政府公安部、内务部、卫生部:《关于全面开展戒烟工作的联合指示》(1953年1月30日),上海市档案馆藏,档案号:B1-2-887-1。

农村干部多通过组织分散自戒的方式帮助烟民戒瘾,由农村互助组帮助和组织烟民参加劳动生产,实现劳动互助戒瘾的目的。

尽管自戒成为烟民戒烟的主要方式,但是群众性质的互助戒烟所和政府性质的集体戒烟所仍发挥了重要作用。政务院在1952年12月12日的指示中同意各地在需要时和条件允许的情况下建立戒烟所,使用集中戒烟的方式帮助烟民戒瘾。[1] 中央公安部、内务部及卫生部在1953年1月30日的指示中则继承第二阶段的戒烟经验,明确提倡创设群众互助的小型戒烟所和政府组织的示范性戒烟所,指出群众性的互助戒烟所"吸毒者容易接受,并能互相鼓励与互相监督",提议"各地有条件,也可适当举办";同时建议"大、中城市或吸毒人数过多的小城市,可根据需要与条件由政府组织示范戒烟所",收容对象则是少数烟瘾较重、生活贫困或无力自戒的烟民。[2] 随后,各地将无法自戒的独身者或游民、屡劝不改者及少数瘾重者收容到戒烟所进行集中施戒。与第二阶段将政府创办的戒烟所作为主要的集中戒烟方式不同,各地在第四阶段积极组建群众互助戒烟所,并将其作为创办戒烟所的主要形式。各地将一个月时间作为每期烟民的施戒时间。烟民须自带伙食,由烟民自己管理自己,互相监督和鼓励。施戒方法仍是服用戒烟药品、思想教育及劳动改造相结合。

对断瘾者的调验仍是这一阶段禁吸工作的重要环节之一。1953年1月30日,中央要求各地对屡戒屡吸的烟民实施强制戒除的办法,不必交由法院惩处。[3] 具体来说,各地在开展施戒工作的同时加强对已戒烟民的监督和教育,有重点地进行个别调验工作,谨防其戒后复吸。在医院调验结果出来后,政府允许真正的戒除者回家参加生产,群众须对其进行持续地监督。反之,戒烟所对部分思想抗拒的烟民实施劳动改造,要求未戒除者入戒烟所戒瘾。此外,各地继续结合城市贫民救济和农村救济工作,对生活困苦的烟民酌情照顾和救济,并且帮助他们积极戒烟且有就业能力者就业。

---

[1] 政务院:《关于推行戒烟、禁种鸦片和收缴农村存毒的工作指示》(1952年12月12日),邱创教主编:《毒品犯罪惩治与防范全书》,中国法制出版社1998年版,第836页。

[2] 中央人民政府公安部、内务部、卫生部:《关于全面开展戒烟工作的联合指示》(1953年1月30日),上海市档案馆藏,档案号:B1-2-887-1。

[3] 中央人民政府公安部、内务部、卫生部:《关于全面开展戒烟工作的联合指示》(1953年1月30日),上海市档案馆藏,档案号:B1-2-887-1。

1953年下半年,大部分地区基本完成禁吸工作,先后撤销了戒烟的相关组织机构,中华人民共和国成立初期的戒烟运动宣告结束。在此期间,少数地区因忙于发展生产,将禁吸工作推迟到1954年,而部分已完成戒烟工作的地区仍发现少数吸食烟毒的现象。为此,中央和地方政府将戒烟工作作为经常性任务进行开展,一旦发现烟民,随时规劝其登记和戒除。部分地区更将保戒小组这样的基层规劝组织形式保留下来,以便进行经常性的监督检查工作。

民主管理在所有阶段的戒烟工作中均发挥了重要的作用。充分发挥群众和烟民的作用成为戒烟工作顺利开展的关键。在戒烟过程中,群众组织与烟民订立戒烟公约,并且定期举行生活检讨会,积极戒瘾的烟民通过监督落后烟民的方式实现共同进步的目标。同时,群众组织召开会议批评偷吸或复吸的烟民,要求其反省,从而加强他的戒烟决心。当烟瘾戒断时,群众组织召开烟民民主会,对已戒瘾的烟民进行民主鉴定。戒绝后,群众经常召集已戒烟民,参加学习会,不断提高他们的思想觉悟,谨防复吸。

严格的教育管理与持续的劳动改造在烟民入戒烟所戒瘾的过程中缺一不可。烟瘾较大的烟民思想顽固,行为浪荡,难以自觉改造。因此,各地一方面开展深刻的思想教育,以实际案例教育烟民,说明烟毒的危害,使其逐渐在思想上提高戒烟自觉性;另一方面对烟民施以严格的生活管理和持续的劳动改造,辅之以集体娱乐活动。这种做法在各地均收到了良好的效果。

第二节　个人改造与戒除烟瘾:社会救济与戒烟工作的推进

中央和地方政府要求在开展施戒工作的同时通过各种社会救济方式对烟民进行劳动改造。1950年7月26日,山西要求烟民入戒烟所戒瘾,通过从事劳动生产的方式进行改造。[①] 10月13日,东北局同样认为戒烟所应收容

---

① 山西省人民政府:《关于查禁烟毒的指示》(1950年7月26日),山西省史志研究院、山西省档案馆编:《当代山西重要文献选编(1949—1952)》(第一册),中央文献出版社2004年版,第198页。

少数无力自行戒瘾的乞丐和游民,要求其在戒烟的同时进行劳动改造。①1951年2月16日,西北局建议对待大量无力自戒的游民和乞丐,政府可重点设立戒烟所或劳动习艺所,对其进行集中管教施戒和劳动改造。② 因此,戒烟所普遍使用教育与改造相结合的办法。烟民入所后,戒烟所首要任务是安定烟民情绪,从精神层面给予充分的关心,消除他们的思想顾虑。随后,戒烟所在给烟民以有效的药物治疗的同时,对其实施严格的生活管理,通过在烟民中施行民主管理的办法,要求烟民自我管理,互相帮助和监督。思想教育是提高烟民自觉性,消除其内心依赖性的重要方法。戒烟所将烟民编成小组,通过上课、个别漫谈及小组讨论等方式,一方面学习时事和政府禁烟禁毒法令;另一方面使用算账、对比及追根等方法,激发烟民对帝国主义和旧社会的仇恨,加深其对共和国的热爱和信任,激发其重新做人的信心。戒烟所还积极召集烟民组织文娱活动,通过表演的方式生动具体地向烟民展示烟毒吸食的危害,激发群众参与运动及检举烟毒贩的热情。组织烟民参加社会劳动不仅可以在劳动中教育烟民,使其树立劳动观念,掌握生产技能,还可以获取劳动所得,维持烟民和戒烟所的日常开销。在烟民出所时,戒烟所一般组织欢送大会,邀请其家属和普通居民参加,见证烟民戒烟后的光荣时刻。

河南的经验是将戒烟所的工作与游民改造运动结合。南阳、郑州及洛阳等地最初建立实验性质的戒烟所,组织烟民劳动生产,部分实现了生产自给。③ 随后,河南决定在开封、郑州、洛阳、朱集、周口、南阳、许昌等八市重点试办戒烟所,规定戒烟所主要收容少数无力自行戒烟的游民和乞丐,要求他们戒烟后接受劳动改造,将戒烟所作为职业乞丐和游民劳动改造的场所。④戒烟所为烟民制定严格的生活和生产制度。戒烟所工作人员首先稳定烟民情绪和解除顾虑:第一步是向烟民讲明禁烟禁毒的政策;第二步是培养戒烟

---

① 东北人民政府:《东北区禁烟禁毒贯彻实施办法》(1950年10月13日),黄绍智等主编:《禁毒工作手册》,上海三联书店1993年版,第102页。
② 西北军政委员会:《关于加强禁烟禁毒工作的指示》(1951年2月16日),陕西省档案馆藏,档案号:198-2-207-4。
③ 河南省民政厅:《关于戒烟所办法主席惟恐经费少各地成立后将来经费不够无法解决的意见》(1951年4月5日),河南省档案馆藏,档案号:J0149-01-003-00108-006。
④ 河南省人民政府:《关于设立戒烟所的暂行办法》(1951年4月6日),河南省档案馆藏,档案号:J0149-01-003-00108-003。

典型对象,让他们开展诉苦,启发其他烟民觉悟;第三步是审查烟民历史,了解其烟瘾程度,为其制订戒烟计划。随后,烟民通过积极锻炼身体的方式戒烟,并且学习生产技术,为参加劳动生产打下基础。河南的戒烟所不但召集烟民参加纺麻袋、打铁、织袜及修马路等劳动工作,而且创办砖瓦窑、肥皂厂,组织烟民进行规模生产。① 这种方式不仅可以使烟民通过树立劳动观点的办法主动戒除烟瘾,还帮助戒烟所实现部分甚至完全自给,促进戒烟所良性发展。最后,戒烟所通过开小会的方式,对烟民实施抗美援朝和保家卫国的爱国主义政治教育,了解土改、劳动生产的相关政策,从政治思想上提升烟民的觉悟。② 1951年,河南各戒烟所共收容烟民1527人,戒除烟瘾者达到千余人,取得了一定的成绩。但是据不完全统计,河南的城市烟民有6228人,③因此禁吸任务依然严峻。

重庆发动和依靠群众创设700余个小型戒烟所,群众完全独立组织的有585个。这些小型戒烟所将思想教育、文娱活动和劳动生产有机结合起来帮助烟民戒瘾,在第一期禁吸工作中使1300余名烟民戒脱烟瘾,取得了不小的成绩。④ 首先,思想教育可以树立和巩固烟民的戒瘾决心。烟民初入所时,负责人会调查了解他们的思想情况,通过耐心说服教育的方式,使烟民彻底了解烟毒的害处和政府的禁吸政策;结合抗美援朝运动进行诉苦,使烟民了解历史上帝国主义侵华的毒化手段,从内心激发他们对于戒烟的使命感;在自觉自愿的基础上发动烟民签订禁烟公约,互相监督和鼓励。这些做法打消了烟民"怕戒死"的顾虑,使其充满信心地戒绝烟瘾,为后续工作的开展提供了稳固的思想基础。其次,文娱活动为烟民提供了精神寄托。烟民在空余时间易胡思乱想,产生恐慌或紧张的情绪。负责人多组织歌唱、舞蹈、玩游戏等文娱活动,使烟民在精神上无暇顾及烟毒,顺利渡过发瘾时刻,不知不觉中戒

---

① 《河南省1952年戒烟所工作计划》(1952年),河南省档案馆藏,档案号:J0149－01－003－00150－014。

② 河南省人民政府:《关于设立戒烟所的暂行办法》(1951年4月6日),河南省档案馆藏,档案号:J0149－01－003－00108－003。

③ 《河南省1952年戒烟所工作计划》(1952年),河南省档案馆藏,档案号:J0149－01－003－00150－014。

④ 西南民政部:《关于贯彻执行禁烟禁毒法令指示的通报》(1951年8月17日),贵州省档案馆藏,档案号:43－1－394－11。

掉烟瘾。再次，劳动改造为烟民提供精神和物质上的保障。戒烟所组织烟民参加集体劳动，结合奖励和批评教育的办法，将赚来的工资分发给贫苦烟民。这样既可以解决烟民的经济困境，又可以打发烟民多余时间，烟民在互助劳动的过程中提高了自身的集体意识。群众自发组织的戒烟所将三者合理搭配使用，取得了良好的戒吸效果。

1951年8月10日，内务部称赞此举"收效很好"，将西安组织群众互助戒烟所的办法作为典型要求各地学习。内务部同时要求各地结合爱国生产运动开展禁吸工作，即一方面充分发动各人民团体协助政府开展戒烟工作；另一方面在爱国生产运动中宣传禁吸工作，在烟民中形成社会性的戒烟风气，使烟民在广大群众的监督规劝下自觉自愿戒除烟瘾。[1]

由于缺乏及时深入的检查和监督，部分群众互助戒烟所产生了一些问题。此类戒烟所建立在充分发动群众力量的基础之上，在日常运作和物质保障上对群众力量有极强的依赖性，所以当缺乏足够的监督时，基层干部在发动群众的力度和深度上就会出现偏差。西安的群众互助戒烟所普遍存在任意向出所烟民募捐的现象，这样容易让烟民和群众产生误解，给贫苦烟民带来额外的经济压力，不利于戒烟工作的持续推进。同时，群众团体负责此类戒烟所的组建和日常工作，往往忽视健全自身的组织架构和规章制度。随着烟民劳动队的建立和发展，戒烟所的收入陡然上升，而自身的会计制度多不健全，一些意志薄弱的戒烟所干部就会趁机挪用公款，据为己有。还有部分戒烟所干部将戒烟药品作为私人物品进行转卖和赠送。有的戒烟所盲目鼓励烟民参加劳动生产，忽视体弱烟民的宿疾，使其在劳动中病发身亡，造成不必要的伤亡。[2] 由此可见，群众性互助戒烟所必须建立在政府部门的严格监管之下，相关工作人员要经常性地对其进行深入检查。中南局就强调戒烟所不可将烟民当作犯人进行强制管理，更不能无偿剥削其劳动。[3]

除积极创办戒烟所外，各地还将戒烟工作与同期的社会政治运动结合，

---

[1] 中央人民政府内务部：《关于禁烟禁毒工作的几点意见》(1951年8月10日)，河南省档案馆藏，档案号：J0041-001-00019-004。

[2] 陕西省人民政府民政厅：《为转发民政部通报甘肃省甘谷县烟民戒瘾工作经验及西安市检查戒烟所发现的问题供各地参考》(1952年10月3日)，陕西省档案馆藏，档案号：198-1-244-1。

[3] 中南军政委员会：《为禁绝烟毒工作的指示》(1951年3月19日)，中南军政委员会民政部编：《民政工作手册》第3辑，内部资料，1951年，第221页。

积极发动群众性的检举和劝戒运动。1951年2月16日,西北局建议城镇在一般情况下可以成立群众性的小型戒烟所,互助互劝,从而戒除烟瘾;乡村应结合大生产运动改造烟民。① 3月19日,中南局要求戒烟所为烟民提供参与生产劳动改造的机会,防止烟民戒而复吸,并且提议禁吸工作应与各种群众运动结合,向烟民广泛地宣传禁吸政策,通过发动群众来施行社会性的规劝督促,并制定禁吸公约。② 显然,各地意识到群众规劝对于戒烟工作的重要作用,也只有结合中心工作,才能充分调动群众参与禁烟禁毒运动。其中,烟民改造与社会救济的完美结合成为各地开展禁吸工作的重要形式。在"生产与救济"的方针指导下,各地借由救济扶植、组织生产、劳动就业、以工代赈、收容教养、劳动改造等方式对烟民进行社会改造,在完成生产目标和安定社会秩序的同时对烟民个人也完成了改造。在具体的实践过程中,城镇和乡村从上述方式中各有侧重地进行选择,从而展开烟民的社会改造工作。

东北区以收容改造为主要方式,将烟民、乞丐及游民集中到生产教养院、劝业工厂等收容场所进行集中教育改造。在管理方法上,收容机构采用民主管理的办法,如烟民自己管理自己的生活、学习和劳动;通过民主评功评过的方式选拔积极分子当干部;为改造好的烟民介绍正当职业;召开收容人代表会收集建议。这种办法可以使烟民以收容场所为家,充分发挥烟民的主观能动性。在思想教育上,收容机构通过培养积极分子、个别谈话及组织诉苦等方式对烟民进行思想上的改造。具体的步骤先是进行阶级教育,启发烟民的阶级觉悟,使其在思想上与旧社会划清界限;然后开展时事教育,让其了解国家大事和世界发展的潮流,重塑烟民的世界观和人生观;再就是文化教育,组织各类学习活动,丰富烟民的生产和生活知识。在劳动改造上,收容机构在实施阶级教育的过程中已经帮助烟民树立了主人翁意识,进而培养烟民的劳动观念,体会"劳动创造一切"和"劳动最光荣"的内涵。随着思想水平的提高,这些机构再依据烟民的劳动能力,教授给他们不同的劳动技术。在劳动分配的问题上,大连市劝业工厂采用按劳分配的办法,该办法成为东北区收

---

① 西北军政委员会:《关于加强禁烟禁毒工作的指示》(1951年2月16日),陕西省档案馆藏,档案号:198-2-207-4。
② 中南军政委员会:《为禁绝烟毒工作的指示》(1951年3月19日),中南军政委员会民政部编:《民政工作手册》第3辑,内部资料,1951年,第221页。

容改造的成功案例。该厂从"超额累进工资制"做到"七级工资制",使自身实现了企业化发展。这种做法不仅可以提高烟民的生产积极性,提升劳动效率,还帮助该厂完成生产自给,实现可持续发展的目标。但是,部分收容机构在劳动改造上也出现了一些问题。有的机构未进行充分的说服动员就强制收容烟民。有的将烟民当作犯人进行"严格管理",使得逃跑和自杀的事件偶有发生。有的只进行形式上的思想教育,不解决实际的思想问题,造成烟民消极怠工的问题。还有的无计划地开展劳动生产,只是组织一些杂活和临时包工,难以实现收容机构的自给自足。[1]

山西将城镇的戒烟工作与社会救济和以工代赈工作相结合。忻县在解决春荒问题的过程中,采取对无业烟民不发放救济粮的办法,组织他们进行劳动改造。政府成立劳动教育所,将难以改造的烟民二流子集中起来进行劳动教育改造。该所使用典型教育和回忆对比的办法从思想上启发和教育烟民,并利用"懒汉看守懒汉"和发放生产盈余的方法激发懒散烟民的生产积极性。一些烟民因害怕劳动改造迅速参加生产,而烟民家属则积极拥护劳动改造,反映说:"新社会真正好,二流子烟民都能改造,村里也安然,家中也和睦,人人安心把生产闹。"[2]此外,太原市政府将失业人员和无劳动习惯的流散烟民组织成以工代赈工程队。政府出面与生产单位接洽,为工程队招揽市镇建设工程。随着建设能力的提升,以工代赈的临时队伍逐渐扩大组织,成为有实力的固定工程队。[3] 这种方式不仅有效地锻炼了烟民的劳动习惯和劳动能力,使其转变为社会劳动者,还起到了稳定社会秩序的效果。

苏北的通、扬及泰三市将烟民编成劳动队,有的劳动队通过种菜和垦荒的方式解决自身的食粮问题,有的参与市政建设工作,还有的参与捕鱼、养鸡鸭等副业生产。政府通过这种办法帮助无业烟民转入正当生产,从根本上消除烟民吸食烟毒的陋习。[4] 西安明确提出"鼓励扶植民间举办各种戒烟组

---

[1] 东北人民政府民政部:《目前东北社会救济收容与社会改造工作中的几个问题》(1952年7月15日),吉林省档案馆藏,档案号:29-7-25-8。
[2] 山西省人民政府民政厅:《对改造游民工作中的收获与经验》(1952年8月16日),山西省档案馆藏,档案号:C64-5-10。
[3] 《关于太原市一九五○年社会工作报告》,山西省档案馆藏,档案号:C64-5-2。
[4] 《苏北区禁政及游民改造工作报告》(1950年10月14日),江苏省档案馆藏,档案号:7011-2-0715。

织",政府在人力和物力上给予帮助,并对卓有成效者酌予奖励。① 随后,西安根据自身情况,在教育和启发烟民觉悟的基础上,有计划有目的地推进禁吸工作。西安利用劳动习艺所或发动群众成立小型烟民互助戒烟所,将烟民烟瘾集中戒除。② 贵州的地方政府发动各阶层组织群众力量,监视和劝导烟民戒除烟瘾,通过控制其应得权利的方法引导其积极戒烟。③

在农村中,山西要求各地在大生产运动中改造烟民。具体来说,政府结合本地因吸食烟毒而倾家荡产或由于戒烟而发家致富的好坏实例进行广泛宣传,帮助烟民建立劳动观念。干部接着发动生产中的亲友在不吃亏的前提下带动和监督烟民参加互助劳动,并通过适度表扬和批评的方式改造烟民。④ 西安同样要求农村结合爱国生产运动及改造二流子运动,将烟民编入劳动互助组,参加变工劳动,通过参加农业生产的方式对其进行劳动改造。⑤ 贵州的农村积极与农协合作开展禁烟工作,如果烟民坚决拒绝戒除烟瘾,农协则暂时不向其分配土地等果实,以此启发其自觉和自动登记戒瘾。⑥ 陕西结合爱国增产运动大力开展禁吸工作,⑦采取施戒与劳动改造结合的办法。一方面,陕西各地将已登记烟民编为小组,由干部任组长,组长向烟民讲解烟毒危害和政府禁烟禁毒的政策决心,进而启发他们自觉自愿戒烟。另一方面,在群众和亲邻的监督管制之下,政府组织烟民参加劳动生产。⑧ 由于不

---

① 《西安市烟民登记限期戒除办法》(1950年9月28日),中共西安市委党史研究室、西安市档案局:《城市的接管与社会改造》(西安卷),陕西人民出版社1997年版,第342页。
② 中央内务部:《1950年禁烟禁毒工作报告》(1951年4月19日),中国社会科学院、中央档案馆编:《中华人民共和国经济档案资料选编(1949—1952)》(综合卷),中国城市出版社1990年版,第544页。
③ 《1951年上半年贵州省禁烟禁毒计划》,贵州省档案馆藏,档案号:43-1-394-17。
④ 山西省人民政府:《为生产运动中注意改造赌徒、烟民、二流子通令》(1950年5月28日),山西省史志研究院、山西省档案馆编:《当代山西重要文献选编(1949—1952)》(第一册),中央文献出版社2004年版,第167—168页。
⑤ 中央内务部:《1950年禁烟禁毒工作报告》(1951年4月19日),中国社会科学院、中央档案馆编:《中华人民共和国经济档案资料选编(1949—1952)》(综合卷),中国城市出版社1990年版,第544页。
⑥ 《1951年上半年贵州省禁烟禁毒计划》,贵州省档案馆藏,档案号:43-1-394-17。
⑦ 陕西省人民政府民政厅:《为通知各地对于烟民施戒工作迅速抓紧认真办理由》(1952年4月19日),陕西省档案馆藏,档案号:198-1-223-7。
⑧ 陕西省人民政府民政厅:《为指示本年度下半年禁烟禁毒重要各点,希遵照认真执行由》(1951年9月4日),陕西省档案馆藏,档案号:198-1-150-8。

能及时设立足够的戒烟所和提供充足的戒烟药,云南采取教育说服的方式和介绍有效药方的办法,帮助烟民在家自戒。为了保障烟民自戒的成功,该省的农会和民兵会监督烟民戒烟,组织其参加劳动生产,部分地区甚至由街民会、妇联、青年团等群众组织自动成立"三反委员会",即反赌博、反抽大烟、反懒惰,收到良好的禁吸效果。部分农会通过限制烟民入会的方式,促使烟民迅速戒除烟瘾。①

各地结合各种政治运动,发动广大烟民自戒和群众规劝戒吸,收到良好的效果。农村烟民经过土改、爱国增产等运动的改造,在广大群众的教育和监督之下积极自戒,参加劳动生产,逐渐戒除了烟瘾。城镇烟民自愿进入群众性互助戒烟所,接受群众的劳动改造和教育引导。烟民在戒绝烟瘾的同时实现了自我的身心改造,不但提高自身的思想水平和生存能力,而且以崭新的社会身份重新融入新社会中去。

第三节　禁烟禁毒运动成功的经验总结

中华人民共和国成立前,中共在领导新民主主义革命的同时,持续关注和从事禁烟禁毒工作。中华人民共和国成立初期,为巩固国家政权和进行社会改造,中国共产党发动与领导了一场轰轰烈烈的禁烟禁毒运动,它是中国禁毒史上最伟大的和最成功的一次。不但国内学者盛赞这一运动是"中国禁毒史上最伟大的一次禁毒运动",②国外学者也公认中国政府开展了一次"相对完整的和成功的"禁烟禁毒运动。③ 整个运动不但使众多的烟民实现了个人改造,进一步巩固了新生的人民政权,增强了人民群众的民族爱国意识,而且展现出中国共产党杰出的国家建设和社会治理能力,重塑了旧中国在国际社会中的国家形象。显然,这次成功的禁毒实践在世界禁毒史上也是绝无仅有的。因此,对其进行深入研究具有极强的历史意义。同时,禁毒问题是一

---

① 《云南省人民政府1950年禁烟工作报告》,《云南档案史料》1991年第4期,第16页。
② 蒋秋明、朱庆葆:《中国禁毒历程》,天津教育出版社1996年版,第566页。
③ (Edited by)Timothy Brook,Bob Tadashi Wakabayashi: *Opium Regimes: China, Britain and Japan, 1839-1952*, University of California Press, 2000: 24.

个极富学术价值的题目。学界目前的研究对运动诸多环节的研究尚未清晰。所以,对中华人民共和国成立初期禁烟禁毒运动进行研究,可以探究烟毒问题对于中国社会所产生的广泛影响,揭开近代中国社会的种种特殊问题,还原历史真相。这些都有助于进一步丰富学界对于中国禁毒史的研究,增强学术界对于这场社会改造运动的认识与了解。

这场禁烟禁毒运动的成功经验可以为当今的毒品治理工作提供一定的启迪和借鉴。改革开放以后,金三角地区的鸦片和海洛因经由西南地区大量进入中国,贩运烟毒的活动重新兴盛起来,吸毒的人数也逐渐增加起来。据《2018中国毒品形势报告》显示,中国在2018年有毒品吸食者240.4万名,占人口总数的0.18%;该年破获各类毒品案件共10.96万件,逮捕毒品嫌疑人共13.74万名,收缴各类毒品共67.9吨。① 由此可见,当今的毒品形势依然复杂严峻。2018年6月,中共中央总书记、国家主席、中央军委主席习近平就禁毒工作作出重要指示,要加强党的领导,充分发挥政治优势和制度优势,完善治理体系,压实工作责任,广泛发动群众,走中国特色的毒品问题治理之路,坚决打赢新时代禁毒人民战争。要想走好中国特色的毒品问题治理之路,我们必须研究已有的禁毒历史。

禁烟禁毒运动取得如此伟大的成功与中国共产党卓越的国家治理能力是分不开的。中央政府针对各环节在不同时期的不同特征制定了系统的政策和执行方向。各大区和地方政府积极响应中央号召,坚持全国统一行动原则的同时,根据各地实际情况推进禁烟禁毒运动。同时,各级政府充分发挥主观能动性,将禁烟禁毒运动与同期的政权运动完美地结合起来。为了配合抗美援朝战争,中央政府调整了禁毒宣传策略,创造性地在1952年的肃毒运动中施行"口头宣传"政策。农村地区在开展减租退押、土地改革等运动的过程中成功地铲除了鸦片种植的现象。严禁制售和贩运烟毒的工作被认为是响应国家大生产运动的号召,对烟毒犯的惩处往往与镇压反革命运动重叠,各地在群众公审大会上把具有反革命身份的大烟毒犯处决。烟民戒烟不仅被视作一种医疗行为,而且被当作一个人重获社会许可和主人翁身份的重要见证。

---

① 新华网:《2018年中国毒品形势报告发布:冰毒成为滥用"头条毒品"》,网址:https://baijiahao.baidu.com/s?id=1636571876533553235&wfr=spider&for=pc。

第二十七章　烟民戒烟断瘾及其改造

禁毒宣传工作是一个政策讲解的过程。政府的宣传人员通过各种形式向广大群众和烟民阐明禁烟禁毒政策，促使毒犯和烟民坦白登记，动员群众参与检举和规劝活动。禁烟禁毒宣传工作也是一个政治教育和规训的过程。宣传人员往往会讲解和传递内涵丰富的宣传内容，借此对受众展开政治教育、前途教育和阶级教育。首先，宣传人员在讲解烟毒危害的时候，往往会把罪恶的根源提升到政治高度，如对烟民和小烟毒贩应充分揭发主犯和大犯的罪行，对主犯和大犯则要将罪恶的源头追溯到帝国主义头上，以此将禁烟禁毒的矛头集中于人民政权的国家敌人，从而巩固共和国的政治基础。其次，宣传人员经常从烟毒犯和烟民的切身利益出发进行动员，向他们讲明不坦白登记的后果是接受政府的严格惩治，而坦白检举不仅不会影响工作、学习及生活，而且本人会接受政府的技术培训、职业推荐和生活帮扶，拥抱更广阔的人生图景，以此激发烟毒犯和烟民的政治参与热情。再次，宣传人员善于挖掘烟民中普通劳动群众的阶级觉悟。在经历了多次政治运动后，宣传人员早已明白只要能够提高烟民中工人和广大乡村农民的阶级觉悟，他们不仅能够交代自己的烟毒问题，还能积极地检举从事烟毒活动的店主、资本家和地主恶霸，成为禁烟禁毒运动的积极分子。这样一来，禁烟禁毒宣传的过程不但是对烟毒犯思想斗争的过程，而且成为掌握烟毒材料的过程。一旦群众参与到规劝运动中来，他们就会主动侦察和搜集材料，摸清烟毒犯的行动路线和思想情况，积极向上级政府进行汇报。在政府和群众的双重压力之下，烟毒犯只能进一步地交代问题和坦白事实。因此，禁烟禁毒宣传人员经常将宣传登记与坦白检举工作结合在一起进行。

在特殊的冷战国际背景下，美国政府的诬蔑活动是自身共产主义恐慌情绪的直接反映，更是其进行冷战政治博弈的筹码。安斯林格在《纽约时报》和《华盛顿邮报》等报纸上声称其国内毒情与中国有直接关系，目的是为欺骗美国民众，进而加深民众对共和国的偏见和敌视。同时，美国利用联麻委这个平台进行诬告，以满足其多样化的诉求：其一，美国用所谓的"证据"来反驳中央政府声明的直接目的是污化共和国的禁烟禁毒政策；其二，美国谎称中国政府向日朝民众和驻地美军贩卖毒品，是在为其发动的侵略战争制造舆论攻势，为其侵略行为寻找合理依据；其三，这些诽谤更有助于维护国民党在联合国的席位，进而阻止共和国在联合国合法席位的恢复。以上种种，美国都在试图塑造一个丑化的共和国形象,并急切地将其置于国际社会面前,目的就是要否定中国共产党执政的合法性和有效性,进而在亚洲冷战局势中获取主动和优势。

面对美国的诬蔑攻势,中国政府作出积极回应并主导了禁烟禁毒宣传策略的转型,从而捍卫了自己的国际声誉和形象。在苏联等社会主义国家的帮助下,中央政府一方面多次正面声明并在联麻委抗议;另一方面严格施行严禁鸦片烟毒的政策,于1952年肃毒运动中创造性地施行"口头宣传"政策。同时,中央和地方政府在"口头宣传"中更加强调运动的爱国主义性质,将社会改造运动与民族主义建构有机地结合在一起。显然,揭露美蒋的诬蔑事件和毒化政策成功地激发了群众的民族爱国情感。这样一来,中国政府不仅高效地完成社会改造任务,向国际社会呈现出一个朝气蓬勃的共和国形象,而且为抗美援朝的前方战士营造了良好的后方氛围,有效地回击美国的诬蔑性攻击。

对群众的宣传动员在运动中发挥了重要作用。我们可以清晰地看到禁烟禁毒领导者卓越的组织能力、情感动员能力、理性思维能力以及科学执行能力。在人民政府出色的禁烟禁毒宣传动员之下,众多群众蜂拥地加入了禁烟禁毒运动的浪潮,群众的禁毒苦难体验也得到了意识形态的成功改造,由单纯的家庭经济苦难转换到阶级剥削的层面,进而提升到民族苦难的更高层面。借此,人民政府对城镇地区进行了社会改造,将其纳入新的国家权力运行系统之内,同时实现了自身合法性建构。

全国的禁种工作在前后两个阶段有所差异。具体来说,解放较早的东北和华北地区在第一阶段已经开展禁种工作,但是仅局限在几个重点城市。进入第二阶段,解放较晚的西北、西南及中南地区也纷纷响应中央号召,迅速开展查禁工作,基本上禁绝了宽广且明显地区的鸦片种植现象。在第三阶段里,虽然国家要求暂缓禁种工作,但是各区结合肃毒运动查禁了部分偷种鸦片现象。肃毒运动结束后,各大区在中央的指示下,对广大农村展开拉网式排查,基本肃清偷种鸦片的现象。在这一过程中,基层政府结合土改、反恶霸、减租退押、生产渡荒等各种政治运动开展禁种工作。通过各种政治运动的洗礼,地主恶霸已然成为人民的公敌,他们在乡村已失去往日政治权威和话语权,自然不再敢欺骗和强迫农民种烟;而农民已然翻身做主人,他们获得政治身份和地位的提升,对于地主胁迫其种烟敢于大胆反抗,揭露恶霸的偷种行为。随后,基层干部抓住典型铲烟或种烟事例,利用黑板报、墙报、群众大会等方式,鼓励和表扬积极铲烟的农民,批评和审判武装种烟的坏分子,并且在农村组织互相挑战竞赛的活动,发动群众积极参与,从而保证铲净烟苗。

在1952年肃毒运动之前,各地尚未充分动员广大的人民群众,其禁贩运工作往往与同期的中心政治任务相结合进行,并未对烟毒犯和社会各阶层形成足够的震慑力。因此,"三反""五反"运动中暴露出比较严重的贩运毒品问题。中央政府遂决定在全国范围内发动一场群众性的肃毒运动。在党委统一领导下,各级政府均以公安机关为主积极地展开整理、侦察和反复核对的工作,并在搜捕前精准地确定毒贩的名单和罪证,制订严密的行动计划。这些准备工作成功地保证和引导了运动健康的发展,成为顺利胜利完成的先决条件。在具体的行动过程中,地方政府通过使用户籍片警和群众团体两方面的力量来实现对社会的控制。其中,妇联、学联、工会、共青团及居委会等群众团体在政策传达和行动执行的过程中发挥了更加突出的作用,特别是居委会的壮大帮助侦察工作深入人民主体的内部,使烟毒犯无处藏身,从而拓展了禁贩运工作的深度和广度。同时,各地在烟毒犯的审判处理的过程中普遍使用群众公审大会的方法,它不但是一种有效动员群众的宣传手段,而且是一种震慑烟毒犯的心理战术。各地通过使用这种政治仪式在心理上给烟民及烟毒犯施加压力,使其在潜意识中接受政治权力的控制。8月10日左右至11月底,全国1202个禁烟禁毒重点地方先后开展了3期破案行动,并充分发动群众参与到运动中。一场伟大的肃毒运动在全国范围内轰轰烈烈地展开,并取得了最终的胜利。相关部门共发现制、贩、运毒的毒犯369705名,逮捕82056名,处决毒犯880名,缴获毒品3996056两(折合鸦片),召开各种宣传会765181次,收到检举信1312535件,坦白登记毒犯345463名,①运动切实达到了打击毒犯、教育群众、肃清毒害及打击反革命的预期效果。

毒品的收缴和处理政策是在特殊的冷战国际环境下制定出来的,它在一定程度上是国家间政治博弈的产物。中华人民共和国成立初期,为摆脱"东

---

① 《中共中央批转罗瑞卿关于全国禁毒运动的总结报告》(1952年12月18日),中央档案馆、中共中央文献研究室编:《中共中央文件选集(1949年10月—1966年5月)》(第十册),人民出版社2013年版,第403—405页。

亚病夫"的旧时印象和重塑国家形象,中央政府实施严禁毒品贩运和对外销售的政策。然而,在冷战思维的主导之下,以美国为首的敌对势力无理地指控中国政府在向朝鲜、日本等国销售毒品,目的是丑化共和国的国际形象,为侵朝战争制造合理依据,从而在亚洲冷战格局中夺取主动权。正如学者所言,美国的毒品外交政策是服从其遏制共产主义的战略需要。[①] 因此,中国政府一方面坚持严禁烟毒的基本方针,通过多种方式对其表示抗议;另一方面调整禁烟禁毒宣传的策略,实施"口头宣传"政策,严禁公布毒品收缴和处理的相关史实,从而捍卫共和国的国家声誉和形象。此时的毒品处理问题已经全面的政治化和国际化,已非简单的社会治理。卜正民等人曾言,近代历史中的鸦片已非单一的、一元的自然物质,它超越了油膏、原材料、有毒物质等商品物质内涵,逐渐成为财富、权力和民族形象的象征物。同理,毒品处理问题直接关系到资本的转移、政治的演进及民族的声誉。为此,美国试图通过诬蔑手段争夺国际禁毒话语权,而中国政府坚定的禁毒态度让其难以美梦成真。实际上,美国深知自己的指控是毫无依据的捏造,但是只要能够满足自身在国际政治博弈中的诉求和维护自己的霸权地位,它亦在所不惜。

禁烟禁毒策略的调整转型正是国家政权建设进程的重要组成部分。禁烟禁毒运动中,中央政府依据不同时期国家发展的不同政治需求,对毒品的收缴和处理政策进行了持续调整,以此配合各阶段中心政治任务的完成。中华人民共和国成立伊始,各地刚刚解放,基层民主政权尚处于建设时期。为稳定社会秩序和群众心理,各地沿袭了解放前的毒品收缴和处理政策,防止发生较大的社会动乱。1950年下半年,民主政权建设初见成效,土地改革、镇压反革命及抗美援朝等系列的政治运动相继开展起来,而这些政治运动均不同程度地涉及毒品的收缴和处理问题。因此,合理的毒品策略势必会对运动的顺利推进起到添砖加瓦的作用。国家通过实施中央统一管理的模式来配合这些中心政治任务的推行。1952年,在"三反""五反"运动结束的同时,土改、镇反等运动均取得阶段性胜利,中国发生了翻天覆地的变化,共产党基本上完成了国家政权的巩固和重建任务。禁毒工作不再需要从属或配合其他中心工作,中央政府决定发动一场肃毒运动来彻底肃清毒品危害。由于禁

---

① 张勇安:《冷战、毒品与美国对新中国的想象》,《中国社会科学报》2010年1月28日。

止制、贩、运毒成为运动的重点,毒品的收缴与处理工作则被暂时搁置。1953年底,随着肃毒运动结束,收缴农村存毒和处理没收的大量毒品重新成为禁毒工作的重点。

同时,国家在禁烟禁毒实施过程中完成了对群众的政治和社会动员。首先,每次毒品收缴政策的实施与转变都充分考虑了广大群众的根本利益需求。中华人民共和国成立伊始,为使烟农生活不至陷入困境,各地延续了收购毒品的政策。随着禁毒工作的推行,尽管收购毒品的政策被废止,但是征缴毒品的政策仍为存毒者留足了登记缴毒的时间。各地政府部门在依规定为群众提供补偿的同时,结合土地改革和爱国丰产运动积极指导烟农改种其他作物,而政府只会没收那些贪图利益而继续从事违法制、贩、运毒者的毒品。其次,为充分调动群众的检举热情,各地延续了之前的毒品提奖办法。随着禁烟禁毒运动的深入,提奖逐渐被废止,荣誉奖励成为主流。再次,毒品的处理工作经历了一个复杂变化的过程,中财部通过再利用和焚毁的方式合理地处理所收缴毒品。再利用的毒品多被制作成为麻醉药品和戒烟药品,这样的处理方式可以缓减国家购买麻醉药品和戒烟药品原料的财政支出。焚毁工作在一般情况下只是一种简单的毒品销毁方式,但一旦与地主、反革命分子及毒犯审判大会等群众集会结合的时候,它就成为一种严肃的政治仪式。它既可以给普通群众以巨大的心理震撼,有效地宣传动员群众,也可以震慑涉毒人员的心理,无形中使他们接纳政府禁毒的主张。整体而言,毒品收缴和处理政策的确立和调整经历了一个由区域独立制定到国家统筹国内外因素通盘规划的过程,而毒品收缴和处理政策的实施则经历了一个由地方分散处理到中央统一集中管理与处置的过程。在这个过程中,中央公安部实现了对毒品征缴和没收工作的集中管理,中财部将毒品清理、上解和调配的事务统一起来,中央卫生部则成为毒品再利用的实施者。由此,中央权力机关实现了对基层社会的政治权力渗透,从而完成国家政权建设的任务。

国家用教育引导和劳动改造的戒烟方针取代了旧有的强制戒烟理念。自戒、入医院和入戒烟所成为烟民戒瘾的主要方式,普通烟民在登记后可以自愿选择上述戒烟方式。虽然烟民领药自戒的方式在禁吸工作中所占比例最高,但是公立戒烟所和群众性互助戒烟所成为烟民顺利戒瘾和实现自我改造的重要场所。戒烟所首先组织入所烟民召开动员大会。戒烟干部作动员报告,不仅向他们讲解禁吸政策,而且积极鼓励他们下定决心和坚定信心。随后,在施戒过程中,戒烟所一方面对烟民实施医学治疗,另一方面组织他们学习,包括读报、漫谈及参加烟民座谈会等,并且根据不同人的身体条件,组织他们参加劳动,使其树立劳动观念。在烟民离所时,戒烟所组织召开诉苦大会或欢送会,选择受害最深的烟民作为典型,由其将亲身经历讲给正在戒瘾的烟民。这种做法不仅可以加深其他烟民对烟毒的痛恨,进一步鼓励在戒人员的戒除决心,还可使出所戒烟人员产生成就感和荣誉感,牢固自身的心理防线,防止复吸。同时,各地将戒烟工作与各类社会救济运动进行结合,启发烟民将戒烟决心与劳动光荣的想法进行连接,从而打消了烟民的思想顾虑,收到了良好的戒烟效果。最终,烟民不但消除了烟毒对身心的折磨,而且通过接受思想教育和技能培训的方式完成了个人改造,获得一个全新的社会身份。

总体来说,乡村的禁烟禁毒工作要比城市的推行得更顺利。一方面,广大农民在土改后翻身做主,政治觉悟和爱国热情空前高涨,积极响应政府的各项政治和社会运动。另一方面,经过土改运动的改造及户籍管理制度的完善,农村的政治组织变得清晰且严密,烟毒贩、烟民及外来陌生人均难以潜伏隐藏。此外,农村中吸食烟毒者中的地主、恶霸、流氓及反革命分子,他们在土改、剿匪及镇压反革命等运动中已被惩罚处理,个别贫苦烟民在政府的监督和改造下很快地戒除烟瘾。然而城市的情况较为复杂,因此它的禁烟禁毒工作就不能一蹴而就。尽管如此,各地积极结合中心工作,发动各阶层的群众参与禁烟禁毒运动。农村地区结合土改运动、民主改革运动及大生产运动发动群众协助政府完成禁吸任务;城镇居民在镇反、民主改革及"三反""五反"运动中积极揭发烟毒线索,与各部门密切配合破获烟毒案件。

随着禁烟禁毒运动的结束,种植、制售、贩运及吸食烟毒的现象在中华人民共和国成立初期基本消失,一场深刻的社会改造运动胜利完成。人民政府在整个运动过程中彰显了自身超强的社会动员能力,推动了国家政权建设的进程,并加强了对社会的管理和控制。新中国成立初期禁烟禁毒运动的伟大胜利改变了旧中国的"东亚病夫"形象,标志着民族屈辱时代的结束,增强了中国共产党在全中国人民中的政治威信,向国际社会呈现出一个朝气蓬勃的共和国形象。

参考文献

中文参考文献

档　案

A

安徽省档案馆馆藏宣传部、皖南行署、民政厅档案。

B

北京市档案馆馆藏民政局、企业局档案。

C

重庆市档案馆馆藏市人民政府、市禁烟禁毒委员会档案。

G

广东省档案馆馆藏卫生厅、宣传部、民政厅、财政厅、财政经济委员会档案。

广西壮族自治区档案馆馆藏省人民政府、民政厅、公路管理局、财政经济委员会档案。

贵州省档案馆馆藏民政厅档案。

H

河南省档案馆馆藏省人民政府、宣传部、安阳市委会、平原省人民政府、财政厅、民政厅档案。

J

吉林省档案馆馆藏民政厅档案。

江苏省档案馆馆藏苏北区党委、苏北人民行署、苏南区党委、苏南人民行署档案。

S

山东省档案馆馆藏省人民政府、财政经济委员会、卫生厅、宣传部、财政厅档案。

山西省档案馆馆藏省人民政府、民政厅、卫生厅档案。

陕西省档案馆馆藏财政厅、民政厅档案。

上海市档案馆馆藏市政府、宣传部、公用事业委员会、郊区工作委员会、民政局、卫生局档案。

T

天津市档案馆馆藏市人民政府、民政局、财政局档案。

Z

浙江省档案馆馆藏民政厅、财政厅、卫生厅档案。

中国第二历史档案馆藏内政部、财政部、军委会禁烟总会档案。

中国第一历史档案馆藏军机处全宗(录副奏折)、宫中档全宗。

中国外交部档案馆馆藏档案。

资料汇编

A

《安徽革命根据地财经史料选》,安徽省财政厅、安徽省档案馆编,安徽人民出版社1983年版。

《安徽民政工作纪要》,安徽省民政厅编,安庆东方印书馆1935年印。

《安徽省二十八年度统计年鉴》,安徽省政府统计室编,1940年。

B

《北京市重要文献选编1950》,王芸、王修身主编;北京市档案馆、中共北京市委党史研究室编,中国档案出版社2001年版。

《璧山县文史资料选集》第四辑,政协璧山县委员会文史资料委员会编,内部资料,1990年。

C

《长春的接管与社会改造》(上、下册),中共长春市委党史研究室编,内部资料,1997年。

《城市的接管与社会改造》(安徽卷),童天星主编,中共安徽省委党史研究室编,安徽人民出版社1997年版。

《城市的接管与社会改造》(保定卷),中共河北省委党史研究室、中共保定市委党史研究室编,中央文献出版社1998年版。

《城市的接管与社会改造》(重庆卷),钟修文主编,中共重庆市委党史研究室编,西南师范大学出版社1995年版。

《城市的接管与社会改造》(大连卷),大连市史志办公室编,大连出版社1998年版。

《城市的接管与社会改造》(广西卷),樊东方主编,中央文献出版社2003年版。

《城市的接管与社会改造》(哈尔滨卷),中共哈尔滨市委党史研究室编,黑龙江人民出版社1999年版。

《城市的接管与社会改造》(杭州卷),金延锋、李金美主编,当代中国出版社1996年版。

《城市的接管与社会改造》(河南卷),中共河南省委党史研究室编,河南人民出版社2000年版。

《城市的接管与社会改造》(湖北黄石卷),中共黄石市委党史办公室编,中共党史出版社1997年版。

《城市的接管与社会改造》(湖北卷),中共湖北省委党史研究室编,中共党史出版社1997年版。

《城市的接管与社会改造》(吉林卷),中共吉林省委党史研究室编,2002年。

《城市的接管与社会改造》(江苏卷·南京分册),中共南京市委党史工作办公室、南京市档案局编,中共党史出版社1997年版。

《城市的接管与社会改造》(江苏卷·苏南苏北分册),中共江苏省委党史工作办公室编,中共党史出版社1997年版。

《城市的接管与社会改造》(青岛卷),中共青岛市委党史研究室编,中共党史出版社1999年版。

《城市的接管与社会改造》(沙市卷),中共荆州市委党史办公室编,中国档案出版社1998年版。

《城市的接管与社会改造》(陕西卷),中共陕西省委党史研究室,陕西人民出版社2001年版。

《城市的接管与社会改造》(沈阳卷),中共沈阳市委党史研究室编,辽宁人民出版社 2000 年版。

《城市的接管与社会改造》(乌鲁木齐卷),中共乌鲁木齐市委党史工作委员会编,中共党史出版社 1997 年版。

《城市的接管与社会改造》(西安卷),中共西安市委党史研究室、西安市档案局,陕西人民出版社 1997 年版。

《城市接管亲历记》,《城市接管亲历记》编委会编,中国文史出版社 1999 年版。

《筹办夷务始末》,[清]文庆等纂辑,上海古籍出版社 2008 年版。

《川陕革命根据地财政经济史料选编》,四川省财政科学研究所、川陕革命根据地博物馆编,四川省社会科学院出版社 1987 年版。

《川陕革命根据地历史长编》,林超主编,四川人民出版社 1982 年版。

《川陕革命根据地历史文献选编》,川陕革命根据地历史文献选编编委会编,四川人民出版社 1979 年版。

《川陕革命根据地史料选辑》,四川省社会科学院、陕西省社会科学院编辑,人民出版社 1986 年版。

《川陕苏区报刊资料选编》,四川省档案馆编,四川省社会科学院 1987 年编印。

D

《当代山西重要文献选编(1949—1952)》(第 1 册),李茂盛、王保国主编,山西省史志研究院、山西省档案馆编,中央文献出版社 2004 年版。

《(道光)广东通志》,阮元、陈昌齐等,道光二年(1822 年)刊本。

《帝国的回忆:〈泰晤士报〉晚清改革观察记》,方激编译,重庆出版社 2014 年版。

《第一、二次国内革命战争时期土地斗争史料选编》,中国社会科学院经济研究所中国现代经济史组编,人民出版社 1981 年版。

《东北解放区财政经济史料选编》第四辑,朱建华主编,黑龙江人民出版社 1988 年版。

E

《恩施文史资料》第 2 辑,湖北省恩施市政协文史资料工作委员会编,

1988年。

《二十四年度禁烟年报》,国民政府军事委员会禁烟总会编,1936年。

《二十五年度禁烟年报》,国民政府军事委员会禁烟总会编,1937年。

F

《法令汇编》第2集,陕西省人民政府办公厅编,1951年。

《法令汇编》,西南军政委员会编,1951年。

《法令汇编》,中南军政委员会办公厅编,1951年。

《丰镇史料》第4辑,内蒙古自治区丰镇县《丰镇县志》编纂委员会编,1984年。

《凤凰县志》,凤凰县志编纂委员会编,湖南人民出版社1988年版。

《福建省禁烟概况》,福建省民政厅编,福建省政府秘书处1939年印。

G

《甘肃省重修镇原县志》,1935年。

《甘肃通志稿》,杨思等编撰,1933年。

《革命文献》,中国国民党中央委员会党史委员会编辑发行,"中央"文物供应社1975年版。

《公安史资料》,公安部公安史资料征集研究领导小组办公室编,1989年版。

《共和国雏形——华北人民政府》,中央档案馆编,西苑出版社2000年版。

《共和国六十年珍贵档案》(上),中央档案馆编,中国档案出版社2009年版。

《光绪朝东华录》,[清]朱寿朋编,中华书局1958年版。

《广西解放》,广西壮族自治区档案馆编,广西人民出版社1992年版。

《广西年鉴》,广西省政府统计处编,1948年版。

《广西商业史料》,庞智声编,广西商业厅商业志编辑室,1990年版。

《广西省经济概况》,千家驹、韩德章、吴半农著,商务印书馆1936年版。

《广西通志(政府志)》,广西壮族自治区地方志编纂委员会编,广西人民出版社1998年版。

《贵州城市的接管与社会改造》,中共贵州省委党史研究室编,中共贵州省委党研究室2000年印。

《贵州经济》,张肖梅著,中国国民经济研究所1939年版。

《贵州省志》,贵州省地方志编纂委员会编,贵州人民出版社1993年版。

《贵州辛亥革命资料选编》，贵州省社会科学院历史研究所编，贵州人民出版社1981年版。

《郭嵩焘日记》，郭嵩焘著，湖南人民出版社1982年版。

H

《河北土地改革档案史料选编》，河北省档案馆编，河北人民出版社1990年版。

《呼和浩特史料》第2集，中共呼和浩特市委党史资料征集办公室、呼和浩特市地方志编修办公室编，1983年。

《呼和浩特市志》，呼和浩特市地方志编修办公室，内蒙古人民出版社1999年版。

《胡汉民归国后之言论》，胡汉民著，先导社1936年版。

《湖南近150年史事日志》（1840—1990），田伏隆主编，中国文史出版社1993年版。

《皇朝经世文四编》，[清]何良栋辑，鸿宝书局光绪二十八年（1902年）石印。

《回忆西康》，周英哲、罗逊主编，雅安凌丰印务有限责任公司2006年印。

J

《济南的接管与社会改造》，中共济南市委党史研究室、济南市档案馆编，济南出版社1998年版。

《冀热察解放区(1946.10—1949.1)》，中共河北省委党史研究室、河北省档案馆编，中共党史出版社1994年版。

《建国以来刘少奇文稿(1952年1月—1952年12月)》（第四册），中共中央文献研究室、中央档案馆编，中央文献出版社2005年版。

《建国以来云南的禁毒斗争》，中共云南省委党史研究室、中共云南省公安厅委员会编撰，云南民族出版社1997年版。

《建国以来重要文献选编》（第三册），中共中央文献研究室编，中央文献出版社2011年版。

《建国以来周恩来文稿》（第二册），中共中央文献研究室、中央档案馆编，中央文献出版社2008年版。

《江口县文史资料》第3辑，贵州省江口县政协文史资料委员会编，1989年版。

《江苏农民运动档案史料选编》,江苏省档案馆编,档案出版社1983年版。
《江西城市接管的社会改造》,危仁政、桂玉麟主编,中央文献出版社1995年版。
《蒋介石年谱初稿》,中国第二历史档案馆编,中国档案出版社1992年版。
《蒋主席禁烟言论集》,内政部禁烟委员会,1948年。
《胶济铁路史》,中共青岛铁路地区工作委员会、中国科学院山东分院历史研究所、山东大学历史系编著,山东人民出版社1961年版。
《解放南京》(上),南京市档案馆编,中国档案出版社2009年版。
《近代史资料》第87号,近代史资料编辑部,中国社会科学出版社1996年版。
《近代中国史料丛刊》第11辑,沈云龙主编,文海出版社1966年版。
《近代中国史料丛刊》第22辑,沈云龙主编,文海出版社1968年版。
《近代中国史料丛刊续编》第8辑,沈云龙主编,文海出版社1974年版。
《近代中国烟毒写真》(上卷、下卷),《文史精华》编辑部编,河北人民出版社1997年版。
《晋察冀边区法律法规文件汇编》,晋察冀边区阜平县红色档案丛书编委会编,中共党史出版社2017年版。
《晋察冀抗日根据地》(第一册),《晋察冀抗日根据地》史料丛书编审委员会、中央档案馆编,中共党史资料出版社1988年版。
《晋察冀抗日根据地史料选编》,河北省社会科学院历史研究所、河北省档案馆等编,河北人民出版社1983年版。
《晋冀鲁豫边区史料选编》第1辑,山西大学晋冀鲁豫边区史研究组编辑,1980年。
《晋江文史资料》第1辑,福建省晋江市政协文史资料委员会编,1981年。
《禁娼禁毒:建国时期的历史回顾》,马维纲编,警官教育出版社1993年版。
《禁毒工作手册》,黄绍智等主编,上海三联书店1993年版。

L

《李文忠公全集》,[清]李鸿章撰,吴汝纶编,光绪三十一年(1905年)金陵刻本。
《历史的涛声:郑州市城市接管与社会改造》,中共郑州市委党史研究室编,1996年版。

《林则徐集》,中山大学历史系中国近代现代史教研组、研究室编,中华书局1962—1965年版。

《林则徐奏稿·公牍·日记补编》,陈锡祺主编,中山大学出版社1985年版。

《临夏回族自治州志》,临夏州志编纂委员会主编,甘肃人民出版社1993年版。

《刘光第集》,[清]刘光第著,《刘光第集》编辑组编,中华书局1986年版。

《刘坤一遗集》,[清]刘坤一著,中国科学院历史研究所第三所主编,中华书局1959年版。

《龙山县志》,龙山修志办公室编,1985年。

《陇钟言论集》,陇钟编辑社编,1932年。

《罗瑞卿论人民公安工作(1949—1959)》,罗瑞卿著,公安部《罗瑞卿论人民公安工作》编辑组编,群众出版社1994年版。

M

《民勤县志》(物产),王之臣修撰,成文出版社1970年影印。

《民政工作手册》第3辑,中南军政委员会民政部编,1951年。

《瞑庵杂识》,朱克敬著,岳麓书社1983年版。

N

《难忘的岁月:天津市解放初期社会治理纪实》,中共天津市委党史资料征集委员会、天津市公安局编,中共党史出版社1994年版。

《宁夏省考察记》,傅作霖著,正中书局1935年版。

《农村问题》,徐正学著,南京中国农村复兴研究会1936年印。

Q

《清稗类钞》,徐珂编撰,中华书局1986年版。

《清朝续文献通考》,刘锦藻撰,商务印书馆1936年发行。

《清代职官年表》,钱实甫编,中华书局1980年版。

《清末民初政情内幕:〈泰晤士报〉驻北京记者袁世凯政治顾问乔·厄·莫理循书信集》,[澳]骆慧敏编,知识出版社1986年版。

《清实录》,中华书局1986—1987年版。

《清史稿》,赵尔巽等撰,中华书局1977年版。

《清史列传》,王钟翰点校,中华书局1987年版。

《全椒县志》,安徽省全椒县地方志编纂委员会主编,黄山书社1998年版。
《泉州城市的接管与社会改造》,中共泉州市委党史研究室编,中央文献出版社1997年版。

S

《萨拉旗县志》,韩绍祖等修撰,土默特右旗史志办公室2010年刊印。
《三年来江苏省政述要》,江苏省秘书处编,1936年印。
《山东革命根据地财政史料选编》第1辑,山东省财政科学研究所、山东省档案馆编,内部资料,1985年。
《山东革命历史档案资料选编》第9辑,山东省档案馆、山东社会科学历史研究所编,山东人民出版社1983年版。
《山西村政汇编》,山西省村政处编,1928年校印。
《山西六政三事汇编》,山西省村政处编,1929年铅印。
《陕北革命根据地》,中共陕西省委党史研究室、中共榆林地委党史研究室编,中共党史出版社1995年版。
《陕甘宁边区禁毒史料》,史志诚主编,陕西人民出版社2008年版。
《陕甘宁边区抗日民主根据地文献卷》,西北五省区编纂领导小组、中央档案馆编,中共党史资料出版社1990年版。
《陕甘宁边区陇东党的建设》,中共庆阳地委党史办、中共庆阳县委员会编,出版时间不详。
《陕甘宁边区行政强制法典汇编》,关保英主编,杜欣宜、许松副主编,山东人民出版社2016年版。
《陕甘宁边区政府文件选编》第1辑,陕西省档案馆、陕西省社会科学院编,陕西人民教育出版社2013年版。
《陕甘宁革命根据地史料选辑》第1辑,甘肃省社会科学院历史研究室编,甘肃人民出版社1981年版。
《上海近代社会经济发展概况(1882～1931)——〈海关十年报告〉译编》,徐雪筠等译编,上海社会科学院出版社1985年版。
《上海小刀会起义史料汇编》,中国科学院上海历史研究所筹备委员会编,上海人民出版社1958年版。

《圣武记》,[清]魏源撰,中华书局1984年版。

《十年来宁夏省政述要》(二),宁夏省印刷局1942年印。

《适可斋记言》,[清]马建忠著,中华书局1960年版。

《四川的城市接管与社会改造》,徐学初主编,中共四川省委党史研究室组织编纂,四川人民出版社1997年版。

《苏北抗日根据地》,中共江苏省委党史工作委员会、江苏省档案馆编,中共党史资料出版社1989年版。

《苏北行政区(1949—1952)》,中共江苏省委党史工作委员会等编,内部资料,1995年。

《苏南抗日根据地》,中共江苏省委党史工作委员会、江苏省档案馆编,中共党史资料出版社1987年版。

《苏中抗日根据地》,中共江苏省党史工作委员会、江苏省档案馆编,中共党史资料出版社1990年版。

《苏州城市接管与社会改造》,中共苏州市委党史工作办公室编,中共党史出版社2009年版。

《绥阳县志》,佚名,1928年铅印本。

《绥远省分县调查概要》,绥远省民众教育馆编,1934年印行。

《孙中山年谱》,《中山大学学报》编委会,大东图书公司1980年版。

《孙中山全集》,中山大学历史系孙中山研究室、广东省社会科学院历史研究所、中国社会科学院近代史研究所编,中华书局1981年版。

T

《太平天国革命亲历记》,[英]呤唎著,王维周译,中华书局1961年版。

《太平天国史料丛编简辑》,太平天国历史博物馆编,中华书局1962年版。

《太平天国文书汇编》,太平天国历史博物馆编,中华书局1979年版。

《太平天国文选》,罗尔纲编注,上海人民出版社1956年版。

《太平天国野史》,凌善清编,文明书局1923年版。

《弢园文录外编》,[清]王韬著,上海书店出版社2002年版。

《天津解放》,周雅男编著,中国档案出版社2009年版。

W

《晚清文选》,郑振铎编,西苑出版社2003年版。

《皖江抗日根据地》,《皖江抗日根据地》编审委员会编,中共党史资料出版社1990年版。

《汪穰卿笔记》,[清]汪康年著,上海书店1997年版。

《渭北革命根据地》,中共陕西省委党史资料征集研究委员会、中共咸阳市委党史办公室编,陕西人民出版社1990年版。

《文史资料存稿选编》(晚清北洋卷),党德信主编,中国文史出版社2002年版。

《吴煦档案选编》,太平天国历史博物馆编,江苏人民出版社1983年版。

《武汉解放》,武汉市档案馆编,武汉出版社1996年版。

X

《西北丛编》,林竞著,神州国光社1933年版。

《西北禁毒史话》,王慧等主编,西安出版社1999年版。

《西北视察记》,陈庚雅著,申报月刊社1936年版。

《西康综览》,李亦人编著,正中书局1946年版。

《西行日记》,陈万里著,杨晓斌点校,甘肃人民出版社2002年版。

《锡良遗稿》,中国科学院历史研究所第三所主编,中华书局1959年版。

《湘赣革命根据地史料选编》,江西省档案馆选编,江西人民出版社1984年版。

《湘赣革命根据地》,《湘赣革命根据地》党史资料征集协作小组编,中共党史资料出版社1991年版。

《小方壶斋舆地丛钞》(第六帙),[清]王锡祺辑,光绪十二年(1886年)刻本。

《谢觉哉日记》,谢觉哉著,人民出版社1984年版。

《新生活运动汇编》(一),新运促进总会1934年编印。

《新生活运动指导》,三民图书公司1934年版。

《宣统己酉大政纪》,文海出版社1976年版。

《薛福成选集》,丁凤麟、王欣之编,上海人民出版社1987年版。

Y

《鸦片战争档案史料》,中国第一历史档案馆编,天津古籍出版社1992年版。

《鸦片战争前中英交涉文书》,[日]佐佐木正哉编,文海出版社1977年版。
《鸦片战争文学集》,阿英编,古籍出版社1957年版。
《阴山集》,张贵著,内蒙古人民出版社2000年版。
《永顺县志》,永顺县志编纂委员会编,湖南人民出版社1995年版。

Z

《曾国荃全集》,[清]曾国荃著,岳麓书社2006年版。
《曾纪泽遗集》,[清]曾纪泽著,喻岳衡点校,岳麓书社1983年版。
《张文襄公全集》,[清]张之洞著,中国书店1990年版。
《张文襄公奏稿》,[清]张之洞著,1920年铅印本。
《浙东抗日根据地》,中共浙江省委党史资料征集研究委员会、浙江省档案馆编,中共党史资料出版社1987年版。
《郑观应集》,夏东元编,上海人民出版社1982年版。
《治晋政务全书初编》,山西省公署1928年校印。
《治宛大考:南阳城镇接管与改造史录》,中共南阳市委党史研究室编,中共党史出版社1998年版。
《中共安阳党史专题资料选编3》,中共安阳市委党史办公室编,河南人民出版社1991年版。
《中共党史教学参考资料》(二),中共中央党校党史教研室编,人民出版社1957年版。
《中共党史教学参考资料》(一)(二),中共中央党校党史教研室选编,人民出版社1979年版。
《中共贵阳市历史文献选编(1949—1952)》,中共贵阳市委党史研究室、贵阳市档案馆编,2004年。
《中共陕甘宁边区党委文件汇集(1937年—1939年)》,中央档案馆、陕西省档案馆编,1994年。
《中共中央文件选集》(第一册),中央档案馆编,中共中央党校出版社1989年版。
《中共中央西北局文件汇集》,中央档案馆、陕西省档案馆编,1994年。
《中国共产党宣传工作文献选编(1949—1956)》,中共中央宣传部办公厅、中央档案馆编研部编,学习出版社1996年版。

《中国国民党历次代表大会及中央全会资料》,荣孟源主编,光明日报出版社1985年版。
《中国近代对外贸易史资料(1840—1895)》,姚贤镐编,中华书局1962年版。
《中国近代经济史统计资料选辑》,严中平等编,科学出版社1955年版。
《中国近代经济思想与经济政策资料选辑(1840—1864)》,巫宝三、冯泽、吴朝林编,科学出版社1959年版。
《中国近代农业史资料》,李文治、章有义编,生活·读书·新知三联书店1957年版。
《中国近代史资料丛刊·第二次鸦片战争》,上海人民出版社1978年版。
《中国近代史资料丛刊·太平天国》,上海人民出版社1957年版。
《中国近代史资料丛刊·戊戌变法》,上海人民出版社1957年版。
《中国近代史资料丛刊·鸦片战争》,神州国光社1954年版。
《中国近代史资料丛刊·洋务运动》,上海人民出版社1961年版。
《中国禁毒史资料(1729年—1949年)》,马模贞主编,国家禁毒委员会办公室组织编写,天津人民出版社1998年版。
《中国历代户口、田地、田赋统计》,梁方仲编著,上海人民出版社1980年版。
《中国农民问题研究资料汇编(1912—1949)》(第1卷),于建嵘主编,中国农业出版社2007年版。
《中国卫生法规史料选编(1912—1949.9)》,陈明光主编,上海医科大学出版社1996年版。
《中国烟祸年鉴》,中华国民拒毒会编,1929年。
《中国烟祸年鉴》,中华国民拒毒会编,1928年。
《中国烟祸年鉴》,中华国民拒毒会编,1925年。
《中华民国史档案资料汇编》第2辑,中国第二历史档案馆编,江苏古籍出版社1991年版。
《中华民国史档案资料汇编》第4辑,中国第二历史档案馆编,江苏古籍出版社1986年版。
《中华民国史档案资料汇编》第5辑,中国第二历史档案馆编,江苏古籍出版社1994年版。
《中华人民共和国对外关系文件集》第2集,世界知识出版社编,世界知识出版社1958年版。

《中华人民共和国经济档案资料汇编》,中国社会科学院、中央档案馆编,中国物资出版社1986年版。

《中华人民共和国经济档案资料选编(1949—1952)》(综合卷),中国社会科学院、中央档案馆编,中国城市出版社1990年版。

《中外旧约章汇编》(第1册),王铁崖编,生活·读书·新知三联书店1957年版。

《中央革命根据地史料选编》,江西省档案馆等选编,江西人民出版社1982年版。

《中央人民政府法令汇编(1949—1950)》,中央人民政府法制委员会编,法律出版社1982年版。

《中英鸦片贸易英文资料选译》,睢萌萌译,新华出版社2013年版。

《朱执信集》,朱执信著,广东省哲学社会科学研究所历史研究室编,中华书局1979年版。

《左右江革命根据地资料选辑》,陆仰渊等选编,人民出版社1984年版。

《左宗棠全集》,[清]左宗棠著,岳麓书社1986年版。

著　作

B

《白银帝国》,徐瑾著,中信出版集团2017年版。

《白银资本》,[德]贡德·弗兰克著,刘北成译,中央编译出版社2017年版。

《百年瘟疫:烟毒问题与中国社会》,傅建成著,陕西人民教育出版社2000年版。

《百年一梦记》,李基鸿著,文海出版社1971年版。

C

《茶叶与鸦片:十九世纪经济全球化中的中国》,仲伟民著,生活·读书·新知三联书店2010年版。

《刺刀下的毒祸:日本侵华期间的鸦片毒化活动》,曹大臣、朱庆葆著,福建人民出版社2005年版。

《从虎门销烟到当代中国禁毒》,凌青、邵秦主编,四川人民出版社 1997 年版。

D

《当代云南禁毒史》,牛何兰著,云南人民出版社 2012 年版。

《党政关系:国民党党治在地方层次的运作(1927—1937)》,王奇生著,社会科学文献出版社 2001 年版。

《到青海去》,顾执中、陆治著,商务印书馆 1935 年版。

《到西北来》,张扬明著,商务印书馆 1937 年版。

《帝国主义与青岛港》,胡汶本等编著,山东人民出版社 1983 年版。

《东印度公司对华贸易编年史》,[美]马士著,区宗华译,广东人民出版社 2016 年版。

《毒品犯罪惩治与防范全书》,邱创教主编,中国法制出版社 1998 年版。

《毒品问题》,罗运炎著,商务印书馆 1936 年版。

《毒品在中国》,马模贞主编,北京出版社 1993 年版。

E

《20 世纪中国禁毒史——民族主义、历史和国家建构》,[美]周永明著,石琳译,商务印书馆 2016 年版。

F

《犯罪致富:毒品走私、洗钱与冷战后的金融危机》,[法]蒲吉兰(Guilhem Fabre),李玉平、苏启运译,社会科学文献出版社 2002 年版。

《复兴民族须先复兴发展富强文明的原动力》,阎锡山著,太原绥靖公署主任办公处 1936 年版。

《复兴民族之要道》,蒋中正著,重庆青年书店 1940 年版。

G

《甘宁青史略正编》,慕寿祺著,俊华印书馆 1936 年版。

《割除毒瘤:共和国首次禁毒禁娼述实》,诸羽主编,中央文献出版社 1999 年版。

《公共领域的结构转型》,哈贝马斯著,学林出版社 1999 年版。

《广东十三行考》,梁嘉彬著,广东人民出版社 1999 年版。

《广西金融史稿》,郑家度著,广西人民出版社 1984 年版。

《贵州军阀史》,贵州军阀史研究会、贵州省社会科学院历史研究所著,贵州人民出版社1987年版。

《国民政府六年禁烟计划及其成效》,赖淑卿著,台北"国史馆"1986年版。

H

《黑色的瘟疫:插图本中国毒品史》,朱庆葆、刘霆编,山东画报出版社2012年版。

J

《蒋介石和西南地方实力派》,谢本书、牛鸿宾著,河南人民出版社1990年版。

《揭开帝国主义在旧中国投资的黑幕》,蓝以琼编著,上海人民出版社1962年版。

《近代福州及闽东地区社会经济概况》,吴亦敏等译,华艺出版社1992年版。

《近代日本在东亚的国家贩毒研究——以台湾日据时期鸦片问题为中心》,李理著,中国社会科学出版社2015年版。

《禁毒全书》,苏智良、赵长青著,中国民主法制出版社1998年版。

《禁毒史鉴》,王宏斌著,岳麓书社1997年版。

《井冈山革命根据地研究》,余伯流、夏道汉著,江西人民出版社1987年版。

《军绅政权——近代中国的军阀时期》,陈志让著,生活·读书·新知三联书店1980年版。

《君主与大臣:清中期的军机处(1723—1820)》,[美]白彬菊著,董建中译,中国人民大学出版社2017年版。

K

《科学与政治之间:美国医学会与毒品管制的源起1847—1973》,张勇安著,上海人民出版社2016年版。

L

《林钦差与鸦片战争》,[美]张馨保著,徐梅芬等译,福建人民出版社1989年版。

《林则徐大传》,杨国桢著,中国人民大学出版社2010年版。

《罗瑞卿传》,黄瑶、张明哲著,当代中国出版社1996年版。

M

《马步芳在青海(1931—1949)》,[美]默利尔·亨斯伯格著,崔永红译,青海人民出版社1994年版。

《马鸿逵传》,张树林、张树彬著,宁夏人民出版社 2008 年版。

《民国山东史》,吕伟俊著,山东人民出版社 1995 年版。

《明初以降人口及其相关问题 1368—1953》,何炳棣著,中华书局 2017 年版。

N

《宁夏的今昔》,叶祖灏著,台湾商务印书馆 1969 年版。

Q

《青岛指南》,魏镜编辑,平原书店 1933 年发行。

《清朝奏折制度》,庄吉发著,故宫出版社 2016 年版。

《清代鸦片政策史研究》,[日]井上裕正著,钱杭译,西藏人民出版社 2011 年版。

《清末社会流行吸食鸦片研究》,林满红著,1985 年打印稿。

《全球禁毒的开端——1909 年上海万国禁烟会》,苏智良、刘效红著,上海三联书店 2009 年版。

《劝学篇·劝学篇书后》,[清]张之洞等撰,冯天瑜、肖川点注,湖北人民出版社 1991 年版。

R

《日伪"治安强化运动"研究》,江沛著,南开大学出版社 2006 年版。

S

《沙逊集团在旧中国》,张仲礼、陈曾年著,人民出版社 1985 年版。

《上海法租界史》,[法]梅朋、傅立德著,倪静兰译,上海译文出版社 1983 年版。

《四川鸦片问题与禁烟运动》,秦和平著,四川民族出版社 2001 年版。

T

《太平天国史稿》,罗尔纲著,中华书局 1957 年版。

W

《外人在华特权和利益》,[美]威罗贝著,王绍坊译,生活·读书·新知三联书店 1957 年版。

X

《西南民族地区的毒品危害及其对策》,秦和平著,四川民族出版社 2005 年版。

Y

《鸦片的传播与对华鸦片贸易》,龚缨晏著,东方出版社1999年版。

《鸦片——日本侵华毒品政策五十年(1895—1945)》,王宏斌著,河北人民出版社2005年版。

《鸦片史》,[美]布思著,任华梨译,海南出版社1999年版。

《鸦片事略》,[清]李圭著,光绪二十一年(1895年)海宁刊本。

《鸦片税收与清末新政》,刘增合著,生活·读书·新知三联书店2005年版。

《鸦片罂粟通史:欲望、利益与正义的战争》,连东著,上海社会科学院出版社2018年版。

《鸦片与近代中国》,朱庆葆、蒋秋明、张士杰著,江苏教育出版社1995年版。

《鸦片在中国1750—1950》,[法]包利威著,袁俊生译,中国画报出版社2017年版。

《鸦片战争》,牟安世著,上海人民出版社1982年版。

《鸦片战争前中英通商史》,[英]格林堡著,康成译,商务印书馆1961年版。

《鸦片战争史实考》,姚薇元著,人民出版社1984年版。

《鸦片战争》,[英]蓝诗玲著,刘悦斌译,新星出版社2015年版。

《鸦片政权:中国、英国和日本,1839—1952年》,[加]卜正民、若林正编著,弘侠译,黄山书社2009年版。

《鸦片之今昔》,陶亢德著,宇宙风社1937年版。

《烟毒的历史》,冼波著,中国文史出版社2005年版。

《银线:19世纪的世界与中国》,林满红著,詹庆华、林满红等译,江苏人民出版社2011年版。

《瘾君子自白》,[英]德·昆西著,刘重德译,湖南文艺出版社1992年版。

《云南禁毒研究论文集》,罗秉森、梁晋云主编,群众出版社1999年版。

《云南鸦片问题与禁烟运动(1840—1940)》,秦和平著,四川民族出版社1998年版。

Z

《再造"病人":中西医冲突下的空间政治1832—1985》,杨念群著,中国人民大学出版社2013年版。

《张作霖传》,[英]加文·麦考马克著,毕万闻译,湖南人民出版社2014年版。

《中国百年禁毒历程》,马模贞等编著,经济科学出版社1997年版。

《中国的军阀政治(1916—1928)》,[美]齐锡生著,杨云若、萧延中译,中国人民大学出版社1991年版。

《中国的西北角》,范长江著,新华出版社1980年版。

《中国毒品史》,苏智良著,上海人民出版社1997年版。

《中国毒品问题研究——禁毒斗争的理论与实践》,赵长青等编撰,中国大百科全书出版社1993年版。

《中国共产党禁毒史》,齐霁著,中共党史出版社2013年版。

《中国共产党禁烟禁毒史》,胡金野、齐磊著,经济科学出版社2016年版。

《中国关税沿革史》,[英]莱特著,姚曾廙译,生活·读书·新知三联书店1958年版。

《中国国民党史稿》,邹鲁著,上海书店1989年版。

《中国近代贩毒史》,邵雍著,上海社会科学院出版社2017年版。

《中国近代经济史(1840—1894)》,严中平主编,人民出版社2001年版。

《中国近代思想与思潮》,郭汉民著,岳麓书社2004年版。

《中国近代外交史》,刘彦著,商务印书馆1921年版。

《中国禁毒简史》,王金香著,学习出版社1996年版。

《中国禁毒历程》,蒋秋明、朱庆葆著,天津教育出版社1996年版。

《中国禁毒史》,齐磊、胡金野著,甘肃人民出版社2004年版。

《中国禁毒史》,王金香著,上海人民出版社2005年版。

《中国禁烟法令变迁史》,于恩德著,中华书局1934年版。

《中国经营西域史》,曾问吾著,商务印书馆1936年版。

《中国厘金史》,罗玉东著,商务印书馆2010年版。

《中国农村复兴问题》,董成勋编著,世界书局1935年版。

《中国农民银行》,中国人民银行金融研究所编,中国财政经济出版社1980年版。

《中国农业的发展(1368—1968年)》,[美]德·希·珀金斯著,宋海文等译,上海译文出版社1984年版。

《中国人口通史》,路遇、滕泽之编著,山东人民出版社2000年版。

《中国社会史》,[法]谢和耐著,耿昇译,江苏人民出版社1995年版。

《中国税制史》,吴兆莘著,商务印书馆1937年版。

《中国鸦片问题》,罗运炎著,兴华报社1929年版。

《中国烟禁问题》,罗运炎著,大明图书公司1934年版。

《中国资本主义与国内市场》,吴承明著,中国社会科学出版社1985年版。

《中国纵横:一个汉学家的学术探索之旅》,[美]史景迁著,夏俊霞等译,上海远东出版社2005年版。

《中华帝国对外关系史》,[美]马士著,张汇文等译,商务印书馆1963年版。

《中华禁毒史略》,罗书平主编,四川人民出版社1997年版。

《中日战争与鸦片(1937—1945)——以内蒙古地区为中心》,[韩]朴橿著,台北"国史馆"1998年版。

《总理遗教六讲》,蒋介石著,正中书局1947年版。

《走向"最后关头"——中国民族国家构建中的日本因素(1931—1937)》,[美]Park M. Coble著,马俊亚译,社会科学文献出版社2004年版。

《最近百年中国对外贸易史》,[英]班恩德著,海关总税务司署统计科1931年译印。

《左文襄公在西北》,秦翰才著,商务印书馆1945年版。

论　文

C

《茶叶、白银和鸦片:1750—1840年中西贸易结构》,庄国土,《中国经济史研究》1995年第3期。

《茶叶、鸦片贸易对19世纪中国经济的影响》,仲伟民,《南京大学学报(哲学·人文科学·社会科学版)》2008年第2期。

《川陕苏区的禁毒考察》,陈以政,《四川文物》1999年第2期。

《从档案资料看建国初期的禁毒法规宣传》,方勇,《兰台世界》2013年第4期。

《从解放初期上海的禁毒看中国共产党是如何创造社会治理奇迹的》,马婉,《上海党史与党建》2016年第2期。

D

《底也迦考——含鸦片合方始传中国的问题》,王纪潮,《自然科学史研究》

2006年第2期。

《东北的禁烟禁毒》,谷乐乐,《兰台世界》2001年第6期。

《东北沦陷期间日伪的鸦片毒化政策》,李淑娟,《历史教学》2004年第11期。

《对新时期我国禁毒立法的反思》,胡金野,《西北民族大学学报(哲学社会科学版)》2004年第3期。

E

《20世纪50年代南京肃清烟毒运动初探》,王霖,《广西社会科学》2003年第11期。

《20世纪五六十年代我国边疆与少数民族地区的禁烟禁毒》,胡金野、齐磊,《中国国家博物馆馆刊》2012年第12期。

G

《改烟植棉:近代陕西禁烟与作物替代》,卢徐明,《农业考古》2018年第1期。

《改造与重构:战前国民政府的基层政权建设与社会治理——以禁烟为中心的历史考察》,刘霆,《江苏社会科学》2015年第6期。

《关于十九世纪三十年代鸦片进口和白银外流的数量》,李伯祥等,《历史研究》1980年第5期。

《广州国民政府鸦片政策探略》,王金香,《山西师大学报(社会科学版)》1997年第4期。

《广州禁毒简史研究》,马元元、任克勤,《政法学刊》1999年第2期。

H

《红七军在右江革命根据地禁烟策略初探》,莫亚人,《广西右江民族师范高等专科学校学报》1998年第4期。

《华北抗日根据地和解放区的禁烟禁毒》,李晓晨,《社会科学论坛》2001年第12期。

《华中抗日根据地的禁烟禁毒》,胡金野等,《兰州学刊》2010年第11期。

J

《记上海解放初期的禁烟禁毒运动》,定林,《上海党史与党建》1996年第6期。

《纪念空间与社会记忆》,陈蕴茜,《学术月刊》2012年第7期。

《建国初期安徽的禁毒运动》,王枫林,《党史纵览》1995年第6期。

《建国初期北京的肃毒斗争》,刘伟、冯双平,《北京党史》2000年第4期。

《建国初期的禁绝烟毒运动》,王京萍,《中国档案报》2005年7月22日。

《建国初期的禁烟毒运动及其历史启示——兼议南京国民政府禁烟失败的教训》,姚群民,《南京师范专科学校学报》1999年第3期。

《建国初期福建禁毒斗争的成功经验及其启示》,林辉,《福建党史月刊》2002年第12期。

《建国初期福建禁烟禁毒斗争研究》,林辉,福建师范大学硕士学位论文,2001年。

《建国初期福建省禁毒运动若干措施浅析》,林辉,《党史研究与教学》1998年第4期。

《建国初期甘肃毒品危害与禁毒研究(1950—1958)》,张丽坤,西北师范大学硕士学位论文,2012年。

《建国初期甘肃省的禁烟禁毒斗争——兼与国民政府时期的禁政对比分析》,尚季芳,《西北民族大学学报(哲学社会科学版)》2010年第2期。

《建国初期甘肃省在少数民族地区的禁毒实践及经验——基于甘南藏区的个案考察》,尚季芳、张丽坤,《青海民族大学学报(社会科学版)》2015年第3期。

《建国初期广西烟毒的禁绝》,覃主元,《广西社会科学》2000年第1期。

《建国初期河北省禁烟禁毒运动若干措施浅析》,董向前、万海霞,《河北青年管理干部学院学报》2005年第3期。

《建国初期禁毒斗争述评》,于海洋,《中国人民公安大学学报(社会科学版)》2008年第2期。

《建国初期禁毒法制的历史述评——以云南省为例》,方勇,《教育观察(上旬刊)》2014年第6期。

《建国初期禁毒法制研究(1950—1952)——以云南为中心的考察》,方勇,西南政法大学博士学位论文,2011年。

《建国初期禁绝烟毒始末》,毕宏吏,《党的文献》1996年第4期。

《建国初期开展禁烟禁毒斗争的经验》,李丽忠,《山西高等学校社会科学学报》2008年第3期。

《建国初期内蒙古地区的禁烟禁毒运动研究(1950—1953)》,郑雨,内蒙古大学硕士学位论文,2014年。

《建国初期内蒙古西部地区的禁烟禁毒斗争》,庆格勒图,《内蒙古大学学报(人文社会科学版)》1998年第4期。

《建国初期上海禁烟禁毒运动(1949—1952)》,王彦臣,上海师范大学硕士学位论文,2012年。

《建国初期四川的禁毒运动(1950—1952)》,罗兰英,四川师范大学硕士学位论文,2002年。

《建国初期绥远省匪患与剿匪方式探讨》,张华伟,《内蒙古社会科学(汉文版)》2014年第1期。

《建国初期武汉的禁烟禁毒运动》,陈守谦,《党史天地》1996年第3期。

《建国初期中国共产党对主要社会问题的治理及其成功经验——以禁毒、禁娼、剿匪为例》,刘世超,天津商业大学硕士学位论文,2011年。

《建国初期中南区的禁毒斗争及其成功经验》,齐霁,《求索》2008年第2期。

《建国后我国的反毒品立法》,胡金野,《甘肃广播电视大学学报》2004年第1期。

《建国前后中国共产党领导的禁毒斗争及其历史经验》,齐霁、李珏曦,《求索》2008年第5期。

《建国前后中国共产党领导的禁毒斗争及其历史经验》,齐霁,《云南行政学院学报》2018年第5期。

《建国前后中国共产党领导的禁毒斗争及其历史启示》,齐霁,《云南行政学院学报》2008年第5期。

《解放初期安徽禁娼、禁毒、禁赌述略》,祝凤鸣,《安徽史学》1995年第1期。

《解放初期济南市的禁毒运动研究》,张晓怿,山东大学硕士学位论文,2008年。

《解放初期漳浦禁烟禁毒运动》,陈国坚,《福建党史月刊》1997年第9期。

《近代安徽烟毒与禁烟》,陈蕊,安徽大学硕士学位论文,2010年。

《近代滇黔鸦片与广西烟土商路》,黄滨,《学术论坛》1992年第5期。

《近代绥远地区的鸦片烟祸》,牛玉军,内蒙古大学硕士学位论文,2007年。

《近代浙江鸦片问题研究》,李慧英,宁波大学硕士学位论文,2009年。

《近代中国的公共领域,形态、功能与自我理解——以上海为例》,许纪霖,《史林》2003年第2期。

《近代中国鸦片泛滥的历史教训》,朱庆葆,《光明日报》1995年5月22日。

《近十年中国近代毒品史研究综述》,肖红松,《河北大学学报(哲学社会科学版)》1999年第2期。

《晋察冀边区的禁烟禁毒运动》,王海川,《河北青年管理干部学院学报》2006年第3期。

《禁毒战略辩析——禁毒"三大战场"的成功实践与思考》,孙大虹,《学术探索》2006年第3期。

K

《抗日根据地禁毒立法问题研究》,齐霁,《抗日战争研究》2005年第1期。

《抗日战争时期日本对中国社会的毒化政策》,叶锋,《株洲师范高等专科学校学报》2006年第2期。

《抗日战争时期皖江地区的烟患与根据地的禁烟运动》,石庆海,《沧州师范学院学报》2019年第3期。

《抗战时期陕甘宁边区的禁毒斗争及其历史启示》,齐霁,《宁夏社会科学》2005年第4期。

《抗战时期苏皖根据地的禁毒法规措施及其影响》,张晓丽,《中共党史研究》2003年第3期。

《抗战时期浙江反制日寇毒化政策问题研究》,赵华,《杭州电子科技大学学报(社会科学版)》2018年第4期。

L

《雷霆扫毒:新中国成立初期华北烟毒治理问题研究》,肖红松、郭晓辉,《河北学刊》2019年第6期。

《两个政党,两种禁烟禁毒结果——国共两党治理近代中国社会烟毒问题比较研究》,齐磊、武立强,《社科纵横》2008年第2期。

《刘少奇与1952年禁毒运动》,杨志强,《党的文献》2003年第6期。

《略谈近年中国禁毒问题》,邵秦,《社会学研究》1994年第5期。

《论华北抗日根据地的禁毒斗争》,田利军,《四川师范大学学报(社会科学版)》1997年第4期。

《论清代禁烟的举措与成效》,朱庆葆,《江苏社会科学》1994年第4期。

《论伪维新政府时期日本的鸦片毒化政策》,季鹏,《社会科学战线》2005年第4期。

《论中华国民拒毒会与国民政府之关系》,朱庆葆、刘霆,《江苏师范大学学报(哲学社会科学版)》2014年第4期。

M

《民国时期甘肃毒品与禁毒问题研究》,尚季芳,四川大学博士学位论文,2007年。

《民国时期湖北省的禁烟运动——以国民政府"两年禁毒,六年禁烟"(1935—1940)为中心》,彭韬,华中师范大学硕士学位论文,2004年。

《民国时期湖南禁烟政策研究》,魏其俊,湘潭大学硕士学位论文,2009年。

《民国时期"中华民族复兴观念"之历史考察》,黄兴涛、王峰,《中国人民大学学报》2006年第3期。

《民众在清末禁烟中的作用》,杨长年,《理论界》2006年第7期。

N

《南京国民政府与新中国禁毒禁烟运动比较研究》,王航,《晋中学院学报》2017年第4期。

《内外联动:新中国初期北京市治理烟毒活动述论》,肖红松、马菁,《北京党史》2019年第5期。

《尼克松政府毒品战的"新机制":北约现代社会挑战委员会与国际禁毒合作》,张勇安,《求是学刊》2016年第1期。

P

《评近代日本对华毒品走私活动》,齐春风,《安徽史学》2000年第1期。

Q

《侵华日军对南京的鸦片毒害》,许金生,《抗日战争研究》2004年第1期。

《青帮和国民党政权:杜月笙对上海政治的作用(1927—1937)》,[澳]Brian G.Martin,《历史研究》1992年第5期。

《清朝至民国新疆禁毒研究》,周卫平,新疆大学硕士学位论文,2004年。

《清末本国鸦片之替代进口鸦片(1858—1906)》,林满红,《近代史研究所集刊》1980年第9期。

《清末禁烟背景下的海军经费筹措》,刘增合,《学术研究》2005年第3期。

《全球化、成瘾性消费品与近代世界的形成》,仲伟民,《学术界》2019年第3期。

R

《热河鸦片问题研究(1912—1933)》,杨民,河北大学硕士学位论文,2011年。
《日本帝国主义对华北的毒品侵略》,孟悌清,《理论学刊》1998年第1期。
《日本内蒙鸦片政策述评》,陆伟,《党史研究与教学》1998年第3期。
《日本侵华毒化机构——华中宏济善堂》,曹大臣,《抗日战争研究》2004年第1期。
《日本侵略者对山东的鸦片毒化政策》,王明星,《抗日战争研究》1998年第2期。
《日本"治台经验"在中国大陆的运用及其危害——以鸦片政策为中心》,朱庆葆,《江海学刊》2008年第4期。
《日据时期的蒙疆烟祸》,农伟雄,《抗日战争研究》1998年第3期。
《日据台湾时期的鸦片政策(1895—1945)》,朱庆葆,《福建论坛(文史哲版)》2000年第4期。
《日伪的毒品政策与蒙疆烟毒》,张同乐,《史学月刊》2003年第3期。
《日伪的鸦片毒化政策对东北农村社会的影响》,李淑娟,《抗日战争研究》2005年第1期。

S

《陕甘宁边区禁毒运动中民众的作用》,钱自强,《党史天地》2002年第5期。
《陕甘宁边区禁烟禁毒运动初探》,齐霁,《甘肃社会科学》1999年第4期。
《陕甘宁边区政府禁毒政策述略》,周志斌,《学海》1996年第1期。
《上海解放初期的禁毒运动》,《档案与史学》1999年第3、4期。
《盛世才执政时期新疆禁毒述论》,周卫平,《西域研究》2005年第4期。
《试论建国初期河北省的禁烟禁毒斗争》,董向前,《当代中国史研究》2004年第6期。
《试论建国初期少数民族禁烟禁毒运动及其成功经验》,李丽忠,《太原师范学院学报(社会科学版)》2008年第3期。

W

《晚清时期西北地区鸦片问题研究》,王娟丽,辽宁大学硕士学位论文,

2013 年。

《晚清中央与地方财政关系:以近代海关为中心》,戴一峰,《中国经济史研究》2000 年第 4 期。

《皖江抗日根据地的禁烟运动》,石庆海,《邢台学院学报》2019 年第 2 期。

《"无毒国"的创立及对现实的启迪》,黄开诚、刘向荣,《人民法治》2018 年第 12 期。

《"无毒中国"缘何不再?——对中国共产党领导下的新中国禁毒运动辉煌历史的反思》,胡金野,《甘肃社会科学》2005 年第 6 期。

X

《向毒品宣战——济南解放初期的禁毒运动》,刘博慧,《山东档案》1998 年第 5 期。

《新疆禁毒史探》,阿里木·赛菲、王小骄,《新疆大学学报(哲学社会科学版)》2004 年第 2 期。

《新旧两重天:新中国与南京国民政府禁政之比较研究》,吴永明,《江西师范大学学报》2001 年第 4 期。

《新中国成立初期北京市毒品治理研究》,张亚东,《云南警官学院学报》2017 第 3 期。

《新中国成立初期北京市禁烟禁毒运动始末》,张亚东,《北京档案》2017 年第 2 期。

《新中国成立初期党治理毒品问题的成功经验》,齐霁、刘世超,《毛泽东邓小平理论研究》2010 年第 11 期。

《新中国成立初期的禁毒运动》,陈亮,《中国档案》2012 年第 8 期。

《新中国成立初期的禁烟毒斗争与构建和谐社会》,郑艳凤,《渤海大学学报(哲学社会科学版)》2007 年第 4 期。

《新中国成立初期禁烟禁毒运动述论》,李丽忠,中国人民大学硕士学位论文,2006 年。

《新中国成立初期天津市禁烟禁毒研究》,位轩,河北大学硕士学位论文,2015 年。

《新中国成立初期天津治理烟毒活动探析》,肖红松、位轩,《河北广播电视大学学报》2018 年第 4 期。

《新中国成立初期西北区对毒品问题的治理》,齐霁,《兰州学刊》2015年第12期。

《新中国成立初期烟毒治理中的毒品收缴与处理机制研究》,张楠,《中共党史研究》2021年第2期。

《新中国成立初期云南禁毒斗争措施及其借鉴作用研究》,李伟,《法制博览》2019年第15期。

《新中国初期中共对烟毒问题的治理》,冯兵,《厦门大学学报(哲学社会科学版)》2020年第2期。

《新中国建国初期的禁毒斗争》,马模贞、鞠志刚,《中共党史研究》1991年第12期。

《新中国三年禁毒运动的回顾与启示》,高巍,《学术探索》2010年第6期。

《新中国应对美国对华毒品指控的反制措施(1950—1953)》,张楠、杨琨,《党史研究与教学》2023年第4期。

Y

《1840年前输入中国的鸦片数量》,龚缨晏,《浙江大学学报(人文社会科学版)》1999年第4期。

《1997年以来的中国禁毒史研究》,王玥、赵留记,《河北学刊》2010年第1期。

《19世纪爪哇鸦片走私中的华侨包税商》,沈燕清,《华侨华人历史研究》2007年第2期。

《鸦片毒害——光绪二十三年问卷调查分析》,王树槐,《近代史研究所集刊》第九期,1980年。

《鸦片贸易与白银外流关系之再检讨》,贺力平,《社会科学战线》2007年第1期。

《鸦片战争前的鸦片贸易再研究》,吴义雄,《近代史研究》2002年第2期。

《鸦片战争前四十年间鸦片输入与白银外流数字的考察》,刘鉴唐,《南开史学》1984年第1期。

《以毒品为武器:美国对华冷战宣传的新媒介(1950—1962)》,张勇安,《历史研究》2019年第4期。

《有关30年代中后期贵州禁烟运动的由来及其认识》,秦和平,《贵州文史丛刊》2001年第3期。

《云南省建国初期禁毒斗争对当前禁毒工作的启示》,牛何兰,《云南警官学院学报》2011年第4期。

Z

《曾国荃抚晋赈灾述略》,王雪丽,山西大学硕士学位论文,2003年。

《战后日本学界的鸦片侵略政策研究述论》,王美平,《抗日战争研究》2019年第4期。

《中共对贵阳的接管与政权建设(1949—1952)》,黄亦君,上海大学硕士学位论文,2011年。

《中国大行政区制毒研究》,陈方南、陈学知,《党史研究资料》2003年第10期。

《中国对世界禁毒事业的重大贡献》,胡金野,《理论界》2006年第1期。

《中国共产党川陕老区禁烟禁毒运动研究》,王娜,西南交通大学硕士学位论文,2019年。

《中国共产党对中国和世界禁毒事业的重大贡献》,齐霁、赵永飞,《毛泽东邓小平理论研究》2013年第4期。

《中国共产党抗日根据地禁烟禁毒政策概述》,齐霁,《河北学刊》1998年增刊。

《中国共产党领导下的抗日民主根据地禁毒成效探析》,胡金野等,《云南警官学院学报》2008第4期。

《中国共产党与中国百年禁毒历程》,张亚东,《"决策论坛——管理决策模式应用与分析学术研讨会"论文集(下)》,2016年。

《中国共产党在大革命时期禁绝鸦片烟毒的活动》,胡金野等,《党史文苑》2010年第11期。

《中国近代鸦片输入数量与价值研究》,连东,河北师范大学硕士学位论文,2003年。

《中美禁毒合作:过程、限度及战略选择》,张勇安,《现代国际关系》2013年第12期。

报　刊

A

《安徽公报》
《安徽教育行政周刊》
《安徽政务月刊》

B

《北京大学日刊》
《北京档案史料》
《北洋官报》

C

《财政旬刊》
《长江日报》
《晨报》（北京）

D

《大公报》
《大中华杂志》
《档案史料与研究》
《滇黔月刊》
《东北日报》
《东方杂志》
《斗争》

F

《福建省政府公报》
《复兴月刊》

G

《甘肃省政府公报》
《各界导报》
《公教周刊》
《共进》

《广东教育厅旬刊》

《广东群报》

《广东省参议会月刊》

《广东省政府公报》

《广西公报》

《广西省政府公报》

《广益丛报》

《贵州档案史料》

《国风报》

《国民政府公报》

《国闻周报》

H

《海军公报》

《河北月刊》

《河南省政府公报》

《河南统计月报》

《湖北档案史料》

《湖北地方政务研究半月刊》

《湖北省政府公报》

《湖南禁烟月刊》

《湖南省政府公报》

J

《济南市市政统计》

《建设·西南专号》

《江苏历史档案》

《江苏省政府公报》

《江苏文献》

《江西省政府公报》

《江西统计月刊》

《节制》

《晋绥日报》
《禁烟半月刊》
《禁烟公报》
《禁烟汇刊》
《禁烟专刊》
《经济部公报》
《拒毒月刊》
《军政月刊》

K

《康藏前锋》

L

《来复》
《历史档案》
《立法院公报》
《临时政府公报》
《陇钟》

M

《每周评论》
《民报》
《民国日报》
《民立报》
《民生日报》（广州）

N

《南大经济》
《南方日报》
《南洋情报》
《内蒙古档案史料》
《内务公报》
《内政公报》

P

《平等杂志》

《群众》

Q

《钱业月报》

《秦风周报》

《青岛市政府市政公报》

《群众日报》

R

《人民日报》

《人民周刊》

《人言周刊》

S

《山东民政公报》

《山东省政府公报》

《山西公报》

《山西日报》

《山西政报》

《陕西省政府公报》

《上海党声》

《上海公报》

《上海新报》

《社会科学研究》

《申报》

《时报》

《时事年刊》

《时事月报》

《时兆月报》

《市政公报》(北平)

《蜀评》

《司法公报》
《四川档案史料》
《四川禁烟月刊》
《四川省政府公报》
《苏衡》
《绥远省政府公报》

T

《天津日报》
《天南》
《统计月报》

W

《外交部公报》
《外交公报》
《外交评论》
《万国公报》
《卫生公报》
《武汉大学四川同学会会刊》
《行政院公报》

X

《西北农学》
《西北问题季刊》
《西北言论》
《西康省政府公报》
《宪兵杂志》
《宪法新闻》
《湘乡民报》
《向导》
《向导周报》
《新华日报》
《新青海》

《新闻报》
《兴华》

Y

《医药评论》
《益世报》
《云南档案史料》
《云南旅平同乡会会刊》
《云南日报》
《云南省政府公报》

Z

《浙江公报》
《浙江民政月刊》
《浙江省建设月刊》
《真光杂志》
《震旦》
《政府公报》
《政治官报》
《中国经济》
《中华实业界》
《中山日报》
《中外经济周刊》
《中央日报》

外文参考文献

资料汇编

British Parliamentary Papers China：Vol. 31, Irish University Press, 1971.

『東亜同文書院阿片調査報告書』，谷光隆編，愛知大学東亜同文書院大学記念センター 2007 年印。

『続・現代史資料(11)占領地通貨工作』,多田井喜生等編,みすず書房 1986 年版。

『続・現代史資料(12)阿片問題』,岡田芳正等編,みすず書房 1986 年版。

『現代史資料(31)満鉄 1』,伊藤武雄、荻原極、藤井満州男編集,みすず書房 1966 年版。

『現代史資料(32)満鉄 2』,伊藤武雄、荻原極、藤井満州男編集,みすず書房 1966 年版。

『現代史資料(33)満鉄 3』,伊藤武雄、荻原極、藤井満州男編集,みすず書房 1967 年版。

『阿片常用者の告白』,ディ・クィンシー作,田部重治訳,岩波書店 1937 年版。

著　作

Opium Regimes: *China*, *Britain and Japan*, *1839 -1952*, Timothy Brook, Bob Tadashi Wakabayashi University of California Press, 2000.

The Opium Trade, *1910 - 1941*, *Vol. 3*, *Part* Ⅷ, Scholarly Resources, Inc., 1974.

Traffic in Opium and Other Dangerous Drugs, Annual Report, 1939, Central Commission of Opium Suppression, Chungking, China.

『阿片と大砲—陸軍昭和通商の七年』,山本常雄著,PMC 出版 1985 年版。

『アヘン貿易論争—イギリスと中国』,新村容子著,汲古書院 2000 年版。

『阿片帝国・日本』,倉橋正直著,共栄書房 2008 年版。

『近代中国の日本居留民と阿片』,小林元裕,吉川弘文館 2012 年版。

『資料・日中戦争期阿片政策—蒙疆政権資料を中心に—』,江口圭一,岩波書店 1985 年版。

『戦争と日本阿片史』,二反長半著,すばる書房 1977 年版。

报　刊

New York Times
The Times
The Washington Post

索 引

A

阿夫荣(阿肥荣) 4
《阿片政策施行要纲案》 1158
爱国丰产运动 1325,1392,1393,1519
安梦洲 1432

B

白丸 407,477,537,542,569,750,955,1098,1183
白银漏卮 36,42,47,50,51,60,65,79,100,101,125,306
白芝英 778
柏文蔚 423,424,436,437,442,458,581,582,653,1058
包世臣 45,46,98-101,110,111,119,135,136
鲍洪雁 1431
北京市禁烟禁毒委员会 1331
北洋政府 397,411,466,495,544,625,671,725,729,776,791,792,1335
贝特西号 29,30
毕永生 1431
波兰 695,1347
波斯鸦片 431,643,645

C

财政抵补 382
蔡乃煌 377,449,454,455
《查获私土奖励规则》 1110,1166
查禁特派员 690,693,798,1044-1047,1049
铲烟 354,358,359,362,363,411,412,414,417,425,428,442,449,525,529,589,682,789,846,858-860,877,908,949,954,965,1013,1016,1051,1052,1056,1057,1213,1235,1261,1262,1270,1274,1276,1277,1305,1325,1385,1390,1396,1397,1399-1401,1407-1409,1470,1517
《长江日报》 1367,1397
陈宝森 1433
陈方和 1432
陈华曾 1432
陈六明 1445
陈隆淮 1444
陈少南 1444
陈少堂 1432
陈欣伯 1445
程含章 98-101,107

1559

《惩办兴贩鸦片烟及开设烟馆条例》 65,71

"弛禁" 72,96,97,109,306,457,462,463,
468,470 - 472,474,483,488,498,507,
509,510,512 - 515,518 - 521,524,529,
531,534,535,537,546,549,567,584,
605,611,617,628,656,665,671,674,
685,748,755,760,765,777,845,949,
1072,1245,1250,1274

重庆市禁烟禁毒委员会 1331,1340,1481,
1493

《筹办夷务始末》 16,49,51,71,112,114,
115,117,130,136,138,140 - 142,160,
180,188

川土 230,237,250 - 252,255,264,266,
271,351,422,496,518,570,572,576,
697,804 - 808,822,845,848 - 850,982,
984,1032,1035 - 1037

存土 415,416,421,432,436,447 - 449,452
- 454,456 - 465,536,635,652,654,
786,831,838,839,854,861,870,929,
980,981,986 - 988,1049,1402,1404,
1406,1410,1414,1415,1450 - 1452

D

大理院 406 - 410,485,670

德庇时 165 - 168

邓廷桢 49 - 51,71,74,79 - 81,114 - 118,
132,133,147,148,150,151,154,157,
171

底也伽(底也迦、底野伽) 2 - 7

帝国化工公司 1346,1447

调验 327,328,330,332,334 - 339,370 -
372,374,419,421,425,540,543,656,
680,689,691,755,786,788,815,818,

862,864 - 866,881,902,918,924,933,
948,955,967,971,974,975,1006,1010,
1012,1014,1221,1225 - 1229,1233 -
1236,1238,1239,1241,1243 - 1245,
1249,1258,1260,1265,1267,1269,
1277,1280 - 1282,1284,1285,1331,
1476,1477,1479,1491,1492,1505

丁淑静 662,724,729,731,738,754

"丁戊奇荒" 219,233,280,281,287,292,
295,297

丁义华 323,377,395,396,403,418,421,
437,439,440,455,456,458,459,473,
474,660,669

东北局 1317,1322,1323,1325,1327,
1334,1356,1357,1363,1364,1389,
1391,1392,1420,1438,1439,1485,
1488,1506

东京鸦片会议 1151

东印度公司 21 - 25,27 - 41,54,61,62,66 -
69,71,72,74,76,78,82,83,85,86,89,
92,94,166,171,1335

《东印度公司对华贸易编年史》 38,39,41,
42,53,73,136

董学舒 1430,1431

毒品处理 1307,1328,1454 - 1456,1458,
1460,1461,1463 - 1465,1469 - 1472,
1518

毒品收缴 1403,1446,1448 - 1450,1452,
1453,1456,1473,1518,1519

杜世鹏 1444

杜月笙 586,684,703,705,706,925,1013,
1100

度支部 236,239,240,244,263,264,326,
327,333 - 336,356 - 360,365,367,375,

384-390

端方 237,257,258,318,377,378,381,390

断禁 359,681,684-688,696,708,777, 1041,1042,1120,1150

趸船 32,34,35,97,103,129,133,152-156,171,173,220

E

鄂豫皖三省"剿匪"总司令部 689,780, 815,1043

F

《发给购烟执照章程》 328

法租界 303,366,425,448,473-475,482, 586,683,705,706,708,1001,1002,1103

范尔迪 683,705

贩毒 129,172,469,473,475,476,480, 482,571,574,640,683,684,704,706-709,778,888-890,892,897,925,998, 1000-1004,1071,1075,1078,1084, 1088,1090-1096,1098-1106,1147, 1148,1207-1209,1211,1217,1218, 1221,1242,1277,1315-1323,1325, 1345,1346,1349-1351,1355,1358-1362,1368,1370,1371,1373,1374,1376-1380,1391,1417,1419-1421,1423, 1431,1439,1440,1443-1446,1462, 1465,1473,1494

方玉章 1432

《菲律宾华侨清毒宣言》 762

分年递减 192,217,221,286,325,366, 394,687,688,749,777,780,781,801, 806,852

分期禁烟区域 827

分省禁种 357,358,360

冯国璋 457-462,464

冯玉祥 530,531,545,567,679,698,725, 728,753,1031,1041

冯赞勋 34,103,104,106,110,137,306

福建去毒社 318,319,322,323,382,669

福裕公司 1194,1198-1200

傅新齐 1431

傅作义 878-880,1030,1045

富勒 1071,1090,1116,1120,1164,1170, 1179,1182,1208

腹地十省禁烟 688,696,780,786,807, 823,996,1227

G

高根 401-403,407,481,486,487,588, 604,636,660,663,676,681,691,695, 710,768,907,955,983,996,998,1082, 1091,1118,1170,1174,1282,1298

高瑛夫妇烟毒案 683,684

高忠 1432

葛玄生 1445

更生院 1140

《工商日报》 1350

公安部 1313,1321-1327,1330-1332, 1353-1357,1362,1364,1366,1369, 1392,1394,1401,1406-1408,1418-1423,1426,1428,1429,1434,1436,1438-1440,1442,1449,1464,1465,1467-1470,1473,1496-1502,1504,1505, 1519

公膏 701,783-785,801,803,806,812, 814,832,833,861,871,932,935,990-

995,1194,1202

公土 421,812,853,984,985,991-995,1007,1016,1182

公运制度 807,808,811,979,982

公栈 691,783,805,807,808,813,832,837,839,849,854,894,905,910,921,922,928,929,932,978,979,986,987,989,990,996,1015,1034-1037,1191

宫受清 1432

古海忠之 1107,1112,1121,1122,1150,1151,1154-1156

古贺廉造 1087

顾维钧 627,630,634,642,664

顾永明 1444

关东厅 559,566,1083,1086-1088,1108,1111

《关于肃清毒品流行的指示》 1307,1314,1320,1391,1392,1405,1418,1438,1440,1441,1447,1466,1467,1494,1495

《关于严令查禁走私贩毒现象的指示》 1317

官督商办 367,605,673,812,905

官膏专卖 366,367

官土 449,497,805,806,808,815,850,851,889,900,978,979,982,989-992,1007,1015,1167,1191,1207,1216

《管理售卖膏土章程》 328

《管理药商章程》 395,401,407

光绪 12,23,99,190-194,197,199,200,203-207,209-212,216,218,219,221,227-230,232,233,235-237,239-246,249-271,276,278-281,283,284,286-292,294,295,297,299,310,314,315,317-324,326-330,332-336,338-345,355-361,366-371,382-388,396,398,564,611,764,767,1127

广东巡抚 49,74,79,80,95,99-101,109,114,132,150,288

广州国民政府 603,673-675,725,1039

贵州省禁烟禁毒委员会 1331

郭柏声 1443

郭嵩焘 190,230,288-291,297,317,714

郭维城 1317,1320

郭维坤 1431

国际禁烟会议 405,626,630,634,659,662,670,755,1067

国际联盟 611,630,634,635,642,658,659,663,1068,1071,1139,1140,1209

《国际烟毒缉私情报交换办法》 1255

国联禁烟会议 631,1003,1090,1116

国联禁烟委员会 479,629-631,633-635,638,639,641,644,659,661,695,928,945,1072,1093,1106,1179

国联鸦片顾问委员会 1120,1182

国民政府 1121,1155,1181,1182,1184,1185,1192,1193,1201,1217,1219-1237,1241,1244,1245,1248-1260,1262,1264-1270,1272,1274,1275,1277,1278,1280-1285

国务院 405,437,439,451,456,457,459-461,468,524,525,618,621,626-628,655,1048

H

海关总署 1458,1461

海洛因 401,403,407,469,475,477,478,482,493,508,536,541,544,563,564,566,578,579,604,636,638-641,675,

676,681,691,695,698,703,704,708,710,750,754,890,903,907,953,955,956,983,996,998－1000,1002,1003,1058,1065,1070,1078－1083,1089－1096,1098,1103,1104,1113,1115,1118,1119,1121,1147,1169,1170,1174,1178－1183,1186,1201,1203－1205,1207,1216,1235,1242,1244,1263,1282,1298,1304,1315,1326,1348,1353,1414,1482,1514

海洛英　955,1072,1075,1240,1326,1448

《海牙国际禁烟公约》　394,395,401,403,708

汉口　126,128,187,198,235,247－249,266,314,320,346,1104,1106,1191－1193,1219,1237,1238,1240,1241,1244,1267,1268,1315,1316

汉口租界　1002,1093,1103

行商　30,32,44,47,51,52,54,61,72,74－79,82,83,92－96,99－101,108,109,116,139,151,152,154,158,159,385,457,492,805,849,852,1315,1374

何成睿　1034

何桂清　176－178,180－182,185,186

何键　495,694,702,703,824,830,836,859,867,907,908,912,914,1033,1034,1037,1041,1046,1047,1050

何淑珍　1444

荷兰　15,18,21,24,26－29,66,67,159,342,377,394,395,477,630,636,637,641,646－648,659,1004,1068,1102,1127

荷属东印度　639,646－648,1201

赫德　25,186,187,189－192,197,241,244,245,250,253

横山正幸　1083

"红土"　476

红丸　477,588,589,679,704,711,712,738,768,862,903,907,933,950,953,999,1013,1092,1170,1182,1185,1201,1202,1205,1207,1209,1240,1242,1296

洪秀全　299－301,303

洪玉轩　1444

侯佩贞　1431

后藤新平　1128－1130,1133,1134

胡汉民　271,402,1023,1029

胡世泽　695,1069－1072,1093,1217

虎门　73,82,96,151,155－157,162,164,1024,1240,1462

虎门销烟　155,157,158,776,1024,1059,1342

沪港烟土联社　449,454

《华北禁烟暂行办法》　1165,1168,1223

华东局　1307,1322－1325,1327,1352,1356,1365,1373,1389,1390,1392,1394,1406,1417－1419,1439,1463,1469,1494－1497,1501,1503

华东军政委员会　1311,1322,1390,1392,1417,1447,1463,1465,1494,1495,1500

华侨禁烟设计委员会　1225,1248,1249,1252

华侨禁烟座谈会　1247

《华侨日报》　1350,1368

《华盛顿邮报》　1349,1515

华中宏济善堂　1181,1209－1214,1217,1219

缓禁省份　780,802,803,805,827,850,928,959－961,980,988,992,1009,

1563

1010,1035

黄金荣 586,705

黄爵滋 50-52,91,136,139-141,150,307

黄埔 30,32-34,68,85-87,89,92-94,96,101,153,154,161,164,465,1039,1208

黄少渊 1417

会勘 411-414,418,440,441,443-452,467,498,564,587,589,656,899

混合吸食 13,15-17,19,20,64,134

J

缉私 85,97,134,156,402,420,429,486,488,545,560,587,597,605,645,693,694,701,703,785,786,797,800,804,808,819,831,832,837,851,852,884,900,904,905,911,921,935,937,942,979-982,984-986,988,991,992,994,995,1002,1014-1016,1028,1035,1041,1043,1044,1047,1048,1050,1093-1095,1097,1110,1114,1122,1166,1178,1182,1191,1211,1216,1217,1222,1226,1250,1256-1258,1263,1272,1296,1300-1302,1412,1413,1453,1459

《稽核禁烟章程》 326-328,336

吉养山 1431

纪连第 1432

加尔各答 29,32,33,37,54,69,340,341,476,1080,1250

嘉庆 18,19,21,42-46,51,59-61,63,70-92,94,98,99,101,104,107,110,111,113,119,122,134,135,150,226,274

渐禁 326,360,414,687-689,692,695,758,759,774,775,777,779,781,782,801,802,806,817,827,839,860,885,959,967,980,1005,1008,1034,1037,1073,1088,1108,1121,1122,1127,1129,1130,1133,1138,1139,1141,1145-1149,1163,1194,1220,1294

江安轮运土案 683,684,761

蒋介石 199,496,509,673,679,680,683,687,688,692-695,753,758,759,765,766,770,772,774-776,779,782,783,795-799,802,804,805,810,816,817,819-821,824,825,837,838,842,845,846,850,857,861,877,878,884,908,914,915,932,936,941,942,950,957-959,965,995,1001,1003,1008,1013,1016,1020,1022-1029,1031,1032,1034-1037,1039,1041-1048,1051,1064,1093,1102,1105,1106,1224,1235,1248,1267,1269,1276,1338

蒋攸铦 44,45,47,84,86,90,99,105,106

焦德臣 1431

捷克 1073,1347

戒绝 215,300,321,396,424,427,543,544,575,664,665,676,680,695,737,752,754,781-786,792,793,800,801,817,833,840,841,854,856,857,861,862,864-866,871,872,875,881,882,885,887,890-892,896,897,901,903,906,907,912,914,916,917,919,920,922-926,929,933-936,940,944,945,947,948,952,953,955,957,967-969,971-973,976,977,993,995,1006,1010,1011,1014,1121,1168,1216,1236,1237,1243,1244,1247,1251,

1253,1260,1290-1299,1302-1304,
1338,1339,1351,1417,1475-1478,
1481,1482,1484,1485,1490-1492,
1495,1496,1498,1506,1508,1513

戒烟所　321,327,334,336-338,349,370,
376,414,419-422,543,573,599,600,
680-682,690,817,840,841,864,865,
874,875,881,897,902,903,906,913,
914,923,930,945,951-953,955,968,
971,974,976,1014,1060,1122,1123,
1125,1150,1152,1199,1200,1202,
1215,1226,1228,1244,1253,1258,
1295,1296,1303,1305,1331,1337,
1340,1343,1476,1477,1479,1481,
1485,1486,1488-1491,1493,1494,
1496,1498-1500,1503,1505-1510,
1512,1513,1519,1520

戒烟医院　321,419,426,670,690,719,
750,752,767,788,817,820,833,840,
841,854-856,874,875,881,885,890,
892,902,906,913,914,923,930,934,
935,940,944,945,948,955,957,968,
971,972,974-976,1121,1126,1222,
1243,1249,1252,1253

金丹　10,477,540-542,544,698,704,710,
712,887,890,1098,1178

金廷和　1431

《晋绥日报》　1303

《禁毒实施办法》　695,759,779,780,782,
786,791,897

《禁毒治罪暂行条例》　787,789,791,792,
891,947,996,1227

禁贩售　339,366,376,831,836,860,870,
871,878,883,886,888,894,899,904,
909,916,921,928,931,936,943,946,
951,954

禁售　341,366,368,378,379,399,400,
425,433,434,442,468,513,528,675,
682,690,727,781,783,785,788,794,
799,827,885,895,900,903,905,909,
915,930,937,941,946,958,966,979,
989-991,996,1005,1007,1076,1259,
1294,1313,1416

禁吸　14,97,98,125,137-140,146,216,
219,289,294,301,324,326,328,335,
339,358,360,365,366,368-370,372,
373,376,377,396,398,400,407,411,
414,420-422,429,432,433,459,468,
536,537,539,542,544,599,621,635,
637,675-677,679,682,685,687,690,
692,727,728,750,751,754,767,780,
781,784,785,788,794-796,799,801,
817,827,828,833,840,854,856,861,
865,871,881,885,886,890,896,900,
901,906,911,912,915,917,922,929-
931,933,938-941,943,944,946,947,
952,955,958,966,967,969,971-974,
977-979,996,1005,1076,1124,1128,
1225,1227,1233,1235,1241,1250,
1258,1260,1263,1269,1280,1284,
1294,1303,1307,1310,1313,1328,
1330,1340,1361,1380,1401,1422,1475-
1477,1479-1484,1486,1487,1489-
1506,1508-1510,1512,1513,1519,
1520

禁烟查缉处　421,496,573,697,700,758,
773

《禁烟查验章程》　327,328,335,336

禁烟大臣　327,330,332-336,370,376
禁烟督办署　600-605,673,674,887,1039,
　　1040
禁烟督察处　403,419,451,495,545,656,
　　690-694,702,781,794,797-800,803-
　　806,808-813,819-822,824-826,832-
　　834,837-840,842,848,849,853,854,
　　861,870,883,889,894,895,900,905,
　　909,922,928,929,931,932,935,963,
　　978,980-985,988,990-995,997,
　　1008,1012,1014-1016,1034-1038,
　　1042-1044,1046-1049,1060,1076,
　　1093,1101,1103-1106,1192,1294-
　　1296
禁烟督导区　1225,1231,1232,1270,1277,
　　1279
禁烟督导专员　1225,1231,1232,1241,
　　1279
《禁烟法》　399,678-680,686,690,691,
　　754,761,767,772,786,789-792,1227
《禁烟法实施条例》　772
禁烟公所　335-339,359,361,368,369,
　　376,403,422,426,434,435
禁烟会议　583,621,630,633,659,679,
　　695,704,708,709,749,756,764,771,
　　831,861,1003,1005,1066,1071,1073,
　　1090,1101,1116,1121,1179,1252,
　　1255,1256,1286
禁烟禁毒委员会　887
《禁烟禁毒五年进度表》　782,784,801,961
《禁烟禁毒治罪条例》　1225-1228,1234,
　　1235,1269
禁烟局　336-339,362,368,371,426-429,
　　433,434,466,498,505,506,549,550,
　　569,584,587,593,600,603,606,610,
　　669,676,678,679,703,714,730,754,
　　756,827,851,852,869-871,932,937,
　　938,941,982,991,1012,1013,1036,
　　1040,1175,1179,1183,1192,1194,
　　1198,1201,1202,1206-1208,1223,
　　1242,1243,1289,1301,1303,1304
禁烟联合会　395,404,439,450,456,458,
　　463,524,653,654,656,657,669,1061,
　　1270,1278
《禁烟实施办法》　695,759,779,780,782,
　　786,795-797,818,938,1011,1043
禁烟特派员　454,457,462,463,465,656,
　　782,784,798,799,813,814,825,829,
　　832,833,843,855,857,859,863,870,
　　893,901,907,908,910,911,930-932,
　　940,949,987,1000,1014,1045,1046,
　　1049,1225,1231,1232,1238,1244,1269-
　　1273,1275,1278-1280,1285
《禁烟条例》　331,332,398,399,752,756
禁烟委员会　269,547,612,615,618,621,
　　630,633,635,637,644,648,649,657,
　　679-681,683,687,692,695,704,708,
　　712,725,726,751-755,757,758,761,
　　764,765,767,773,775,777,779,795-
　　801,803,819,828,829,831,871,883,
　　884,888,889,892,893,897,898,904,
　　907-914,916-918,921-925,927,
　　930,931,933-935,941,945,948,955,
　　956,974,986,994,995,1000,1001,1011-
　　1013,1016,1024,1025,1027,1031-
　　1035,1040-1044,1046-1048,1050,
　　1051,1053,1055,1056,1059-1062,
　　1071,1072,1075,1093,1099,1100,

1122，1208，1209，1222，1228，1248，
　　1251，1256，1257，1262，1264，1283，1284
禁烟协会　654，669，863，864，1225，1229，
　　1231，1238－1240，1249，1252，1253，
　　1278，1279，1284
《禁烟议叙议处章程》　328
禁烟运动　155，226，227，229，249，250，
　　266，287，290，305，314，315，317，321－
　　323，330，340，342，343，347，351，356，
　　358，359，368，377，379，381，382，387，
　　390－394，396，411，412，414，451，513，
　　521－523，541，542，650，652，661，663－
　　668，671，699，714，764，767，770，771，
　　796，828，829，831，833，834，839，840，
　　905，920，958，1005，1013，1019－1021，
　　1024，1025，1027，1028，1036，1038，
　　1049，1050，1053，1059，1060，1063，
　　1064，1077，1078，1122，1245，1254
《禁烟暂行章程》　675，676，749－751，756，
　　771
《禁烟章程》　321，322，324，326－329，336，
　　340，366，429
《禁烟治罪暂行条例》　787，789－792，794，
　　939，987，1049，1227，1297
禁烟总处　605，674，675，811，1040
禁烟总会　323，631，655，657，694，695，
　　704，711，760，782，794－799，803－806，
　　810－815，817，819－821，825，832，834，
　　837－839，850－853，860，861，863，885，
　　890，892，896，897，904，917，921，931，
　　952，962，963，968－970，974，977，980－
　　984，991，994－996，999，1001，1004，
　　1012，1013，1015，1028，1042，1044，
　　1047，1060，1090，1102

禁烟总监　783，786－789，793－799，802，
　　804，805，810，816，817，819－821，825，
　　829，832，835，838，839，842，845，850，
　　862，870，877，878，882，893，896－898，
　　907，910，914，917－919，924，925，927，
　　932，941，949－951，953，958，998，1003，
　　1043，1044，1046，1047，1060，1093，
　　1102，1104－1106，1226
禁运　70，98，341，356，359，365，366，411，
　　420－422，429－432，437，439，441，443－
　　450，452，455，467，468，489，496，541，
　　542，599，690，717，727，754，781，783，
　　785，788，794，799，827，828，831，833，
　　839，848，885，894，900，905，909，915，
　　930，936，941，958，966，979，982，986，
　　1178，1223，1254，1259，1289，1290，
　　1295，1312，1313，1391，1414－1416，
　　1434，1453，1466，1493
禁政　331，358，359，363，364，370，378，
　　383，389，391，393，402，405，406，410，
　　411，413，414，421－424，426，429，430，
　　439，440，444，445，449，450，454，467，
　　468，470，473，476，481，483，493－496，
　　498，509，513，538，546，549，551，573，
　　581，587，600，626，629，633，638，654，
　　657，674，680，681，701，703，706，711，
　　712，714，754，772，779，780，782－789，
　　792－803，805，806，812，814－820，822－
　　824，827，829，831，834，839－841，843，
　　845，846，848，849，853－856，858，863，
　　866，869，871，876－878，882，883，886，
　　888，890－894，896，898，899，902，904，
　　905，907－911，913－917，920－923，925，
　　927－932，936，939，941－943，945，946，

1567

948-950,952,955-964,966,967,969,970,972,974,976-986,988-991,993,994,996,997,1001,1003,1005-1009,1011-1017,1035,1036,1043,1044,1046,1048-1050,1052,1053,1056-1059,1064,1066,1067,1069,1071,1076,1089,1099,1103,1104,1121-1124,1140-1142,1148,1151-1153,1156,1187-1189,1191,1211,1217,1221,1223-1225,1227-1233,1235-1240,1246-1251,1254,1256,1258-1261,1263,1265-1282,1284-1286,1294,1295,1298,1301,1312,1329,1511

禁种 14,120-122,124,125,192,216,236,239,240,287,290,292-296,305,324,326,335,343,344,346-348,350-366,368,369,376-378,385,388,391,394,400,404,410-418,420-425,427,429,432,441-443,450-452,467,468,472,498,513,524,528,536,537,541,551-554,567,574,583,587,599,626,627,632,637,654,656,675,677,680-682,688-692,695,700,717,727,750,754,767,780,782,783,785,788,789,792-796,798,799,801,802,819,827-831,833-836,839-844,846-848,852-854,856-859,865-870,872,874-878,882,883,885,886,888,890,893,894,898-900,902-904,906-910,913,915,916,920,921,927,929-931,936,939,941-943,945,946,949,950,952,953,956,958-964,966,967,970,973,974,978-980,986-988,1000,1005,1006,1016,1037,1045-1048,1050-1056,1058,1075,1123,1124,1134,1223,1228,1254,1258,1259,1261,1263,1264,1271,1285,1288-1292,1294,1295,1297,1301-1303,1305,1307,1308,1310,1312-1314,1325,1328,1330,1335,1338,1339,1361,1384-1403,1405-1409,1422,1429,1446,1451,1466,1470,1473,1493,1500,1501,1504,1505,1516

井上裕正 43,70-73,75,77,78,80,102,110,112,113

驹井德三 1107

菊地酉治 640

绝对禁烟区域 827,948,951

军阀 282,410,423,466,470,472,474,483-485,488-498,506-514,518,519,521,523-528,531-534,537,546,548-550,565,570,572-577,579-585,588,589,593,599,600,603,606,609-612,617,626,627,641,646,660,665,666,671,673,674,683,694,696,697,700,712,714,728,733,739,746,747,750,822,823,834,843,927,931,1007,1019-1023,1025,1028-1032,1034,1036-1038,1042,1045,1048,1049,1059,1064,1241,1287-1289,1308,1335,1337,1360

K

抗铲 359,361-364,391,400,410,412-414,423,427-429,525,686,700,780,790,844-847,961,1010,1050,1052,1056,1057,1221,1227,1261,1262,1285

《抗战建国期间禁烟最后两年计划》 784

柯逢时 260,262,263,332,334,367,383

可卡因 394,401,469,558,562,563,565,566,578,579,638－640,1078－1080,1083,1099

L

喇伟文 1444

勒戒 369,573,575,665,669,689,691,781,784,790,791,793,817,818,856,864,890,892,911,913－915,919,935,938,939,952,969,972,976,997,1006,1010－1012,1258,1269,1281,1314,1495

雷恩惠 1432

厘金 176,179,183－190,193,203－207,210－213,217,220,221,249,251,252,254,255,257,261,263－265,276,277,285,505,506,569,1058

李成瑗 1443

李登辉 474,679,724－726,731,748,753,754,1029,1061

李傅志 1431

李圭 12,15,18,19,135,189,269,615

李鸿宾 47,48,101－110,119,121,137,138,240

李鸿章 81,172,191,192,214,216－221,250,252,255,277,286,290,296

李基鸿 693,749,756,758,771,772,796,804,805,813,814,838,850,931,1034,1035,1061,1063

李振和 1433

李宗仁 483,609,610,679,696,753,821,1041

联合国 1,1248,1253,1255－1257,1286,1346－1350,1361,1447,1448,1515

联合国麻醉药品委员会 1326,1345

梁寄凡 1247

两广总督 19,42－45,47－50,71,74,76－81,83－86,89,90,92,94,96,99,101,102,105－108,110,111,114,132,135,137,147,148,150,166,175,240,254,257,259,360,431

两江总督 48,82,140,145,149,176－178,180,181,185,237,253,296,301,315,318,322,377

两年禁毒 781,996,998－1000,1258,1259,1265

两年禁毒、六年禁烟 695,758－760,762,765,767,774,775,779,827,905,921,954,958,996,1006,1027,1035,1043,1053,1066,1072,1076,1226,1227,1259

林森农 1443

林则徐 48,49,51,72,73,135,136,138,140－142,150－162,171,307,310,318,332,422,437,746,977,1024,1067,1171,1240,1342,1462

伶仃洋 31,34－36,93,94,97,101－105,108,109,129,133,152,154,171

领事裁判权 171,172,381,476,655,665,708,1066,1076,1100－1103,1105,1106,1219

刘保德 1425

刘秉璋 251,252,266,279,291

刘洪儒 1432

刘鸿岳 1431

刘坤一 213,220,253,254,291,296,297

刘荣臣 1425

刘儒 1431

刘少奇　1317-1320,1322-1327,1353,
　　1354,1363,1404,1421,1422,1424,
　　1425,1449,1452,1497
刘绍宗　1433
刘慎之　1317,1320
刘树田　1432
刘文辉　483,523,697,941-943,966,987,
　　1271,1272
刘湘　483,496,523,694,696,697,703,
　　804,842,847,848,1014,1029,1032,
　　1036,1048
刘亚芳　1444
刘玉芬　1444
刘玉麟　147,355,377,378
刘镇华　483,524,525,527,902,903,1045,
　　1057-1059
刘子山　1098
刘子远　1431
六年禁烟　759,760,775,780,785,787,
　　795,797,799,812,816,824,828,830,
　　831,833,836,840,843,848,854,858,
　　859,865-867,870,891,893-898,908,
　　909,914,915,936,941,943,944,958,
　　961,962,967,971,978,992,995,1005,
　　1008,1226,1265
"六三纪念日"　759,861,1024,1025,1027,
　　1059,1060,1241,1248,1252,1270
龙云　472,483,508,699,803,832,1014,
　　1036
卢坤　71,74,79-81,106-110,114
陆荣廷　430,483
《论洋害》　98-100
罗美耀　1444
罗瑞卿　1322,1327,1353,1363,1364,1366,
　　1367,1408,1421,1423,1424,1426-
　　1429,1438-1442,1449,1467,1468,
　　1470,1473,1497,1500,1517
罗素　1002,1070,1117
罗运炎　7,8,269,313,316,394,497,498,
　　511,526,532,538,611,612,615,618,
　　619,621,662,678,679,685,686,712,
　　717,724,726-728,731,742,746,754,
　　772,1040

M

麻洼鸦片　26,27,30,31,33,35-37,39-
　　41,61,97,136,198
麻醉类毒品　468,469,508,640
麻醉品委员会　1255
马步芳　483,956,957,1045,1056
马鸿逵　483,820,884,885,1008,1014,
　　1030,1038
马建忠　192,214,217,221
马六甲　18,26-28,66,67,642
马士　15,19,22-25,27,28,30,32-34,38,
　　40,41,53,62,67-69,73,74,76,78,82,
　　83,86,89,92,94,168,169,172,173,
　　175,240,241,244
马兴周　1433
马寅初　715,729-731,746,773,777,1067
玛雅士　1205,1207
吗啡　2,11,273,275,325,327,329,340-
　　342,378,380,394,400-404,407,409,
　　453,465,468,469,475-482,486,487,
　　493,508,536,541,542,544,547,558,
　　562-566,571,578,579,586,588,599,
　　604,632-634,636,638-641,658-
　　660,670,675,676,681,691,694,695,

703,704,706,708,710,738,744,750,753,754,762,767－769,781,784,791,857,861,890,891,903,907,927,930,933,947,955,956,983,996,998,999,1002,1065,1075,1078－1083,1088－1094,1096,1102,1103,1115,1118,1119,1121,1125,1133,1134,1147,1155－1157,1169,1170,1174,1178,1183－1185,1201－1203,1205,1207,1209,1212,1216,1223,1235,1239,1240,1244,1246,1263,1282

《吗啡治罪条例》 329,400,403

毛泽东 1289,1317－1320,1322,1323,1326,1353,1354,1417,1449

梅楚臣 1444

梅思平 1219

美国 15,19,24,35－38,41,54,55,57,73,85,90,153,158,159,167,171,172,175,182,268,269,280,315,317,320,377,378,382,394,395,399,463,478,482,519,578,612,616,619,630,632,634,636－640,663,683,695,704,707,725,729,764,831,999,1002－1004,1048,1066,1068,1078,1080,1090－1092,1096,1102,1111,1116,1120,1121,1164,1175,1179－1183,1196,1205,1208,1246,1251,1255,1256,1306,1326,1333,1336,1344－1355,1361,1364,1367,1368,1381,1446－1449,1473,1474,1515,1516,1518

孟加拉 26－29,31－33,35,37,39－41,61,67－69,72,85,97,136,198,1250,1251

《弥害》 49,107－109,113

民政部 326－328,331,333－336,338,370,372,384,403,432,677,1108,1228,1303,1310,1315,1322,1323,1325,1326,1329,1330,1335,1341,1352,1367,1387,1389,1390,1393,1396,1400,1406,1409,1412,1414,1421,1437,1454,1455,1458,1461,1466,1475,1477,1478,1480,1484,1485,1488,1493,1495－1500,1508－1511

《明定考成条例》 288

亩捐 489,521,522,569,600,665,698,828,843,869

N

南昌行营 688－693,695,759,781,802,807,843,1035,1043,1051,1072

《南方日报》 1198,1315,1317,1322,1325,1326,1342,1343,1352,1367,1462,1495

南京国民政府 1139,1163,1224,1231,1258,1269

南京临时政府 396,397,402,459

南满洲制药株式会社 1089

南洋大臣 377

难波经一 1107

内禁 71,90,96－98,101－104,107,109,165,168,401,424,482,550,637,686,687,751,755,756,760,764,777,780,797,1238,1241,1247,1254,1295

内务部 397,399,401－407,409,416,419,422,441,443,444,446,450,456,467,468,479,484－486,525,527,627,628,630,631,634,653－657,664,732,752,1290,1310－1314,1334,1335,1337,1341,1389－1391,1393,1394,1401,1404,1406－1408,1414,1415,1417,

1418,1434,1435,1447,1456,1458, 1460,1464,1465,1470,1473,1481 - 1486,1491,1493,1494,1500 - 1502, 1504,1505,1509,1512

内政部禁烟委员会　396,592,685,703, 707,710,711,795,799,800,822,825, 826,831,833,834,839 - 841,845,846, 854,856,862,863,866,872,874,875, 882,884,885,887,890,899,901 - 903, 905 - 907,910,913,915,916,919,922 - 924,926,929,930,932,935,936,940, 941,943,945,947 - 949,952,953,955 - 957,959,960,964 - 967,970,972,978, 980,982,984 - 988,990 - 995,999 - 1001,1006,1008,1010 - 1012,1014 - 1017,1021,1093,1118,1220,1221, 1225,1227 - 1229,1235,1247,1248, 1255,1257,1260,1261,1263,1269, 1271,1273 - 1280,1285,1286

嫩实兹号　29,30

《纽约时报》　1349,1515

农民银行　693,808,1013,1035,1043

P

庞三禄　1432

袍哥　703,706,847,964,965,1001,1274, 1276

裴庭骧　1431

彭友生　1443

迫种　282,484,485,488,514,518,525, 526,530,531,538,541,564,573,580, 582,589,591,593,600,606,611,617, 628,673,697,699 - 701,739,746,785, 847,907,927,1113,1302,1337,1401

葡萄牙　3,21,26 - 28,30,31,33,34,36,61, 67,86,171,342,377,394,636,637,648, 649,708,1004,1065,1102

璞鼎查　164 - 167

溥伟　327,328,330,334,335,370,371,376

Q

齐明扬　1432

祁贡　49,51,109,114

耆英　126,134,146,164 - 168

乾隆　16 - 21,24,30,58,59,63,66,68 - 70, 88,107,111,121,134,226,230,231

黔土　230,266,271,422,495,497,511, 518,576,701,702,804,805,807,808, 810,822,823,825,837,838,849,894, 936,980,981,988,1034

清理两湖特税处　682,691,697,702,1031 - 1035,1038,1042,1043

清末禁烟运动　305,306,309,340,365

全国禁烟会议　269,395,615,616,618, 620,621,653,677 - 680,683,701,705, 707,736,752,754,755,764,765,772, 1030,1031,1040,1041,1050,1061

全国禁烟委员会　679,680,683,684,686, 736,746,752,754,757,761,762,772, 773,776,1041

《群众日报》　1342,1343,1397,1463

R

热河临时禁烟善后管理局　1112

热河临时禁烟指导局　1110,1112

《热河种烟简章》　1112

《人民日报》　1315,1316,1326,1347,1350, 1385,1395,1397,1448,1480,1493

任之造 1431

日内瓦 477,630,631,634,638,661-664,670,695,740,764,1062,1068,1070,1083,1139,1251

日租界 475,667,707,708,892,907,1002-1004,1070,1074,1089-1093,1102,1106,1170,1173-1175

阮元 19,82,86,90,92-94,96,101,105-107,110-112,121,122,227

S

三省禁烟特派员 449,454,457,458

三鑫公司 586

沙逊洋行 199

山内三郎 1089,1095

陕西省禁烟禁毒委员会 1331

尚振肃 1432

邵力子 859,863,865,1048,1049

沈殿英 1432

沈国华 1431

施戒 376,414,422,788,793,815-817,820,841,861-865,897,902,903,906,914,918,923,930,934,940,944,948,952,969,971,973-977,996,1006,1008-1010,1225-1229,1231,1233-1235,1239,1241,1243-1245,1249,1251,1253,1260,1264,1265,1267,1277,1284,1285,1331,1337,1394,1479,1482,1484-1491,1493,1494,1497-1499,1501-1507,1512,1520

施肇基 621,636,637,663,1088

十三行 34,78,92,153,1204

"士的年" 407

世界卫生组织 1255

售吸所 814,815,909,910,922,935,989,993,995,996,1002,1007,1070,1166,1173,1179,1191,1204,1205

税厘 176,177,179,183,185-194,200,204,205,207,208,210,212-214,217-221,248-257,261,263,265,266,277,282,286,287,291,297,305,340,341,356,368,382-391,431,433,505,617

司法部 400,402,403,405,407-409,416,426,453,488,707,725,753,1453,1493

私土 215,416,421,437,456,457,462,463,479,643,646,794,803,807,813,814,839,851,860,885,886,890,894,910,913,921,922,928,929,932,943,978,985,986,988-992,994,995,1002,1007,1013-1016,1122,1167,1182,1191,1208

嵩孚 95

宋哲元 888,889,891,946,947

宋子文 605,606,610,752,771,1031,1034,1042,1043,1061

《苏赣粤三省禁卖土烟合同》 449

苏合香 5

苏联 1097,1345-1349,1381,1447,1448,1516

苏明良 16,63-66

苏州拒烟会 319-322

肃毒运动 1307,1314,1318-1329,1331-1333,1345,1351,1352,1354,1355,1361,1366,1367,1382,1384,1391-1394,1401,1405,1407,1418-1423,1425-1429,1438-1441,1443,1446,1447,1449,1466-1471,1494-1504,1514,1516-1519

《肃清华侨烟毒办法》 770,1225,1249,
 1252
《肃清烟毒善后办法》 800,1226
绥芬河 481,554-557
孙德清 1431
孙中山 396,397,438,439,457,496,591,
 599,600,602,603,606,610,666,669,
 670,673,674,725,755,760,763,777,
 927,1019-1022,1039

T

《台湾之鸦片取缔法》 1141
台湾总督府 1128-1130,1133,1134,1137-
 1141,1146
太平天国 166,173-178,182,184,186,
 285,287,299-304
《泰晤士报》 112,163,310,316,317,343,
 431,470,474,1349
汤玉麟 483,548,549,699
唐国安 377-379,381,391,1138
唐继尧 411,412,468,483,493,495-498,
 505,507,508,511,610,655,656
特许采办商制度 805,849,979
《天津日报》 1334,1337,1405,1430,1431,
 1457,1465,1478,1479,1489-1491,1493
天津市禁烟禁毒委员会 1331,1483,1485-
 1487
《天津条约》 179-182,187,189,190
铁道部 1316-1318,1329
铁良 259,260
《通商章程善后条款》 174,179,203,316
同治 179,187,189,194,197,203,204,207-
 211,213,217,218,227,229,231-233,
 236,238-240,242,249,268,278,287,
 288,291-294,297,318,321,1127
统收统购 803-805,831,832,836,838,
 839,850,1035
统税 260-262,327,332-334,341,383-
 385,390,804,820-825,832,837,838,
 848,899,981,992,1172-1174,1183
土耳其 3,35,39-42,55,136,270,469,
 558,586,632,635,636,639,641,659,
 1116,1134-1136,1347
土膏 109,256,258,325,327,328,333,367-
 369,387,419,422,424,425,427,429,
 430,432,438,486,487,579,606,609,
 690,691,701,781,783,785,807,808,
 812-815,819,839,849,854,860,870,
 874,884,888,894,895,899,900,905,
 909-911,916,921,922,926,928,929,
 932,935,978,989-995,1008,1015,
 1034,1171-1175,1178-1180,1182,
 1186,1191,1192,1214,1222,1223,
 1242,1335
土膏统捐 257-262
土膏行店 328,438,682,689,691,693,781-
 786,788,812-814,818,819,823,837-
 840,842,857,860,870,871,885,888,
 889,894,895,899,900,905,909-911,
 916,922,928,931,932,946,957,978,
 989-996,1006-1008,1035,1179,
 1211,1223
土药 185,188,191,194,205,210,213,215-
 217,220,221,235-237,239,240,248-
 263,265,266,270,286,287,309,324,
 326,327,332-334,340,341,356,358,
 360,367-369,378,379,382-385,388,
 390,408,419,422,424,425,430,431,

437,441,442,444,446,451-453,480,481,486,487,521,524,878,884,888-890,938,946,1008,1066,1158,1165-1167,1171-1175,1178,1179,1223

土药公司 1157-1160,1178

土药统税大臣 332,333,367,383

W

外交部 155,159,164,167,192,193,289,343,395,399,404,405,422,423,430,432-450,454-456,462,464,470,471,474,476,477,479,481,483,538,626-628,630,631,633,634,647,648,654,655,660,664,675,753,765,767,927,947,1062,1067,1070,1076,1097,1100,1105,1106,1110,1111,1232,1249-1251,1254,1255,1326,1346-1349,1352,1353,1367,1368,1447,1448

外禁 70-75,77,79,81,83,85-87,98,101-104,106,109,123,165,168,305,643,652,1092

碗药 13

万国改良会 323,377,395,419,420,422,455-458,460,463,660,669

万国禁烟会 244,321-323,329,345,357,377-382,391,454,599,611,630,659,660,1067,1078,1138,1145

万国拒土会 468-471,543,544,574,581,583,586,592,593,605,611,616,628,631,632,634-636,653,657-661,663,668,670,715,1081

汪大燮 317,324

汪伪国民政府 1175

王宝发 1432

王滨 1444

王殿甲 1431

王贵本 1431

王国珍 1445

王家烈 495,699,702,837

王静娟 1443

王士英 1432

王韬 214,217

王云五 457,742

《望厦条约》 167,183

威妥玛 188-190,192,220,289

维新派 216,297,309

卫生部 1263,1331,1407,1463-1466,1471-1473,1485,1486,1496-1502,1504,1505,1519

伪满洲国 765,967,1070,1096,1107,1111,1120,1126,1152,1154,1155,1158,1212

伪蒙疆 1151,1157-1162,1166,1175,1177,1178,1196,1198

伪中华民国临时政府 1163,1169,1171,1175

魏源 46,52,59,70,73,81

窝捐 489,510,521,522,1029

无锡戒烟局 317

吴兰修 49,107,109,113

梧州 124,129,487,494,511,607,608,937,938,1036,1264,1277,1332

五口通商 162,181,1067

伍敦元 44,92-94

伍连德 395,464,478,611,612,657,663,687,710,715,758,765,772,773,777,778,1062,1063

武藤信义 1110,1111

X

西北局　1322-1327,1334,1353,1356,1389,1391,1392,1394,1405,1419,1428,1434,1435,1439,1441,1463,1467-1469,1481,1483,1488,1495,1498,1501,1507,1510

西北军政委员会　1310,1311,1313,1387,1389-1391,1394,1396,1400,1401,1434,1435,1459,1466,1481,1483,1488,1493,1497-1501,1507,1510

西南局　1308,1327,1329,1330,1334-1336,1352,1387-1389,1404,1411-1413,1415,1428,1429,1434,1436,1439,1441,1451,1452,1461,1468,1478,1479,1481,1482,1485,1488

西南军政委员会　1308,1311,1312,1330,1336,1387,1389,1395,1415,1417,1434,1436,1461,1481,1482,1486,1488

西南区禁烟禁毒委员会　1331

希腊　2,3,636,639,1347

夏世奎　1431

夏小妹　1444

咸丰　23,162,168,172-182,184-190,194,197,205,207,213,225,226,231,241,249,285,286,301,303,304,906

《限制药用鸦片吗啡等品营业章程》　395,401,407

谢介石　1110

谢立山　343-355,363,365,376

谢毓康　1444

新桂系　495,496,609,610,696,701,936,1030,1036

《新华日报》　830,836,859,867,1181,1299,1300

新华社　1326,1347,1350,1351,1354,1385,1395,1448,1449,1480

"新生活运动"　1024-1027

兴亚院　1160,1162-1165,1167,1169,1194-1196,1198,1202,1209-1212,1215,1219

星野直树　1107,1108,1121,1122,1156

星制药株式会社　1133

行政院　269,615,631,633-635,692,695,758,759,773,774,782,784,787,792,795,796,799,800,820,839,841,865,893,943,958,961,972,978,986,1001,1008,1024,1031-1035,1040-1043,1050,1051,1059-1061,1181,1206,1215,1220,1225,1226,1228,1232,1234,1235,1249,1257,1282

《修正禁烟法》　678,680,681,684,755,1031

《修正禁烟条例》　677-679,750,751,754,771

《修正肃清烟毒善后办法》　1225,1226,1228,1231

徐谦　662,670,724-726,731

徐树铮　456

徐子荣　1321-1326,1355,1393,1405,1407,1421-1423,1427,1438-1441,1467-1469,1496

徐子玉　1431

许林华　1431

许乃济　49,110-116,132,138,141

许球　115-117

许钰　317,318,714

许仲明　1443

《续拟禁烟办法》 329,330,335

《续拟严定禁烟查验章程》 332,335

宣传部 271,678,705,707,1004,1026,1102,1313,1322,1326,1332,1354-1357,1362,1364,1365,1369-1383,1393,1449,1496,1498

宣统 107,202,206,207,212,234-240,244,245,261-264,286,320,322,329-333,335,338,339,343-345,353,355,358-361,363,365,366,368-372,376,381,384,385,387-390,398,406,408,418-420,430,614,617

薛福成 214,216,217,317

薛玉敏 1432

Y

鸦片法 427,1108-1110,1122,1249,1251

《鸦片法实施令》 1109

《鸦片管理暂行办法》 1158

《鸦片事略》 12,15,18,19,189,269,615,616

鸦片问题 38,47-49,63,77,79-81,84,86,88-90,96,107,109,112,113,139,150,180,214,220,221,226-229,231,244,245,249,250,266,303,306,310,312,314,332,343,349,358,359,368,378,379,394,395,411,414,427,428,435,439,440,451,477,478,497,512,521-523,534,538,543,546,548,612,624,632,640,647,648,651,659,661,675,686,687,690,694,710,711,729,732,740,742,758,764,772,777,778,828,829,831,833,878,1032,1033,1062,1066,1068,1069,1071-1073,1083,1127,1128,1217,1269,1446

《鸦片业务指导要纲》 1158

鸦片战争 2,9,11,13,15,17,19,21-23,26,31,34-39,42,46-57,60,61,64,68,71,73,84,88-95,99-103,106-110,113,116,118-122,124-139,141,142,144,151-157,159,160,162,164,165,167,168,170-176,178,180-182,184-189,194,197-199,213,214,226,227,231,233,240,267,269,270,274,286,299,304,306-309,315,332,390,391,465,484,495,498,630,659,685,697,739,763,791,942,1024,1066,1151

《鸦片专卖筹备委员会官制》 1108

《鸦片专卖法》 1110

鸦片罪 330,331,399,403,404,406,407,676,680,690,786,790-792,796,907,915,927,1043,1209,1249

雅属事变 1274

《烟案罚金充赏办法》 402

烟帮 265,266,608

烟店 333,368,419,420,422,642,645,857

烟毒犯 331,681,682,788,789,791,792,819,923-925,954,997,1010,1227,1242,1268,1269

烟匪 365,368,411,428,554,568,847,965,1261,1262,1275

烟膏 2,13,18,19,30,68,96,97,120,127,132,133,135,143,151,156,203,228,254,257,258,269,272,273,297,302,319,325,339,341,366,368,369,375,387,399,406,421,422,424-426,453,475,490,537,549,572,575,594,600,604,614-616,642,647,667,675,681,685,698,701,768,783,784,804,814,

1577

815,832,833,837,839,843,844,855－857,860,861,874,878－880,889,922,929,935,940,972,974,989,990,993,1015,1115,1117,1130－1133,1135－1137,1141,1142,1146,1156,1166,1167,1169,1174,1183,1184,1192,1198,1200,1202,1204,1224,1242,1244,1246,1251,1263

烟馆　65,67,75,96,100,123,131,133,139,140,143,144,165,172,228,257,268,273,275,277,291,296,297,302,319,325,326,329,331,341,366,369,379,398,412,413,424,473,474,478,479,482,490,511,512,520－523,527,545,553,558－562,568,569,572,573,575,579－581,585－587,593－596,598,600,604,606,647,675,679,683,702,705,707,708,711,712,747,763,791,814,815,831,849,879,888,892,895,900,905,906,909,932,936,954,986,989,990,993,995,1005,1066,1075,1088,1090,1091,1098－1100,1110,1117－1121,1136,1141,1142,1152,1169,1173－1175,1178－1183,1185,1192,1193,1200,1201,1203－1205,1207,1215,1222－1224,1230,1239,1244,1246,1247,1252,1276,1277

烟祸　233,491,493,497,498,512－515,525,531,533,534,541,550,575,580,583,586,589,592,593,610－613,617－621,623－626,629,641,667,683,685,686,698,702,703,710,712,738,742,751,753,760,772,775,855,909,916,936,954,955,1001,1028,1030,1032,1067

烟禁废弛　466,477,483,488,498,572,580－582,589,628,636－638,645,654,663,931,1064,1073

烟苗　120,233,352,360－365,393,400,404,405,408－414,416－423,425－429,441－452,456,464,467,469,482,484,485,489,512,524－526,528,529,532,537,538,541,550,552,563,564,567,569,574,575,580,582,583,587,589,591,593,599,627,629,630,638,656,665,667,678,680,682,690,695,699－701,751,780,783,802,803,828－830,835,843,846,858－861,867,870,877,878,883,886,888,890,893,898,899,904,908,909,915,916,921,927－929,945,947,949－951,954,959－961,964,966,1007,1033,1036,1042,1044－1048,1050－1053,1056－1058,1114,1182,1185,1193,1198,1212,1213,1223,1224,1233,1234,1254,1259,1261－1263,1270,1271,1273,1276,1277,1280

烟民登记　419,425,752,780－784,787,793,801,815,816,829,833,840,854,856,862,863,871,875,882,885,887,890,896,897,901,903,912,913,920,922,925,926,929,934,935,939－941,943,947,952,955－957,967－974,979,990,991,1002,1006,1008,1073,1122,1124,1173,1184,1193,1215,1216,1236,1243,1260

烟亩罚金　489,508,523,698,699,828,829,876

烟亩罚款　415,489,529,530,533,546,

索　引

698,824,876,880,883,1007,1038

烟农　32,199,215,221,228,252,305,343,348－350,352,354,358－365,412,418,422,492,511,530,548,549,623,699,700,806,836,843,844,848,850,904,962,963,981,1005,1050,1056,1057,1116,1153,1155,1261,1271,1275,1285

烟枪　1,13,18,30,68,132－134,136,146,151,156,272,273,275,300,301,325,376,401,469,490,512,546,559,564,572－574,610,616,763,909,955,1174,1242

烟税　182,215,250,333,340,357,466,483,484,488,489,491,492,496,497,508,510,512,514,515,523－525,527,529,530,533,567,569,573,582,584,593,603,606,627,637,641,643－645,647,673,678,682,687,693,696－702,713,749,752,755,757,760,765,771,772,797,805,806,818,820,822－825,843,844,847,849,850,882,900,909,910,934,942,959,966,977,978,982,990,991,1009,1029,1030,1032,1033,1035,1037－1039,1050,1192,1198,1274－1276,1280

《烟台条约》　187,189,190

《烟台条约续增专条》　187,191,193,194,204,207,221,433

烟田　411,412,512,515,524,526,527,532,534,546,548,582,584,622,624,625,645,830,831,836,848,859,870,909,936,954,961,966,1270

烟瘾　91,135,216,273,314,325,328,336,344,364,370－376,408,409,414,419,425,474,543,574,609,681,682,690,726,752,753,766,767,786,862,864,881,917,919,924,934,972,999,1121,1139,1156,1157,1228,1244

"严禁"　72,306,404,411,417,419,449,455,456,462,474,509,558,573,575,585,599,600,604,605,646,662,665,674,675,677,678,689,690,692,714,727,728,748,760,766,770,772,773,775,777,781,784,785,791,802,854,858,886,887,891,892,898,909,933,946,948,961,966,986,989,995,998,1048,1064,1100,1127－1130,1137,1139,1142,1145,1148,1220,1235,1246,1247,1250－1253,1256,1274

《严禁烈性毒品暂行条例》　689,691,781,791,866

《严禁内地种卖鸦片烟章程》　118,120,122,138

《严禁鸦片烟毒的通令》　1306－1309,1311,1330,1334,1351,1352,1387,1389,1403,1404,1406,1407,1410,1411,1414,1429,1440,1446,1447,1450,1451,1453,1472,1477,1483

盐斤加价　383,385－387,391

阎锡山　407,418,421,539,541－543,563,568,670,679,698,753,771,773,878,886,887,1023,1041,1175

颜惠庆　355,395,470,658,728

颜之修　1431

杨立山　1432

杨庆祥　1431

杨森　483,496,523,570,696,697,1029

杨永泰　692,796,1035

杨增新　417,418,467,537,538,626-628
洋船　47,75,82,83,96,108,126,150
洋务派　214,218,221,287,288,295,297
洋行　35-37,42,43,45,92,108,117,152,172,173,181,199,214,304,468,473,474,479,483,519,565,596,597,704,707,736,892,1003,1090-1092,1094,1096,1099,1118,1174,1181,1186
洋药　179,182-194,197,200,203-208,210-222,248-253,255,256,263,265-267,270,287,291,295,303,309,326,333,340-342,345,355,356,366,367,379,385,399,407,419,431,435,437,438,448,453,456,457,461,481,486,487,586,645,646,1081
洋药公所　199,456,457,461,462,465
叶恒澍　91-94,97,101
叶天民　1444
夷船　47,82,83,93,95,101-103,105,108,109,111,142
怡和洋行　37,61,92,172,199,304
以土抵洋　113,114,214,218,220,222,250,256,263,267,276,286,287,305,306
义律　72,151,153-155,157-161,164
意大利　2,377,630,695,1065,1347
银贵钱贱　44-46,48,49,51,52,56,59,60,111,137,304
瘾民　267-269,276,367-369,401,490,513,520-522,535,675,681,686,690,696,708,710-712,767,814,833,855,856,906,970-972,977,992,995,1000,1003,1005,1014,1090,1119,1122,1125,1145,1152,1222,1223,1225,1239-1241,1243-1245,1247,1249,1253,1265,1290,1293,1296,1303,1371,1372,1394,1416,1481,1488
印度　5-8,13,21,24,26-29,31-33,35-39,54,55,60-62,68,69,89,134,155,162,164,171,174,189,191-193,199,200,215-218,221,225,230,241,265,270,289-291,306,308,314-317,326,341-345,349,356,366,377,384,394,431,432,437-440,446,448,452-454,458,468,469,474,476,506,507,586,588,600,617,618,620,622,624,626,629-632,634,636-643,645-648,662,729,763,766,946,1078,1080,1081,1085,1098,1134,1147,1182,1192,1232,1246,1250,1251,1256
印花税　383,384,387,391,489,507,508,521,522,547,549,570,576,594,665,676,699,749,750,928,1158,1169,1219
印土　420-422,432-435,437,440,445,446,449,453,454,457,468,477,576,632,635,654,1066
印药　355,356,411,418,422,424,425,428,430-432,434-441,443-453,455,467,537,587,626,654,1066
英国　2,7,17,21-38,41,47,52,54,55,60-62,66-69,72,85,86,94,109,112,136,151-155,159-164,166-169,171-176,181-183,187-194,205,208,218,220-222,226,238,239,241,244,263,268,269,274,276,286,289-291,297,303,304,306,308,311,312,314-317,320,322-326,340-348,354-356,363,365,366,377,379,380,387,389,

索　引

390,393 – 395,400,404,405,413,416,
422,423,430 – 435,437 – 441,443 –
455,457,469 – 471,474,476,477,482,
506,533,537 – 539,554,575,578,611,
621,626 – 632,634 – 637,639 – 642,644 –
646,654,657,658,708,763,1003,1004,
1020,1048,1063,1065 – 1067,1072,
1077,1078,1081,1082,1088,1091,
1096,1102,1111,1141,1170,1175,
1246,1250,1251,1287,1335,1346,
1349,1351,1361,1382,1447

《罂粟源流考》　7

罂粟籽　8,9,231,232,399,400,409,482,
983

雍正　15,16,19,23,28,58,63 – 68,71,76,
80,87,98,284

于恩德　38,63,65,67,69,70,86,89,126,
178,183,184,250 – 252,254 – 256,315,
318,319,321,327 – 329,342,366,383,
385,386,388,395,398,400,401,405,
413,414,580,582 – 584,586,593,598,
606,607,609,636,653,657,658,661,
663,668,1029,1061

于乐亭　1431

于泽民　1432

寓禁于征　191,219,221,250,251,256,
294,297,324,369,390,488,499,525,
635,674,675,678,680 – 682,693,696,
706,722,730,754,755,758 – 760,766,
772 – 775,792,1028,1029,1034,1038,
1040,1041,1064,1166,1171,1223,
1247,1250,1251,1304,1335

袁宝山　1431

袁世凯　310,316,317,390,398,402,404,

405,415,438 – 440,449,454 – 456,464,
466,470,473,474,484,495,509,513,
537,573

袁维新　1433

袁玉麟　117

粤海关监督　43,44,49,73 – 77,79,80,82,
84,86,89,90,94 – 96,114,151,219,
1039

《粤士私议》　108,109

《云南日报》　1398

云南省禁烟禁毒委员会　1331

云南省禁烟委员会　831

云土　266,271,272,351,422,496,506,
572,576,701,702,845,849,936,1015

Z

《暂行鸦片收买法》　1108,1114

《暂行鸦片收买法施行规则》　1108,1114

曾国荃　213,219,232,233,267,280,282,
294,295

曾纪泽　192,193,220,221,286

张剑云　1444

张树本　1433

张肃然　1433

张廷俊　1432

张啸林　705

张鑫主　1432

张旭人　1444

张之洞　213,219,233,251,252,254,255,
257,258,260,266,280,294 – 297,390

张之江　679,683,746,753,1024,1034,
1041,1100

张作霖　549,550,558

赵纯志　1432

赵金声　1431

郑赓莆　1432

郑观应　214-216,277,278

政务处　258,321,324,329,336,340,357,366,367

政务院　1306-1311,1313,1322,1324-1326,1328,1330-1332,1334,1335,1338,1352,1387-1389,1392-1395,1401,1403-1408,1411,1414,1415,1417,1421,1429,1430,1434,1435,1438-1440,1446,1447,1450-1453,1456,1459,1460,1466,1469,1470,1472,1473,1475,1477,1478,1481-1483,1495,1500,1501,1503-1505

治外法权　159,162,167,172,473,475,478,482,483,519,636,652,665,686,706,708,709,1001,1004,1065,1069,1070,1074,1091,1099,1100,1102,1105,1110,1148

中国国民禁烟会　321-323,395,714

《中国禁毒史资料》　16,65,66,80,307-309,317,479,1108,1290,1292,1295-1298,1302,1303

《中国禁烟法令变迁史》　38,63,65,67,69,70,86,89,126,178,183,184,250-252,254,256,315,318,319,321,327-329,342,366,383,385,386,388,395,398,400,401,405,413,414,580,582,584,586,593,598,606,607,609,636,653,657,658,661,663,668,1029,1061

中国禁烟会　314,319-322

《中国鸦片问题》　8,269,497,498,511,526,532,538,611,612,615,618,619,621,679,726-728,742

《中华帝国对外关系史》　15,19,23,27,34,38-41,53,169,173,175

中华国民拒毒会　7,474,493,497,498,511,525,531,533,538,572,585,592,593,603,611-614,616,618-620,623-625,639,653,660-668,670,677-679,683,698,702,711,712,714-726,728,729,731-765,770-778,999,1020,1021,1029,1032,1060-1063,1065,1067,1073,1074,1231

中华基督教协进会拒毒委员会　660,661

《中华人民共和国惩治毒犯条例（草案）》　1438

中南局　1308,1316,1317,1322,1324-1327,1334,1335,1352,1356,1357,1362,1387,1389,1392,1406,1412,1415,1421,1423,1435,1439,1454,1455,1477,1478,1483,1484,1488,1509,1510

中南军政委员会　1309,1311-1313,1315,1322,1325,1326,1329,1335,1352,1367,1387,1406,1412,1416,1435,1454,1455,1458,1466,1477,1478,1484,1488,1495,1509,1510

中南区禁烟禁毒委员会　1331

中央鸦片常设局　1346,1348,1447,1448

《中英禁烟条约》　323,326,341,344,345,355-357,365,366,384,390,393-395,440,448-450,452,453,466,468,470,476,573,626,632

钟伯毅　796,898,901-903,1000,1014

钟凤鸾　1432

钟可託　679,741,746,748,753,754,756,773,796,855,859,863,1029,1061

周恩来　605,1320,1334,1353,1447,1448,1465

周凤宝　1445

周希焜　1445

朱尔典　241,268,340-343,355,365,366,394,431,439,444,445,448,450,470,632,633

朱兆莘　470,471,633-636,663

朱樽　72,115-117,122

专卖　26,29,157,175,191,192,215,252,254,255,261,277,311,324,333,367,389,397,421-424,449,453-455,462,469-471,476,482,507,551,553,559,565,566,569,571,572,580,581,584,585,593,597,598,600,603-606,621,630-632,634-639,641-649,652,664,665,673,675,676,687,692-694,701,706,727-730,732-735,742,749,755-760,763,764,766,767,771-774,777,778,785,786,802,803,806,807,812,814,818,831,832,861,884,967,977,978,1006,1014,1036,1037,1039,1040,1062,1070-1073,1084-1088,1091,1096,1098,1106-1112,1114-1119,1122,1123,1128-1131,1133,1134,1136,1139-1147,1150,1153,1155-1159,1163-1167,1172,1186,1189,1191,1194,1200,1203-1205,1207-1209,1216,1245,1246,1250-1252,1256,1277,1335

专卖公署官制　1108

《总理拒毒遗训》　603,1020

总理衙门　189,190,192,197,220,221,251,252

总税务司　25,172,186,187,189,197,217,241,244,245,253,342,470,471,485,520,614,664

走私　15,27,28,30,32,34-37,49-54,60,61,63,71,75,76,79,82,87-89,91-93,97,108,109,111,117,125,134,151-153,155,156,158,160,162-164,166-168,170-173,185,188,189,191,194,197,302,304,341,429,448,467-469,476,477,488,489,499,506,507,519,520,542,544,545,550,557,558,563-565,579,586,591,597,598,618,619,622,629,671,674-676,681,683,686,692-694,698,701,703,705-707,710,766,797,801,805,806,808,812,831,838,849-851,884,905,928,931,932,955,956,964,979-982,984-986,991,992,998-1001,1004,1016,1034,1039,1042,1044,1050,1064,1065,1068,1071,1074,1077,1078,1080-1084,1087-1090,1094-1097,1099-1102,1122,1134,1148,1151,1153-1155,1161,1162,1178,1251,1257-1259,1263,1299,1300,1302,1304,1315-1321,1346-1350,1360,1447-1449,1453,1459,1460,1465

租界　172,340-342,366,379,381,420,429,450,473-476,553,586,652,655,686,705-708,736,739,891-893,925,927,1001-1003,1066,1067,1069,1070,1074,1076,1084,1089-1091,1094,1106,1171,1173

左宗棠　191,219,220,231,232,250,280,291-294,297

1583

后 记

中国曾经是世界上罂粟种植面积最广、鸦片产量规模最大、鸦片吸食人数最多的国家之一。由于毒品泛滥成灾危及近代中国的生存与发展,长期以来,禁烟禁毒一直是历届中央政府社会治理的中心任务之一。从雍正年间到中华人民共和国成立初期,中国的禁烟禁毒经历了一个漫长而曲折的过程。这部《中国禁毒史》共分为清代卷、北洋政府卷、国民政府卷和共和国卷,是对中国两百余年禁毒历史进行全面梳理和深入研究的专著。全书由朱庆葆主编,参与的各卷撰写者大多为从事中国禁毒史研究的青年学者。为了研究问题更加具体深入,本书采取统一思路、分工协作的方法。前言、国民政府卷之第十四章、第十六章由朱庆葆撰写;清代卷,北洋政府卷,国民政府卷之第十五章、第十七章由金陵科技学院的刘霆博士撰写;国民政府卷之第十二章、第十三章、第十八章、第十九章、第二十章由南京信息工程大学的杨长年博士撰写;共和国卷由江南大学的张楠博士撰写。全书由朱庆葆负责策划和统筹工作。

该书在写作过程中,得到相关部门的重视,先后被列入"十三五"国家重点图书出版规划项目、国家出版基金项目。南京大学出版社具备高度的历史责任感,为本部书提供了出版机会,并组织翻译了部分日文原始资料供作者使用。在此我们一并表示衷心的感谢。

学然后知不足。虽然从事中国禁毒史的研究已经三十余年,但是我觉得这个领域依然还有很多问题值得进一步探讨,自己的研究还有不少欠缺之处。由此看来,这部《中国禁毒史》也只是一个阶段性的研究成果,其中的不足在所难免,敬祈学界同人不吝指正。

朱庆葆
2023 年 10 月于南京